청소년지도총서 4

청소년문제론

한국청소년개발원 편

교육과학사

발간사

흔히들 21세기는 '정보사회' 또는 '지식기반사회'라고 합니다. 사람에 따라 다양한 의미로 쓰이고 있지만, 여기서 가장 중요한 것은 정보 또는 지식이 생산성 향상의 제일 중요한 요소가 된다는 뜻입니다. 그러므로 21세기 국가발전의 동력은 바로 연구기관 또는 사람의 두뇌에 있다고 해도 과언이 아닙니다. 우리나라 뿐 아니라 세계 각국에서 인적자원 개발의 중요성을 강조하는 이유도 바로 여기에 있습니다.

사회화 이론에 따르면, 사람의 기본적인 품성은 물론 미래에 대한 열망이나 성취동기까지도 18세 이전의 1차적 사회화 기간에 대부분 형성된다고 합니다. 그렇다면 국가적 차원의 인적자원개발에서 가장 중요한 연령대는 바로 청소년들입니다. "청소년이 곧 나라의 미래"라는 말은 옛날부터 인구에 회자되어 왔습니다. 과거에는 청소년이 자라면 어른이 된다는 의미였겠지만, 이제는 오늘의 청소년들이 어떤 생각을 하며 어떻게 자라느냐에 따라 우리의 미래가 달라진다는 뜻으로 되새겨야 하겠습니다.

21세기 새로운 사회를 창조하고 이끌어 갈 주체는 오늘의 청소년들이므로 청소년 관련 학자나 활동가들의 사명은 실로 중차대합니다. 한국청소년개발원은 1989년 설립 이래, 청소년들의 삶의 질 향상과 잠재력 개발을 위한 법적, 제도적 체계를 확립하고, 주요 청소년정책을 수립, 집행하는 데 중추적 역할을 담당해 왔습니다. 또한 12개국이 참여하는 세계청소년연구개발협의회(The World Association of Research and Development for Youth)의 창립을 주도하여 국제적인 청소년 전문 연구개발 기관으로서 위상을 높여가고 있습니다.

한국청소년개발원은 정부출연 국책연구기관으로서 정책수립, 프로그램개발, 정책평가 등에 주력하는 한편, 바람직한 청소년 교육을 위한 교재개발에도 꾸준히 힘써 왔습니다. 그 동안 700여 권의 연구보고서와 450여 종의 프로그램 외에도 수많은 교재를 개발하여 청소년개발과 육성에 크게 기여하였습니다.

특히 2003년부터 시작하여 2005년 상반기까지 청소년학 관련 다양한 용어를 해설한 『청소년학 용어집』과 청소년학 학문분야를 집대성한 『청소년정책론』, 『청소년수련활동론』, 『청소년지도방법론』, 『청소년교류론』, 『청소년환경론』, 『청소년문제론』, 『청소년인권론』, 『청소년심리학』, 『청소년상담론』, 『청소년기관운영론』, 『청소년문화론』, 『청소년복지론』, 『청소년육성제도론』, 『청소년 프로그램개발 및 평가론』, 『청소년 자원봉사 및 동아리활동론』 등 15권의 청소년학 전문교재를 개발하기로 기획하였고 이미 대부분이 출간되었습니다.

모쪼록 이러한 종합적인 교재개발 사업이 청소년학자들 뿐 아니라 현장에서 활동하는 수많은 청소년관련 종사자들의 업무에 조금이나마 도움이 되기를 바랍니다. 아울러 청소년들의 성장과 학습에도 유용한 길잡이가 되길 바라는 마음 간절합니다.

끝으로, 충분하지 못한 지원과 제약된 시간에도 불구하고 이 기획 사업에 적극 참여해 주신 집필진 여러분께 깊은 감사의 말씀을 올립니다. 또한 이 책의 발간을 흔쾌히 수락해 주신 교육과학사 김동규 사장님과 온갖 궂은일을 즐거운 마음으로 해 주신 편집부 직원들에게 고마운 마음을 전합니다. 저의 감사보다는 우리의 미래를 열어갈 청소년들의 건강한 몸과 건전한 정신이 선생님들의 노고에 대한 더 큰 보답이 되길 기원합니다.

2006년 1월

한국청소년개발원장 **배 규 한**

머리말

"청소년문제"는 일상적으로 널리 사용되고 있는 개념이지만, 그것이 담고 있는 내용과 범위는 명확하지 않다. 넓게는 청소년과 관련된 제반 사회문제를 포괄하는 개념으로 사용되기도 하고, 좁게는 "청소년비행"(juvenile delinquency)이나 "일탈행동"(delinquent behavior)과 같은 전문적인 학술용어를 달리 표현하는 개념으로 사용되기도 한다. 이 책은 사회적 규범이나 기대에 어긋나는 청소년들의 행동을 다루고 있고, 그런 의미에서 "청소년비행론"이나 "일탈행동론", 또는 "청소년 문제행동론"이 보다 정확한 제목이라 할 수 있다. 굳이 "청소년문제론"을 표제로 한 것은 이 책이 1992년에 같은 제목으로 발간된 청소년지도총서의 연장선상에 있는 일종의 개정판이기 때문이다.

청소년문제론의 초판본이 발간된 이후 불과 10여 년 남짓한 짧은 기간 동안 청소년을 둘러싼 우리 사회의 환경은 크게 변화하였다. 단적인 예로 정보화의 급속한 진전과 더불어 90년대 초반 이름조차 생소하였던 인터넷 중독이 청소년문제의 주요 연구주제로 부각되고 있는 반면, 대표적인 지위비행으로 간주되던 청소년 흡연·음주에 대한 연구자들의 관심은 예전과 같지 않다. 이것은 청소년문제는 곧 그 배경이 되는 사회·문화적 환경의 반영이며, 따라서 사회변화와 더불어 그에 대한 새로운 시각과 접근방식이 필요함을 시사한다. 이 책은 청소년문제를 둘러싼 최근의 사회적 관심과 동향을 고려하여 연구대상이 되는 주제들을 선별하였고, 각 문제행동 유형별 실태와 동향에 대한 분석과 더불어 이를 해석하는 다양한 이론적 관점과 시각을 제시하고자 하였다.

이 책의 본문은 모두 제3부 11장으로 구성되어 있으며, 그 내용을 개관하면 다음과 같다.

제1부(청소년문제의 배경과 이론)에서는 한국사회의 청소년문제를 규정하는 사회구조와 배경을 검토하였고(제1장), 청소년문제를 바라보는 사회과학의 주요이론과 그 동향을 소개하였다(제2장). 제2부(청소년 문제행동의 실태와 대책)에서는 주요 청소년 문제행동의 유형별 실태와 관련 연구동향 및 사회적 대응방안을 다루었다. 분석의 대상이 된 문제행동 유형은 가출(제3장), 학교폭력(제4장), 학업중단(제5장), 성비행(제6장), 약물 오·남용 및 중독(제7장), 자살(제8장), 인터넷중독(제9장)의 7가지이다. 제3부(청소년범죄의 동향과 대책)에서는 실정법을 위배한 청소년범죄의 현황과 특질, 청소년범죄자를 대상으로 한 교정교화 정책의 동향과 개선방안을 살펴보았고(제10장), 마지막으로 청소년비행의 국제비교 통계자료를 소개하였다(제11장).

이 책이 청소년관련 업무에 종사하는 지도자들과 대학생들, 그리고 일반독자들에게 청소년문제에 대한 이해의 폭을 넓히고 균형있는 시각을 정립하는 데 도움이 되기를 기대하며, 오랜 수정·보완 작업을 기다려준 교육과학사 임직원 여러분께 감사드린다.

2006년 1월

집필진을 대표하여

이종원

차례

제1부 청소년문제의 배경과 이론

제1장 청소년문제의 구조와 배경

제2장 청소년비행의 개념과 이론

1

청소년문제의 구조와 배경

청소년기는 성인으로서 사회생활을 하는 데 필요한 역할을 습득하는 시기이며 심리적·사회적 독립을 추구하는 시기이다. 현실적으로 성인신분에 도달하지 못한 채 성인역할을 훈련해야 하는 과도기적인 특성 때문에 청소년들은 많은 갈등과 문제에 부닥치게 마련이다. 청소년은 아동도 아니고 성인도 아닌 상태에 있으므로 아동과 같이 의존적일 수도 없고 그렇다고 독립적인 생활을 할 수 있는 처지에 있지도 않다. 이들은 부모로부터 독립을 추구하는 동시에 부모의 사랑과 관심을 기대하고 또 필요로 하는 존재이다. 청소년기에는 이러한 갈등요인과 함께, 생활공간이 가정을 넘어 학교, 친구집단, 사회 등으로 확대되어 이질적인 집단 및 가치와 접촉하게 된다. 오늘날의 청소년들은 사회변화에 따라 다양성이 심화되어 과거보다 몇 갑절의 갈등요인을 안고 살아가고 있다. 이러한 갈등이 원만하게 해결되지 않으면 청소년문제로 표출된다고 볼 수 있다.

근년 들어 청소년문제에 관한 우려의 소리가 높아지고 있다. 청소년문제라고 하면 흔히 폭력, 강도 등 범죄행위는 물론 가출, 본드 흡입, 음주, 흡연 등 약물남용, 성비행과 같은 각종 풍기문란 또는 불량행위를 연상한다.

학문적으로 정의한다면 '사회의 도덕과 가치관을 위협한다고 판단되는 청소년에 관한 사회현상'이라고 할 수 있다(도종수, 1991; Sullivan and Thompson, 1988).

그러나 이것은 청소년문제에 대한 좁은 의미의 정의라고 할 수 있다. 포괄적인 의미의 청소년문제는 사회의 성인 또는 영향력 있는 집단에 의해 사회의 가치관에 위해를 가한다고 규정되는 현상뿐만 아니라 청소년 자신들이 자신들의 가치관 또는 인간적인 삶을 위협하고 있다고 판단하는 문제까지도 포함하여야 한다. 이와 같이 광의의 개념을 따를 때는 문제청소년뿐만 아니라 전체 청소년들로 대상이 확대되며 청소년 자신들이 지니고 있는 문제, 즉 그들의 고민, 욕구좌절, 문제의식 등을 포함한다(도종수, 1992). 다른 말로 표현하면, 청소년들이 저지르는 문제뿐만 아니라 청소년들이 당하는 문제를 포함한 청소년들이 경험하는 모든 문제를 의미한다.

이렇게 볼 때, 청소년문제는 청소년이 살아가고 있는 환경과 그 안에서 이루어지는 사람들과의 상호작용을 통하여 만들어지고 다루어진다고 하겠다. 따라서 우리가 살고 있는 전체 사회의 변동은 청소년문제의 배경과 구조에 결정적인 영향을 미친다. 이밖에 가정, 학교, 전반적인 사회환경도 청소년문제의 구조를 결정하고 배경을 이루는 요소이다. 이러한 외부요인과 함께 청소년 자신의 개인적 특성도 청소년문제의 중요한 결정요인이다. 이러한 관점에서 사회변동의 양상, 가정, 학교, 사회환경과 개인적 특성이 청소년문제에 미치는 영향을 살펴보기로 한다.

Ⅰ. 사회변동과 청소년문제

청소년문제는 청소년비행뿐만 아니라 청소년 자신들이 느끼는 고민이나 문제를 포함하여 논의하여야 하나 문제를 규정하는 주체들의 역학관계 때문에 실제 논의는 성인들의 관점에 의해 주도되기 마련이다. 성인들의 청소년문제에 대한 인식이나 문제제기는 시대적인 흐름에 크게 영향을 받으며 전체적인 사회변동 양상에 따라 변화한다. 역사적으로 보아 청소년에 대한 관심은 시대에 따라 다양하게 표출되었으며, 한 사회가 사회발전 과정에서 어떤 단계에 있느냐, 또는 다른 사회에 비해 얼마나 산업화되었느냐에 따라 다르다. 성인들이 청소년들을 보며 "요즘 아이들은 버릇이 없어"라고 못마땅한 눈으로 보아 온 것은 인류역사 이래 계속되어 온 것으로 보이지만, 청소년, 청소년기, 또는 청소년문제가 사회구성원들의 관심을 크게 끌게 된 것은 산업사회에 들어선 이후라고 볼 수 있다(Jaffe, 1998).

이러한 점을 고려하여 청소년문제에 영향을 미치는 주요한 사회변동 과정으로서 산업화, 도시화, 대중사회, 정보화, 세계화 등의 영향을 살펴보기로 한다.

1. 산업화

인류사회는 18세기 말의 산업혁명 이후 본격적인 산업화를 경험하였다. 과학과 기술의 발달, 시장확대와 기계에 의한 생산 등에 힘입은 산업혁명은 인간의 생산력과 생산방식에 결정적인 발전을 가져왔다. 산업화는 생산력의 변화만이 아니라 인간의 생활수준과 생활양식, 사고방식과 사회구조의 변화를 초래했다.

전통사회에서는 테크놀로지가 단순하고 변화가 완만하여 성인으로서의 역할습득이나 자립은 별도의 훈련이나 교육 없이 가정과 지역사회에서의 일상생활을 통해 이루어졌다. 전통사회의 가정은 자녀양육과 가족성원에게 정서적 만족과 휴식을 제공하는 기능뿐만 아니라, 생산과 소비를 담당하는 경제활동의 주체이며 교육의 주된 장소였다.

산업화가 진행되고 공장제도가 도입됨에 따라 가정의 경제적 생산기능은 공장이나 직장으로 이전되고 가정은 소비기능만을 담당하게 되었다. 경제활동의 무대가 가정 밖으로 옮겨져 가정과 직장이 분리됨에 따라, 부모의 생산활동과 사회활동을 눈으로 보며 배우던 전통적 사회화과정은 쇠퇴하고, 가정의 교육적 기능이 크게 약화되었다. 이와 함께 기술이 발달하고 복잡해지며 분업화가 진행되고 잘 훈련된 노동력이 필요하게 됨에 따라, 사회성원으로서 필요한 기술, 규범, 가치 등의 전수가 학교라는 전문적인 교육기관으로 많은 부분 이양되었다.

따라서 사회활동에 참여하기 위한 교육과 훈련기간이 훨씬 길어지게 되었다. 반면에 테크놀로지의 발달에 따라 기계가 노동을 대체하게 되며 노동시장에의 참여를 허용하는 연령이 늦춰지는 경향이 나타났다. 교육과 훈련기간이 길어지고 노동시장 투입 연령은 늦춰지므로 과도기로서의 청소년기가 점점 더 연장되었다. 육체적으로는 성숙하였으나 사회적 · 경제적으로는 성인역할을 하지 못하는 청소년집단이 확대되고 갈등요인이 심화되고 다양해짐에 따라 청소년문제 또한 심각해지게 되었다.

2. 도시화

산업화가 진행됨에 따라 농업, 수산업 등 1차 산업의 비중이 급격히 감소하고 공업과 서비스산업의 비중이 급증하며, 이러한 산업이 자리잡고 있는 도시로 인구가 집중하게 되었다. 도시화는 도시인구의 증가뿐만 아니라 도시규모의 대형화 현상을 수반하고 있다. 도시는 많은 인구와 여러 가지 시설이 밀집되어 있으며, 복잡성, 편리성, 이질성, 익명성 및 변화성의 특징을 가지고 있어서 경제, 문화, 예술, 과학과 학문의 발전에 중요한 역할을 하였다. 반면에, 도시는 빈곤, 범죄, 주택난, 교통난, 불결한 환경 등 부정적인 모습도 가지고 있다.

도시의 이러한 특성 가운데 익명성과 비인간화로 통칭되는 인간관계의 변화와 공동체 해체 현상은 청소년문제에도 많은 영향을 미친다. 도시에서는 이웃과의 유대나 친근감은 사라지고, 도시는 모르는 사람들이 모인 거대한 집단으로 변화하여 왔다. 공동체에서의 포괄적이고 대면적인 친근한 인간관계는 특정 목적을 추구하는 단편적인 관계로 바뀌며 이익사회적인 경향이 두드러진다(임희섭, 1991). 옆집에 사는 사람이 누구인지도 잘 모르는 상황에서 익명성이 증가하고 이기주의가 확산됨에 따라 지역사회 공동체에 의한 교육과 사회통제 기능이 쇠퇴하게 되었다. 오늘날의 청소년들에게는 공동체생활을 가르치고 훈계해주는 이웃 어른이 없다. 가르치는 사람이 없을 뿐만 아니라 조심스러워 할 대상도 없어졌다.

3. 대중사회

산업화가 진전함에 따라 경제, 정치, 사회 구조가 변화하여 인간소외, 획일화, 대중화 현상이 나타나게 되었다. 이러한 사회를 대중사회라고 한다. 대중사회에서는 인간이 사회를 주체적으로 움직이는 것이 아니고 사회구조, 기계문명에 예속되어 기계적인 규칙이나 원칙에 따르게 되는 결과를 낳고 있다. 또한 인간관계가 이해득실을 중시하고 단편적으로 변화되어 전인적인 교제를 하기 힘든 것도 소외를 가중시키고 있다. 따라서 대중은 사회를 주도하는 소수의 엘리트나 생산자의 결정에 동조하며 살게 되는 경향이 있다고 한다(고영복, 1991).

대중사회에서는 문화생활도 상품화되어 대중화되며 획일화되기 쉽다. 대중문화는 대중매체에 의해 주도되고 전파되며, 대중매체의 상업주의 때문에 선정성, 폭력성이 강조되고 저질화되는 경향이 있다. 오늘날의 주요한 여가 이용수단인 TV 등 대중매체의 상업성이 청소년들에게 악영향을 주고 있다. 이 밖에도 향락산업의 번창, 황금만능주의, 편법주의 등 부정적인 사회풍조의 만연이 청소년들에게 유해요인이 되고 있다.

4. 정보화

오늘날의 사회를 표현하는 대표적인 용어는 정보화사회(Information Society)

이다. 논자에 따라서는 '정보화사회'나 '탈산업사회' 또는 '고도산업사회'가 모두 산업사회의 한 단계에 속한다고 보기도 한다. 그러나 정보화사회에 이르는 변화는 이전과는 질적으로 다른 것이며, 생활방식 역시 이전 단계와는 본질적으로 다르다는 데에 많은 학자들이 동의하고 있다(Bell, 1993).

정보화사회는 정보·통신 기술을 중심으로 한 과학기술의 혁명에 의해 전개되었고, 이에 따라 정보의 생산, 보급, 전달, 처리 과정이 신속해지며, 인간의 정보와 지식이 급증하고 중요시되며 부와 권력의 원천이 되고 있다(Bell, 1993). 이러한 변화는 정치, 경제, 교육, 윤리, 가치, 사상 등 모든 영역에 엄청난 변화를 수반하고 있다.

정보통신망의 변화를 대표하는 것은 인터넷으로서 오늘의 사회와 구성원들에게 엄청난 영향을 미치고 있다. 이제 인터넷은 우리 생활의 중요한 부분이 되었다. 인터넷이 만들어낸 사이버 공간은 현실세계와 분리하기 힘든 공간이 되고 있으며, 현실공간과 함께 중요한 생활공간이 되었다. 사이버 공간은 사람들에게 새로운 정보 습득과 신속한 의사 전달 등의 장점을 제공하고 있다. 특히 인터넷을 통해 시간과 공간의 제약이 극복되어 새로운 차원의 생활이 가능해지고 있다. 그런가하면 현실세계의 삶의 방식이 사이버 공간에서 재현되기도 하며, 사이버 공간에서의 삶의 방식이 현실세계에서의 삶에 상당한 영향을 주고 있다. 이렇게 새로운 환경과 삶의 방식인 사이버 공간과 인터넷 문화에서는 청소년들이 주된 활동세력이 되고 있다(황진구, 2001).

인터넷은 유익한 점을 많이 가지고 있지만 동시에 유해한 측면도 많이 가지고 있다. 청소년에게 있어서 인터넷 유해환경 가운데 가장 심각하고 보편화된 것은 음란·폭력적 컨텐츠를 담고 있는 인터넷 사이트를 들 수 있다. 음란정보는 성에 대한 잘못된 정보를 흥미 중심으로만 전달함으로써 개인이 성에 대해 가져야 하는 사회적 책임을 잊어버리고 성범죄를 저지르거나 성범죄의 피해자가 될 가능성이 있기에 청소년에게 유해한 것이다. 청소년들이 인터넷에서 음란물을 접촉하거나 음란 채팅과 같은 탈억제적 현상을 반복적으로 경험하게 되면 차츰 성과 관련된 가치와 규범이 모호하게 되어, 결국 현실공간에서의 탈억제적 행동을 초래하게 된다. 그리고 폭력적인 정보에 자주 접하게 될 경우 자신도 모르는 사이에 공격적이 되어 남에게 쉽게 폭력을 쓰게 될 가능성이 있기에 청소년에게 있어서 특히 유해한 것이다. 이밖에 인터넷중독도 청소년들에게 심각한 문제가 되고 있다.

5. 세계화

교통, 통신의 발달, 정보화의 진행과 경제·정치적인 통합화 추세에 따라 세계는 국경이 사라져 가고 있다. 사람들의 이동도 증대하여 전통적인 국토, 국민의 개념이 무색해져 가고 있으며 발전된 나라 어느 곳에서나 다양한 직업을 가진 다양한 나라의 사람들을 접하고 함께 일하는 시대가 되어가고 있다. 또한 영어가 공용어화되어가고 있으며 TV 등 문화매체가 보편화되어 생활양식의 유사성이 증대하고 있다. 즉 공간개념이 확대되는 것이다. 이렇게 단일화된 시장에서 무한경쟁과 약육강식이 심화되고 있다. 세계화 추세와 함께 다양한 언어, 종교, 인종, 문화 집단의 분리 추구에 따른 지역화도 진행되고 있다. 이에 따라 통일성과 다양성이 동시에 강조되며 연합과 조화가 중시되고 있다.

이러한 변화는 사회 전체에 영향을 미치고 있지만 청소년들에게도 직접적인 관계가 있다. 오늘날 청소년문화는 세계적으로 거의 단일문화권을 형성하고 있어서 음악과 패션, 여가와 음식 등 삶과 문화에 국경이 무색한 상황에 있다. 청소년문제 또한 국가간에 상당히 비슷한 경향을 보이기도 한다.

지금까지 청소년문제의 배경이 되는 사회변동의 양상을 간단히 살펴보았다. 이제부터는 가정, 학교, 사회환경과 청소년의 개인적 특성이 청소년문제와 어떻게 연관되는가를 알아보기로 한다.

Ⅱ. 가정과 청소년문제

가정은 인간이 출생 후 가장 처음으로 접하는 타인 또는 집단으로서, 최초의 그리고 가장 중요한 사회화가 진행되는 일차 사회화 담당기관이다. 한 인간의 언어, 성품, 지능, 건강, 정서, 도덕성, 사회성 등 일생의 기본구조가 가정을 통해 형성된다. 청소년문제에 있어서도 가정은 일차적인 연관성과 책임을 갖는다. 그러므로 흔히 "문제청소년 뒤에 문제부모, 문제가정이 있다"고 말한다.

가정은 성적 욕구의 충족, 출산과 양육을 통한 인류의 재생산, 생산과 소비를 통한 경제활동, 문화와 가치를 전승하는 사회화 등을 기본적인 기능으로 수행하고 있다. 이 밖에도 휴식과 오락의 기능, 애정 교환의 기능, 아버지의 신분을 세습시키는 지위 부여의 기능, 종교적 기능 등을 전통적으로 담당해왔다. 그러나 이러한 기능은 산업화를 비롯한 사회변동에 따라 변화를 겪고 있다. 성적 욕구 충족과 재생산 기능 등은 여전히 중요한 기능으로 수행되고 있으나, 생산기능은 직장으로 대부분 이양되었으며, 사회화기능은 학교에, 오락기능은 대중매체와 문화산업에 상당부분을 넘겨주게 되었다. 성적 욕구 충족과 재생산 기능 역시 결혼관, 성관, 가정관 등이 변함에 따라 가정 이외의 제도를 통한 해결방법이 다양하게 소개되고 활용되는 경향이 나타나고 있다. 소비와 거주 이외의 기능을 거의 수행하지 못한다고 할 수도 있는 상황이므로 많은 사람들이 오늘날 가정이 붕괴되고 해체되고 있다고 우려하고 있다. 또한 부모의 별거, 사고나 질병의 증가에 따른 부모와의 사별, 이혼의 증가 등 가정의 해체현상이 급증하고 있으며, 구조적으로는 멀쩡하더라도 가정불화, 가정학대의 증가, 애정결핍 등 기능적 결손을 경험하고 있는 청소년이 급증하고 있다. 이에 따라 가정의 교육적 기능, 안정과 지지의 기능 등이 급속히 약화되고 있으며 안식처로서의 가정, 돌아갈 곳으로서의 가정을 상실한 청소년들이 급증하고 있다. 이러한 현상은 사회변화에 기인하는 바가 크다.

1. 가정구조의 변화

오늘날 일어나고 있는 중요한 가정구조의 변화로는 우선 핵가족화 경향을 들 수 있다. 산업화가 진행됨에 따라 전통적인 확대가족은 핵가족으로 변화하고 있으며, 더 나아가 편부모가족, 독신가족, 노인단독세대가족, 소년소녀가장가족 등 다양하고 새로운 형태의 가족이 계속 늘어나고 있다. 가족의 구조뿐만 아니라 가족의 기능도 달라지고 있어서, 전통적인 기능은 점차 약화 혹은 소멸되고, 가정 내에서 여성의 역할이 변화하고 있으며, 가족 성원들간의 관계도 평등화되는 경향이 있다.

가족의 규모가 점차 축소되고 있는데 평균 가족원의 수를 보면, 1960년에 5.7명이었으나, 1990년에는 3.8명으로 줄어들었고, 2000년에는 3.1명 수준에 이르고 있다. 이러한 현상의 주된 원인은 핵가족화 현상과 함께 단독가구의 증가, 출산력 저하에 있다. 출산율의 저하는 1960년대부터 실시된 가족계획사업이 성공을 거두었고 최근에는 출산 및 양육에 따른 부담 때문에 출산을 기피하는 경향이 증가한 데서 비롯된다. 1970년에 4.53명이던 출산율은 2001년 현재 1.30명으로 감소하여 세계적으로 가장 낮은 수준에 있으며, 오히려 노인인구 비율의 증가와 인구 감소로 인한 국력 쇠퇴를 걱정하는 지경에 이르고 있다(통계청, 1996, 2002).

20세기 후반에 일어난 가정에서의 중요한 변화의 하나는 여성 취업률의 증가이다. 특히 기혼여성의 취업률이 증가하였는데, 1980년에 40.0%이던 것이 1997년에는 49.5%로 크게 증가하였다. 이는 가정에서 전적으로 돌볼 수 없는 보육대상 영·유아와 보호대상 노인과 장애인의 증가를 의미한다. 이에 따른 가정에서의 갈등도 증가하고 있다.

또 하나의 중요한 변화는 이혼율의 급격한 증가이다. 1980년에 5.7%에 불과하던 이혼율이 1990년에 11.1%, 1995년에 17.0%, 1998년에 33.7%, 2001년에 42.2%로 크게 증가하였다(통계청, 2002). 이혼은 당사자들은 물론 자녀들에게도 심각한 정서적 타격을 주고, 경제적인 어려움과 가사, 자녀양육의 어려움 등 많은 어려움의 원인이 된다. 이로 인한 정서장애, 학업부진, 비행 등의 문제가 청소년들에게 일어나는 경우가 많다. 이러한 구조적인 변화 이외에도 배우자 학대, 아동학대, 노인과 장애인에 대한 학대 등 여러 가지 기능적인 문제와 병리현상이 일어나고 있다.

2. 부모의 자녀양육 방식

부모의 자녀양육 방식은 자녀의 성격 형성과 삶에 큰 영향을 미치는 것으로 알려져 있다. 부모의 양육방식은 애정, 통제 및 합리성의 정도에 따라 다양한 형태로 표현되며, 부모와 자녀의 인간적 관계를 좌우하고, 몇 가지 특성을 나타내는 연속선상의 개념으로 이해할 수 있다. 즉, 수용 - 거부, 자율-통제, 보호-방임 등의 양극을 연결하는 다차원 공간의 연속선상에 위치하는 것으로 생각할 수 있다. 이와 같이 다양한 요인들이 복합적으로 조합되는 양육방식에 따라 자녀들의 성격이나 생활태도가 크게 달라진다고 하겠다. 지배적인 부모 밑에선 소극적인 자녀가 나오고, 간섭이 심한 부모는 의존적인 자녀를 기른다. 지나치게 보호적인 부모는 강박적인 자녀를 기르고, 복종을 요구하는 부모는 공격적인 자녀로 만든다. 무시하는 부모는 정서적으로 불안한 자녀를 기르고, 잔혹한 태도의 부모는 엉뚱한 짓을 감행하는 자녀를 기를 수 있다. 그러나 민주적인 부모는 자주성, 독립성과 책임감을 가진 자녀를 기를 수 있다(김형태, 1992). 이밖에도 권위적이고 통제적인 부모의 자녀가 문제행동을 유발할 가능성이 크며(김준호, 1990), 무정하고 혹독하거나 강압적인 부모의 자녀는 공격적이거나 대인관계에 문제가 있는 경향이 크다고 한다. 이밖에도 부모가 범죄나 일탈행동을 보이거나 폭력적인 분위기에서 성장한 자녀들이 일탈행동에 관여하거나 폭력을 행사할 가능성이 큰 것으로 알려져 있다.

3. 문제가정

가족구조의 변화나 기능과 양육방식의 문제 등으로 인하여 여러 유형의 문제가정이 존재하게 되었다. 이들 문제가정은 청소년문제와 깊은 관계가 있다. 문제가정의 유형에는 부도덕가정, 결손가정, 애정결여가정, 갈등가정, 훈육결여가정, 빈곤가정, 시설가정 등을 들 수 있다(Sutherland and Cressy, 1975). 부도덕가정은 가족원중에 비행자나 범죄자가 있는 가정으로 자녀들은 이러한 부도덕한 행동을 어려서부터 학습하게 된다. 결손가정은 양친중 일방 또는 쌍방이 사별, 이혼, 별거, 가출, 실종, 장기수형 등으로 인해 결손된 가정으로 어려움과 문제를 경험할 가능성이 높다. 애정결여가정은 부부, 부모·자녀, 형제·자매 간에 애정이 결여된 가정이고, 갈등가정은 가족원 사이에 감정, 이해관계, 가치관 등에 갈등이 커서 불화가 일어나는 가정이며, 훈육결여가정은 자녀에 대한 훈육과 감독이 적절하지 못한 가정이다. 경제적으로 빈곤한 상태에 있는 빈곤가정은 빈곤으로 인해 여러가지 기회를 상실하고 문제가 악순환되는 경향이 있고, 시설가정은 적절한 애정을 누리지 못해 문제가 될 수 있다.

Ⅲ. 학교와 청소년문제

현대사회에 들어 사회화 과정에서 가정의 역할이 감소된 반면, 학교와 대중매체 등 다른 사회제도 및 기관의 역할이 증대되었다. 특히 학교는 가정에 버금가는 아주 중요한 역할을 담당하고 있다. 학교는 사회의 축적된 지식과 기술을 가르치며 사회의 존속과 유지에 불가결한 가치와 규범을 전수한다. 학교에서의 사회화는 공식적인 교과과정뿐만 아니라 교사 또는 동료와의 상호작용과 같은 '숨은 교육과정'을 통해서도 이루어진다. 상대를 파악하고 대응하며 자신을 표현하고 반응을 유도하는 것을 통해 대인관계의 기술을 익히고, 각종 규칙과 예의범절을 지키는 행동을 통해 상호협력과 타협 등 사회생활에 필요한 능력을 배우기도 한다.

학교생활의 비중이 커지는 만큼 학교가 청소년의 성장에 미치는 긍정적인 영향과 함께 부정적인 영향도 증가하고 있다. 일부에서는 오늘날 청소년문제의 가장 큰 책임이 학교에 있으며 학교교육의 문제가 청소년문제의 중요한 진원지라고 주장하고 있다.

1. 학교교육의 문제점

해방 후 우리나라 교육에서 가장 현저한 현상은 학교와 교원 및 학생수가 폭발적으로 증가하였으나 교육의 질에서는 거의 향상이 없다는 점이다. 이밖에 교육내용의 사회적 부적합성, 입시지옥과 교육의 수단화, 사회정의 실현 및 사회문제에 대한 교육의 소극성 등 문제점을 보여 왔다(차경수·정지웅, 1976; 한준상, 1989). 오늘날까지 우리나라의 학교교육이 보이고 있는 문제점을 다음과 정리할 수 있다.

첫째, 전인교육과 자아실현이라는 이상과는 달리 학교교육이 수단화, 도구화, 비인간화하고 있다. 졸업증이 사회적 지위를 결정하는 학력주의의 거센 흐름 속에서, 일류학교에 대한 집착은 학교교육을 성적 위주의 입시준비 수단으로 전락시켰다. 기계적인 암기 위주의 교육방법이 보편화되고, 동료간에 협력보다는 경쟁이 앞서고, 성적을 위해서는 수단방법을 가리지 않고 부정행위도 불사하는 상황이 되었다.

학교교육이 입시위주로 파행하고 있을 뿐만 아니라 좋은 성적을 얻기 위해 과외 및 학원수강의 과열현상이 계속되고 있다. 따라서 학생들은 유치원 때부터 대학까지 자유롭게 놀 수 있는 여가시간이 없고 공부에 대한 압력에 눌려 사는 것이 일반적이다. 이 현상에는 부모들의 지나친 기대와 욕심, 경쟁심 등이 저변에 깔려있다. 그러다 보니 학원이나 과외 공부를 하지 않으면 남보다 처지는 것같이 느껴 불안해 하는 지경에 이르렀다. 또한 공부는 학원에서 배우기 때문에 학교 수업시간에는 잠자는 등 소홀히 하며, 학교는 내신성적을 부여하는 것 외에 별로 하는 일이 없다고 말하는 상황에 이르렀다.

둘째, 무상교육이 실시되지 못하므로 부모의 경제력과 학력이 낮을수록 자녀를 교육시킬 수 있는 능력이 제한되고 있으며, 저소득층 지역과 농어촌 지역의 자녀교육 기회가 부족한 실정이다. 특히 학원 등 사교육비의 부담이 크기 때문에 교육에 있어서 계층과 지역에 따른 불평등이 깊어지고 있다. 교육기관과 시설, 교사 또는 강사, 관련 정보 등에 있어서 서울 등 대도시 편중 현상은 지역간 격차를 심화시키고 있다.

셋째, 입학, 진급, 졸업, 교사, 재정, 교육내용 등 학교교육 체제가 철저히 국가의 법률과 지침에 따라야 하고, 학교의 설립, 운영부터가 정부의 인가를 받도록 되어있다. 이와 같이 교육이 중앙집권화됨에 따라 다양하고 융통성 있는 교육이 실시되지 못하고 있다. 교육제도가 폐쇄적이고 경직되어 있을 뿐만 아니라, 학교내의 운영도 권위주의적이고 경직되어 있다. 이러한 점은 교장과 일반교사의 관계는 물론 교사와 학생간의 관계에서도 문제가 되고 있는 부분이다. 학생들이 학칙에 대해 불만을 가지고 있는 경우가 많고, 징계에 관해서도 여전히 학생이 배제되고 비민주적으로 운영되는 경향이 있다.

넷째, 교사의 학생지도력이 약화되어 있으며 교사에 대한 존경심과 신뢰감이 상실되어 가고 있다. 중·고등학교 학생들은 "선생님들은 학생들의 생각이나 사고방식을 잘 이해해주시지 않는다", "선생님들은 우리들과 자주 대화를 나누려하지 않는다", "고민이 있을 때 상의하고 싶은 선생님이 없다"고 생각하는 경향이 있다. 이런 현상의 원인으로는 과밀학급의 문제, 교사 업무의 과중, 권위주의적인 자세, 교사의 사회경제적 지위 저하, 교권의 약화 등을 들 수 있다.

다섯째로, 열악한 교육환경을 들 수 있다. 교육이 국가의 백년대계라고 입버릇처럼 말하면서도 교육에 대한 국가의 투자가 미흡하여 교사에 대한 처우가 미흡하며, 학교시설이 노후되고 열악하며, 시설 및 설비의 부족으로 현실성 있는 산 교육을 시키기 어렵다. 이밖에도 학교주변의 차량 통행이나 공장으로 인한 소음이나 유해물의 방출, 유흥업소와 러브호텔 등 각종 퇴폐 향락업소의 침투, 불량청소년에의 무방비 노출, 학교폭력 등으로 인하여 청소년의 전인성장을 뒷받침하지 못하고 오히려 저해하고 있는 실정이다.

최근에는 학령인구의 감소와 대학정원의 증가로 대학정원이 진학연령의 인구와 같거나 더 많은 상황이 되어가고 있다. 이에 따라 극심한 대학입시 경쟁은 다소 완화되고 대학에서 학생을 유치하는 시대가 오고 있다. 그러나 일류학교를 향한 경쟁은 지속되고 있다. 이와 함께 수요자 중심의 교육, 다양한 학제 및 평생교육의 발전 등 교육제도의 변화가 일어나고 있다. 특히 창의성 교육을 강조하고 있으며, 7차 교육과정에서는 학생선택 중심 교육과정과 수준별 교육과정의 도입, 재량활동을 통한 자기주도적 학습능력의 신장을 꾀하고 있다. 이전의 강의 중심, 공급자 중심의 교육에서 체험활동을 강조하고 학생 중심의 교육으로 변화가 일어나고 있다. 이와 함께 교육에도 중앙통제보다는 자율경쟁을 강조하는 방향으로의 전환을 유도하고 있으나 아직까지는 기존의 문제점을 극복하지 못하고 있다.

2. 또래집단

학교에서 이루어지는 기본적인 상호작용은 교사와 학생 사이의 상호작용과 학생과 학생 사이의 상호작용이다. 교사가 학생을 어떻게 대하고 어떻게 평가하며 어떤 관계를 유지하고 있는가는 청소년의 자아존중감과 학교에 대한 태도를 형성하는 데 매우 중요하다. 이에 못지않게, 어떤 면에서는 더욱 중요한 관계는 학생과 학생 사이의 또래관계이다. 인간의 발달과정에서 아동기에 접어들면서부터는 비슷한 나이의 친구들과 어울리는 시간이 많아진다. 특히 학교에 다니면서부터는 친구들과 접촉하는 기회가 많아져서 또래집단은 중요한 준거집단이 되고 정보교환의 중요한 통로가 된다. 또래집단은 가족이나 학교와 달리 근본적으로 사교적인 목적으로 존재한다. 어떤 공식화된 목표가 있는 것이 아니고 상호작용을 통해 우정으로 결속되는 집단이다. 이 집단에서는 상하관계보다는 대등한 관계가 중심이 된다.

또래집단은 청소년들의 자아존중감을 형성하는 데 결정적인 영향을 미친다. 청소년기에는 부모나 선생님들보다도 또래의 인정을 받고, 그 집단에 수용되는 것이 더 중요하다. 또한 또래들과 동질성을 유지하고 인정받는 것이 중요하다. 따라서 또래들로부터 인정받지 못하고 수용되지 못하는 것은 치명적인 문제이다. 근년에 문제시되어온 따돌림 또는 집단따돌림은 이러한 특성이 병적으로 극화된 것이라고 할 수 있다.

또래집단은 일반적으로 비공식적인 집단이지만 경우에 따라서는 조직적 특성을 갖는 수도 있다. 이러한 집단이 반사회적 성격을 가지게 되면 불량집단화하며 청소년 문제행동을 학습하고 반복하는 데 중요한 통로가 된다(양춘, 1984; 김준호, 1992). 비행화된 또래집단에서는 반사회적 행동을 요구받을 때 또래압력 때문에 하지 않을 수 없게 된다. 또한 비행집단에서 자유롭게 탈퇴할 수도 없게 되는 것이 일반적이다.

청소년들의 또래집단은 소비와 여가활동에도 중요한 영향력을 미친다. 자기들끼리 취미, 패션, 은어, 가치를 공유하고 여가활동을 같이 하며 나름대로 독특한 하위문화를 형성하기도 한다. 성지식 등 부모나 학교에서 가르치지 않는 정보를 습득하고 교환하는 중요한 통로가 되기도 한다. 또한 서로의 고민과 문제를 나누고 상담하기도 하므로 청소년들에게 가장 강한 소속감을 갖는 집단이 된다. 이러한 특성을 살려 또래상담과 또래지도를 청소년 문제의 해결을 위해 활용할 수도 있다(McWhirter et al., 1998).

현대사회의 청소년 사회화를 담당하는 중요한 기관인 학교는 앞에서 본 것처럼 많은 문제를 가지고 있다. 그럼에도 불구하고 학교는 청소년들이 많은 시간을 보내는 중요한 삶의 공간이다. 따라서 청소년문제의 해결에도 중요한 역할을 담당할 수 있는 기관이다. 학교와 교사는 문제를 가진 청소년 개개인이 적합한 교육과 상담, 치료 등을 받을 수 있도록 도와주어야 한다.

Ⅳ. 사회환경과 청소년문제

청소년이 살고 있는 가정과 학교는 청소년의 생활에 매우 중요한 영향을 미친다. 한편, 가정과 학교가 속해 있는 사회의 정치, 경제, 문화 등은 가정과 학교의 환경을 구성하고 있어 큰 영향력을 행사한다. 예를 들면, 20세기 후반기의 독재적 정치상황에서는 가정과 학교에서도 권위주의적이고 중앙 집권적인 체제가 당연하고 보편적인 것으로 여겨졌었다. 또한 사회 전반에 팽배했던 군사문화는 가정과 학교, 직장에서도 획일적이고 경직된 방식의 운영이 보편화되는 결과를 초래하였다. 우리나라에서 청소년정책 담당부서가 별도로 설립된 것은 1980년대 후반이었다. 이것은 먹고사는 문제의 해결이 시급했던 시기에는 청소년문제에 관해 국가가 정책적인 관심을 가질 여유가 없었다는 것을 보여준다. 전체 사회의 특성 가운데 오늘날의 자본주의 사회에서 청소년의 삶에 가장 큰 영향을 미치는 부분은 경제적인 측면이라고 할 수 있다.

1. 실업과 빈곤

경기침체, 실직과 소득 상실, 그에 따른 빈곤은 청소년과 그 가정, 지역사회 등에 엄청난 파급효과를 가지고 있다. 빈곤은 가정의 갈등과 스트레스, 청소년의 학업부진과 중도탈락을 비롯한 많은 문제와 관련되어 있다. 물론 가정이 빈곤하여도 학업성취도가 높고 성공하는 경우도 있다. 그러나 대부분의 경우에는 빈곤계층의 청소년이 학교를 마치지 못할 가능성이 훨씬 높다고 한다. 이는 빈곤가정의 청소년들이 학업을 시작할 때부터 정상가정의 청소년들보다 뒤처져 있고, 교육에 대한 부모로부터의 지원도 제한되기 때문이다(McWhirter et. al, 1998).

우리나라에서는 1997년의 소위 IMF사태 이후 실직이 급증하고 이에 따라 가정과 자녀양육이 엄청난 파급효과를 겪게 되는 것을 경험하였다. 이와 같이 국제적인 요인이든 국내적인 원인이든 경제가 침체되면 실업률은 올라가고 가정의 소득은 급격히 감소되며, 이는 가정생활과 부모의 양육태도에도 큰 영향을 미친다.

경제적인 손실은 부모의 태도와 행동 등에 영향을 미쳐 자녀의 성장과 생활에 부정적인 영향을 초래한다. 실직과 소득 상실에 시달리는 부모는 더 높은 긴장상태에서 생활하고 있어 짜증과 화를 잘 내고, 자녀를 대하는데 있어서도 일관성 없이 기분 내키는 대로 대하고, 처벌하는 자세를 취하기 쉽다(Schliebner and Peregoy, 1994).

경제적인 손실은 정신건강과 육체건강에 악영향을 미치기도 한다. 실직상태의 부모는 자신과 자신의 삶에 대해 불만을 느끼고, 희생당하고 있다고 생각하며, 더욱 불안해하고 의기소침하고 적대적인 감정을 갖게 되는 경향이 있다. 그들은 신경증과 같은 정신질환 발병률이나 자살률도 더 높은 경향이 있으며, 수면, 식사, 운동 등의 일상생활에서도 문제점을 가지게 되고 술에 의존하게 될 가능성이 크다. 이러한 태도와 행동의 변화는 가족관계를 더욱 어렵게 하며 가정의 스트레스를 증가시킨다. 이러한 현상들은 자녀의 성장과 학업성취에 부정적인 영향을 미친다.

2. 청소년 유해환경

가정과 청소년의 생활에 영향을 미치는 사회환경 중에서 청소년 유해환경은 우리나라의 청소년문제와 깊은 관계가 있다. 20세기 후반기의 정부주도에 의한 고도성장의 부산물로 지하경제가 팽창하고 황금만능주의가 팽배함에 따라 퇴폐·향락 산업이 창궐하고 있어 사회 전체적으로 뿐만 아니라 청소년들에게도 교육적으로 악영향을 미치고 있다. 주택가와 학교 주변까지 침투한 유흥업소는 호기심을 유발하고 간접경험을 통해 청소년들에게 부정적 영향을 미치고 있을 뿐만 아니라, 미성년자 출입 및 고용, 불법약물 사용 및 판매, 성매매 등 퇴폐영업을 자행하고 있어 미풍양속을 저해하고 청소년들의 탈선과 범죄의 온상이 되고 있다. 또한 유흥접객업소의 종업원을 확보하기 위하여 청소년들을 유인하여 가출을 조장하며 혹사시키는 등 범죄와 깊이 관련되어 있다. 청소년 유해환경은 유해업소뿐만 아니라 술, 담배, 마약이나 본드와 같은 유해약물과 총기, 도검류나 유해장난감 등 유해물질, 음란·폭력 비디오 등의 유해매체도 포함하는 광범위한 개념이다.

3. 대중매체와 뉴미디어

대중매체와 컴퓨터를 포함한 각종 미디어와 이를 바탕으로 한 대중문화도 청소년에 커다란 영향을 미치는 사회환경적인 요소이다. 오늘날 청소년의 삶에 가장 큰 영향을 미치는 존재는 학교도, 교회도, 가정도 아닌 매스컴이라고 할 수 있다. 한때 'TV의 자식들'이라 불리던 청소년들은 이제는 'TV와 컴퓨터의 자식들'이라 할 수 있다. 그들의 삶과 문화를 지배하는 것은 이들 미디어와 음악이라고 할 수 있다.

오늘의 청소년들은 컬러텔레비전의 다양한 문화적 특성의 영향을 크게 받으며 자라났다. 컬러텔레비전에서 보는 화려한 치장의 배우들, 또래집단인 10대들의 화려한 연예계 진출과 같은 요인들은 '공부를 통한 성공'만이 입신양명을 위한 유일한 통로로 보던 기존의 가치관을 흔들어 놓아 연예인 지망생이 급증하는 현상을 보이고 있다. 또한 다양한 뉴미디어의 등장은 청소년들의 생활에서 매체의 개인화와 함께 여러 매체를 동시에 접할 수 있는 생활방식을 낳았다. 텔레비전의 화면을 기웃거리면서 라디오 방송은 이어폰으로 듣고 동시에 공부도 하는 다면적인 행동도 가능하다. 워크맨으로 통칭되는 소형 카세트, CD 플레이어, MP3 등 뮤직플레이어와 컴퓨터를 소유하게 되면서 자신의 방에서 외부와 차단된 자신만의 문화를 향유하기도 한다. 라디오 프로그램에는 청소년들이 직접 참가하여 자신들만의 언어로 자신들의 삶을 이야기하는 프로그램이 인기를 끌고 있으며, 불가능해 보였던 음악 테이프의 밀리언셀러가 나타나기도 하였다. 또한 세계 어느 나라보다도 짧은 시기에 인터넷이 광범위하게 보급되면서 우리의 삶과 문화, 특히 청소년문화에 미친 영향은 엄청나다(정민승, 2002).

이렇게 막강한 대중매체와 다양한 미디어를 통하여 각종 상품과 여가활동, 소비생활, 문화활동이 소개되면서 소비를 부추기는 상업주의 시대가 전개되고 있다. 더구나 대부분의 매체들이 기업에 의해 소유·운영되고 있으며, 그렇지 않더라도 이윤을 좌우하는 광고수입 때문에 기업이 대중매체를 통하여 소비·여가·문화시장을 주도하는 상업주의화가 폭넓고 깊숙하게 진행되고 있다. 이러한 과정에서 소비자의 얄팍한 감성과 본능을 자극하는 선정적이고 폭력적인 내용이 흘러 넘치고 있어 성인세대는 물론 청소년들에게도 음란·폭력 문화가 깊이 뿌리내리고 있다.

지금까지 살펴 본 가정, 학교, 사회환경은 청소년문제에 영향을 미치는 외부적인 요인이다. 그러나 청소년의 개인적이고 내면적인 특성은 청소년문제를 좌우하는 내부적인 요인이다.

V. 개인적 특성과 청소년문제

청소년들은 나름대로의 개인적인 특성을 발전시켜 나간다. 이 특성들은 좋아하는 것과 싫어하는 것, 잘하는 것과 못하는 것, 강점과 약점 등에 관한 것으로 개인의 성격이나 기질을 형성하게 된다. 이러한 개인적인 특성들은 개인이 처한 사회적 여건과 가족이나 학교와 같은 환경에 바탕을 두고 형성되는 동시에, 환경에 대응하는 방식을 결정한다. 대부분의 청소년들은 사회생활에 적합한 지식, 적극적인 행동, 사회적인 태도와 같은 건전한 특성을 발전시킨다. 그러나 그렇지 못한 일부 청소년들이 있다. 이러한 차이는 상황에 대한 적응능력과 사회생활에 필요한 사회적 기술을 가졌는가에 따라 나타난다고 할 수 있다(McWhirter et. al, 1998; 노혁, 2002).

1. 적응능력

청소년문제를 일으키는 청소년들은 사회성원으로서 역할을 수행하는 데 필요한 지식, 행동, 태도와 기술들을 익히지 못한 경우가 많다. 그들은 어린 시절 또는 학교생활의 초기에 역기능적인 행동, 인지와 정서의 패턴을 가지고 있음을 나타내는 경향이 있다. 이러한 패턴이 시정되지 않으면 점점 악순환을 거듭하여 학교 중도탈락, 약물남용, 성비행, 학교폭력, 자살 등의 일탈행동을 저지르는 문제청소년이 될 가능성이 크다.

청소년문제를 저지르게 되는 청소년들을 연구한 결과를 보면, 이들은 일련의 심리 · 사회적인 특성과 기능의 결핍을 보이고 있음을 알 수 있다. 이들은 부적응 행동과 태도를 보이는 경향이 있다. 또한 이들은 신체적, 사회적, 심리적인 측면에서 기술의 결핍을 보인다. 여기서 기술은 주어진 상황과 여건에 적합한 행동, 감정, 생각의 패턴을 보여주는 것을 말한다. 이러한 기술은 학습에 의해 향상될 수 있고, 청소년들은 상담, 심리치료, 교육 등에 의해 건전한 특성을 갖게 될 수 있다.

건강한 청소년들은 비록 사회, 가정, 학교 등 환경에 문제가 있더라도 이를 극복하고 정상적으로 성장해간다. 이들은 주변환경과 싸울 수 있는 능력, 자율성과 효과적인 대처전략을 보여준다. 건강한 청소년들은 주변환경으로부터 적절한 지원을 필요로 한다. 이들은 한 상황에서 적절한 지원을 확보할 수 없으면 다른 상황이나 자원으로부터 필요한 지원을 확보하는 능력이 있다. 예를 들면 부모의 지원을 받기 어려우면 교사나 상담가, 종교인, 친척, 친구 등으로부터 지원을 받고자 한다. 가정은 앞에서 살펴본 바와 같이 청소년의 심리 · 사회적인 발달에 가장 중요한 영향을 미친다. 청소년들은 쾌적한 공간, 엄격하나 공정하고 일관성 있는 규칙, 균형 잡힌 규율 등을 필요로 한다. 이것을 확보하는 데에는 효과적인 의사소통이 필수적이다.

건강한 청소년들은 다음과 같은 몇 가지 특성을 보여주고 있다. 첫째로 문제에 대해 적극적인 자세로 접근한다. 둘째로 고통, 좌절과 같은 어려운 경험을 건설적으로 받아들이는 낙관적인 경향을 가지고 있다. 셋째, 가정이나 다른 곳에서 다른 사람으로부터 긍정적인 관심을 이끌어내는 능력을 가지고 있다. 넷째, 긍정적이고 의미있는 삶에 대한 강한 신념을 가지고 있다. 다섯째, 좋은 경험을 추구하는 성향을 가지고 있다. 여섯째, 사회생활과 학교생활, 인지활동에 있어서 유능하다. 이들은 이러한 능력과 특성을 가지고 어려운 상황을 피하거나 조절하거나 극복해나감으로써 자신과 타인들을 위해 최선의 결과를 만들어내는 능력을 발휘한다. 청소년문제와 연관되는 개인적 특성에는 적응능력 외에도 사회적 기술이 있다.

2. 사회적 기술

여러 가지 연구와 경험을 바탕으로 문제청소년과 건강한 청소년을 구분짓는 다섯 가지 특성 또는 기술을 찾을 수 있다. 이것은 기본적 학습 능력(critical school competencies), 자아존중감(concept of self and self-esteem), 의사소통 능력(communication with others), 대처 능력(coping ability), 통제(control)라고 표현할 수 있다.

기본적 학습 능력은 학교에서 학업성취에 필수적인 능력으로 기초학습 능력과 학습성공 능력이라고 할 수 있다. 기초학습 능력은 읽기, 쓰기, 계산과 같은 능력이다. 학업성취도가 높은 청소년은 다른 일에도 자신감을 가지고 적극적으로 대처하지만, 학업성취도가 낮은 청소년은 자신감을 상실하고 다른 일에도 소극적이고 흥미를 갖지 못하며 회피하는 경향이 있다. 학습성공 능력은 학습에 성공할 수 있는 좋은 학습습관을 말한다. 이것에는 과제를 잘 파악하고, 지시를 따르며, 질문하거나 대답하기 위해 손을 드는 것, 타인이 읽을 수 있도록 쓰는 능력 등을 말한다. 이밖에도 문제대처 능력, 동료관계도 학교생활에서 성공하는 데 필수적인 능력이다.

문제청소년들은 자아존중감이 낮은 경향이 있다. 자아관이 자신에 대해 어떻게 생각하는가를 나타낸다면, 자아존중감은 자신에게 얼마만한 가치를 부여하는가를 나타낸다. 자아관과 자아존중감에 영향을 미치는 요인들은 학업성취도와 함께, 부모를 비롯한 어른들과 주위 사람들이 자신에 대해 어떻게 보는가 하는 것이다. 부모를 비롯한 어른들이 비판적이고 처벌하는 태도로 대하고 청소년에 대해 관심과 사랑을 보이지 않을 때 낮은 자아존중감을 가지게 되고 점점 소외되는 경향이 있다.

다른 사람과 적절하게 관계를 맺고 유지하는 기술은 심리·사회적인 적응과 발달에 아주 중요한 요소이다. 이것은 다른 사람과 서로 돕는 관계를 형성하는 데 필요하고 개인이 꼭 배워야 하는 능력이라고 할 수 있다. 대화를 어떻게 시작하고 끝맺으며, 다른 사람과의 문제를 어떻게 해결하는가는 사회생활에 있어 필수적인 기술이다.

불안이나 스트레스를 어떻게 잘 대처하는가는 건강한 생활을 영위하는데 필수적인 또 하나의 기술이다. 어려움에 직면해서도 긍정적이고 평온한 마음을 유지한다면, 상황을 더 객관적으로 파악하고 판단하며 합리적으로 대처할 수 있을 것이다. 건강한 청소년들은 이렇게 문제를 대처해 나가는 능력을 가지고 있다.

통제는 자신이 일에 대한 결정과 미래, 자신의 삶에 대해 영향력을 행사하고 있다는 인식이다. 통제력이 있는 사람은 환경의 변화에 대해 합리적이고 적절한 결정을 내리는 사람이다. 이러한 사람은 적절한 목표를 설정하고 관련 정보를 잘 파악하며 결정에 따른 결과를 잘 인식하고 결정을 수행하는 사람으로, 의사결정 능력이 있는 사람이라고 하겠다. 통제의 다른 요소는 목표달성을 위해 현재의 즉각적인 만족을 유예하고 자신을 통제하며 필요한 행동을 실천하는 것이다. 충동적이고 자신을 통제하지 못하는 사람은 일탈행동에 빠지기 쉽다. 통제의 또 하나의 요인은 삶의 목표를 분명하게 가지고 달성해 가는 것이다. 분명한 목표가 없는 사람은 권태감, 무익하다는 감정, 비관적인 감정에 빠지기 쉽다. 이것은 좌절과 비하, 자살충동 등으로 발전될 가능성이 크다.

3. 문제청소년의 특성

지금까지 살펴 본 바를 유네스코한국위원회에서 발표한 자료를 빌어 정리하면, 문제청소년들은 다음과 같은 특성을 보이고 있음을 알 수 있다(홍봉선 · 남미애, 2000에서 전재); 열등감을 가지고 있다, 인내심이 부족하다, 자주성과 책임감이 결여되어 있다, 생활습관이 형성되어 있지 않다, 배타적이며 불신감을 가지고 있다, 불안정한 가성생활을 한나, 교우관계에 문제가 있다, 사회적인 규범을 무시한다, 정서적으로 메말라 있다, 과도한 집착성을 가지고 있다. 망상을 가지고 있다, 반항적이며 흥분을 잘한다, 낙천적이며 곧잘 열광한다. 현실을 무시하는 경향이 있다, 사고와 행동의 불일치가 나타난다.

이러한 특성들은 유무나 강도에 개인차가 매우 크므로 문제청소년 개개인을 일률적으로 설명할 수는 없다. 또한 이러한 특성들은 환경에 의해 형성되거나 강화되어온 경우가 많다. 이러한 특성을 보일 때는 부모나 교사, 친구 등 주변의 개입이 필요하며, 문제가 심한 경우에는 전문가의 개입이 필요하다고 하겠다.

4. 청소년의 의식과 행동

지금까지 청소년문제의 구조와 배경이 되는 요인들을 살펴보았다. 이러한 상황에서 살고 있는 오늘의 청소년들은 기성세대와는 다른 특성을 보이고 있다.

첫째, 이들은 기성세대들이 참으로 이해하기 힘든 세대이다. 지금까지는 아이들이 '공부 잘 하느냐'가 어른들의 청소년에 대한 주관심사이고 공부 잘하면 문제가 없는, 바람직한 청소년이라고 생각해 왔다. 그러나 요즈음에는 공부 잘 하느냐는 고사하고 '집 나가지 않으면 다행이다'라고 하는 말까지 있다. 교사가 학생을, 어른이 청소년을 이해하기 힘들 뿐만 아니라 학생은 교사를, 청소년은 어른을 이해하지 못하는 극심한 세대차이가 나타나고 있다. 이는 그동안의 사회변화와 그에 따른 청소년들의 의식, 생활의 변화가 너무 빨라 미쳐 감지하고 대응할 수 없었기 때문이라고 할 수 있다. 또한 부모들은 먹고사는 문제를 해결하고 재산을 늘리는 데 급급해 자녀들과 의사소통 하는데 소홀했기 때문이다.

둘째, 오늘날의 청소년은 무언가를 성취하겠다는 동기 자체를 상실한 세대라고 할 수 있다. 풍요 속에 태어나고 자라난 이들은 '내가 왜 사는가'에 대해 별 생각이 없으며, '열심히 뛰어 보았자 정말 뛰어나지 않으면 로보트처럼 산다'고 생각하며 적당히 편하게 살기를 원한다. 이들의 관심은 어떻게 안전하고 안정되게 살 것인가에 있다.

셋째, 오늘의 청소년은 고독하고 외로운 세대이다. 이들은 입시·취직의 압박, 공해, 범죄의 불안 속에 표면적으로 매끄럽게 사는 것처럼 보이지만 서로 믿는 공동체를 모르고 살고 있다. 또한 이들은 광고나 매스컴 등을 통해 보여지는 잘 나가는 아이들을 보며 상대적 박탈감을 느끼기도 한다. 이들은 영악하고 세련되어 보이나 고독하고 외로운 세대이다.

기성세대와 이렇게 다른 청소년들의 행동은 개인주의적, 감각주의적, 소비지향적, 반항적인 성향을 보이고 있다. 이러한 성향을 '되는 대로', '좋을 대로', '나름대로', '친구 하는 대로'라고 표현할 수 있다. '되는 대로'는 궁극적인 가치나 선보다 지금, 바로, 여기에서 필요하고 가능한 일을 중요시하는 것을 말한다. '좋을 대로'는 감성세대답게 자기 기분, 자기 느낌에 좋은 대로 선택하고 행동하는 성향을 지칭한다. '나름대로'는 주위를 돌아보거나 눈치를 살피기보다 자기중심적으로 행동하는 것을 가리킨다. '친구 하는 대로'는 자기의 주관보다 친구들이 하는 대로 따라 하는 동조적인 경향이 강한 것을 의미한다. 친구 하는 대로 따라하지 않다가는 '따'가 되는 수가 있다. '따돌림'의 병폐는 자기들과 다른 것을 참아주고 받아들이는 데 익숙하지 못하므로 따돌려야 직성이 풀리는 이러한 특성과 관련이 있다고 하겠다.

요즈음 청소년들이 어른들에게 대꾸할 때 자주 쓰는 말은 '몰라'와 '싫어'이다. 자기중심적인 이들에게 자신이 관심 없는 것을 물어보거나 대답하기 싫으면 '몰라'라고 짧게 대답하고는 더 이상 응대하지 않는다. 또한 자신이 하고 싶지 않은 일을 시키면 '싫어'라는 한마디로 잘라버리고 신경 쓰지 않는다. 오늘날 청소년문제가 심화되는 데에는 이처럼 기성세대와 청소년들의 세대차이가 큰 것도 관련이 있다.

Ⅵ. 결론

1. 요약

청소년기는 아동기와 성인기의 과도기로서, 청소년들은 전적으로 의존적일 수도 없고 독립적일 수도 없으며, 독립을 추구하는 동시에 어른들의 사랑과 관심을 필요로 하는 존재이다. 청소년은 이렇게 지위상의 갈등요인을 안고 살아가는 존재이며, 생활 속에서 겪는 여러 가지 갈등이 원만하게 해결되지 않으면 청소년문제로 표출된다. 근년 들어 청소년문제에 관한 우려가 커지고 있는데, 삶의 공간인 사회의 변동이 급속하게 진행되는 것과 큰 관계가 있다. 청소년문제와 관련된 중요한 사회변동으로 산업화, 도시화, 대중사회, 정보화, 세계화를 들 수 있다.

청소년문제가 사회문제로 부각된 것은 산업사회에 들어서부터이다. 산업화가 진행됨에 따라 공장제 생산에 의해 가정과 직장이 분리되고, 발달된 테크놀로지를 배우기 위해 교육과 훈련기간이 길어지고, 생산력 증가에 따라 노동시장 진입이 지연됨에 따라 청소년기가 연장되고 청소년집단이 확대되며 청소년문제가 심각해졌다고 볼 수 있다.

산업구조의 변화와 인구이동은 도시화를 진행시켰으며 도시화는 여러 가지 혜택과 함께 많은 문제를 가져왔다. 범죄, 빈곤 등의 증가와 함께 도시에서의 익명성과 공동체 해체현상은 청소년의 사회화와 건전한 성장에 부정적인 역할을 하고 있다. 산업사회는 인간소외와 획일화 등 대중사회 현상이 나타나며, 상품화된 대중문화의 선정성과 폭력성 등은 청소년에게 악영향을 끼치고 있다.

오늘날의 사회는 산업사회와는 질적으로 구분되는 정보화사회라고 일컬어진다. 인터넷과 같은 정보 · 통신의 발달에 따라 정보의 생산과 처리가 신속해지고 정보와 지식이 부와 권력의 원천이 되는 사회이다. 인터넷을 이용하여 시간과 공간의 장벽이 축소되고, 현실과는 다른 사이버 공간의 삶이 존재하고 있다. 청소년들은 사이버 공간과 인터넷 문화의 중요한 활동세력이 되고 있다. 음란 · 폭력적 콘텐츠를 담고 있는 인터넷 사이트는 청소년에게 유해한 환경이 되고 있으며, 많은 청소년들이 인터넷중독에 빠지는 것도 새로운 유형의 청소년문제이다.

청소년문제는 생활공간인 환경과 그 안에서 만나는 사람들과의 상호작용의 영향을 받는다. 청소년들의 중요한 생활공간은 가정, 학교와 사회이다. 가정은 기능이 많이 감소하기는 하였지만 여전히 가장 중요한 사회화기관이다. 현대사회의 가정은 성적 욕구의 충족과 재생산 기능 이외에는 많은 기능을 학교, 직장, 대중매체 등에 넘겨주었다. 가정구조 역시 핵가족화, 출산율의 감소, 여성 취업률의 증가, 이혼율의 증가와 같은 많은 변화를 겪고 있다. 기능적으로도 배우자학대, 아동학대, 가정폭력, 방임, 대화 부족 등 여러 가지 기능적인 장애와 병리현상이 나타나고 있다.

부모의 자녀양육 방식은 자녀의 인격형성과 삶에 큰 영향을 미친다. 자녀에게 부정적인 영향을 미치는 유형은 지배적 부모, 간섭이 심한 부모, 지나치게 보호적인 부모, 강압적인 부모, 무정하고 자녀를 무시하는 부모들이다. 권위적이고 통제적인 부모의 자녀가 문제행동을 일으킬 가능성이 높고, 민주적인 부모는 자주성, 독립성과 책임성을 가진 자녀를 만든다. 가정구조의 변화나 기능과 양육방식의 문제로 인하여 여러 가지 유형의 문제가정이 생기고 있다. 문제가정의 유형에는 부도덕가정, 결손가정, 애정결여가정, 갈등

가정, 훈육결여가정, 빈곤가정과 시설가정 등이 있다.

학교는 가정에 버금가는 중요한 사회화기관이다. 사회의 축적된 지식과 기술을 가르치며 가치와 규범을 전수한다. 학교에서의 사회화는 교과과정뿐만 아니라 교사와 동료 학생과의 관계와 상호작용을 통해서 이루어진다. 오늘날 우리나라의 학교는 입시 위주, 성적 위주의 교육으로 특징지워지며, 교육의 수단화와 비인간화, 계층과 지역에 따른 교육격차의 심화, 권위주의적이고 경직된 학교 운영, 교사의 학생 지도력의 약화, 열악한 교육환경과 같은 문제를 가지고 있다. 교육개혁을 위한 노력이 전개되고 있으나 아직 문제해결은 요원한 것으로 보인다.

청소년들에게는 또래관계가 매우 중요하다. 비공식적이고 평등한 관계에서 우정과 정보를 나누는 중요한 준거집단이 된다. 이들에게는 또래의 인정을 받고, 또래들에게 수용되는 것이 절대적으로 중요한 일이다. 따라서 또래들에게 따돌림받는 것은 자살의 원인이 될 만큼 심각한 문제가 된다. 또래의 압력은 부모나 교사의 권유보다 더 큰 영향력을 가지기도 한다. 또래집단이 반사회적인 규범을 택하게 되면 비행청소년 집단이 된다. 그러므로 또래상담이나 또래지도는 유용한 청소년 지도방법이 될 수 있다.

가정과 학교는 전체 사회의 정치, 경제, 문화의 영향을 받는 하위집단이라고 할 수 있다. 권위주의 정치체제에서는 가정과 학교도 권위주의적인 체제를 이룰 가능성이 크다고 하겠다. 사회의 경제적인 상황은 청소년의 삶과 가정에 가장 큰 영향을 미치는 요인 가운데 하나가 된다. 경기침체, 실직, 빈곤은 가정과 지역사회의 생활을 어렵게 만들며, 부모의 삶과 정신건강에 큰 영향을 미치고, 자녀양육 방식과 교육에 대한 관심과 투자에도 엄청난 영향을 미친다.

오늘날 사회환경 중에서 청소년 유해환경은 청소년에게 매우 부정적인 영향을 미치는 요인이 되고 있다. 유흥업소는 청소년 출입 및 고용, 술과 약물의 판매, 성매매 등을 통해 청소년들을 해치고 있으며 청소년의 가출을 조장하기도 한다. 술, 담배, 마약, 본드와 같은 유해약물과 음란·폭력물 등 유해매체도 청소년들에게 유해한 환경으로 많은 문제와 연관되고 있다.

TV를 비롯한 대중매체와 컴퓨터, 휴대폰, 개인용 뮤직 플레이어 등 뉴미디어의 보급에 따라 청소년의 삶과 문화의 방식이 달라지고 있다. 특히 TV와 컴퓨터는 청소년들에게 부모나 교사보다도 영향력 있고 필수적인 존재가 되었다. 그러나 이들 매체를 통하여 소비·여가·문화의 상업화가 깊숙이 진행되고 있다.

가정, 학교, 사회환경과 같은 외부적인 요인들과 함께 청소년 자신의 개인적이고 내면적인 요인들도 청소년문제에 깊이 관련되어 있다. 청소년들은 나름대로의 기호, 장점과 단점, 기질과 같은 특성을 가지고 있다. 이러한 특성들은 환경과 개인이 처한 여건, 그 안에서의 상호작용 등을 통해 형성되고 유지된다. 대부분의 청소년들은 사회적인 태도, 행동, 지식을 발전시키는 반면, 문제청소년들은 이러한 특성을 익히지 못한 경우가 많다. 청소년문제를 저지르는 청소년들은 일련의 심리적·사회적인 특징과 기능의 결핍을 보이고 있다. 일반적으로 주어진 상황과 여건에 적합한 행동, 감정, 생각을 갖지 못하고 있다. 이러한 기술은 학습, 상담, 심리치료 등을 통해 익히고 받아들여야 하는 것이다.

건강한 청소년들이 보이는 특성은 환경에 문제가 있더라도 이를 극복하고 발전하는 능력이다. 즉, 불리한 주변환경과 싸울 수 있는 능력, 자율성과 효과적인 대처전략을 가지고 있는 것이다. 또한 이들은 필요한 외부의 지원을 주어진 상황에서 확보하거나 아니면 확보할 수 있는 다른 자원을 발굴한다. 이러한 능력은 효과적인 의사소통을 전제로 한다. 이를 바탕으로 건강한 청소년들은 적극적이고 낙관적, 긍정적인 태도와 상황파악 능력, 그리고 새로운 경험을 추구하는 자세를 보인다.

이와 같이 건강한 청소년과 문제청소년을 구분짓는 기술은 기본적 학습능력, 자아존중감, 의사소통능력, 대처능력, 통제 등 다섯 가지로 정리할 수 있다. 기본적 학습능력은 읽기, 쓰기, 계산 등 기초학습 능력과 과제를 파악하고 지시를 따르는 것과 같은 학습성공 능력을 말한다. 자아존중감은 자신에 대해 어떻게 생각하고 얼마만한 가치를 부여하는 것인가를 나타내는데, 부모를 비롯한 주위 사람들이 자기를 어떻게 보는가에 큰 영향을 받는다.

불안과 스트레스에 대처하는 능력과 자신이 자신의 삶과 일에 대해 영향력을 가지고 있다는 인식, 삶의 목표에 대한 인식 등이 이에 포함된다.

이러한 연구를 바탕으로 문제청소년들이 보이는 특성을 정리할 수 있는데, 이러한 특성들은 유무나 강도에 개인차가 매우 크므로 일률적으로 판단하는 것은 적절하지 못하다. 이러한 특성을 보일 때는 부모, 교사, 친구 등 주변 사람의 개입이 필요하며, 문제가 심한 경우에는 전문가의 개입이 필요하다.

오늘날처럼 급속히 변화하는 시대에 살고 있는 청소년들은 기성세대와 매우 큰 세대차이를 보이고 있다. 또한 풍요로운 시대에 자라나서 무엇을 성취하겠다는 의욕이 부족한 세대이다. 이들은 자기중심적이며 기분내키는 대로 행동하는 특성도 보이고 있다.

2. 논의

청소년문제는 가정과 학교, 지역사회 등 사회환경의 영향 속에서 싹트고 일어난다. 청소년을 둘러싸고 있는 환경의 영향권 안에 있다고 하겠다. 그렇다고 모든 책임이 외부요인에만 있는 것은 아니다. 청소년 자신의 개인적 특성이나 내면적인 요인도 청소년문제에 큰 관련을 가지고 있다. 청소년 자신들이 환경을 어떻게 인식하고 어떻게 대처하는가에 따라 좌우되는 부분이 상당하다고 볼 수 있다.

청소년문제의 원인과 해결책은 단일 요인에 초점을 맞추기보다 가정, 학교, 사회, 그리고 개인적인 특성 등 다양하고 복합적인 요인들을 종합적으로 검토하고 찾아야 할 것으로 보인다. 뿐만 아니라 청소년문제는 사회변동에 따라 유형과 양상이 달라지는 것을 알 수 있다. 따라서 사회의 변화에도 민감하게 주의를 기울이고 적절한 분석과 대책을 모색해야 함을 알 수 있다.

가정의 구조가 빠르게 변화하고 기능이 약화되어 가고 있으며, 문제가정이 늘어가고 있다. 가정의 중요성을 재인식하고 가정을 살리는 노력이 필요하다. 모든 문제는 발생한 후에 대처하고 치료하기보다 발생하기 전에 예방하는 것이 쉽다. 많은 청소년문제는 가정의 회복과 강화를 통해 예방될 수 있을 것이다.

학교환경의 개선은 궁극적으로 학력주의 풍토와 과열 입시경쟁의 해결에서부터 출발해야 한다. 일차적으로는 학교운영의 민주화, 교육환경의 개선, 교원처우 개선과 교권의 회복, 상담과 심리치료의 확대, 교과과정의 현실화 등을 통해 문제 예방과 치료에 나서야 할 것이다.

사회환경의 측면에서는 경제의 안정과 적정 성장의 유지, 유해환경의 정비, 미디어의 건전한 활용 등이 필요하다고 하겠다. 청소년의 적응능력과 사회적 기술의 체득을 위해서는 가정과 학교에서의 인정과 수용, 격려 등을 통해 자아존중감을 갖도록 하고, 적극적이고 긍정적으로 문제에 대처하는 자세를 익히도록 하는 것이 필요하다. 이밖에도 도움이 필요한 청소년들을 상담하고 치료하는 등 적절한 지원을 받도록 여건을 마련하여야 한다.

청소년들이 의욕적이지 못하고 수동적이며 공동체 정신이 부족한 점은 미래사회를 생각할 때 우려되는 점이다. 빠르게 진행되고 있는 세계화된 정보화사회에서 청소년들이 잘 대처할 수 있도록 돕는 일은 시급하고도 중요하다. 이러한 논의를 바탕으로 앞으로의 과제를 몇 가지로 정리할 수 있다.

첫째, 오늘의 청소년들이 미래사회에서 요구되는 정보와 지식을 다루는 능력, 창의성, 열린 마음을 갖도록 하기 위해서는 이들이 주체적이고 창의적인 활동을 하도록 여건을 조성하고 적극 권장하여야 한다. 구시대적이고 억압적인 교육제도를 개혁하고 각종 청소년시설과 단체활동이 주체적이고 창의적으로 전개되도록 하여야 한다. 지금과 같이 청소년들이 무기력하고 수동적인 인간으로 자랄 때 머지않아 한국은 국제사회에서 주변국으로 전락하여 단순하고 값싼 노동력을 제공하는 상태에 머무르게 될 것이다.

둘째, 청소년들을 이해하기 위해 힘써야 한다. 힘쓸 뿐만 아니라 반드시 이해하고 서로 의사소통이 되도록 해야 한다. 우선 기성세대는 청소년들이 성인들과 같은 배경과 의식을 갖고 있다고 생각해서는 안 된다. 있는 그대로 청소년들을 받아들이고 보고 공감하도록 해야 한다. '이렇게 해라'하기

보다는 '나는 이렇게 생각하는데 너는 어떻게 생각하니?'라는 자세가 중요하다. 결론을 내리기 보다 있는 그대로를 받아들이는 노력이 필요하다.

셋째, 청소년의 의식, 행동, 문화를 변화시키기 위해서는 성인문화와 전체 사회가 먼저 변화되고 모범을 보여야 한다. 성인들은 담배를 피우면서 담배 피우지 말라거나, 성인들은 음란·폭력 문화에 젖어 즐기면서 청소년들은 순결하고 온순하게 살아가라는 가르침은 무의미한 것이며 오히려 혐오의 대상이 될 뿐이다.

앞만 보고 달려온 지난 40여 년간의 성장일변도 정책은 물질적 빈곤의 문제를 어느 정도 해결하는 데는 성공했으나 인간의 존엄성을 인식하고 자족하며 함께 살아가는 삶을 송두리째 깨뜨려 버릴 정신적 위기를 초래하였다. 물질 위주의 성장과정에서 가정이 크게 약화되고 파괴되어 가고 있다. 이와 함께 황금만능주의, 퇴폐향락 풍조, 부정부패가 만연하여 가치관이 흔들리고 사회는 타락하였다. 사회 전체가 부패하고 타락함에 따라 많은 청소년들이 도덕이나 윤리의식이 마비된 인간으로 성장하고 있다. 사회발전과 성장을 추진함에 있어서 정신과 물질의 균형을 중요시하는 세심하고도 진지한 배려가 필요하다.

참고문헌

고영복(1991). 현대사회를 어떻게 볼 것인가. 사회문화연구소 편, 현대사회론. 서울: 사회문화연구소.

김경동 외(2002). 사이버 시대의 사회변동. 서울: 집문당.

김준호(1992). "중퇴생들의 범죄화과정에 관한 연구." 한국형사정책연구원 편, 청소년범죄의 원인과 대책. 서울: 한국형사정책연구원.

김준호 · 노성호 · 고경임 · 최원기(1990). 청소년비행의 원인에 관한 연구. 서울: 한국형사정책연구원.

김형태(1992). 부모 · 가정의 역할. 한국청소년개발원 편, 청소년문제론. pp. 329-54. 서울: 한국청소년개발원.

노혁(2002). 청소년복지론. 서울: 대학출판사.

도종수(1991). 청소년문제. 사회문화연구소 편, 현대사회문제. 서울: 사회문화연구소.

______(1992). 사회변동과 청소년문제. 한국청소년개발원 편, 청소년문제론. pp. 3-15. 서울: 한국청소년개발원.

문화관광부(2003). 청소년백서. 서울: 문화관광부.

양춘(1984). 청소년문제와 노인문제. 서울: 정음사.

이종원(2001). 청소년의 인터넷관련 문제행동 실태분석. 서울: 한국청소년개발원.

임희섭(1991). 공동체의 해체 문제. 한국사회학회 편, 현대한국사회문제론. 서울: 한국사회복지정책연구소 출판부.

정민승(2002). 청소년의 인터넷 이용실태와 문제점. 정보통신윤리위원회 학술발표회 자료.

차경수 · 정지웅(1976). 사회학적으로 본 한국교육 30년. 한국사회학, 제10집. pp. 125 41.

통계청(1996 · 2002). 한국의 사회지표. 서울: 통계청.

한국청소년개발원 편(1992). 청소년문제론. 서울: 한국청소년개발원.

한준상(1989). 청소년문제와 학교교육. 서울: 연세대학교 출판부.

홍봉선 · 남미애(2000). 청소년복지론. 서울: 양서원.

황진구(2001). 청소년 정보격차의 실태와 대책에 관한 연구. 서울: 한국청소년개발원.

Bell, Daniel(1980). *The Winding Passage: Essays and Sociological Journeys 1960-1980*. New York: Basic Books; 서규환 역(1994). 정보화 사회의 문화와 미래. 서울: 디자인하우스.

Jaffe, Michael L.(1998). *Adolescence*. New York: John Wiley & Sons.

McWhirter, J. Jeffries et al.(1998). *At-risk Youth*. CA: Brooks/Cole.

Schliebner, C. T. & Peregoy, J.J.(1994). Unemployment Effects on the Family and the Child: Interventions for Counselors. *Journal of Counseling & Development*, 72(4). pp. 368-72.

Sullivan, Thomas and Kenrick Thompson(1988). *Introduction to Social Problems*. New York: Macmillan.

Sutherland, E. H. and Cressy, D. R.(1975). The Theory of Differential Association. In Traub and Little(eds.), *Theory of Deviance*. Il: Peacock.

Vernon, Robert & Lynch, Darlene(2000). *Social work and the Web*. CT: Wadsworth.

2

청소년비행의 개념과 이론

Ⅰ. 청소년비행의 개념

청소년문제의 대표적인 청소년비행의 개념은 그 범위가 넓어 다소 모호하다. 청소년비행에 대한 일차적인 개념은 청소년에게 기대되는 규범에서 벗어난 일탈행동이라고 볼 수 있다. 범죄를 규정할 때에도 범죄를 저지른 사람이 책임을 질 수 있는가 여부가 고려되기는 하나, 범죄는 보통 행위자보다는 행위를 중심으로 규정되는 반면에 청소년비행은 일단 행위자를 중심으로 규정되기 때문에 누가 청소년인가에 대한 논의가 개념규정의 출발이 된다. 최근의 청소년보호법 개정에서 논란이 있었던 것처럼 청소년에 대한 연령규정은 매우 상대적이다. 여러 논란 끝에 19세 미만으로 규정되기는 했으나 반대 의견도 만만치 않았다[1].

1) 청소년의 연령을 규정하고 있는 현행 법 사이에 상충이 많다. 현행 각종 법률을 보면 18 미만에서 20세 미만까지 다양하게 청소년의 연령을 규정하고 있다. 예를 들어 영화진흥법에서는 "18세 미만"을 청소년으로 간주하는 반면에, 민법이나 미성년자보호법과 풍속영업법, 소년법등에서는 "20세 미만"을 규정하고 있으며, 국민건강증진법에서는 "19세 미만"

청소년에 대한 연령을 중심으로 한 논란뿐 아니라 어떠한 행위가 청소년 비행인가에 대해서도 논란의 여지가 있다. 특히 법적인 개념으로서 소년범죄와 청소년비행은 어떻게 다른가도 간단하지 않다. 예를 들어 중·고등학생들의 가벼운 음주나 흡연은 청소년비행일 수는 있으나 소년범죄는 아니다. 따라서 청소년비행은 심각한 청소년범죄와 음주나 흡연과 같은 사소한 비행을 포함한 넓은 개념이라고 볼 수 있다.

우선 법적인 개념인 소년범죄를 살펴보자. 우리나라 소년법 제2조는 소년범죄의 소년을 20세 미만의 자로 규정하고 있지만, 형법 제9조는 14세를 형사책임연령으로 규정하고 있다. 따라서 소년범죄자는 원칙적으로 일반 형사사건을 저지른 14세 이상 20세 미만의 소년을 가리킨다[2]. 환언하면 14세 이상 20세 미만의 연령층이 형법상 청소년에 해당되며, 이들이 행한 범죄행위는 소년범죄라는 것이다. 그러나 소년법 제4조에서는 형벌법령에 위반되는 행위를 한 12세 이상 14세 미만의 소년은 촉법소년이라고 규정하고 있으며, 더 나아가 "보호자의 정당한 감독에 복종하지 않는 성벽이 있거나, 정당한 이유 없이 가정에서 이탈하거나, 해롭게 하는 성벽이 있으면서, 그의 성벽 또는 환경에 비추어 장래 형벌법령에 저촉되는 우려가 있는 12세 이상의 우범소년"의 경우에도 소년법의 적용을 받도록 규정하고 있다[3]. 촉법소년의 경우에는 범죄를 저질렀으나 형사책임 연령인 14세 미만이기 때문에 소년범죄자로 규정되지 않으나, 우범소년의 경우에는 형벌법령에 해당되는 행위는 아니지만 앞으로 범죄를 저지를 가능성이 있는 소년을 지칭하는 말이다. 범죄를 저지를 가능성은 여러 가지 성벽과 환경에 의해 판단되는 것이다. 즉 범죄라고 할 만큼 심각한 일탈행동은 아니지만 여러 가지 정

으로 규정하고 있다. 이러한 혼란의 극치는 다음과 같은 경우를 보면 잘 알 수 있다. 청소년이 유해업소에 출입하는 것과 술, 담배를 청소년에게 판매하는 것을 규제하는 주요 법률인 풍속영업법내에서 조차도 보호대상 청소년의 연령이 상이하게 규정되어 있기 때문에 20세 미만은 술이나 담배를 마시거나 피울 수 없으며 술집에 출입을 할 수는 없지만 18세 이상의 청소년을 술집 접대부로 고용할 수는 있다는 모순이 있다.

2) 배종대, p522

3) 범죄백서 1996, p239

황으로 볼 때 앞으로 범죄를 저지를 우려가 있는 행동 역시 문제행동으로 간주하고 있다.

한편 성인이 했을 때에는 그다지 문제가 되지 않아 범죄로 규정되지 않으나, 청소년이 했을 때에는 바로 청소년이라는 사회적 지위 때문에 일탈행동으로 간주될 수 있는 것이 지위비행(Status offense)인 것이다. 예를 들어 음주, 흡연, 음란물 접촉, 사소한 싸움, 부모에 대한 반항, 가출 등은 범죄라고 볼 정도로 심각한 일탈행동은 아니지만 그러한 행동을 한 행위자가 청소년이기 때문에 일탈행동으로 규정되기 때문이다.

이와 같이 청소년비행은 소년범죄와 지위비행으로 구분하여 생각할 수 있다. 즉 형벌에 저촉되는 행위인 심각한 범죄는 물론이고, 범죄의 구성요건에는 해당되지 않으나 그 사회에서 청소년에게 기대되는 규범에 벗어난 일탈행동을 청소년비행으로 규정할 수 있다.

Ⅱ. 청소년비행의 이론

청소년비행의 이론은 여타의 일탈행동론 · 범죄사회학 이론과 대부분 중첩되고 있다. 적지 않은 일탈행동 이론의 주된 설명대상이 청소년인 경우도 있으나 그렇지 않은 경우도 있다. 따라서 이러한 다양한 이론중에서 청소년비행에 관한 부분을 발췌한다는 것은 의미가 없어 일반적인 일탈행동 이론을 살펴본 후 청소년비행과의 연관을 살펴보기로 하자.

일탈 및 범죄에 관한 사회적 관심의 역사는 그다지 오래지 않다. 중세까지만 해도 일탈자에 대한 이론적 관심은 거의 없었으며, 범죄 및 일탈에 관한 설명 역시 전무하였다. 베카리아의 고전학파와 롬부로소를 중심으로 한 실증주의학파로부터 출발한 일탈이론은 20세기 초 미국에서 본격적인 학문적 관심의 대상이 되었다. 그 중심되는 이론은 크게 네 가지 방향에서 발전되었다고 볼 수 있다. 그 첫째는 아노미이론과 하위문화이론과 같이 사회구조와 문화와 같은 거시적인 맥락에서 일탈행동을 설명하는 것이다. 인간을 둘러싸고 있는 사회구조나 문화에 문제가 있을 때 그 영향을 받고 사는 인간은 규범을 위반할 개연성이 높다는 것이다. 두 번째는 범죄 역시 사회적 행위라는 미시적인 입장에서 그 행위의 과정에 관심을 두거나 행위를 규제하는 통제기제에 관심을 둔 이론으로서 사회통제이론과 차등적 접촉이론을 들 수 있다.

한편 1970년대에 주목을 받기 시작한 낙인이론과 비판범죄론은 그 관점을 달리한다. 사회적 불평등과 권력에 대한 이해 없이 범죄와 일탈을 이해하기 힘들다고 주장한다. 법이란 불평등한 사회에서 가진 자들이 그들의 기득권을 유지·존속하기 위한 수단이라는 극단적인 주장을 펼치고 있다. 마지막 네 번째 입장은 최근에 다시한번 주목을 받기 시작한 범죄피해 이론이다. 지금까지의 이론이 주로 가해자 중심의 이론이라고 한다면 가해자 중심 이론의 한계를 극복하고 보완하려는 시도로서 다양한 피해자 이론이 있다.

1. 사회구조와 문화

1) 아노미이론

일탈행위에 대한 사회학의 여러 이론 중 문화전달이론과 함께 중요한 위치를 차지하고 있는 아노미이론은 듈껭(Emile Durkheim)에 의해 시작되었고 머튼(R. K. Merton)에 의해 일탈행위에 대한 일반이론으로 정립되었다. 듈껭은 그의 저서 분업론에서 사회적인 분업으로 야기되는 병리적인 형태와 결과에 대해 관심을 가졌다. 특히 분업화된 사회에서 사회성원간에 서로 밀접하고 친밀한 관계를 갖지 못하거나 공통으로 받아들일 수 있는 규칙을 만들지 못하게 되면 사회내의 각 부분간의 협조가 잘 되지 않거나 사회연대가 약화된다고 보았다. 이렇게 되면 각 부분간에 상호 예측이 힘들어져서 혼란이 일어나며 심지어는 사회해체 현상도 야기될 수 있다고 보았다. 이러한 상태, 즉 무규범(normlessness) 혹은 규칙붕괴(deregulation)의 상태를 듀껭은 아노미라 불렀다.

그는 이러한 아노미의 개념을 그의 다른 저서 자살론에 적용하였다. 듀껭에 의하면 인간은 인간의 욕망과 그 욕망을 충족시켜 줄 가능성이 조화되었을 때 균형상태에 있게 된다. 그러나 인간의 사회적 욕망은 자연상태에서는 한계가 없이 치솟게 되며 이러한 욕망을 규제해주는 것이 사회규범이라는 것이다. 평시의 인간은 그를 둘러싸고 있는 규범에 의해 욕망을 제어받고 있으나 사회가 급격히 변동하여 이제까지 그의 욕망을 규제해주던 규범이 와해되면 욕망은 한없이 치솟게 되어 그 결과 자살에 이르는 것이며 이러한 자살을 듀껭은 아노미적 자살이라고 불렀다. 즉 듀껭의 아노미 개념은 뮤규범상태(normlessnes)를 뜻하는 것이다.

이러한 듀껭의 아노미 개념을 발전시켜 일탈행위를 설명하는 세련된 이론으로 발전시킨 사람은 머튼(R. K. Merton)이다. 머튼은 한 사회의 문화목표(cultural goal)와 제도화된 수단(institutionalized means)과의 괴리현상을 아노미라고 불렀다. 문화목표란 한 사회에서 거의 모든 성원이 바람직하다고 규정한 것이며 동시에 소유하기를 원하는 대상이다. 예를 들면 부귀영화, 권력 같은 것을 말한다. 한편 제도화된 수단이란 그러한 문화목표를 달성하는데 합당한 방법을 말한다. 즉 부자가 되려면 열심히 노력하여 합법적인 방법에 의해 돈을 벌 수도 있고 훔친다든가 사기를 친다든가 권력을 남용하여 돈을 버는 등 여러 가지 불법적이고 비합법적인 방법이 있다. 이중에서 합법적인 방법을 제도화된 수단이라고 칭하는 것이다.

정상적인 사회의 경우 이 양자, 즉 문화목표와 제도화된 수단간에는 어느 정도 일치되어 있으나 사회에 따라서는 양자 중 어느 하나에 특히 강조를 두는 경우도 있으며, 한편 한 사회에 있어서도 계층별로 문화목표와 제도화된 수단간의 관계가 상이할 수도 있는 것이다.

하층에 속하는 사람은 부자가 되고 싶으나 배우지 못하고 가진 것도 없기에 부자가 될 수 있는 합법적 혹은 제도화된 수단이 상층에 비해 상대적으로 결여되어 있다고 볼 수 있다. 따라서 문화목표는 수용하였으나 (즉 돈을 벌고 싶으나) 제도화된 수단이 결여되면 (합법적인 방법으로는 원하는 돈을 벌 수가 없으면) 아노미를 느끼게 되며, 그 결과 비합법적인 방법으로라도 원하는 문화목표를 달성하려고 한다면 이는 곧 범죄 혹은 일탈행위를 저지르는 결과를 초래한다는 것이다.

머튼은 개인이 문화목표와 제도화된 수단에 어떻게 적응하는가에 따라 다음과 같은 다섯 가지 유형의 적응양식을 제시하였다.

개인적 적응양식의 유형		
적응 양식	문화목표	제도화된 수단
동조형 (Conformity)	+	+
혁신형 (Innovation)	+	−
의례형 (Ritualism)	−	+
도피형 (Retreatism)	−	−
반역형 (Rebellion)	±	±

*+는 수용, −는 거부, ±는 현존의 가치는 거부하며 새로운 가치로 대치하려는 태도를 뜻한다.

첫째 유형인 동조형은 문화목표와 제도화된 수단 양자를 모두 수용한 형태로서 정상적인 행위유형을 의미한다. 이 동조형을 제외한 나머지 네 가지 유형이 모두 일탈행위로 규정되는데, 이중 혁신형이 가장 중요한 유형이므로 혁신형을 중심으로 논의한다. 혁신형이란 문화목표는 수용하였으나 제도화된 수단은 거부하는 유형을 말한다. 이러한 유형은 화이트칼라 범죄(white collar crime)나 하층의 일탈행위에 특히 많이 나타나는 형태로서, 문화목표는 상층과 마찬가지로 높으나 문화목표를 달성할 수 있는 제도화된 수단이 결여된 사람들의 일탈행위를 설명하는 데 유용한 개념틀이다. 이러한 처지에 놓여있는 사람들은 그들에게 비효과적인 제도화된 수단보다는 효과적이며 손쉬운 비제도적 수단, 즉 비합법적인 수단에 호소하게 됨으로써 이러한 계층에 일탈이 집중되는 것으로 해석되고 있다.

그런데 여기서 주의할 점은 단지 문화목표를 지나치게 강조한다든지 혹은 제도화된 수단에의 접근가능성이 제약되었다는 어느 한가지만으로는 일탈행위가 발생되지 않는다는 점이다. 이미 언급한 바와 같이, 문화목표는 강조되고 있으나 제도화된 수단은 결여되었을 때 사회적으로 일탈행위가 대량으로 발생하게 된다. 예를 들어 봉건사회와 같이 계층별로 문화목표가 다를 경우에는 일탈행위가 많이 발생하지 않으며, 이러한 맥락에서 볼 때 가난 그 자체기 일탈의 지접적인 원인이 되지는 않는다는 것이다. 환언하면 가난하다고 곧 도적질을 하는 것이 아니라 자기의 분수에 걸맞지 않는 것을 원할 때 아노미현상이 일어난다는 것이다.

아노미이론의 골자는 범죄의 원인을 무규범상태로 보든지(듈껭) 문화목표와 제도화된 수단간의 괴리로 보든지(머튼) 간에 사회구조의 모순에서 찾으려 한 것이다. 특히 범죄 혹은 일탈행위가 왜 하층에 집중되어 있는가를 설명하려는 이론인 것이다.

2) 하위문화이론

모든 사회는 고유한 문화체계를 갖고 있으며 인간의 행위는 각 사회의 문화체계에 의하지 않고서는 이해될 수 없다. 이처럼 인간이 특정한 사회에 생존한다는 조건으로 인해 일반적으로 받아들여진 생활양식의 총체를 문화라 한다. 우리가 어느 사회의 문화를 이해하고자 할 때 그 사회에 속해 있는 모든 사람이 약간의 차이점은 있으나 비교적 동일한 문화를 갖고 있다고 보면 공통문화로서 이해하는 것이며, 반면에 성별, 연령, 계급 등 그가 속해있는 집단에 따라 현저하게 다른 문화가 존재한다고 보면 한 사회에는 다양한 하위문화가 존재한다고 이해하는 입장이 된다. 하위문화란 전체문화의 하위부문으로서, 소속되어 있는 성원들을 통합하는 것이며 성원들은 그 내용을 학습하여 자신의 행동의 기준으로 삼는 생활양식의 총체라 할 수 있다. 일탈 및 범죄의 설명에 하위문화가 거론되는 이유는 간단하다.

인간이 하는 행위의 대부분이 배워서 하는 것이라는 가정을 받아들인다면, 또한 그 배우는 내용의 대부분은 그가 속해 있는 사회 혹은 하위집단의 문화라고 한다면, 일탈행위도 역시 그가 속해 있는 문화권 속에서 배워서 하는 것이라고 볼 수 있기 때문이다.

범죄사회학에 있어서의 다양한 하위문화이론은 다음과 같은 간단한 가정에서 출발한다. 즉 하층에는 중산층과는 다른 문화(하위문화)가 존재하며 그중 어느 특수한 부분이 하층 청소년들로 하여금 비행을 저지르기 쉽게 한다는 것이다. 그러나 하위문화의 성격과 내용 그리고 하위문화의 형성과정에 대해서는 서로 다른 입장이 존재하는데, 크게 구별하면 다음의 세가지 유형의 하위문화이론이 있다고 볼 수 있다.

(1) 코헨의 비행하위문화이론(delinquent subculture theory)

코헨(A. Cohen)은 비행하위문화를 하층소년들이 지위 욕구불만(status frustration)에 기인하여 중산층의 지배문화에 대항적인 성격을 갖는 하위문화로 보고 있다. 인간의 모든 행동은 문제를 해결하려는 일련의 과정이며 문제가 해결되기 전까지는 긴장과 불균형이 있게 되는데, 이러한 문제는 그 앞에 당면한 상황(situation)과 그 상황을 바라보는 인간의 준거틀과의 상호작용 속에서 해결되는 것이다. 객관적인 상황은 관점에 따라 상대적으로 해석되는데 이러한 관점은 그의 상황을 바라보는 준거틀이 되는 것이다. 즉 문제를 해결하는 방법은 그에게 문제를 던져준 상황이 변하거나, 혹은 문제를 바라보는 관점을 바꾸어 상황 자체를 문제로 여기지 않던가 하는 길뿐일 것이다. 그러나 일반적으로 상황을 바꾸기보다는 준거틀을 바꾸는 방법이 더 효과적이라고 코헨은 주장하고 있다.

사회적으로 보면 인간의 문제는 사회체계내의 여러 역할간에 상이하게 배분되어 있어 연령, 성별, 민족, 경제적 계층 직업, 사회적 계급에 따라 인간은 서로 다른 준거틀을 갖고 있다고 본다. 이와 같이 코헨은 모든 인간의 행동은 문제해결을 위한 것이며 이는 준거틀의 변경을 통해 효과적으로 이루어진다는 점과, 문제는 사회체계내에서 상이하게 배분되어 있다는 두가지 점을 하위문화의 발생에 전제조건으로 하고 있다.

그러면 이러한 전제조건에서 어떻게 하위문화가 발생하는가? 인간행동은 원래 그가 속해 있는 집단의 규범에 동조하도록 강요되어 있다. 또한 그 행위에 대한 평가도 집단의 가치에 의해 좌우되며 그의 성원자격과 지위 역시 그가 속해 있는 집단의 가치 및 준거틀에 의해 결정되는 것이다. 특히 지위를 얻는다는 것은 동료로부터 존경심을 얻는다는 것인데, 기존의 준거틀에 의해 존경심을 얻지 못하면 문제가 야기된다. 이러한 문제를 해결하는 하나의 효과적인 방법은, 코헨에 의하면, 평가기준이 되는 이제까지의 준거틀을 바꾸어 새로운 준거틀을 마련하는 것이다. 그러나 만일 개인적으로 집단의 규범인 준거틀을 인정하지 않는다면 집단으로부터 강한 반발이 예상된다. 이러한 상황에서 어떻게 집합적인 새로운 하위문화가 발생하는가에 대해 코헨은 "동일한 적응문제를 갖고 있는 다수의 행위자간의 상호작용에 의해 가능하다"라고 말하고 있다. 이와 같이 공통의 문제를 갖고 있는 다수에 의해 "새로운 공유된 준거틀의 출현으로 새로운 하위문화가 발생되는 것이다."

이와 같은 하위문화의 일반이론으로부터 현대 미국사회 하층소년들의 비행문화를 설명한다. 미국사회는 중산층의 가치가 지배적 가치로 되어 있고, 이러한 지배적인 가치에 의한 평가기준에 의해 모든 소년(하층소년을 포함하여)이 지위를 얻게 된다. 하층소년의 경우에는 그들의 사회적 배경으로 인해 중산층의 기준에 의해 지위를 얻기는 상대적으로 곤란하며 따라서 지위 욕구불만의 문제가 대두된다. 그들은 이러한 문제를 해결하기 위하여 중산층의 기준을 버리고 자기들도 지위를 얻을 수 있는, 환언하면 자기들에게 유리한 새로운 준거틀을 집단적으로 만든다는 것이다. 이러한 반동형성적인(reaction formation) 하위문화는 지배적인 규범을 거부하는 까닭으로 하위문화가 되며, 중산층의 가치와는 대립적인 비공리성(nonutilitarian), 악의성(malice), 부정성(negativistic), 단기쾌락주의(short run hedonism), 다면성(versality)과 같은 특징을 띄게 된다는 것이다.

(2) 클라워드와 올린의 기회구조이론(opportunity structure theory)

클라워드와 올린(Cloward & Ohlin)은 머튼의 아노미이론과 이론과 서덜랜드의 차등적 접촉이론(differntial association theory)을 종합하여 기회구조이론을 발표하였다. 이들에 의하면 머튼의 아노미 이론은 미국사회에는 합법적 기회가 계층에 따라 차등적으로 배분되어있다는 점을 강조한 이론이다. 즉 하층의 경우에는 교육, 사회적 배경, 인종 등의 이유로 합법적인 방법으로는 그들이 원하는 부를 획득하기가 힘들다는 점을 부각시킨 이론이라는 것이다. 한편 서덜랜드의 차등적 접촉이론은 비합법적인 기회가 계층에 따라 차등적으로 배분되어있다는 점을 강조한 이론이다. 차등적 접촉이론은 이미 언급한 바와 같이 누구나 도둑이 되고 싶다고 해서 도둑이 될 수 있는 것이 아니라 다른 도둑들에 의해 도둑질하는 방법을 배워 그 자격과 재질을 인정받아야 된다는 것이다. 즉 비합법적 기회(예를 들면 도둑질을 배우는 기회)도 누구에게나 열려 있는 것이 아니라 이것 역시 차등적으로 배분되어 있다는 점을 강조하여 합법적인 기회와 비합법적인 기회 모두 차등적으로 배분되어 있는 점에 착안한 이론이 기회구조이론인 것이다.

여기서 한가지 주의할 점은 비행소년의 경우 처음부터 두 가지 기회중 하나를 택하는 것이 아니라 처음에는 합법적인 기회에 접근하려 하나 그의 사회적 배경으로 인하여 접근이 힘들어지면 비합법적인 기회에 호소를 하게 된다는 점이다. 특히 청소년비행이 일반적으로 집단적인 맥락에서 이루어진다는 점을 상기하여 보면 집단적으로 비합법적인 기회에 호소하게 되면 그 결과 비행하위문화가 출현하게 된다는 것이다. 그렇다면 어떠한 상황에서 집단적 혹은 집합적인 적응양태가 일어나는가? 여기에 대해 클라워드와 올린은 다음과 같이 설명하고 있다.

일반적으로 사람은 실패하였을 경우, 그 실패의 원인을 자신의 무능력에 돌리는 형과 현존 사회여건에 돌리는 형이 있을 수 있다. 전자의 경우는 실패를 자기의 능력부족으로 보고 사회를 탓하지 않으므로 비록 법을 위반하였다 하더라도 법의 정당성을 부정하는 것은 아니나, 후자의 경우 즉 사회여건 즉 기회구조의 불평등에 그 원인을 돌리는 경우에는 기존 법의 정당성을 인정치 않는 결과를 초래하게 된다. 이렇게 집단적 혹은 집합적으로 기존의 규범체계를 거부하고 새로운 규범체계의 출현이 곧 하위문화의 출현이라는 것이다.

현존의 기존가치를 인습가치(conventional value), 한편 새로운 가치를 일탈가치(deviant value)라 칭하고 양자가 어떻게 통합되어 있는가에 따라 다음의 세 가지 형태의 하위문화가 발생한다고 피력하였다.

첫째, 범죄하위문화(criminal subculture)란 인습가치와 일탈가치가 잘 통합되어 있는 곳이다. 잘 통합되어 있다는 말은 그 지역의 지배적인 가치가 어느 부분은 인습가치로부터 또 다른 부분은 일탈가치로부터 형성되었으나 양자가 잘 조화되어 그 나름대로 하나의 체계적인 가치로 존재한다는 것이다. 예를 들면 마피아와 같은 조직범죄 집단의 경우에서 볼 수 있는 바와 같이 기본적으로는 일탈가치가 지배적으로 되어 있으나 인습가치중 어느 것은 받아들여 양자를 잘 조합하여 하나의 통일된 형태의 독특한 가치체계를 공유하고 있는 형태를 말한다. 이러한 곳에서는 범죄를 학습할 기회가 많으며 범죄를 저지른 후에도 은익·도피·장물처분 등의 기회도 조직화되어 범죄를 저지르기 쉽다는 것이다.

둘째, 갈등하위문화(conflict subculture)란 인습가치와 일탈가치가 통합되지 못하고 서로 갈등하는 곳의 하위문화를 말한다. 서로 갈등하고 있다는 것은 양 가치가 때에 따라 무원칙하게 사용된다는 것이다. 즉 어느 때는 일탈가치에 의해 행동이 이루어지고 어느 때는 인습가치에 의해 행동이 이루어지기 때문에 그 주민의 경우 통합된 가치가 없어 일종의 혼란상태가 야기된다는 것이다. 이러한 하위문화가 지배적인 빈민가에서는 청소년들은 범죄를 학습할 기회도 또한 수행할 기회도 많지 않으며 따라서 폭력범죄가 많이 일어난다는 것이다. 이러한 갈등하위문화는 아직 인습가치와 일탈가치가 통합되어 있지 못하기 때문에 일어나는 현상이기는 하나 그 적응양식에 있어서는 집합적인 것이다.

한편 자기의 실패의 원인을 개인에 돌리는 개인적인 적응양식의 경우가 세 번째의 하위문화, 즉 도피하위문화(retreatist subculture)가 되는 것이다. 도피하위문화란 주로 알코올중독·마약중독자들 사이에서 만연된 하위문화의 유형이다. 이들은 합법적인 기회는 물론 비합법적인 기회마저 단절된 이중 실패자(double failure)라고 불렀다.

(3) 밀러의 하층계급 문화이론(lower class culture theory)

한편 밀러(W. B. Miller)는 하층청소년에게 영향을 주는 문화가 중산층문화와의 갈등에서 발생하였고 중산층문화의 고의적인 위반이라는 소위 반대문화로서 이해하는 것이 아니라, 하층계급사회 자체의 고유의 문화체계로서 오랜 동안 존속하였고 그 자체 통합력을 가지며 유형화된 전통을 갖고 있는 하층계급 문화로 간주한다. 밀러는 이러한 문화의 특성을 관심의 초점(focal concerns)을 통해 고찰하고 있는데, 관심의 초점이란 하층민들이 그들 지역사회에서 가장 중요하다고 생각하는 대상 혹은 관심분야라고 할 수 있다.

이러한 관심의 초점을 사고(trouble), 강인(toughness), 재치(smartness), 자극(excitement), 운명(fate), 자율(autonomy)의 6가지로 들고 있으며, 이것들이 하층소년들로 하여금 그 집단내에서 지위를 획득하는 데 중요한 기준이 된다는 것이다. 다시 말하면 관심의 초점의 대상이 되는 것을 누가 더 많이 표현하고 행동으로 나타내는가에 의해 그들 집단내에서의 지위가 결정되며 그 결과 하층청소년들의 경우 지위를 얻기 위해 관심의 초점을 과시하다 보면 알게 모르게 비행을 저지르게 된다고 밀러는 주장하였다.

2. 사회적 행위와 과정

1) 차등적 접촉이론

비행 및 범죄의 과정에 일차적인 관심을 갖고 있는 차등적 접촉이론을 전개한 사람은 현대 범죄학의 아버지로 일컬어지는 서덜랜드(E. H. Sutherland)

이다. 머튼의 아노미이론과는 달리 사회구조에서 범죄의 원인을 찾기보다는 범죄인이 되는 과정에 초점을 맞추었다. 서덜랜드는 범죄행위도 일반행위와 마찬가지로 학습된 행동(learned behavior)이라는 유명한 가정에서부터 출발하였다. 보기에 따라서는 간단한 가정처럼 보이나 지금까지의 이론들이 범죄인 혹은 일탈자들은 생래적으로나 사회환경에 있어서 정상인들과는 다른 특질을 갖고 있다는 전제에서부터 일탈행동을 설명하였다는 점에 비추어 볼 때, 사고의 틀을 전환시킨 대단한 가정이라고 볼 수 있는 것이다. 따라서 일탈자들도 정상적인 사람들과 전혀 다를 바 없으며, 일탈행동 역시 규범을 준수하는 행동과 다를 바 없다는 가치중립적인 명제에서 출발한 이론이다.

배우는 내용은 범죄기법뿐 아니라, 범죄(또는 법)에 대한 태도가 포함된다는 것이다. 이 역시 간단히 보이기는 하나 차등적 접촉이론의 핵심적인 명제이다. 법을 위반하는 것이 나쁘다고 배우면 범죄를 하지 않게 되며, 위반하는 것이 나쁘지 않다고 배우면 위반하게 된다고 주장한다. 서덜랜드는 범죄를 배우는 상황을 친밀한 집단내에서 개인 사이의 상호작용이라고 하였다. 친밀한 집단이란 가족, 친구 등 일상생활에서 자주 접촉하는 사람들로 구성된 집단을 말하며, 이러한 사람들과 접촉하는 과정에서 범죄와 법에 대한 다양한 가치와 태도가 형성된다는 것이다.

법을 준수하는 것이 옳다는 가치를 서덜랜드는 법에 대한 우호적(favoralbe)인 태도라고 명명하였으며, 준수할 필요가 없다는 태도를 비우호적(unfavorable) 태도라고 하였다. 사람들은 친밀한 집단 속에서 이 두 가지 태도를 모두 배우지만 어느 쪽을 더 많이 배우는가를 차등적 접촉(differential associaltion)이라 보았으며 이러한 차등적 접촉에 따라 법을 위반할 가능성이 결정된다고 보았다.

2) 사회통제이론(Social Control Theory)

범죄 혹은 비행의 원인을 사회구조적인 측면에서 설명하는 이론 중 가장 최근의 이론은 마차와 사이크스(Matza & Sykes)의 중화이론(neutralization theory)과 허쉬(Hirschi)의 연대이론(socail bonding theory)을 대표로 하는 사회통제이론을 들 수 있다. 사회통제이론은 인간의 행동은 사회조직의 정상적인 조건하에서는 사회규범에 의해 규제되어 일탈이 극소화되지만, 어떤 이유로든 사회조직이 와해되면 규범의 통제력이 약화되거나 붕괴되고 규제되지 않아 인간은 일탈을 억제하지 못하는 상태로 된다는 가정으로부터 출발한다.

(1) 마차와 사이크스의 중화이론

중화이론은 비행하위문화이론과는 다른 가정으로부터 출발한다. 비행하위문화이론을 단순화시켜 본다면 다음과 같다. 하층청소년들이 비행을 많이 저지르게 되는 주된 이유는 그들이 비행을 저지르기 쉬운 문화가치, 즉 비행하위문화에 의해 사회화가 되었기 때문이라는 것이다. 환언하면, 비행소년은 비행이 나쁜 행위라는 것을 알고서 하는 것이 아니라 비행이 나쁘지 않다고 배웠기 때문에 비행을 저지른다는 것이다. 그러나 중화이론에 의하면 비행하위문화이론에서 설명하는 비행소년과 실제의 비행소년과는 커다란 차이가 있다는 것이다. 대부분의 비행청소년들도 비행이 나쁘다는 사실은 인정한다는 것이다. 그렇다면 왜 나쁜 짓인 줄 알면서 그러한 행위를 하는가가 문제로 남게 된다.

마차와 사이크스는 비행청소년을 포함한 대부분의 사람들이 자유로운 상태에 있는 것도 아니고 완전히 구속되어 있는 상태에 있는 것도 아니며 그 사이의 연속선상에 있다고 본다. 행위를 하는 데 있어서도 행위자는 그 행위를 자유롭게 선택할 수도 있는 것도 아니며 어떠한 특정한 행위를 하도록 강요되는 것만도 아니라는 것이다. 따라서 비행청소년들도 그러한 상황에, 즉 완전히 자유롭게 선택할 수 있는 것도 아니며 그렇다고 해서 완전히 강요된 것도 아닌 상태에 놓여 있기 때문에 비행을 무심결에, 간헐적으로, 일시적으로 한다고 본다. 그러면 어떠한 경우에 비행이 일어나는가? 중화이론에 의하면 청소년들을 둘러싸고 있는 사회통제가 약화되었을 이러한 간헐적이고 일시적인 비행이 야기된다는 것이다.

이상에서 보는 바와 같이 중화이론은 두 가지 가정을 내포하고 있다. 첫째, 완전히 자율적인 하위문화를 부정하고 있다. 즉 인간이 어떤 문화에 구속되어 그 행위를 강요받게 된다는 것을 부정하는 것이다. 둘째, 통제의 약화를 가정하고 있다. 통제의 약화라 함은 인간은 완전히 자유롭게 행동하는 것이 아니라 통제를 당하고 있기는 하나 내적인 통제(스스로의 의지력이나 도덕심에 의한 통제)나 외적인 통제(인간을 둘러싸고 있는 주위환경으로부터의 통제)가 완전할 수는 없다는 점을 동시에 강조하고 있는 것이다. 특히 청소년의 경우에는 이러한 가정이 더 타당하다고 주장한다.

자기가 속해 있는 문화에 의해 꼭두각시같이 움직이지는 않으면서도 완전히 자유스럽지도 못한 사람을 표류자(drifter)라 불렀으며 대표적인 경우가 비행청소년이라고 주장하였다. 비행청소년의 경우 그를 둘러싸고 있는 지배적인 문화에 대해 완전히 통제를 당하고 있는 것도 아니고 그렇다고 해서 완전히 무시하고 살 수도 없다는 것이다. 즉 인습가치(지배적인 문화)와 일탈가치 사이에서 표류하고 있다는 것이다. 여기에서 한가지 유의할 점은 인습가치와 일탈가치가 별개로 존재하는 것이 아니라 하나의 커다란 전체적인 문화에 포함되어 있다는 것이다.

코헨이나 밀러, 클라워드와 올린의 경우에는 일탈가치를 독자적인 것으로 이해하거나 혹은 지배문화에 대항적인 성격을 갖고 있는 별개의 문화로 이해하는 데 반하여 마차와 사이크스는 일탈가치와 인습가치가 서로 얽히고 설킨 하나의 커다란 전체문화를 형성하고 있다고 본다. 따라서 일탈가치와 인습가치는 서로 대항적이거나(Cohen) 독립적인(Miller) 것이 아니라 구태여 상호관계를 이야기하자면 지배적인 것은 인습가치이나 그러한 인습가치를 중화시키거나 약화시키는 일련의 가치가 어느 사회에든지 존재하기 마련이며 이러한 가치가 일탈가치가 된다는 것이다. 어느 사회에서나 가치체계는 매우 복잡하며 다양하다고 보고 일탈가치는 적대적이고 반대적인 것이 아니라 소위 지배가치의 근저에 깔려있는 것으로 이해될 수 있다면 이러한 가치는 잠재적인 가치(subterranean value)라 볼 수 있다는 것이다.

그러면 미국의 비행청소년의 경우, 어떠한 잠재적인 가치가 있다는 말인가? 마차와 사이크스는 비행에 관련이 있는 가치는 세 가지로 요약될 수 있다고 본다. 첫째는 흥분, 드릴, 쾌락과 같은 것이고, 둘째는 착실히 노력해서 성공하는 것이 아니라 운명에 맡기거나 요행을 바라는 심리, 셋째는 자신의 남성다움 즉 강인하다는 것을 지나치게 강조한다는 것이다. 이와 같은 점은 이미 언급한 밀러의 논의와 상당히 비슷하나 이러한 가치가 비행청소년에게만 있고 일반청소년에는 없다고 보지를 않는다. 오히려 이러한 가치는 청소년에게는 어느 사회를 막론하고 어느 정도는 있다는 것이며, 더 나아가 성인들 사이에서도 어느 정도는 존재한다는 것이다. 다만 이러한 가치가 어느 사회에서든지 지배적인 문화가 아니라 지배적인 문화의 근저에 숨어있는 잠재적인 문화라는 것이다.

비행청소년들이 지배적인 가치 혹은 인습적인 가치를 받아드리고 있다는 증거를 다음과 같이 제시하고 있다. 첫째, 이미 언급한 바와 같이 코헨의 하위문화 이론이 옳다면 비행청소년들은 자기가 행한 비행에 대해 죄책감이 없어야 한다. 왜냐하면 그러한 행위가 옳다고 배웠기 때문이다. 그러나 경험적으로 관찰해 보면 대부분의 비행청소년들은 체포시 죄책감, 수치심을 보인다는 것이다. 이러한 점으로 미루어 보아 자신들의 비행행위를 도덕적으로 정당한 것으로 보지는 않는다는 증거가 된다는 것이다. 둘째, 비행소년들은 대부분 피해자를 선택한다는 것이다. 환언하면, 자기들이 피해를 입혀도 무방한 사람과 그렇지 않은 사람을 구별한다는 것이다. 즉 친한 친구의 물건은 훔치지 않으며, 자신이 다니는 교회는 부수지 않으며, 친척이나 가족에 대해서도 물론 피해를 입히지 않는다는 점이다. 이러한 점은 비행이 나쁘다는 대부분의 인습적 가치를 받아들였기 때문이라고 주장한다. 그렇다면 문제가 되는 것은 나쁜 짓인 줄 알면서 왜 그러한 행동을 하게 되는가 하는 문제가 남게 된다. 이러한 물음의 해답으로 제시한 것이 중화이론이다. 즉 비행소년들이 그들의 비행을 저지르기 전에 비행에 처해 합리화 혹은 중화 (neutralization)를 한다는 것이다. 즉 자기가 하는 행동은 여러 가지 이유로 인하여 겉으로 보기엔 나쁜 것처럼 보이지만 실제로는 나쁘지 않거나 이해될 수 있는 행위라고 합리화 및 중화 과정이 선행된다는 것이다.

(2) 허쉬의 사회유대이론

허쉬에 의하면 지금까지의 이론들은 규범준수 행동이 정상적인 것이고 규범위반 행동을 비정상적으로 본다는 것이다. 이와 같은 가정의 결과 기본적인 물음은 "왜 사람이 규범을 어기는가?"로 귀착된다. 반면 허쉬는 반대되는 질문을 하고 있다. "왜 사람은 사회의 규범을 따르는가?" 일탈은 당연한 것으로 간주되며 오히려 동조행위가 설명되어져야 할 과제로 대두되는 것이다. 이와 같은 성악설적인 입장의 인간관에서 사람이 규범을 어기고 싶은 충동은 항상 누구에게나 있으나 사회통제의 결과 사회와 유대를 갖고 있기 때문에 쉽사리 규범을 어기지 못한다는 것이다. 어떠한 이유에서건 이러한 유대가 약해지거나 끊어지면 사회통제가 개인에게 영향력을 행사하지 못하게 되며, 그 결과 거의 자동적으로 규범을 어기게 된다는 것이 사회유대이론이라 볼 수 있다.

이러한 사회유대가 어떻게 통제기제로서 작용한다는 말인가? 허쉬는 일종의 투자개념을 도입하여 설명하고 있다. 사람은 인습적인 가치 및 행위체계와 일탈적인 가치 및 행위체계에도 투자할 수 있는데, 어느 한편에 투자가 많으면 많을수록 다른 편에 투자하기가 힘들어진다고 보고 있다. 모범생의 예를 들어보자. 모범생은 문제학생에 비해 공부를 열심히 하는 등 인습적인 가치 및 행동체계에 많은 노력을 기울인 결과 모범생이 된 것이다. 이러한 모범생이 상당히 심각한 비행을 하고 그것이 알려 진다면 지금까지의 노력이 헛되게 될 수 있다는 것이다. 하루 아침에 모범생에서 문제학생으로 전락될 위험성이 있기 때문에 모범생이라는 그 자체가 하나의 통제기제로서 작용할 수 있다는 것이다. 허쉬는 사회연대 요소로서 애착(attachment), 관여(commitment), 몰두(involvement)와 신념(belief) 등을 들고 있다.

애착이란 인습적 사회에서 친밀한 사람에게 대한 감정적 연대로서 주로 부모, 학교 교사, 친구 등에 대한 친밀도를 의미한다. 부모와 친밀한 유대관계를 갖고 있는 청소년들은 일탈행동의 유혹이 있을지라도 바로 부모와의 애착이 유혹을 저지하는 통제기제가 될 수 있는 반면에, 애착이 약한 청소년들은 유혹을 저지해 줄 통제기제가 약하다는 것이다. 관여란 인습적 사회에 대한 투자를 말한다. 청소년들에게는 학교생활, 성적 등 앞으로 인생을 위한 노력의 결과가 관여라 볼 수 있을 것이다. 몰두란 인습적 생활에 투자하는 시간을 말한다. 하루에 주어진 24시간은 누구에게나 동일하다. 그 시간을 인습적인 행동에 더 몰두한다면 일탈행동에 빠져들 물리적 시간은 상대적으로 줄어든다는 것이다. 마지막으로 신념이란 인습적 가치에 대한 태도라고 볼 수 있다. 사람은 본인이 나쁜 것으로 규정한 행동을 할 때에는 양심의 가책 등을 느낄 수 있다는 것이며, 이러한 신념 혹은 태도 역시 일탈행동을 규제하는 하나의 통제의 끈으로 작용할 수 있다는 것이다.

이와 같이 사회의 유대의 약화(허쉬) 혹은 규범에 대한 중화(마차와 사이크스)는 사회통제를 약화시키며 그 결과 다양한 일탈행동이 야기될 수 있다는 것이 사회통제이론이다.

3. 사회적 불평등과 권력

1960년대에 들어서면서 지금까지 살펴본 이론들과는 새로운 관점에서 일탈행동을 설명하는 이론들이 주목을 받기 시작하였다. 낙인이론을 시작으로 비판범죄론에 이르는 새로운 관점은 범죄와 일탈행동이 불평등과 권력의 함수라고 주장한다.

1) 낙인이론

낙인이론의 두드러진 특징은 지금까지의 범죄이론과는 달리 범죄에 대하여 상대적 입장을 취하고 있다는 점이다. 벡커(Becker)는 어떠한 행위가 범죄인가 아닌가는 그 행위의 내재적 속성에 따라 정의되는 것이 아니라 사람들이 범죄라는 낙인을 찍은 행위로 보았다. 또한 범죄인이란 그러한 낙인이 성공적으로 적용된 자이며, 바로 이러한 낙인 때문에 또 다른 범죄에 빠져들 가능성이 높다는 점을 지적하였다.

지금까지의 관점들이 일탈행동의 원인의 발견에 주된 관심을 두어 왔다면 낙인이론은 일탈행동보다는 일탈을 규정하는 규범에 보다 큰 관심을 갖고 있다. 상대주의적인 입장에서 본다면 절대적으로 악한 행위란 없는 것이다. 하나의 행위에 대한 선악의 평가는 사회적으로 이루어진다. 진부한 이야기 같지만, 같은 살인이라도 전쟁에서 적군을 죽이는 것은 표창의 대상되는 선한 행위(?)로 규정되며 어린이를 유괴하여 살해하는 것은 천인공노할 악한 행위로 규정되는 것이다. 안중근 의사의 이등박문 저격사건은 우리의 입장에서는 고귀한 애국행위이지만 일본의 입장에서는 야만적인 테러행위인 것이다.

낙인이론의 출발점은 "어떠한 행위가 어떠한 과정을 통해 일탈행동으로 규정되는가"에 있다. 즉 일탈의 원인보다는 일탈이라고 규정되는 과정에 관심을 갖는 것이다. 또한 낙인이론가들은 일탈행위 그 자체보다는 일탈자에 더 큰 관심을 보인다. 일단 일탈자로 규정된 사람, 즉 낙인을 받은 사람은 그 낙인을 벗어나기가 힘들어 계속해서 다른 일탈행위를 저지르게 된다고 주장한다. 한번 '범죄인'으로 규정되면 범죄인이라는 딱지(label)가 평생 붙어다니게 되어 직업을 갖기도 힘들며 주위에서도 그를 정상적인 동료로 받아들이지를 않아 결과적으로는 다시 일탈행동에 빠져들게 만든다는 주장이다. 그들의 주장에 의하면 공권력의 개입은 오히려 범죄를 증가시킬 뿐 범죄 예방은 물론 범죄자들에 대한 대처로서도 좋은 방법이 아닌 것이다. 오히려 가능한 한 공권력을 개입시키지 않는 방안이 더 효과적이라고 주장할 것이다.

2) 비판범죄론

1960년대의 이르러 대두되기 시작한 비판범죄론은 낙인이론보다 한 발짝 더 나아가 범죄화과정을 사회구조적인 측면에서 설명한다. 낙인이론이 사회심리학적인 이론이라면 비판범죄론은 사회구조적인 이론이라고 볼 수 있다. 또한 낙인이론의 주요관심사가 "낙인받은 범죄자"에 있다면 바판범죄론의 주요관심은 "법"에 있다. 자본주의제도하에서의 법은 어떠한 과정을 통해 제정되며 그러한 법의 시행을 통해 자본가가 무산계급을 어떻게 통제하는가를 설명하는 데 있다.

비판범죄론 이전의 제 이론들은 법을 주어진 것으로 받아들였다. 실증주의 영향으로 또한 사회과학의 가치중립성이라는 미명하에, 법은 규범의 차원이며 규범은 가치전제적인 것이므로 과학으로서 범죄학의 대상으로 취급하지 않았다. 특히 기능주의이론에 입각한 공통가치이론이 지배적인 학풍의 영향으로 어떠한 행위가 범죄로 규정이 되는 것은 그 사회의 공통가치를 저해하는 행위로 보았기 때문에, 환언하면 법을 공통가치의 산물로 이해하였기에, 범죄를 이해하는 데 법에 대한 이해가 필수적인 것으로 간주되지 않았다.

비판범죄이론가들은 이러한 입장을 철저히 배격한다. 공통가치란 허위이며 계급간에는 항상 갈등이 존재한다고 주장한다. 특히 자본주의하에서는 계급갈등은 자본주의의 구조적인 모순으로 인하여 필연적인 것이며 자본가들은 무산계급을 법이라는 강력한 무기를 휘두르며 통제한다는 것이다. 자본주의하에서 범죄의 근본원인은 바로 그 제도 즉 자본주의에 있다. 낙인이론가와 마찬가지로 이들은 사법당국에서 법을 철저히 시행하면 할수록 더 많은 범죄자가 만들어지는 결과를 초래하여 결국은 더 많은 범죄를 재생산하게 된다고 주장한다.

4. 피해자 중심 이론

전통적으로 범죄에 대한 학문적 관심은 사회병리학적 기초 위에서 전개되었다. 의학의 대상이 병을 일으키는 바이러스나 세균을 중심으로 발전하였듯이 범죄에 대한 학문적 관심 역시 가해자를 중심으로 발전해 왔다. 가해자의 어떠한 특성이 범죄에 빠져들게 만드는가에 대한 관심은 가해자의 생물학적 특성, 심리적 특성, 성격적 특성은 물론이며 가해자를 둘러싸고 있는 사회적 환경 등에 주의를 기울이게 만들었다. 그러나 이러한 노력에도 불구하고 범죄에 대한 효과적인 대처방안이 아직 모색되지 않고 있다는 현실은 가해자만을 대상으로 한 범죄학의 한계를 잘 보여주는 것이다.

범죄 피해자에 대한 관심은 이러한 반성에서 출발되었다. 1948년 Hentig 교수의 기념비적 저작 이래 피해자학은 범죄학에서 커다란 반향을 불러왔고, 오늘날에는 가해자 중심 범죄학과 더불어 범죄학의 중요한 분과로 인식되어 다양한 이론이 출현하였다. 피해자를 옹호하는 입장이건 비난하는 입장이건 간에 피해자학은 범죄가 가해자-피해자 사이의 상호작용에서 발생한다는 인식하에서 다음의 4가지 개념을 기반으로 한다.

그 첫째는 범죄와의 근접성으로서 범죄 다발 지역에서 생활하는 사람이 범죄피해 가능성이 높다는 것이다. 즉 가해자와 물리적 거리가 근접해 있는 사람이 피해를 당할 확률이 높다는 가정이다. 둘째는 범죄에 대한 노출이다. 노출이란 범죄에 대한 취약성을 말하는 것으로서 가해자가 쉽게 범죄를 저지를 가능성을 말한다. 셋째는 표적의 유인성이다. 유인성이란 범죄 가해자가 범죄 대상자를 선택할 때 쉽게 그러나 범죄로부터 얻을 수 있는 이득이 높은 정도를 말한다. 예를 들어 고가의 보석목거리를 걸고 다니는 사람이 절도나 강도의 피해자 될 가능성이 높으며, 아울러 남자보다는 여자가, 성인보다는 어린이가 피해자가 될 가능성이 높은 것 역시 가해자의 입장에서 보면 그만큼 범죄의 성공 가능성이 높기 때문에 매력적인 대상이 될 수 있다는 것이다. 마지막으로 보호능력을 들고 있다. 보호능력이란 범죄에 대한 예방능력을 말하는 것으로서 사회적인 능력과 물리적 능력으로 나누어 생각할 수 있다. 사회적인 능력은 가족관계나 이웃과의 관계에서 보호를 받을 수 있는 가능성을 말한다. 물리적 능력이란 방범시설이 잘 갖추어진 집이나 동네에서 사는 사람이 그렇지 않은 경우보다 범죄 피해가 적다는 것이다.

이상의 4가지 관점에서 현대의 피해자학은 발전되었다. 범죄의 근접성에 기초한 이론은 동일집단 이론과 근접성 이론으로 구체화되었다. 근접성 이론이 가해자-피해자간의 물리적 거리에만 초점을 맞춘 것이라고 한다면, 동일집단 이론은 물리적 거리뿐 아니라 사회적 거리에도 관심을 두었다고 볼 수 있다. 즉 가해자와 피해자는 많은 경우에 같은 집단에 속해 있을 확률이 높다는 것이다. 일반인들은 가해자와 피해자를 분리하여 생각하는 경우가 많다. 가해자는 힘이 센 악당이고 피해자는 선량하나 힘이 없는 사람이라는 흑백논리로 생각하는 경향이 있으나 실제로는 가해자와 피해자가 유사한 경우가 많다는 것이다. 특히 폭행사건 같은 경우에는 누가 가해자이고 피해자인지 명확한 구별이 어려운 경우가 많다. 특히 학생범죄의 경우를 보면 처음에는 피해만 당하던 학생이 피해를 보복하기 위해서 가해자를 폭행을 하는 경우도 있으며 비슷한 학생들끼리 어울리다가 싸움이 일어나 폭행을 당하는 경우가 많다. 불량학생에게 폭행을 당하는 학생은 모범생보다는 불량학생인 경우가 더 많다. Sengstock(1982)의 상호작용 이론 역시 사회적 근접성과 동일집단 이론의 연장이라 볼 수 있다. 상호작용 이론은 가해자와 피해자가 동일집단에 소속되어 있을 뿐 아니라 가해자와 피해자간의 밀접한 상호작용 속에서 범죄가 발생한다는 점을 강조하고 있다.

노출과 취약성에 기초한 이론은 일상생활 이론과 생활양식 이론으로 발전되었다. Hindelang(1978)에 의해 발전한 생활양식 이론과 Cohen과 Felson (1979)의 일상생활 이론은 유인성과 보호능력이라는 요소를 포함하고 있으나 기본적으로 범죄 피해자의 일상생활이나 생활양식에 따라 범죄에 대한 노출 정도가 다르다는 점에 기초하고 있다. 밤늦게 다니는 사람, 우범지역에 자주 드나드는 사람 등은 범죄에 대한 노출이 높으며, 비싼 옷이나 장신구를 착용하기를 좋아하는 사람 역시 잠재적 가해자에게 그만큼 기회를 제공하는 것이다. 즉 피해자의 일상생활이나 생활양식이 범죄 기회를 제공해 준다는 점을 강조하는 것이라 볼 수 있다.

마지막으로 합리적 선택이론은 가해자와 피해자 모두를 고려한 이론으로서 가해자가 피해자를 선정하는 데 있어서 무작위로 선택하는 것이 아니라 범죄의 성공 가능성과 기대되는 보상이 높은 표적을 대상으로 한다는 점을 강조한 것이다(Meier & Miethe 1993). 피해자의 일상생활이나 보호능력을 포함하여 유인성이 높으면 높을수록 범죄 대상으로 선택될 가능성이 높다는 점에 주안점을 둔 이론이라 볼 수 있다. 피해자학에 기초한 이상의 이론이 위에서 언급한 4가지 요소 중 어느 하나를 상대적으로 강조하고는 있으나 모든 요소를 어느 정도는 고려하고 있다는 점에서 볼 때, 상호보완적인 성격을 지니고 있다.

Ⅲ. 요약과 결론

지금까지 우리는 청소년비행을 일반적인 일탈행동이론을 중심으로 살펴보았다. 사회구조와 관련된 이론인 아노미이론과 하위문화이론은 하층의 범죄를 설명하는 데 장점이 있다. 하층의 청소년들은 그들의 낮은 사회경제적 지위 때문에 그들이 바라는 바를 성취할 제도적 혹은 합법적인 수단이 결여되어 있어 일탈로 빠질 위험성이 있으며(아노미 이론), 이러한 하층들이 밀집해서 살고 있는 슬럼과 같은 장소에는 청소년비행을 조장하는 문화가 존재한다는 것이 하위문화이론이다.

한편 차등적 접촉이론을 위시한 사회통제이론 등은 일탈행위의 과정에 관심을 둔다. 접촉이론은 일탈이 배워지는 상황에 초점을 맞추어 일탈에 대한 허용적인 태도와 가치는 친밀한 집단(예를 들어 비행친구)에서 배운다는 점을 강조하고 있다. 한편 다양한 통제이론, 특히 허쉬의 사회유대이론은 가족과 같은 일차적인 집단내에서 부적절한 사회화의 결과로 유대와 결속이 끊어지면 청소년은 일탈로 빠질 위험성이 있다는 점을 강조하고 있다.

낙인이론과 갈등범죄론은 일탈에 대한 사회통제의 부정적인 면(낙인이론)과 그 본질(비판범죄론)에 대해 비판적인 시각을 제공해 준다. 비행을 저지른 소년을 처벌하는 과정에서 "비행소년"이라는 낙인은 비행을 유발하는 역효과를 초래할 수 있다는 점을 낙인이론은 강조하고 있으며, 갈등범죄론은 대부분의 청소년비행이 성인의 시각에서 규정된 것이지 청소년의 시각에서 보면 그렇지 않다는 점을 시사하고 있다. 물론 심각한 청소년범죄를 이렇게 해석하는 것은 무리가 따르지만, 대부분의 지위비행은 어른들의 시각에서 본 것이지 청소년의 시각에서 보면 그다지 나쁘지 않은, 더 나아가 어른들에게는 허용된 행위를 모방하는 것에 불과한 것이다. 왜 어른들이 하면 나쁘지 않은데 청소년이 하면 비행이라고 규정되는가는 한 번 생각해 볼 필요가 있다고 생각한다.

마지막으로 피해자학은 청소년비행의 원인에 관한 논의라기 보다는 주로 예방에 주된 관심이 있다. 어떠한 청소년들이 범죄 혹은 비행의 피해자가 되는가를 밝힘으로서 피해를 줄이는, 즉 범죄와 비행을 예방하는 데 그 시사점이 있다.

이와 같이 청소년비행은 다양한 시각에서 조명될 수 있으나, 청소년들을 어른들이 이해하는 것이 청소년비행을 예방하는 첫 걸음이라고 생각한다. 특히 비행청소년이라고 낙인찍힌 청소년들을 처벌하고 비난만 할 것이 아니라 그들이 처해 있는 다양한 사회구조적 위치와 성장과정을 이해하고 따뜻하게 받아들일 자세가 무엇보다 중요한 것이다.

제2부 청소년 문제행동의 실태와 대책

3

청소년 가출

청소년 가출은 가출 연령의 조기화, 가출 유형의 다양화 및 가출 후 제기되는 사회문제의 심각성 등으로 항상 사회적 관심의 대상이 되어왔다. 흔히 "가출"은 "집을 떠나는 것"이란 단순한 의미 이외에 여러 가지 복합적인 의미를 내포하고 있다. 특히, 청소년 가출은 사회가 복잡해짐에 따라 개인, 학교, 사회환경 등이 상호 얽혀 있어 매우 다양한 양상을 나타내고 있다.

10대 청소년들의 가출문제는 결손가정 혹은 해체된 가정에서 비롯된 가정환경적 요인, 입시 위주의 교육환경이 빚어낸 학교병리현상, 유해한 지역사회 환경 등 복합적 요인이 상호 역동적으로 작용하여 나타난 결과로 볼 수 있다. 경제적 위기상황이 지속되면서 구조적·기능적으로 제 역할을 다하지 못하는 가정이 늘고 있고, 공부만 잘 하면 된다는 입시만능의 학교환경은 청소년들의 정서에 지대한 영향을 미치고 있다. 한편, 유해환경의 범람과 접근의 용이성도 청소년들의 가출을 부추기는 환경적 요인이 되고 있음은 간과할 수 없는 사실이다. 그러므로 청소년 가출은 단순히 집이나 가정을 이탈한다는 사실에 국한될 문제가 아니라 우리사회가 안고 있는 복잡하고 다양한 문제의 맥락에서 이해되어져야 한다.

그러나 지금까지 가출청소년에 대한 사회의 시각은 "문제청소년" 혹은 "빗나간 청소년"(홍봉선 외, 2000:231)이었으며 가출을 청소년 개인의 문제로 간주하는 경향이 강했다. 그리하여 이들에 대한 대처방식에 있어서도 강력한 지도와 통제가 필요한 우범청소년 또는 불량청소년으로 보고 가능한 빨리 귀가조치하여 보호자가 선도하는 것을 최선으로 여겼다. 그러나 학대, 방임 등 여러 가지 복합적인 문제로 가정으로 돌아갈 수 없는 청소년이 많고, 재가출이 빈번해지면서 가출청소년에 대한 새로운 접근방식이 시도되고 있다. 가출청소년은 자신 및 자신을 둘러싼 환경의 문제를 해결하기 위해 자발적 혹은 타의적으로 집을 나오거나 집에서 방출된 자들로, 엄격한 의미에서 가정 및 불합리한 사회구조의 피해자인 동시에 도움을 필요로 하는 청소년들이다. 더욱이 가출 후 직면하는 위기상황을 고려할 때, 청소년 가출문제에 대한 사회인식의 변화가 필요하며 이에 대한 접근방식에 있어서도 사전예방적 측면과 사후에 적극적으로 개입하여 해결할 수 있는 다양한 방안들이 모색되어야 한다.

Ⅰ. 청소년 가출의 이론적 조망

1. 가출청소년의 개념

가출의 개념은 국가나 사회, 학자마다 상이하게 정의되고 있으며, 가출청소년의 정의에 있어서도 아직 합의된 견해를 이끌어내지 못하고 있다. 그러나 가출청소년을 개인적 문제에 근거한 일탈청소년 혹은 비행청소년으로 간주하는 것으로부터 주변 환경적 문제에 직면하여 이에 대한 대안을 찾고자 의도적으로 가정에서 나오거나 혹은 비의도적으로 가정으로부터 떠밀려 나온 도움을 필요로 하는 요보호 청소년으로 이해하려는 시각의 전환이 이루어지고 있다.

Garbarino 등은 가출청소년을 "부모의 허락 없이 집을 나간 청소년으로 적어도 하루 밤 이상 부모의 인식이나 통제로부터 벗어나고자 행동을 한 청소년"(1986:42)이라 정의하였고, Roberts는 "부모나 보호자의 동의 없이 집을 떠나서 24시간 이상 집에 들어가지 않은 18세 미만의 청소년"(나동석 · 이용교 역, 1991:37)으로 개념화한 정의에는 부모의 허락이 없었다는 점과 가출시간이 대략 24시간 이상이라는 점이 공통적인 요소이다. 한편, 전국 가출청소년 서비스 네트워크(National Network of Runaway and Youth Service: NNRYS)는 가출청소년을 "집을 나와 최소한 하룻밤을 지낸 청소년"(NNRYS, 1985:3)으로 정의하여 "부모의 허락 없이"라는 용어를 생략하였다. 이로써 가족기능이 정상적으로 행해질 수 없는 상황에서 떠밀려 나온 상태일 경우 가출이 과연 부모의 허락을 받을 수 있느냐 하는 점과 가출의 원인에서 지나치게 개인적 요인을 강조하는 한계에서 벗어나고자 하였다.

이에 따라 가출청소년 개인이 일으키는 문제에 대한 대책수립 차원이 아니라 사회문제 해결의 일환으로써 가출청소년의 다양한 욕구를 바탕으로 한 적절한 서비스 제공에 주력하고자 가출청소년을 세분화하여, 가출청소년, 집 없는 청소년, 버려진 청소년, 길거리 청소년, 보호체계 청소년으로 구분하여 정의하였다(NNRYS, 1985:3, 이옥란 외, 1998:18에서 재인용).

첫째, 가출청소년(runaway youth)이란 18세 이하의 어린이나 청소년으로서 집을 나와 최소한 하룻밤을 지낸 청소년으로서 일반적으로 개인적 문제를 지닌 일탈청소년 혹은 우범청소년들이 이에 속한다. 둘째, 집 없는 청소년(homeless youth)이란 부모나 대리양육자 혹은 제도적인 보호에서 제외되어 집 없이 길거리에서 지내는 청소년들로 대부분 빈곤가정이나 밀입국자 가정의 청소년들이다. 셋째, 버려진 청소년(throwaway youth)은 부모나 양육책임자에게서 어떠한 이유로든 내쫓겨 집으로 돌아갈 수 없는 청소년이며, 넷째, 길거리 청소년(street youth)이란 장기간 가출했거나, 집이 없거나 집에서 버려져서 이젠 거리에서 스스로 먹을 것을 해결하며 살아가는 데 익숙해져 있는 청소년들을 말한다. 다섯째, 보호체계 청소년(system youth)은 아동기나 청소년기의 어느 기간 동안 아동학대, 방임, 기타 여러 형태의 심각한 가정 문제가 인정되어 정부의 보호관리하에 있는 청소년들이다. 이처럼 가출상황에 따라 대상자를 구분하여 복지수혜자의 욕구에 따른 적절한 서비스 제공에 정책의 초점이 모아지고 있으며, 이를 위해 가출청소년의 개념적 정의를 대상별로 세분화하는 것은 바람직한 현상이라 할 수 있다.

우리나라에서는 소년법, 미성년자보호법, 아동복지법 등에서 가출청소년에 대한 법률적 정의를 다루고 있다(오혜경, 2002:7). 소년법 제2장 제1절 제4조에 의하면 "정당한 이유 없이 가정에서 이탈하는 자"를 소년보호사건의 하나로 규정하고 있고, "성격이나 환경에 비추어 장래 형벌 법령에 저촉된 행위를 할 우려가 있는 12세 이상의 청소년"을 우범소년으로 지칭하고 있으나 가출청소년에 대한 명확한 범주를 정하고 있지는 않다. 한편, 미성년자보호법에서는 "음주, 흡연, 싸움, 유흥업소 출입, 성도덕 문란 등으로 자기 또는 타인의 덕성을 해롭게 하는 소년"을 불량행위 소년으로, 아동복지법에서는 "사회적 보호를 요하는 소년으로서 보호자로부터 유기되었거나 이탈된 자 또는 부모의 양육이 불가능한 자로 이른바 미아, 기아, 고아, 가출아동"을 요보호 아동으로 정의하고 있다. 이처럼 우리나라 법에서 간접적으로 다루어지고 있는 가출청소년은 우범소년, 불량행위 청소년, 요보호 아동으로서 지나치게 개인의 문제행동에 초점을 두고 있음을 알 수 있다.

2. 청소년 가출의 유형

다양한 기준에 따라 청소년의 가출현상을 분류하여 유형화할 수 있는데, 이는 가출이라는 심각한 사회적 문제의 원인을 파악하고 가출현상에 대한 적절한 해법을 도출하며 관련 정책을 입안하는 과정에 도움을 준다. 가출의 유형은 그 원인을 기준으로 분류하거나 가출결과에 따른 양상을 기준으로 분류할 수 있으며, 가출의 원인과 양상을 혼합하여 분류할 수도 있다.

1) 가출동기에 의한 유형화

가출의 원인 중 개별적인 동기에 초점을 맞추어 분류를 시도한 학자로는 Homer, Greene, Esselstyn, Barth, Miller 등을 들 수 있다.

Homer(1973:474-475)는 치료시설에 입소한 20명의 가출청소년들을 면접하여, 탈출형과 추구형이라는 이분법을 제시하였다. 탈출형 가출은 가정적인 문제나 대인적 갈등을 회피할 목적으로 가출을 하는 것을 말하며, 추구형은 가정에서 금지된 성관계, 약물, 술, 기타 비행 등으로부터의 즐거움을 추구할 목적으로 가출을 하는 것이다. Homer의 분류는 가출청소년의 다양한 환경과 개인적인 성격을 설명하는 데에 한계를 가지고 있으며 소집단을 대상으로 한 면접조사의 결과이므로 일반화하기가 어렵다.

Greene과 Esselstyn(1972:13-19)은 가출소녀들의 가출동기를 중심으로 분류를 시도하여, 모험이나 쾌락을 찾는 떠돌이(rootless)형, 복잡한 가정문제로부터 탈출하는 불안(anxious)형, 성적 학대나 가정폭력으로부터 탈출하는 공포(terrified)형으로 삼분하였다.

Barth(1986)는 청소년이 가정으로부터 탈출하는 원인을 세 가지로 분류하여, 금전문제 또는 사망, 이혼과 같은 가족구조의 변화가 야기하는 가정내의 긴장으로부터 탈출하는 유형, 부모의 기대나 통제가 과다하여 이로부터 탈출하는 유형, 부모의 신체적, 성적 학대를 피하고자 탈출하는 유형 등을 제시하였다.

Miller(1980:34-36)는 문제의 원인이 부모에 있는 경우와 청소년에 있는 경우를 분리하여, 부모에 있는 경우를 희생자(victims), 추방자(exiles), 반항자(rebels)로 나누고, 청소년에 있는 경우를 도망자(fugitives), 피난자(refugees), 이민자(immigrants)로 나누어 설명하였다. 희생자는 부모로부터 학대를 받은 경험이 있어 귀가를 두려워하고 귀가하기를 거부하는 청소년이며, 추방자는 부모로부터 쫓겨난 청소년이고, 반항자는 부모와의 심각한 갈등으로 인해 가출한 경우이다. 한편 도망자는 자신이 한 문제행동에 대한 처벌이 두려워 가출한 청소년이고, 피난자는 가족이 없으며 위탁가정이나 시설에서 도망

나온 경우이다. 이민자는 가정이나 학교에서 벗어나 자유와 모험을 찾는 경우이다.

김성경(1997:31)의 연구에서는 Homer의 유형에 추방형을 추가하여 탈출형, 추구형, 추방형 등의 세 가지로 가출을 유형화하였다.

2) 가출양상에 의한 유형화

가출기간이나 반복성 여부, 가출집단의 규모, 소외감의 정도, 귀가형태 등 가출의 양상을 중심으로 분류하는 방식은 상당히 다양하며 연구목적에 맞는 분류방식의 제시가 가능하다.

English(1973:22-24)는 가출기간을 기준으로 가출 후 48시간 내에 복귀하는 형, 관심을 끌거나 문제를 회피하기 위해 반복하여 가출하는 형, 영구히 집을 떠나 거리에서 생활하는 형 등으로 분류하였다. 우리나라에서는 가출청소년의 집단규모에 착안하여 개인적 가출, 집단가출, 줄줄이 가출(가출청소년이 친구를 끌어내는 것)로 분류한 경우도 있다.

Orten과 Soll(1980:249-261)은 청소년의 소외정도와 스트레스를 받는 정도, 그로 인한 가출의 양상을 기준으로 가출청소년을 3등급으로 나누었다. 1급은 가족으로부터 거의 소외감을 느끼지 않고 집으로 복귀하려는 생각이 강한 경우이고, 2급은 다소 반복적으로 가출을 하며 반드시 귀가해야 한다는 의식이 희박한 경우이며, 3급은 길거리 생활에 익숙하여 귀가하거나 치료나 도움받기를 거부하는 경우이다.

Brennan(1975)은 귀가형태를 중심으로 다섯 가지 가출유형을 제시하였다. 유형1은 계획 없이 짧은 기간 가출하는 충동적인 경우로서 스스로 귀가하는 특징을 보인다. 유형2는 사전준비를 하여 가출한 경우로서 가출기간이 길고 스스로 귀가하지 않는 경우이다. 유형3은 일시적인 쾌락을 추구하는 형으로서 일주일내로 귀가하며, 유형4는 어려운 가정상황에서 벗어나려 집을 영원히 떠나려는 경우이다. 마지막으로 유형5는 편치 않은 가정사를 잠시 잊기 위해 며칠 동안만 가출하는 경우이다.

3) 혼합형

원인과 결과를 혼합하여 분류하는 방식은 가출에 대한 범사회적 대처방안을 모색하고 개별사례에 대한 해결방법을 제시할 목적으로 제시되었다.

Dunford와 Brennan(1976:457-470)은 가출청소년의 성격, 부모와의 관계, 비행정도, 학교성적 등의 다양한 기준을 적용하여 가출청소년을 네 가지 유형으로 분류하였다. 유형1은 자만심이 강하고 제멋대로인 청소년으로서 부모와의 관계가 좋지 못한 경우인데 성적은 비교적 높고 비행은 별로 저지르지 않는다. 유형2는 주변에 비교적 잘 적응을 하는 청소년으로서 부모와의 관계가 긍정적이고 학교에 대해서도 우호적인 성향을 보인다. 유형3은 비행이 심하고 부모와의 관계가 열악하며 학교생활에도 적응하지 못하는 경우이며, 유형4는 부모의 지나친 기대와 통제로부터 달아난 경우이다.

Stierlin은 충동적으로 가출하는 우발형, 위기로부터 탈출하려는 위기형, 정신장애로 인한 분열형, 가족과의 결속이 강해 금방 귀가하는 미수형 등으로 가출을 분류하였다. Bulter와 Reador는 자신이나 가정의 문제로 가출하는 기본형, 쾌락이나 호기심으로 가출하는 탐구형, 가출 후 반사회적 행동을 하는 반사회형, 정신장애로 가출하는 정신장애형 등을 제시하였다(홍봉선 외, 2000:233에서 재인용).

우리나라 연구에서 가출청소년에 관한 분류를 살펴보면, 이용교(1991)는 Homer의 탈출형과 추구형을 기본으로 하되 유흥업소의 취업 여부를 추가적인 기준으로 삼아 단순가출, 만성가출, 단순탈출, 만성탈출 등의 네 가지 가출유형을 제시하였다. 단순가출과 만성가출은 Homer의 추구형이며 단순탈출과 만성탈출은 탈출형인데, 유흥업소에 취업을 할 경우에는 각각 "만성"으로 분류되며 그렇지 않을 경우에는 "단순"으로 분류된다. 김준호와 박정선(1993)의 연구에서는 가출의 동기에 따라 시위성, 도피성, 추출형 가출로 구분하고, 가출의 준비 여부에 따라 충동적, 계획적 가출로 구분하며, 횟수에 따라 일과성, 반복성 가출로 구분하였다. 한편, 홍봉선과 남미애(2000)는 시위성, 유희성, 방랑성, 추방형, 생존형 등으로 청소년 가출을 분류하였다.

3. 가출의 원인

가출의 원인은 개인적 차원과 환경적 차원에서 찾아볼 수 있으며, 환경적 차원의 요인은 다시 가정적 요인, 학교적 요인, 사회적 요인 등으로 나누어 볼 수 있다. 가출의 원인을 파악하고 이를 제거하거나 완화하는 것은 청소년 가출을 예방하고 가출청소년의 원만한 사회복귀를 위해 매우 중요하다. 또한 가출청소년들이 안고 있는 문제점을 해결하고 그들을 가출 이전 상태로 복귀시키는 데에도 유용하다. 따라서 본 절에서는 가출의 원인을 세부적인 요인으로 나누어 살펴보고자 한다.

가출은 청소년을 가정 밖으로 쫓아내는 방출요인과 가정 밖으로 끌어내는 유인요인, 그리고 가출을 실제로 유발시키는 촉발요인 등이 복합적으로 작용하여 발생한다. 방출요인은 가정이나 학교에서 발생하는 제반 문제들이며, 유인요인은 청소년을 유혹하는 사회환경적 요소들이다. 촉발요인으로는 충동이나 일상생활에서의 권태감 등 개인이 느끼는 감정과 개인의 성격을 들 수 있으며, 친구나 이성의 유혹과 같이 직접적으로 가출을 실행하게 하는 요인도 포함된다.

1) 방출요인

방출요인은 청소년을 가정 밖으로 몰아내는 요인으로서 주로 가정과 학교에서 청소년들이 느끼는 어려움에서 비롯된다. 부모와의 불화, 부모들의 별거나 이혼 등 가정적인 문제가 가출의 주된 동기가 되는 경우가 많으며 학교생활에서의 소외감이나 학업으로부터의 심한 압박감 등이 가출의 원인이 되기도 한다.

가정적인 요인은 구조적 결함과 기능적 결함으로 나누어진다(김형수, 2002:66). 구조적 결함은 사별, 이혼, 별거 등의 사유로 인하여 부모의 한쪽이나 양쪽이 없는 경우를 지칭하는데, 이 경우 청소년들은 심리적 불안감,

애정 결핍, 소외감을 느끼게 되며 이는 가출로 이어지기 쉽다. 기능적 결함은 정상적인 가정에서 당연히 수행되는 기능이 결여되는 경우이다. 부부간의 애정, 형제간의 우애, 부모-자식간의 사랑이 부족할 경우 겉으로는 결함이 없어 보이는 가정이라도 사실상 기능적인 결함을 안고 있는 것이다. 또한 부모의 알콜 중독, 도박, 질병, 자식에의 신체적·육체적 학대 및 빈곤이나 가정불화 등 가정이 제대로 기능하지 못하는 기능적 해체가 가출에 더 큰 요인으로 작용하기도 한다. 한편 부모의 지나친 관심이나 방임적인 무관심이 부모와 자식간의 관계를 악화시킬 가능성도 있으며, 생각의 차이나 세대차가 부모와 자식간의 의사소통을 가로막는 경우도 있다. 이처럼 부모의 양육 및 교육방법, 부모와 자식간의 의사소통 유형 등이 가출의 중요한 요인으로 작용하기도 한다(김준호·박정선, 1993; 표갑수, 1980).

가정환경과 더불어 학교환경도 청소년 가출에 큰 영향을 미친다. 학업성적이 낮거나 평소보다 떨어지는 경우, 또는 졸업 후의 진로문제로 고민을 하는 경우, 자신의 능력에 대한 좌절감과 압박을 느끼고 자신감을 상실하게 된다. 한국의 입시위주 교육풍토는 이러한 문제점들을 더욱 확대, 재생산하는 경향을 보인다. 가출 후 학교로 복귀하는 청소년들에 대해서 학교당국이 처벌 위주의 대응을 한다거나 적극적인 도움을 주지 않고 방임하는 경우도 많은데, 이는 다시 가출하는 악순환으로 이어질 개연성이 크다.

2) 유인요인

청소년들을 가정 밖으로 유혹하는 사회환경적 요인을 가출의 유인요인이라 부를 수 있는데 최근 이러한 유인요인이 급속히 증가하고 있다. 가출청소년에 대한 사회적인 관심과 국가적 대책수립이 매우 중요함에도 불구하고 사실상 가출청소년의 문제는 별로 심각하게 논의되지 않고 있으며, 오히려 청소년들이 쉽게 접하는 사회환경은 가출을 유인하는 측면마저 있다.

청소년 가출의 유인요인으로 작용하는 사회환경은 합법적인 경우와 불법적인 경우로 나누어 볼 수 있다. 우선 합법적으로 은신할 수 있는 PC방,

노래방, 찜질방 등에서 가출청소년들은 속박에서 벗어나 자유로운 시간을 보내게 된다(김형수, 2002:69). 학업이나 가족관계로부터 스트레스를 받는 청소년들은 이러한 사회환경적 요인을 바탕으로 가출을 결행할 수 있다.

불법적인 환경은 가출청소년을 성인문화에 참여시키거나 불법, 탈법적인 방식으로 숙식을 해결하여 주는 것을 의미한다. 유흥주점이나 단란주점 등과 같이 성인들에게만 허용되는 공간에 청소년을 출입시키거나, 공장이나 가게, 유흥업소 등에서 숙식을 제공하며 청소년들을 고용하는 경우 가출청소년들의 문제는 더욱 심각해진다. 성을 상품화하여 매매하는 사회풍조와 미성년자의 성을 거리낌 없이 사고 파는 관행, 가출소녀들을 대상으로 종업원을 모집하는 유흥업소들의 행태 등으로 인해 청소년 가출의 문제는 더욱 확대, 심화되는 경향을 보인다.

3) 촉발요인

청소년들의 가출을 촉발하는 요인으로는 가출청소년 개인의 정서적·행동적 특성과 또래집단을 들 수 있다.

청소년들은 부모의 간섭을 싫어하며 독립적인 생활을 영위하고 싶어하지만 현실적으로 이를 실천할 수 없으므로 욕구불만을 가지게 되며 이는 자칫 가출로 이어지게 된다. 충동적인 성향이 강하거나 쾌락을 추구하는 정도가 심할 경우, 혹은 일상생활에서 만족을 느끼지 못하거나 인내심이 부족할 경우 가출할 가능성은 더 높아진다. 가출청소년의 정서적, 행동적 특성에 관한 연구를 살펴보면 가출청소년은 상대적으로 자아개념이 낮고, 자신감이 적으며, 대인관계가 원만하지 못하고, 방어적이라는 특징을 보인다(Levienson & Mezei, 1970). 또한 가출청소년은 정서적으로 불안하고 강박적인 성격인 경우가 많으며 반사회성이나 화를 잘 내는 정신장애 경향을 보이기도 한다(Jenkins, 1971; Levy, 1972). 한편 가출청소년은 가정생활, 학교생활, 교우관계 등으로부터 발생하는 스트레스에 대처하는 위기대처 능력이 부족한 것으로 나타난다. 이러한 위기대처 능력의 부족이 가출이라는 행동으로 이어지는 경우가 많다.

또래집단으로부터의 영향을 받아 가출을 결행하는 경우도 있다. 청소년기에는 부모나 교사보다 또래집단으로부터 더 큰 영향을 받기 쉬운데, 이는 다른 친구들과 함께 가출을 하는 집단가출, 이미 가출한 친구를 따라 가출하는 줄줄이 가출로 이어지기 쉽다. 이와 더불어 이성으로부터 유혹을 받거나 이성을 유혹하여 함께 도피할 목적으로 가출을 결행하는 경우도 있다.

Ⅱ. 청소년 가출의 현황과 실태

1. 가출인 발생현황 및 가출 경험

우리나라에서 가출청소년의 현황을 정확하게 조사한 공식적 자료는 전무하며 경찰에 신고된 20세 미만 가출인에 대한 통계수치가 전부이다. 실제적으로 가출한 상태에 있는 청소년에 대한 정확한 수치를 산출한다는 것은 가출의 개념을 어디까지로 보느냐의 문제점 외에 떠돌아다니는 청소년에 대한 조사상의 어려움 등 거의 불가능한 일이다.

경찰청의 자료에 따르면, 최근 몇 년간 가출청소년의 수는 다양한 변화를 나타내고 있다. 경찰에 신고된 20세 미만의 가출청소년에 대한 공식적 통계를 보면 1997년과 비교하여 1998년에는 급격히 감소하였고, 1999년부터 다시 증가하는 추세를 보이고 있다. 전년대비 증가율을 살펴보면, 98년에는 22.8% 감소하였다가 99년에 다시 16.8% 상승하였으며, 2000년에 3% 증가하다가 2001년에는 다시 약간 감소하는 경향을 보였다. 그러나 이 통계는 공식적으로 경찰에 신고된 숫자이기 때문에 실제로 발생한 총 가출자는 몇 배에 이를 것으로 추정되고 있다.

<표 3-1> 가출인 발생 및 처리현황

(단위 : 명)

구 분	발 생	연 령		처 리		
		20세미만	20세이상	보호자인계	수 용	수 배
1997	46,632	19,835	26,797	18,787	1,612	26,233
1998	41,329	15,316	26,013	15,329	843	25,157
1999	50,621	17,894	32,727	17,718	821	32,082
2000	59,099	18,442	40,657	17,503	1,029	40,567
2001	61,319	18,276	43,043	28,535	18	32,766

출처 : 청소년백서 (문화관광부, 2002:514) 자료원:경찰청

청소년의 가출경험은 일반청소년/문제집단 청소년, 인문계/실업계에 따라 다른 결과를 나타낸다. 전국의 중・고교생과 문제집단 청소년 10,000명을 대상으로 실시한 청소년보호위원회(2002년)의 조사결과에 따르면, 일반청소년의 8.5%, 문제집단 청소년(소년원생, 학교부적응 청소년 등)의 70.4%가 가출경험이 있었고, 일반청소년의 경우 실업고 학생(16.8%)의 가출경험율이 중학생(6.6%)나 인문고 학생(7.3%)에 비해 높아 실업계 고등학생의 가출예방 대책이 필요함을 알 수 있다(이민희 외, 2002:182). 청소년들의 가출에 대한 인식정도가 "청소년기에 나타날 수 있는 자연스러운 현상"(25.8%)이라거나 "불가피한 경우 가출할 수 있다"(48.4%)고 긍정적인 견해를 가진 청소년이 "어떠한 경우라도 절대 가출은 절대로 해서는 안 된다"(25.8%)는 부정적 견해를 지닌 청소년보다 월등히 높아 청소년들의 가출경험은 향후 지속적으로 높아질 전망이다.

한편 가출의 저연령화 현상이 조사결과 입증되고 있다. 최초로 가출한 시기는 일반청소년(49.0%)과 문제집단 청소년(61.4%) 모두 중학교 때인 경우가 고등학교 때(일반청소년:17.5%, 문제청소년:16.6%)보다 월등히 높았으며, 심지어 초등학교 때 가출을 경험했던 청소년의 비율도 일반청소년의 경우 33.4%로 높게 나타나고 있어 청소년들의 최초 가출시기가 점차 빨라지고 있음을 알 수 있다. 이러한 결과는 청소년의 가출예방을 위한 프로그램은

중학생과 초등학생에 초점이 맞춰져야 함을 시사하고 있다.

2. 청소년 가출의 실태

청소년 가출의 원인과 유형, 가출한 청소년들의 특성과 당면하고 있는 문제점 등 청소년 가출의 실태를 파악하기 위한 연구조사는 그동안 일부 기관이나 단체 혹은 개별 연구자에 의해 다양하게 진행되어 왔다. 본 절에서는 가출의 원인과 유형에 따른 실태 파악에 중점을 두고, 가출한 청소년들이 갖고 있는 특징적 측면과 현안문제에 대해서는 다음 장에서 구체적으로 살펴보기로 한다.

1) 다양한 가출동기

청소년들의 가출동기는 매우 다양하다. 불안과 정서장애 등 극히 개인적인 이유에서부터 가정불화, 학대, 방임 등의 가정적인 요인과 학교생활에의 부적응 요인 및 또래집단의 영향과 청소년에게 유해한 주변환경 등 가출로 내몰거나 가출로 유인하는 요인은 다양하게 산재해 있다. 그러나 청소년 가출은 어느 특정한 한 요인에 근거하기보다는 복합적 요인이 상호 역동적으로 작용하여 나타난 결과로 볼 수 있다. 청소년들의 가출동기는 개인적 요인과 가족, 학교부적응, 주변환경 등 환경적 요인의 상호작용인 것이다. 부모의 이혼, 별거, 재혼 혹은 학대, 방임, 알코올중독 등 구조적·기능적 결손가정에서의 탈출욕구가 비행 또래집단이나 향락산업 등 제반 유인요인을 억제하지 못하여 나타난 결과로 볼 수 있다(전경숙, 1999:30).

가출청소년을 대상으로 한 심층 면접조사 혹은 상담일지 분석결과를 보면(이민희 외, 2002; 전경숙, 1999), 가족관계는 거의 모든 사례에서 결손가정, 가족해체의 요인이 발견된다. 대부분의 경우 부모가 이혼을 하였거나 별거상태, 어머니가 가출하였거나 혹은 부모 어느 한쪽이 사망하였거나 자살하는 등 구조적 결손가정이거나 가정이 해체된 경우이다. 부모가 모두 생존하는 경우는 소수에 불과하고, 그나마 빈곤가정, 계모나 계부, 질병, 알콜중독, 난폭함 등 기능적으로 결손된 가정이며 구조적 · 기능적으로 원만한 가정은 극히 드물다. 이외에 가족으로부터의 신체적 학대에 시달리거나 방치되는 경우를 비롯하여, 친아버지, 삼촌, 오빠 등 가까운 직계로부터 성적으로 학대당하고, 친엄마나 고모로부터 유흥업소 일을 강요당하는 등 인륜이 파괴된 가정에서 어려운 성장과정을 거쳐온 경우도 발견된다.

이처럼 가정에서 밀어내는 요인은 학교생활의 부적응, 비행 또래집단과의 합류 및 향락산업에의 유입을 부추기고, 결국은 고통과 시련에서 탈출하기 위한 최상의 선택으로 혹은 자포자기의 상태에서 최악으로 전락하기 위해 가출을 시도하게 된다. 가출의 직접적 동기로 계모나 계부의 학대, 부모의 무관심, 방치 혹은 지나친 간섭, 부의 성폭력 및 구타 등 가출이 최상의 선택인 측면이 자주 등장하고, 아울러 학원폭력, 따돌림, 학업흥미 상실 등을 비롯한 학교부적응, 심리적 불안이나 정신지체, 보육원 및 사회복지시설 부적응 등 자포자기의 상태에서 가출을 선택한 경우도 발견된다.

2) 상습적·장기적 가출

한번 가출을 시도했던 청소년들은 쉽게 재가출하고, 가출이 상습적으로 반복되면 가출기간도 점차 장기화되는 경향을 보인다. 가출로 유인되었던 혹은 가출할 수밖에 없었던 요인들이 제거되지 않은 상태에서 가정이나 학교로 복귀할 경우 쉽게 재가출로 이어지고, 상습적인 가출상태에 이르게 되면 나름대로 가출생활에 적응하는 방법을 터득하여 가출이 장기화되기도 한다.

몇회 이상의 가출을 상습적 가출로 보고, 어느 정도의 기간을 장기가출로 정의하느냐에 따라 달라질 수 있는 문제가 있지만, 가출을 경험한 상당수의 청소년이 재가출의 경험이 있고 가출의 횟수가 빈번해질수록 가출기간도 장기화되고 있음을 입증한 연구조사 결과는 청소년 가출의 특징적 현상으로 상습적·장기적 가출을 설명하고 있다(전경숙, 1999; 이민희 외, 2002; 김준호·박정선, 1993). 청소년보호위원회(2002년)의 조사결과에 따르면, 전체 문제집단 청소년의 37.7%, 그중 청소년쉼터나 그룹 홈 등 시설을 거쳐 간 가출청소년의 53.4%가 5회 이상의 가출을 경험한 상습적인 가출자들이고, 횟수가 잦아질수록 가출생활에 적응하는 방법을 터득하게 되어 가출기간이 장기화되는 경향을 보였는데, 실제로 문제청소년 집단의 18.5%가 한 달 이상의 장기 가출을 경험한 것으로 나타났다.

3) 다양한 비행전력

가출청소년들은 대부분의 경우 음주, 흡연을 비롯하여 성비행, 절도, 폭력, 약물 등 다양한 비행전력을 갖고 있다. 거의 모든 청소년들이 음주와 흡연 문제는 기본적으로 갖고 있고, 습관적으로 혹은 떠돌이 생활에 대한 생존수단으로 절도를 하는 청소년도 많다. 문제는 타인의 금품을 절취하는 데 대한 도의적 책임이나 양심의 가책이 전혀 없이 상습적으로 행하는 것으로, 절도가 일상적인 생활수단이 되었다는 데 있다.

또한 청소년들은 가출을 전후로 하여 자연스럽게 비행 또래집단과 어울리게 되고, 비행문화에 합류하게 된다. 이성친구와 거리낌 없이 어울리며 문란한 성관계를 갖고, 우리 사회에 만연돼 있는 왜곡된 성문화와 성적 개방화 현상에 휩쓸려 각종 성적 비행을 경험한다. 가출경험이 있는 청소년들의 성의식 및 성경험은 일반 청소년들과 매우 다르며, 가출과 중퇴의 문제는 청소년의 성에 대한 태도나 경험에 많은 영향을 미치고 있음이 조사연구 결과에서 밝혀지고 있다. 1999년에 실시한 연구조사 결과에 따르면, 가출이나 중퇴를 경험한 여자청소년의 과반수가 중·고등학교 시절의 성관계에 대하여 허용적인 태도를 갖고 있고, 3분의 1 가량은 돈을 받고 성관계를 할 수도 있으며, 10명중 9명은 유흥·향락업소에의 취업을 긍정적으로 생각하고 있다(심영희 외, 1999:87). 그러므로 특히 가출소녀로 하여금 건전하고 올바른 성의식을 갖게 하는 것은 가출 후의 심각한 문제상황이라 할 수 있는 유흥업소 취업을 차단한다는 측면에서 매우 중요하다.

Ⅲ. 가출청소년의 특성과 현안문제

가출청소년 개개인이 가지고 있는 특성을 일반화하기는 매우 어렵다. 본 장에서는 심층면접조사(이민희 외, 2002)와 상담사례조사(전경숙, 1999) 결과에서 나타난 가출소녀 개인이 처하고 있는 문제상황을 중심으로 가출소녀의 특징적인 측면을 살펴보고자 한다.

청소년들의 가출경로나 동기가 다양한 것처럼 가출청소년, 특히 가출소녀들은 여러 가지 복합적인 문제를 지니고 있다. 또한 이러한 당면문제에 대한 어느 정도의 해결 없이는 사회로의 정상적인 복귀가 불가능해지고, 가출의 문제는 심각한 사회문제의 양상을 띠게 될 소지도 있다. 그러므로 가출청소년이 직면하고 있는 문제의 유형을 파악하여 그에 대한 적절한 대안을 모색하는 일은 청소년 가출이라는 사회문제의 해결을 위해서도 필요한 작업이다. 심층면접과 사례조사 대상 가출청소년들의 특성과 그들이 직면하고 있는 문제상황은 다음과 같이 정리될 수 있다.

1. 가출청소년의 특성

1) 구조적·기능적 결손가정 출신

가출청소년의 대다수는 구조적 · 기능적 결손가정 출신으로 복귀할 가정이 없다. 부모가 이혼을 하였거나 별거상태, 어머니가 가출하였거나 혹은 부모 어느 한쪽이 사망하였거나 자살하는 등 구조적 결손가정이거나, 계모나 계부, 질병, 알코올중독, 난폭함 등 기능적으로 결손된 가정이다. 한편 가족이나 친지로부터의 신체적·성적 학대에 시달리거나 방치되는 경우 등 극도로 심각한 가정환경은 청소년 가출을 조장하는 근원이 되고 있다. 문제는 가정 및 가족의 지원력 결핍이 청소년의 재가출을 유도하고 심각한 사회문제를 유발한다는 데 있다. 복귀할 가정이 없는 청소년을 단순 귀가조치함으로써 야기되는 가출의 장기화와 상습화 및 그로 인한 사회병리 현상은 청소년 가출문제의 악순환을 드러내고 있다.

2) 학업중단

가정을 떠나는 청소년은 대부분의 경우 학교에서도 이탈된다. 학업흥미상실, 무단결석 등의 요인으로 학교를 스스로 포기했거나 학교로부터 퇴학처분을 받은 자들로, 그대로 방치될 경우 올바른 사회화의 과정을 상실하게 되며 사회구성원으로서의 준비과정이 결여되어 사회로의 복귀가 불가능해질 소지가 많다.

가출청소년 가운데 학교에 적을 두고 있는 경우는 매우 드물다. 가정에서 부모 및 가족과의 유대관계 속에 혹은 학교라는 제도적 틀 안에서 자아정체감을 형성해 가야 할 청소년기에 가출로 인해 부모 혹은 가족과의 결속력이 끊기고, 학교로부터 이탈됨으로써 청소년은 올바른 사회화과정을 거치지 못한 채 정체불명의 혼란상황을 맞게 되는 것이다. 그러므로 정상적으로 기능하는 가정, 미래의 삶을 준비하는 과정으로서의 교육 및 학교 등 올바른 사회화의 과정을 익혀갈 수 있도록 가정과 학교로의 복귀를 우선적으로 고려해야겠고, 복귀가 불가능할 경우 대안가정이나 대안학교 혹은 직업교육 등 대안책을 모색하는 일이 필요하다.

3) 가출 후 다양한 이동경로

청소년들은 가출 후 다양한 이동경로를 거친다. 가출경험 청소년들로부터 가출한 후 지낸 곳으로 가장 많이 언급되고 있는 곳은 친구 자취방 혹은 친구집, 이성 친구집이고, 다방이나 술집 등 유흥업소에서 지내는 경우도 많다. 그냥 막연히 터미널, 공원 등 거리를 배회하거나 노숙하는 사례도 있고, 각 지역의 쉼터만을 떠돌아다니는 가출청소년도 상당수에 달한다.

특히 근본적으로 가정복귀가 불가능한 여자 가출청소년의 경우, 가출을 반복적으로 하는 상습 가출자들로 친구집, 자취방 등을 전전하며 뚜렷한 목적 없이 방황하다가 머무를 곳과 돈이 필요해지면 다방, 카페, 단란주점 등 유흥업소에 불법으로 고용되어 숙식을 해결하려 하는 장기 가출자들이 많다. 일시가출일 경우는 친구집이나 길거리를 배회하다 가정으로 복귀하는 경우가 많겠으나 반복적으로 가출할 경우, 가출횟수가 잦아짐에 따라 가출기간도 그만큼 길어지기 때문에 주유소나 유흥업소 등 숙식의 해결을 위해 취업이 불가피해진다. 또한 가출이 반복되면서 비슷한 환경의 또래들과 어울리면서 새로운 가출문화를 형성하게 되고, 이러한 요인은 가정과 사회로의 복귀를 더욱 어렵게 만들고 있다. 가정과 학교에서 적절한 사랑을 받지 못하고, 인간관계의 형성을 경험하지 못한 가출청소년들은 가정, 학교에서 경험하지 못했던 새로운 지지집단에 동화되어 가출의 장기화를 고착시키게 된다.

4) 유흥업소에의 유입

가출소녀들은 가출 후 이곳저곳을 배회하며 떠돌아다니다가 가출이 장기화될 경우, 의식주문제의 해결을 위해 유흥업소에 유입되는 문제를 갖고 있으며, 감금, 폭력, 빚 등 각종 문제에 연루되어 빠져나오지 못하는 경우도 있다. 한편, 이러한 생활에 무의식적으로 빠져들게 되는 경우도 있는데, 비슷한 환경의 또래들과 쉽게 어울리고 동화되며, 향락산업에 유입되는 과정에서 새롭게 형성된 인간관계 집단이 지금까지 경험하지 못했던 그들의 지지기반이 되어 그곳에 머물게 만드는 요인으로 작용한다. 또한 쉽게 돈을 벌 수 있다는 그릇된 인식하에 다른 직업의 선택에 대한 의지가 결여되고 건전한 노동관의 확립이 어렵다.

전경숙(1999)의 연구에 의하면 가출소녀들은 대부분 유흥업소에서의 취업 경험을 갖고 있으며, 다양한 경로를 통해 유흥업소에 유입되고 있다. 문제는 반복적인 재가출로 가출이 상습화되면 가출의 기간도 점차 장기화되어 의식주문제의 해결을 위해 유흥업소에의 취업이 불가피해지는 데 문제의 심각성이 있다. 향락산업에 유입된 대다수의 가출소녀들은 일정한 시간이 경과된 후 억압되고 강요받는 생활, 육체적 · 정신적으로 고통스런 생활을 청산하고 싶어하지만, 일부는 그곳 생활의 매력에 빠져드는 경우도 있다. 가출청소년의 대부분이 가정과 학교에서 적절한 사랑과 관심을 받지 못하고 가정과 학교 밖으로 내몰린 경우이므로, 비슷한 환경의 또래들과 쉽게 어울리고 동화되며, 향락산업에 유입되는 과정에서 새롭게 형성된 인간관계 집단이 지금까지 경험하지 못했던 그들의 지지기반이 되어 그곳에 머물게 만드는 요인으로 작용한다.

2. 가출청소년의 당면문제

청소년 가출이 사회문제로 대두되고 있는 것은 단순히 가정을 이탈했다는 개인적인 차원이 아니라 가출 후 직면하게 되는 각종 위기상황과 일탈행위 및 유해환경에의 접촉 등 가출로 인해 개인의 정신건강은 물론 사회질서와 안녕을 심각하게 위협하기 때문이다(한상철, 2003:295). 본 절에서는 가출한 청소년들이 가출 후 겪게 되는 심리적 부적응, 생활고통, 각종 비행 및 유해환경의 접촉 등 가출 후의 문제상황을 고찰함으로써 가출청소년들이 당면하고 있는 문제점들을 파악하고자 한다.

1) 고용 및 주거 문제

가출청소년들이 가출기간 동안 당면하는 가장 큰 문제는 의식주문제이며, 이를 위해 돈과 기거할 곳이 필요하다(홍봉선 · 남미애, 2000:241). 특히 가출이 장기화될수록 의식주에 대한 욕구는 더욱 절실해져 우선적으로 일자리를 찾게 된다. 그러나 청소년들이 합법적으로 안전하게 취업할 수 있는 직종은 매우 제한되어 있으므로 유흥산업이나 서비스업소 등 불법적인 직종에 쉽게 유입된다. 특히 이들 업소는 가출청소년의 가장 큰 당면문제인 숙식이 동시에 해결된다는 점에서 가출청소년들이 쉽게 유인되고 있다. 가출이 장기화될수록 돈과 주거가 동시에 해결되는 직종을 선호하게 되는데, 문제는 이러한 직종의 경우 합법적인 취업과 고용관계가 성립되지 않아 청소년들은 부당대우와 노동착취의 대상으로 전락하여 악순환을 겪게 되는데 있다.

2) 신체적·정서적 문제

대다수의 가출소녀들은 치료를 요하는 신체적 · 정서적인 문제를 갖고 있다. 가출 후 문란한 성생활과 향락산업에의 유입으로 임신 · 낙태 · 출산의 경험 및 성병 등의 문제를 갖고 있는 경우도 있고, 가정으로부터의 학대 혹은 가출 후의 정서 · 심리적 불안으로 정신적인 치료를 요하는 경우가 많으며, 지나친 음주 · 흡연을 비롯하여 본드 · 가스 흡입 및 약물남용 등 약물치료를 필요로 하는 경우도 있다. 또한 가출청소년은 자신에 대한 낮은 자아존중감, 심리적 불안감, 우울, 타인에 대한 불신감 및 공격적 성향, 분노, 두려움(안창규 외, 1995:85; 김성경, 1997:95) 등 정서적인 문제가 심각하게 드러나는 경우가 많다.

3) 교육문제

가출청소년의 대다수는 학업흥미의 상실, 잦은 무단결석 및 각종 문제행동에의 개입 등으로 학교부적응 문제를 갖고 있으며, 무단가출로 인해 자퇴하거나 퇴학처리됨으로써 학교를 중도탈락한 경우가 많다. 학교라는 제도적 틀 안에서 자아정체감을 형성해 가야 할 청소년기에 가출로 인해 학교로부터 이탈됨으로써 청소년은 올바른 사회화과정의 기회를 상실하게 된다. 검정고시나 전학을 통해 복학이 이루어진다 하더라도 입시 위주의 획일적 학교생활과 또래 및 교사로부터의 차별적 대우(박수민, 1997:50)에 적응하지 못해 잦은 교육기회의 상실을 경험하게 된다. 이같은 학교교육의 중도탈락은 학력이 중시되는 우리사회에서 향후의 사회생활 적응에 또 하나의 장애로 등장할 것이며, 낮은 학력과 그로 인한 취업장애는 성인이 된 후에도 빈곤의 악순환을 초래할 가능성을 내포하고 있다.

4) 약물남용 및 비행문제

가출청소년에게 흔히 나타나는 비행의 유형으로는 음주, 흡연을 기본으로 하여 본드나 가스흡입 등 약물비행과 학교부적응 현상에서 비롯되는 등교거부 및 절도와 폭력, 성비행 등이 자주 등장한다(전경숙, 1999:24). 특히 약물문제는 가출청소년들의 신체적 손상뿐 아니라 정신적 폐해를 가져와 정상적인 사회인으로의 복귀가 어렵게 될 수도 있다는 점을 감안하여 신속하고 정확한 치료방법이 모색되어야 한다. 청소년들은 가출을 전후로 하여 자연스럽게 비행 또래집단과 어울리게 되고, 비행문화에 합류하게 됨으로써 다양한 비행을 경험하게 되는데, 문제는 비행을 저지르는 데 대한 양심의 가책이 없이 가출 후의 어려운 생활에서 힘든 과정을 지탱해 나가기 위한 필수적인 수단 혹은 과정으로 인식하는 데 있다.

Ⅳ. 대책 및 지도방안

1. 정책적 · 제도적 지원방안

1) 가출청소년보호 관련법 제정

가출청소년 지원을 위한 가칭 "가출청소년보호법" 제정을 통해 가출청소년의 권익을 보호하고 이들의 욕구에 부응할 수 있는 서비스가 제공되도록 한다. 현재 청소년보호법, 소년법, 아동복지법 등에서 가출청소년을 광범위하게 다루고 있고, 그나마 통제와 규제의 대상으로 접근하고 있을 뿐, 보호와 복지수혜 대상자로서의 규정은 법에 명시되어 있지 않다. 다행히 가출청소년 쉼터의 설치 및 지원을 골자로 한 청소년기본법의 개정이 이루어져서 정부 및 지방자치단체의 쉼터업무 활성화를 위한 제도적 근거를 만들었고, 이러한 근거하에 쉼터의 법적 지위 확립은 물론 실무자들의 서비스 제공에 있어서 법적 보장을 분명히 할 수 있게 되었다.

가출청소년의 보호와 지도에 대한 사회적 책임의 강조와 더불어 관심을 유도할 수 있는 사회적 차원의 분위기 조성을 위해 청소년 관계법령을 전반적으로 재조정함으로써 가출청소년에 대한 개념규정이나 구체적인 지원규정을 제시한 근거법이 조속히 마련되어야 한다. 이를 통해 가출청소년 지원을 위한 체계적이고 종합적인 예방대책과 서비스 전달체계를 확립할 수 있다.

2) 청소년쉼터의 확대 및 기능적 특성화

중앙정부 및 지방자치단체의 재정적인 지원을 받아 가출청소년을 1개월 정도 일시적으로 수용 보호하는 청소년쉼터는 해마다 증가하고 있지만 아직까지 매우 부족한 실정이다. 1992년 문화관광부(당시 문화체육부)가 서울 YMCA에 위탁운영을 시작한 이래 부산, 대구, 광주, 인천, 대전, 울산 등 7개 쉼터에 재정적인 지원을 하고 있고, 구로쉼터와 신림쉼터가 서울시의 지원을 받아 운영되고 있으며, 노원구 청소년쉼터와 강남구 청소년쉼터가 구청의 지원으로 운영되고 있다(전경숙, 1999:48-50). 수만 명에 달하는 것으로 추정되고 있는 가출청소년에 비하면 양적으로 매우 부족하고 여러 가지 열악한 상황에서 운영되고 있는 청소년쉼터에 대한 대안이 모색되어야 한다. 종교단체에서 운영하고 있는 청소년쉼터의 재정지원을 통해 쉼터는 연차적으로 확대되어야 하며, 양적인 확대와 병행하여 질적인 서비스의 제공에도 주력해야 한다.

한편, 청소년쉼터는 인력 및 재정적 환경이 열악함에도 불구하고 여러 유형의 청소년들을 보호하며 교정 · 치료하기 위한 프로그램의 수행에 많은 노력을 기울이고 있다. 그러나 청소년들의 가출동기나 유형은 매우 다양하다. 가정불화, 학대, 학교부적응, 또래집단의 유인 등 가출동기와 가출횟수, 현재 직면하고 있는 문제점 등 가출유형과 문제의 심각성에 따라 필요한 프로그램 및 서비스의 유형이 다르므로 가출유형별로 보다 전문적인 서비스가 공급되는 것이 효과적이다. 그러나 현재 대부분의 가출청소년을 위한 수용 · 보호시설은 시설규모나 인력 · 재정면에서 매우 열악하기 때문에 이러한 모든 서비스를 동시에 공급하는 것이 거의 불가능한 실정이다. 그러므로 가출청소년의 유형별로 청소년쉼터를 특성화한다면 보다 효율적으로 운영될 수 있을 것이다. 예를 들어 청소년 쉼터를 일시보호와 단기보호로 구분하여 일시보호시설에서는 가출청소년을 1개월 이내로 일시보호하며 상담서비스를 제공하는 등 긴급구조의 형태로 운영하고, 3개월~6개월 이내로 운영하는 단기보호시설에서는 가출청소년을 위한 적절한 프로그램의 제공에 주력하는데, 이 때 역점을 두는 프로그램별로 쉼터를 기능적으로 특성화한다. 공부가 하기 싫거나 학교폭력 등에 연루되어 가출한 학교부적응 청소년을 위한 프로그램을 전문적으로 제공하는 쉼터, 본드나 가스 등 약물문제를 지닌 가출청소년을 위한 프로그램의 제공에 주력하는 쉼터 혹은 성문제를 지니고 있거나 성비행의 성향이 높은 가출청소년을 위해 전문화된 프로그램을 제공하는 쉼터 등 각 쉼터가 기능적으로 특성화된다면 가출청소년을 위한 질적인 서비스의 제공이 가능해져 쉼터가 치료적 보호센터로서의 기능을 수행할 것으로 보여진다. 기능적으로 전문화된 쉼터가 효과적으로 운영되기 위해서는 각 쉼터간의 연계망 구축이 우선되어야 한다.

3) 선도보호시설의 재정비

정부의 재정적 지원으로 민간에 의해 위탁 운영되는 청소년쉼터와는 달리 선도보호시설은 여성부가 직접적인 운영주체가 되는 중장기 시설과 재정적 지원으로 위탁운영하고 있는 쉼터 형태의 일시보호 시설로 구분되어 있다. 현재 경찰에 의해 적발된 윤락소녀나 쉼터에서의 일시보호가 종료되고, 가정복귀가 불가능한 가출소녀가 중장기 선도보호시설에 의뢰되고 있다. 그러나 낙후된 시설과 통제적인 분위기로 청소년들의 적응이 어렵고, 가출소녀의 경우 선도보호시설에 입소했다는 사실자체가 윤락녀로 낙인되는 문제가 있어 입소를 꺼리는 경우가 대부분이다. 그러므로 선도보호시설은 시설, 입소조건 및 운영방식 등에서 총체적으로 재정비되어야 한다. 또한 선도보호시설에서는 미용, 양재, 제빵 혹은 컴퓨터 등의 직업훈련교육을 실시하고 있으나 청소년들의 적성과 욕구에 맞는 다양한 교육이 제공되지 못하고 있고, 컴퓨터교육 등 최신 기술교육은 대부분 중퇴 학력을 소지한 대상자가 교육의 내용을 따라가지 못하는 경우가 많다. 특히, 가출 및 윤락소녀가 향락산업으로 유입되거나 재유입되는 것을 차단하기 위해서는 그들이 지니고 있는 기술과 기능을 바탕으로 노동의 기회가 확대되어야 한다는 점을 고려하면, 청소년의 요구와 수준에 맞는 직업교육이 이루어져야 할 것이다.

4) 자립 · 자활을 위한 중장기시설의 확대

여러 가지 요인으로 가정복귀가 불가능할 경우, 집밖에서도 최소한의 행복을 추구하며 인간적인 삶을 살아갈 수 있도록 지원하는 방안을 모색해야 한다. 상당수의 가출청소년들은 가정이 해체되었거나 가정에서 육체적·성적 학대에 시달려 가정복귀가 불가능한 상황에 처해 있으며, 그럼에도 불구하고 귀가조치할 경우 재가출 및 가출상황의 악화로 이어질 것이므로 상황에 맞는 적절한 대책이 요구된다.

가출청소년을 1~2개월 동안 일시적으로 보호하며 긴급구호 및 의식주의 문제를 해결해 주고 있는 청소년쉼터의 실무자들은 쉼터를 운영하며 겪는 가장 큰 애로사항으로 일시보호의 기간이 종료 된 후 가정복귀가 불가능한 청소년을 마땅히 인계할 시설이나 기관이 없어 안타깝다는 점을 지적한다. 가정이 해체되었거나 부모로부터 폭력 및 학대로 시달리는 경우 등 여러 가지 요인으로 가정복귀가 불가능한 가출청소년이 많고, 또한 대다수의 경우 학교를 쫓겨났거나 자퇴하여 가정으로부터의 이탈이 학교의 중도탈락으로 이어진 상태이므로 이들을 2~3개월간의 일시적 단순보호 후 그대로 방치했을 경우 재가출과 가출상황의 악화로 이어진다. 그러므로 가정복귀가 어렵거나 불가능한 청소년을 자립할 때까지 위탁 보호할 수 있는 중·장기 시설로 인계할 수 있도록 양적으로 확대해야 할 것이다. 현재 민간 종교단체에서 운영하고 있는 단기보호시설(3개월~6개월)을 중장기시설과 병행할 수 있도록 재정적으로 지원하여 위탁 운영하는 방안도 고려할 수 있다.

5) 의료서비스의 제도화

가출청소년의 대다수는 사회의 기본 가치관이나 규범의식에서 이탈되어 있어 술, 담배는 기본이고, 가스나 본드 등의 약물경험 및 성병, 임신 등 성비행과 관련하여 질병이나 문제를 지니고 있다. 가출소녀의 일부는 불결하고 문란한 성관계로 질염이나 기타 일반 성병에 감염되어 있고, 심하면 수술을 받아야 하는 경우도 있으며, 임신으로 인한 검진 및 치료를 요하는 때도 있다. 또한 오랫동안의 길거리 생활로 위장병 등의 만성질환을 앓고 있고, 담배의 과용으로 기관지 문제를 갖고 있으며, 스트레스나 심리적 불안, 행동상의 장애 등으로 정신적 치료를 요하는 경우, 약물치료가 필요한 경우 등 산부인과를 비롯하여 내과, 이비인후과, 임상병리과 및 정신과 등 총체적인 의료서비스가 필요한 경우가 있다. 그러나 이들은 가출상태이므로 의료보험 혜택이 없어 수술이나 응급환자일 경우 진료비 부담이 크며, 병원 및 진료시설과 협력체계를 구축하고 있는 일부 시설에서는 무료 혹은 실비 정도만 지급하고 진료를 받기도 하나, 수술을 요하는 경우나 장기적인 치료를 요하는 경우는 진료에 한계가 있다. 그러므로 단기적 혹은 장기적인 치료를 필요로 하는 청소년들의 의료문제를 해결하기 위해서는 국가 차원의 청소년 전문치료센터가 설립되어 각 쉼터나 사회복지기관에서 치료를 의뢰하는 경우 무상으로 치료해 줄 수 있는 시스템의 구축이 필요하다. 국립 청소년 전문치료센터의 설립이 제도화되어 시행되기 위해서는 많은 시간이 요구될 것이므로, 그때까지 진료가 필요한 가출청소년이 의료혜택을 받을 수 있도록 각 보호시설에 국립병원 무료진찰 및 치료권을 부여하는 방안을 고려할 수도 있다.

6) 교육기회의 제공

대부분의 가출청소년들은 가정과 학교에서 많은 좌절을 경험하고, 패배의식을 가지며 성장해 왔다. 그들이 가지고 있는 자폐적 피해의식, 열등감 및 좌절을 극복하고, 자신의 욕구와 잠재력을 실현하며, 사회의 구성원으로서 성공적인 경험을 할 수 있도록 하기 위해서는 그들의 수준에 맞는 다양한 교육의 기회가 부여되어야 한다.

정부가 1996년 12월 학교 중도탈락자 예방 종합대책의 일환으로 대안학교 추진정책을 시행해 온 이래, 1998년에만 충북 양업고등학교 및 전남 영산성지고등학교 등 6개 학교가 설립되었고, 1999년에 경기도 화성의 두레자연고등학교 등 4개 학교, 2000년도에 국제복음교가 개교하여 현재 11개 학교가 설립되었지만, 이들 학교는 대부분 학급정원이 20명 정도, 전체 학급이 2~3개 학급인 소규모 학교로 공식통계로만 10만 명이 넘는 전체 가출청소년과 학교 중도탈락 청소년의 양적인 수와 비교할 때 매우 부족한 실정이므로 대안학교의 설립을 점차적으로 확대해 가는 방안이 마련되어야 한다.

또한, 대부분의 대안학교가 기숙사시설을 갖춘 교육기관이라는 점에서, 가출청소년을 위한 중장기 보호시설의 역할을 할 수도 있다. 현재 가출청소년이 실제적으로 이용할 수 있는 중장기 보호시설은 거의 전무한 상황이라는 점을 감안하면, 대안학교 설립의 확대는 조속히 이루어져야 할 과제이다.

현행 정책에 의하면 대안고등학교에 대한 행정적 지원이 마련되었을 뿐 중학교에 대한 대책은 전무한 실정이다. 많은 조사결과에 의하면, 가출은 실제적으로 중학교 때 가장 많이 이루어지고 있고, 따라서 중학교를 중퇴한 경우가 대다수이다. 상당수의 중학교과정 중퇴자들은 기존의 학교에 다시 복학하거나 아니면 검정고시를 보거나 혹은 학교과정을 포기하는 수밖에 없다. 현재 영산성지중학교(전남)와 헌산중학교(경기) 및 지평선중학교(전북)가 2003년에 개교하였지만, 중학교 과정을 위한 대안학교의 확대 설립이 필요하며, 특히 가출청소년의 경우는 저소득층의 자녀이거나 가정이 해체된 경우가 많다는 점을 고려하여 무상교육으로 실시되어야 할 것이다.

7) 취업기회의 확대

노동의 기회라는 측면에서 볼 때, 청소년에게는 취약하고 왜곡된 노동시장의 구조가 취업을 필요로 하는 청소년을 흡수하지 못한 결과, 각종 서비스 직종 및 유흥업소에의 불법고용을 야기시키게 되었다고 볼 수 있다. 또한 이들을 불법적으로 고용하여 부당이득을 취하거나 어린 청소년을 성적 쾌락의 수단으로 이용한 성인들을 효과적으로 규제하지 못한 결과로 끊임없는 악순환이 되풀이되고 있음을 감안할 때, 청소년들에게 취업의 기회를 확대하고 노동조건을 개선해야 할 것이다.

8) 지역사회 연계체제 구축을 통한 통합적 서비스 제공

이상에서 제시된 가출청소년을 위한 복지서비스는 통합적, 체계적, 지속적으로 이루어져야 함을 기본원칙으로 하여 사회환경을 변화시키고 사회자원을 최대한 활용하여야 한다. 지역사회의 자원을 효율적으로 활용하는 방안을 마련함에 있어, 가출청소년과 관련된 기존의 교육기관 및 시설, 사회단체, 자원봉사 인력 등의 역량을 집결시키고 이들이 유기적으로 상호 협력할 수 있는 체계를 구축하도록 하여야 한다.

2. 가정 및 학교의 지도방안

청소년 가출의 사전예방적 측면에서 가정과 학교의 역할은 매우 크다. 일상생활에서 과도한 스트레스를 경험하고 있는 청소년들은 이에 대한 대처능력이 없을 경우 가출을 비롯한 위험행동에 개입하게 된다. 부모나 그 밖의 가족, 교사나 동료 등 적극적인 사회적 지지는 청소년들에게 심리적 안정감을 가져다주어 위험행동에의 유입을 차단할 수 있다는 측면에서 청소년 가출을 예방하기 위한 가정과 학교의 지도방안은 매우 중요하다.

1) 부모자녀간 의사소통 강화

청소년 가출은 부모의 지나친 간섭이나 이해부족 등 부모의 자녀 양육태도와 부모와 자녀간의 관계의 질이 매우 중요한 요인임을 알 수 있다. 부모자녀간의 빈약한 의사소통과 무관심이 가출의 요인이 되기도 한다. 가출을 경험한 청소년들의 대다수가 부모로부터의 무관심과 방임 혹은 갈등과 마찰을 느끼고 있으며 부모로부터 적절한 보호와 지지를 받고 있다는 심리적 안정감이 결여되어 있다.

그러므로 부모들은 자녀의 행동과 정서적·심리적 발달상태에 끊임 없는 관심과 애정을 갖고, 그들의 입장에서 이해하고 지지하려는 노력이 필요하다. 자녀와의 갈등과 마찰을 피하고 그들의 생각과 견해에 귀 기울일 때, 부모-자녀간의 원만한 의사소통이 가능하며 이는 청소년 가출을 예방하고 줄이는 데 크게 기여할 것이다.

2) 건강한 가정의 유지

청소년 가출의 가장 근본적인 예방대책은 건강한 가정이다. 앞서 논의한 대로 가출청소년의 가정은 이미 해체되었거나 해체위기에 있어 청소년 가출을 부추기며 상습적 재가출을 야기시키고 있다. 이러한 악순환을 방지하기 위하여 부모들은 자녀의 원만한 성장발달이 이루어질 수 있도록 건강한 가정을 유지하는 데 노력을 기울여야 한다. 특히 청소년 가출에 영향을 미치는 것은 부모 사망, 이혼, 별거 등 가정의 구조적 결함보다 가정불화, 방임, 학대 등 기능적 결함이 더 큰 요인임을 고려하여 부모와 자녀간의 관계와 양육능력을 강화하고, 원만한 가정의 기능을 다 할 수 있도록 최선을 다해야 한다.

해체위기에 있는 가정을 위해서는 국가 차원의 가족개입 정책을 수립하여 적극적인 가족보존 서비스를 제공하여야 한다. 전문적이고 포괄적인 가족상담 기능을 활성화하여 가족상담 서비스 체제를 구축하고 부모상담이나 다양한 부모교육 프로그램을 지속적으로 실시하여 청소년 자녀와 부모간의 이해와 대화통로를 마련해야 한다. 한편, 해체위기에 있는 가정의 청소년을 위해 일시적 대리기능을 하는 가정 일시위탁제도를 도입하여 가족내의 문제해결과 치료를 병행하는 가정복지사업을 전개한다. 특히 알코올중독이나 학대부모의 경우 부모가 전문적인 치료를 받을 수 있도록 하고 그동안 자녀가 안전하게 보호될 수 있도록 하는 것이 필요하다. 이러한 과정을 통해 해체위기의 가정이 복구되고 본래의 가족기능이 회복될 수 있을 것이다.

3) 즐거운 학교환경 조성

현재의 학교환경은 학력 중심의 주입식 교육과 입시 위주의 교육풍토, 인간적인 교제가 어려운 대형학급과 입시로 인한 경쟁적 또래관계의 형성 등 청소년들의 정상적 성장발달을 저해하고 있다. 청소년 자신이 설정한 인생목표를 추구하기보다는 사회나 부모가 조직해 놓은 과정에 무조건적인 수용을 강요당함으로써 외부세계에서의 독립된 삶의 체험에 대한 동경이나 강요된 학교생활에 대한 탈출 욕구가 강하게 나타날 수 있다. 개인적인 자유의지가 무시된 획일적인 공동생활의 강요는 적극적 반항행위로서의 비행 혹은 탈출성·도피성 가출 형태를 양산할 수 있으므로 청소년의 다양한 개인욕구가 반영된 즐거운 학교풍토의 조성은 청소년 가출의 예방적 측면에서 매우 중요한 요소이다. 하루 일과 중 대부분의 시간을 학교에서 보내고 있는 청소년들에게 학교는 짜놓은 계획에 따라 단지 타율적으로 따라가며 입시를 준비하는 장소가 아닌 스스로의 미래를 위한 준비를 자율적 의사에 따라 결정하고 실천해 가는 즐거운 생활공간의 장이 되어야 한다.

4) 학생의 인권을 존중하는 민주적 학교풍토 정착

학교의 강압적 분위기와 교사의 권위적 위상은 학생들의 다양성과 인격을 존중하는 민주적 방향으로 전환되어야 한다. 공부 잘 하는 학생들만 대우받고, 단지 공부에 흥미가 없다는 이유만으로 학교에서 배척되는 비합리적인 학교풍토는 개선되어야 한다. 대학입시 성공이 어려운 청소년들도 자신의 장래에 대한 희망과 용기를 갖고 스스로 대안을 찾으며 건강한 생활인으로 나아갈 수 있도록 청소년의 다양성이 인정되고 존중되는 학교분위기가 조성된다면 학교 방출요인에 의한 청소년 가출은 어느 정도 예방될 수 있을 것이다.

교사의 학생에 대한 권위적 태도에도 변화가 있어야 한다. 현재 학교에서는 체벌금지와 존칭어 사용이 권장되고 있지만 그 실효성에 대해서는 회의적인 시각이 존재한다. 체벌에 대한 논란은 아직도 지속되고 있지만, 체벌의 교육적 효과는 더 이상 미화되지 말아야 한다. 체벌은 신세대에게 적절한 지도방법이 아니며 교육적 효과보다는 정신적 상처를 심화시키고 폭력을 재생산하는 부작용을 초래하여 청소년의 학교부적응 현상을 부추기고,

이는 청소년 가출의 직·간접적인 원인이 될 수도 있음을 감안하여 교사는 체벌을 통한 권위 회복을 지양하고 학생들의 인격을 존중하는 민주적 학교 풍토 정착에 노력한다면 청소년 가출은 장기적 측면에서 볼 때 예방효과를 거둘 수 있을 것이다.

5) 학교사회사업의 정착

등교거부 및 무단결석, 각종 문제행동에의 개입 등 학교생활에 부적응을 보이는 청소년에 대해 개별적이고 전문적으로 대응하기 위한 학교사회사업이 전면적으로 실시되어야 한다. 지금까지 학교생활에 부적응을 보이는 학생에 대해 현행의 학생체계는 다수의 학생을 보호한다는 차원에서 징계일변도적 접근을 해 왔다. 학생에 대한 충분한 이해와 교육적 차원에 대한 고려가 없는 징계위주의 조치는 청소년 문제행동 교정에 도움을 주기보다는 적개심이나 반발을 일으켜 오히려 학교부적응 행동을 야기시킬 수 있다. 그러므로 학교사회사업가의 전면적인 배치를 통하여 청소년의 학교생활 부적응 문제를 포함한 가정문제 및 개인과 또래집단 문제 등 개인이 지닌 다양한 문제를 해결하는 데 즉각적이고 전문적인 도움을 받는다면 청소년 가출 문제는 한층 감소될 것이다.

Ⅴ. 요약 및 논의

가출의 문제는 청소년들이 물리적 혹은 심리적으로 가정을 이탈하면서 시작된다. 청소년기의 가출은 개인의 심리적 문제로 인해 단순히 집을 떠나는 행위라는 의미가 내재되어 있을 뿐 아니라, 결손가정이나 가정불화와 같은 가정문제, 성적 위주의 교육병리 현상 및 학교부적응 문제 등 집에서 밀어내는 요인과 이성친구를 포함한 또래집단의 유혹, 향락산업을 비롯한 유해한 사회환경으로부터의 유인요인 등이 상호 역동적으로 작용하여 나타난 결과이다. 그러므로 가출청소년에 대한 개념정의에서도 개인적 문제에 근거한 일탈청소년 혹은 비행청소년으로 간주하는 것으로부터 주변 환경적 문제에 직면하여 이에 대한 대안을 찾고자 의도적으로 가정에서 나오거나 혹은 비의도적으로 가정으로부터 떠밀려 나온 도움을 필요로 하는 요보호 청소년으로 이해하려는 시각의 전환이 이루어지고 있다.

문제는 가정을 이탈하는 청소년은 대부분의 경우 학교도 이탈하며, 가정과 학교의 이탈은 올바른 사회화과정을 거치지 못한 결과로 이어져 끝내는 사회 자체로부터도 이탈되게 하여 심각한 사회문제를 조장하게 된다는 점이다. 청소년의 가출은 처음에는 일개의 개인사건에 불과하지만 학교 중도탈락의 문제와 함께 결부되어 있고, 가출 후 폭력, 절도, 마약, 성매매와 같은 범죄의 온상으로 유입되는 경향이 높기 때문에 심각한 사회문제로 비약하게 된다. 따라서 청소년 가출은 단순한 청소년비행이나 문제행동의 범주에서 이해하기 보다 우리사회가 안고 있는 복잡하고 다양한 문제의 맥락에서 파악되어야 한다. 그러므로 가출청소년을 보호하기 위한 체계화된 구조를 갖추기 위한 노력도 가출청소년 개인의 문제해결 차원을 넘어서 가정, 학교, 지역사회 구조 등 사회체제 전체의 개발정책과 연관되어 보다 거시적인 차원에서 추진되어야 할 것이다.

가출청소년에 대한 기존의 대책은 대체로 그들의 욕구와 문제에 대한 배려 없이 가출청소년을 흔히 비행청소년으로 낙인찍어 가능한 한 빨리 가정으로 귀가시키는 것을 우선시했으나 가출청소년은 개인이 지닌 문제유형별 혹은 가출유형별로 욕구와 문제가 다를 수 있기 때문에 이에 대한 이해가 선행되어야 한다. 가출청소년의 욕구에 따른 서비스가 아닌 문제에 따른 대책만으로는 청소년가출이 완화되거나 해결되기는 어려울 것이다.

청소년 가출문제를 해결하기 위한 대책을 수립하고 가출청소년을 위한 사회복지 서비스를 제공함에 있어서 가출청소년에 대한 사회인식의 전환이 선행될 필요가 있다. 문제청소년이라는 규격화된 고정관념에서 탈피하여 가족해체나 학교부적응 현상, 유해한 지역사회 환경 등 현 사회의 모순에 의해 부적응 혹은 탈출 형태로 나타난 청소년 가출현상에 대하여 사회적, 교육적, 제도적인 배려로 접근하여 가출청소년을 이해하고 보호하려는 사회적 인식이 확산될 필요가 있다. 어쩔 수 없는 상황에서 집을 나갈 수밖에 없는 가출청소년들도 상당수에 달하며, 가출 후 이들은 사회적 안전망을 잃은 상태에서 각종 위기상황에 처하게 되고 착취의 대상이 되기도 한다는 점에서 문제청소년이기 이전에 위기에 처한 희생자인 동시에 보호를 필요로 하는 청소년들이다. 이들의 열악한 인권상황에 대한 관심과 직면한 구체적인 문제들을 살펴 보다 직극적인 대책을 펴 나가기 위해서는 가출청소년에 대한 사회적 인식의 전환이 요구된다.

한편, 청소년 가출이라는 사회문제의 해결을 위해서는 통합적이고 체계화된 복지서비스 시스템 구축과 정부의 일원화된 창구가 필요하다. 현재 가출청소년 관련 행정체계가 분산되어 있어 업무의 중복 내지 견해 차이로 인해 일관성이 결여되고 부처간의 유기적 관계가 미흡하여 종합적인 대책 마련이 지연되고 있는 실정을 고려하여 부처간의 현실적인 조정이 요구된다. 여기서 간과해서는 안될 중요한 기본전제는 부처간의 이기주의 혹은 무관심이 아니라 가출청소년의 보호라는 궁극적 목표에 초점이 맞추어져야 한다는 것이다. 서비스의 불충분한 혹은 잘못된 개입으로 인해 오히려 가출상황이 한층 악화될 가능성이 있다. 가출청소년을 위한 사회복지 서비스가 약물남용이나 성매매 등 가출생활의 위험상황에 대한 대안책이 될 수 없는 경우가 있으며, 그들을 위해 제공되고 있는 각종 서비스를 악용하여 길거리 생활을 한층 지연시키고, 각종 비행을 강화하는 결과를 초래할 수도 있는 현행의 가출청소년 복지서비스 체제를 고려할 때, 가출문제의 해결을 위한 정부 주무부처의 선정과 업무 조정 및 업무의 전달체계 확립은 더 이상 시기를 미룰 수 없는 시급한 과제이다.

참고문헌

김성경(1997). 가출소녀를 위한 사회복지 서비스 연구. 서울: 한국여성개발원.

김준호 · 박정선(1993). 청소년가출과 비행에 관한 연구. 서울: 한국형사정책연구원.

김형수(2002). "청소년가출에 대한 주거대책." 청소년문제와 청소년복지. 서울: 인간과 복지.

나동석 · 이용교 역(1991). 가출청소년연구: 청소년과 부모의 대처에 관한 탐색적 연구. 서울: 한국청소년개발원; Roberts Albert R. 저.

대검찰청(1999). 자녀안심하고 학교보내기 운동 백서.

문화관광부(2001). 청소년백서.

_________(2002). 청소년백서.

심영희 외(1999). 유해업소고용 여자청소년을 위한 사법 · 복지 · 교육대책. 서울: 여성특별위원회.

안창규 외(1995). 가출청소년과 학교관리체제. 서울: 집문당.

오혜경(2002). "가출청소년 경로현황 및 단계별 대응과제." 2002 가출 및 가족 정책포럼, 울타리를 뛰어넘는 우리청소년, 어떻게 할 것인가? 서울: 청소년보호위원회.

이민희 외(2002). 청소년유해환경 종합 실태조사. 서울: 청소년보호위원회.

이옥란 외(1998). 부산지역 여성청소년의 가출에 대한 의식과 실태 및 그 대책에 관한 연구. 신라대학교 여성문제연구소.

전경숙(1999). 가출청소년보호시스템 구축방안. 서울: 한국청소년개발원.

표갑수(1980). 청소년가출의 요인과 대책. 아산, 1980 하계호.

한상철 외(2003). 청소년 문제행동: 심리학적 접근. 서울: 학지사.

한상철(2003). "청소년 가출의 실태와 의미." 청소년 문제행동: 심리학적 접근. 서울: 학지사.

홍봉선 · 남미애(2000). 청소년복지론. 서울: 양서원

Barth, R. P.(1986). *Social and Cognitive Treatment of Children and Adolescents*. San Fransisco: Jossey-Bass.

Brennan, T., F. Blanchard, D. Huizinga & D. Eliott(1975). *The Incidence and the Nature of Runaway Behavior –Final Report*. Behavioral Research and Evaluation Corporation.

Dunford, F. W. and T. Brennan(1976). A Taxonomy of Runaway Youth. *Social Service Review*, 3.

English, C. J.(1973). Leaving Home: A Typology of Runaways. *Society*, 10(5).

Garbarino, J., Wilson, J. & Garbarino, A. C.(1986). The Adolescent Runaway. In Garbarino, J., Shellenbach, C. J. & Sebes, J. M.(eds.), *Troubled Youth, Troubled Families: Understanding Families At-Risk for Adolescent Maltreatment*. New York: Aldine Publishing Company.

Greene, N. B. and T. C. Esselstyn(1972). The Beyond Control Girl. *Juvenile Justice*, 23.

Homer, L. E.(1973). Community-Based Resource for Runaway Girls. *Social Casework*, 54(8).

Jenkins, R.(1971). The Runaway Reaction. *American Journal of Psychiatry*, 128(2).

Levienson, B. M. & Mezei, H.(1970). Self-concepts and Ideal Self-concepts of Runaway Youths: Counseling Implications. *Psychological Report*, 26(3).

Levy, Z. E.(1972). Some Thoughts about Patients, Who Runaway from Residential Treatment and the Staff, They Leave behind. *Psychiatric Quarterly*, 46.

Miller, D., F. Hoffman, and R. Duggan(1980). *Runaways Illegal Aliens in Their Own Land*. N.Y.: Praeger Publishers.

NNRYS(National Network of Runaway and Youth Service)(1985). *A Profile of America's Runaway and Homeless Youth and the Program, That Help Them*. Washington, DC: Anthor.

Orten, J. D. and S. K. Soll(1980). Runaway Children and Their Families: A Treatment Typology. *Journal of Family Issues*, 1(2).

4

학교폭력

학교폭력의 예방과 해결은 우리사회의 청소년문제 예방 및 해결의 지름길이라고 할 만큼 학교폭력은 우리사회에 만연 확산되어 있다. 공식통계에 의하면, 소년범죄의 감소추세에도 불구하고 폭력사범이 차지하는 비율은 여전히 높은 편이다. 2001년의 경우, 소년범죄 중 폭력사범이 차지하는 비율은 37.0%이고, 소년범죄의 61.6%를 차지한 학생범죄의 경우, 폭력범이 차지하는 비율은 40.0%로 가장 많았다.

여기서는 학교폭력의 최근 동향을 살펴보고, 폭력 발생의 원인과 기제를 살펴봄으로써, 학교폭력 문제해결을 위한 미시적·거시적 방안을 모색해 보고자 한다.

Ⅰ. 학교폭력의 정의와 유형

학교폭력이 무엇인지에 대한 의견은 연구자마다 제각기 다르다. 이는 폭력이라는 용어에 대한 명확한 합의가 없기 때문이기도 하고, 학교가 포함하는 내용이 서로 상이하기 때문이다. 폭력이란 타인에게 의도적으로 상처를 입히는 것으로 신체적, 물리적 상해나 언어적 상해 모두를 포함한다.

학교폭력에 대한 광의적 개념정의에 의하면, 학생들을 중심으로 한 학교 대 학교, 또는 학교내 집단 패싸움 등 신체적인 가해행위는 물론, 심리적 위협을 포함한 다양한 형태의 폭력을 포함할 뿐만 아니라 학생의 교사에 대한 폭력과 교사의 학생에 대한 폭력, 교사간의 폭력 등 학교나 학교주변에서 발생하는 심리적·신체적 피해를 입히는 행위를 학교폭력으로 볼 수 있다. 하지만 여기서는 학생들에 의한 학생들간에 발생되는 학교폭력의 범위에 한정하여 다루고자 한다.

김준호 등(1997)은 학교폭력의 개념을 가해자 중심에서 피해자 중심으로 규정하였다. 가해자의 신분과 관련 없이 학생이 학교 내외에서 받는 모든 종류의 폭력 피해를 학교폭력으로 규정하였다.

폭력이란 의도적으로 타인에게 극심한 신체적인 해악을 주려는 시도이다. 형법상의 폭행은 사람의 신체에 대한 일체의 불법적인 유형력의 행사를 말한다. 여기서 '신체에 대한' 이란 의미는 흔히 신체에 접촉하는 것뿐만 아니라 신체에 영향을 주는 모든 것을 의미한다. 박재윤 등(1996)은 폭행죄에는 불법적으로 머리털을 자르는 행위, 사람 앞에 돌을 던지는 행위, 가까운 곳에서 북을 쳐서 정신을 차릴 수 없게 하는 행위, 손으로 사람을 떠밀어서 그리 높지 않은 곳이지만 사람이 놀라 떨어지게 하는 행위, 좁은 방에서 사람을 협박하기 위해 칼을 휘두르는 행위 등도 포함될 수 있다고 보았다(이순래, 2001). 이들은 또한 폭행죄는 육체상의 고통이 꼭 있어야 되는 것은 아니라 폭언을 여러 차례 반복하는 것도 형법상의 폭행죄가 될 수 있다고 지적했다.

이순래(2001)는 학교폭력을 가해 학생을 중심으로 타인에게 해를 입히기 위해 힘, 무력, 언어적 공격, 상징적·심리적 강제 및 집단적 따돌림 등 다양한 수단을 사용하여 학교나 학교 주변에서 심리적 혹은 신체적 피해를 입히는 행위로 정의하고 있다. 학교폭력은 욕/협박형 폭력, 괴롭힘 폭력, 강제형 폭력, 신체적 폭력, 금품갈취형 폭력, 성폭력 등 6가지로 나누고 있다.

청소년보호위원회(2002)에서 개발한 지침서에 의하면, 학교폭력이란 일반적으로 학교나 학교 주변에서 학생 상호간에 발생하는 의도성을 가진 신체적, 정서적, 성적 가해행동을 말한다. 고의적 괴롭힘이나 따돌림, 금품갈취, 언어적 놀림이나 협박과 욕설, 신체적 폭행이나 집단적 폭행 등이 그 범주에 해당된다. 그러나 비록 타인의 입장에서 볼 때 하찮은 놀림이나 대수롭지 않은 행동일지라도 그것을 당하는 사람이 그로 인해 심리적 또는 행동적 불편함을 느끼면 그것 역시 엄연한 폭력행위로 보고 있다. 학교폭력의 형태를 구체적으로 제시한 내용을 살펴보면 다음과 같다.

- 타인을 괴롭히려는 의도를 가지고 신체적 구타를 하거나 힘껏 밀어부치는 행위
- 흉기 등을 이용해 신체적인 상해를 가하는 행위
- 의도적으로 집단활동에서 따돌리거나 제외시키는 행위
- 주변의 다른 친구들의 접근과 도움을 막는 행위
- 언어적으로 별명 등을 부르며 놀리는 행위
- 악의적인 소문을 퍼뜨리는 행위
- 돈이나 물건을 강제로 빼앗는 행위
- 하고 싶지 않거나 부당한 행위를 강요하는 행위
- 신체적인 위협을 가하거나 협박하는 행위
- 빈정거리거나 조롱하는 행위
- 욕설이나 저급한 언어를 사용하는 행위
- 휴대전화나 이메일을 통해 협박, 비난, 위협하는 행위
- 원하지 않는 신체적 또는 성적 접촉을 강요하는 행위

한편, 서울시 교육청(1999)에서는 학교폭력이라는 용어 대신에 집단따돌림의 유형을 제시한 바 있는데, 그 내용은 학교폭력에 대한 분류와 대동소이하다.

· 대화 거부하기
· 은근히 공개적으로 비난하기
· 바보로 만들기
· 신체에 직접적 폭력 가하기
· 장난을 빙자하여 괴롭히기
· 언어를 이용한 폭력
· 고립시키기

이상의 내용을 정리해 보면, 학교폭력은 집단따돌림이나 괴롭힘이라는 용어와 혼용되며, 단독 혹은 집단으로 발생되는 신체적 폭력과 언어적 폭력, 심리적 폭력 등을 의미한다. 하지만 2004년 7월 30일 시행된 학교폭력예방대책에관한법률에서는 학교폭력의 대상을 협의로 정하여, 학교폭력을 학교 내외에서 학생간에 발생한 폭행 · 협박 · 따돌림 등에 의하여 신체 · 정신 또는 재산상의 피해를 수반하는 행위로서 대통령령이 정하는 행위로 규정했다. 즉, 상해 · 폭행, 감금, 협박, 약취 · 유인, 추행, 명예훼손, 모욕, 공갈, 재물손괴 및 집단따돌림 및 그 밖에 피해자의 의사에 반하는 행위를 가하거나 하게 한 행위를 의미한다.

Ⅱ. 학교폭력의 특징

학교폭력의 발생건수가 감소되었다고는 하나, 학교폭력은 우리사회가 해결해야 할 문제이다. 집단따돌림이나 신체적 폭력으로 인한 피해 청소년의 등교거부, 심한 피해의식과 같은 정신건강의 위협, 나아가 자살과 같은 극한 행동은 청소년 당사자는 물론 각 가정, 학교 및 사회에 여전히 큰 반향을 일으키고 있다. 심각한 사회문제로 대두되고 있는 학교폭력의 최근 추세를 간략하게 살펴보면 다음과 같다.

· 폭력 써클이 조직적 · 집단적으로 저지르는 폭력과 금품갈취가 동반된 폭력이 발생되기는 하지만, 일반청소년 혹은 소그룹, 소수를 주축으로 한 불특정 다수가 집단으로 행하는 폭력과 학생간의 갈등과 집단따돌림, 괴롭힘 등 정신적 폭력이 증가하는 추세를 보인다.
· 생명을 위협하고, 인간적으로 모멸감을 느끼게 하거나 절망감을 느끼게 하는 위험수위를 넘은 잔인하고 집요한 폭력이 친구들 사이에 발생되고 있다.
· 가해학생은 자신의 폭력행위에 대해 죄의식이나 책임감을 크게 느끼지 못한다.
· 학교폭력의 다수가 교내에서 발생되고, 그중에서도 교실에서 발생된다.
· 남을 괴롭히는 연령층이 점차 어려지고 있어, 초등학생의 학교폭력 문제를 간과할 수 없으며, 여학생간의 폭력 역시 증가추세를 보이고 있다.
· 남을 괴롭히는 행동에 동조하고 개입하는 것을 그저 한번쯤 있을 수 있는 장난으로 여기거나 특별한 이유 없이 충동적으로 폭력을 행사한다.
· 과거의 학교폭력은 강한 학생간의 힘겨루기가 많았지만, 지금은 강한 자가 약한 자를 괴롭힌다는 점에서 매우 이기적이고 상대방의 인권을 무시하는 행동이다.

Ⅲ. 학교폭력의 실태

학교폭력에 관한 실태조사가 적지 않게 시행되었음에도 불구하고, 학교폭력의 개념정의가 각기 다르고 조사내용도 달라 조사결과를 비교하거나 추세를 살펴보기에는 한계가 있다. 여기서는 우리사회의 학생들이 경험하고 있는 학교폭력 실상을 파악하기 위해 관련 부처의 자료와 대표적인 조사결과를 중심으로 전반적인 내용을 살펴보고 보다 심층적인 분석결과와 보완적인 내용을 살펴보고자 한다.

1. 폭력 집단

교육인적자원부의 공식자료에 의하면, 학교폭력은 감소추세에 있는 것으로 볼 수 있다. 학교폭력 집단의 수적 감소나 학교폭력으로 인해 징계받는 학생의 수적 감소는 이를 뒷받침해주고 있다. 학교폭력 사건 가해학생 징계 자료를 보면, 학교폭력 사건은 다소 감소 추세를 보이는 것으로 나타났다. 하지만, 연간 7～8만 명의 학생이 학교폭력으로 인해 징계를 받고 있다는 것은 학교가 폭력으로부터 결코 안전하지 않으며, 학교폭력이 얼마나 심각한 수준인지를 보여 준다.

상습적으로 학교폭력을 일삼는 교내 폭력서클도 2000년에 비해 2002년에는 과반수 이하로 감소한 것으로 나타났다. 초등학교의 경우 2001년 이후 폭력서클이 존재하지 않고, 고등학교의 경우에 2000년 32개에서 2002년 3개로 급속히 감소한 반면, 중학교는 같은 시기에 36개에서 28개로 감소폭이 가장 적다. 이는 서울시내 중・고등학교 생활지도교사를 대상으로 한 조사결과(고성혜・전명기, 2001)에서도 나타났듯이 학교폭력 빈발 학교가 중학교이고, 학교폭력이 전년도보다 줄어들었다는 경향과 일치하고 있다. 그러나 여전히 전체 학교의 29.2%는 학내에 1～5개 정도의 학교폭력 집단이 존

<표 4-1> 연도별 폭력사건으로 인한 학생징계조치 현황

(단위 : 명, %)

구분	소계	학교내 봉사	사회봉사	특별교육 이수	선도 (퇴학처분)
1999년	89,737	68,060	12,084	6,827	2,766
2000년	88,034	66,183(▽2.7%)	12,743(▽5.5%)	7,273(▽6.5%)	1,835(▽33.7%)
2001년	77,137	60,228(▽9.1%)	10,675(▽16.2%)	4,757(▽34.6%)	1,477(▽19.5%)

자료 : 교육인적자원부

주 : 증감률은 1999년을 기준년도로 한 증감률임

<표 4-2> 전국 학교내 폭력서클 현황

(단위 : 개)

구분		폭력 서클수	증감율
2000	소계	73	-
	초등	5	
	중등	36	
	고등	32	
2001	소계	39	△46.6
	초등	0	
	중등	32	
	고등	7	
2002	소계	31	△25.8
	초등	0	
	중등	28	
	고등	3	

자료 : 교육인적자원부

재하는 것으로 나타나 일진회와 유사한 학교폭력 집단이 공식통계 자료에 비해 일선학교에 광범위하게 결성되어 있는 것으로 추정된다. 이들 폭력서클 가입 학생들이 반복적이고 상습적으로 학내폭력을 일삼고 있는 현실을 감안하여 이들 학생들에 대한 집중적인 관심과 선도가 필요하다.

2. 폭력 피해 · 가해 실태

2001년과 2002년에 실시된 실태조사를 통해 나타난 학교폭력 실상을 살펴보면 다음과 같다.

1) 학교폭력 피해 · 가해 경험률

학교폭력의 피해 및 가해 경험률은 연구마다 조사지역마다 다소 차이를 보이는 가운데, 중학교 2, 3학년 시기에 가장 많이 발생하는 것으로 나타났다. 전국 초·중·고등학생 3,977명을 대상으로 한 실태조사(청소년보호위원회, 2001)에서는 학교폭력 유형별로 피해율과 가해율, 피해 후유증, 가해자의 정체와 가해자 수, 피해 당시 시간과 장소, 피해사실 관련사항 등을 조사하였다. 학교폭력 피해를 유형별로 살펴보면, 금품갈취 피해 경험은 10.1%, 놀림 9.4%, 가벼운 언어폭력 9.3%, 가벼운 신체 폭력 9.0%, 따돌림 2.8%, 심각한 언어폭력 1.6%, 심각한 신체폭력 0.8%였다. 특히 금품갈취 피해 경험이 가장 많은 교급은 남중생으로 20.8%나 되었으며, 가해 경험이 많은 교급 역시 남중생으로 나타났고, 심각한 신체폭력 역시 남중생의 피해 경험이 1.6%로 가장 많았다. 따돌림 피해는 여자 초등학생이 5.8%로 가장 많고 놀림 피해는 남중생이 14.2%로 많았다. 남자중학생이 학교폭력 피해와 가해에 가장 많이 연루되어 있는 것으로 나타났지만, 피해 후유증 측면에서 가장 문제되는 집단은 오히려 피해율이 가장 낮은 고등학생이다. 특히 여고생의 경우, 그 피해율은 다른 집단에 비해 가장 적은 데 비해 후유증은 오히려 가장 높게 나왔다. 결국 학교폭력 피해율이 낮다고 해서 결코 간과할 수 없는 사안이라는 것을 보여준다.

서울시내 중·고등학생 1,682명을 대상으로 2001년에 실시된 자녀안심운동 서울협의회 조사결과에 의하면, 학생 100명 중 8, 9명은 폭력 피해에 대한 불안감을 느끼고 있으며, 100명 중 30명은 뚜렷한 이유 없이 남을 괴롭히는 행동에 가담했다고 했다. 학교폭력 피해 유형중 금품갈취(12.6%)가 가장 많으며, 단독 폭행피해(8.5%), 집단따돌림(8.4%), 폭력서클 가입 강요(3.1%), 집단폭행(2.3%) 순으로 나타났다. 최근 1년간 학교폭력 가해경험은 교내학생 집단따돌림이 24.3%로 가장 높았고, 공공기물 파손 23.9%, 금품갈취 6.9%, 단독폭행 8.6%, 타학교와 패싸움 6.8%, 집단폭행 5.0%이고, 따돌림 가해경험은 학년이 낮을수록 높게 나타나 중학교 1학년 30.9%, 고등학교 2학년 14.6%로 나타났다. 집단따돌림 가해경험은 학년이 낮을수록 높게 나타나 중학교 1학년이 30.9%에서 고등학교 2학년이 14.6%로 조사되어, 집단따돌림 현상은 중학교에서 매우 심각한 문제로 나타났다. 한편, 학교폭력

최초 피해시기는 초등학교 때라는 응답이 적지 않게 나타나 초등학교 폭력에 대한 대책이 매우 시급한 것으로 판단된다.

한편, 가장 최근에 실시된 전국의 중·고등학생을 대상으로 한 실태조사(청소년보호위원회, 2002) 결과에 나타난 학교폭력 실태를 살펴보면 다음과 같다.

최근 1년간 급우나 또래로부터 욕설이나 협박을 당한 경험이 있다고 응답한 학생은 9.8%로, 1주일에 1, 2회 이상 욕설이나 협박을 당한다는 비율은 3.1%이다. 최근 1년간 교내 또는 등하교 길에 급우나 또래로부터 폭행당한 경험이 있는 학생은 4.1%이며, 1주일에 1,2회 이상 욕설이나 협박을 당한다는 비율은 1.2%이다. 최근 1년간 교내 또는 등하교 길에 급우나 또래로부터 물품 등을 강제로 빼앗긴 적이 있는 학생은 4.3%이며, 1주일에 1,2회 이상 욕설이나 협박을 당한다는 비율은 1.0%이다. 최근 1년간 지속적으로 집단따돌림을 당한 경험이 있는 학생은 2.9%로, 1주일에 1,2회 이상 욕설이나 협박을 당한다는 비율은 1.3%이다.

	폭행	금품갈취	집단따돌림
피해경험률	4.1%	4.3%	2.9%
남자	6.4%	6.3%	3.2%
여자	1.7%	2.3%	2.6%
중학교	5.1%	6.7%	3.6%
일반고	3.0%	2.3%	2.2%
실업고	3.1%	2.6%	2.3%
가해경험률	6.9%	5.1%	4.7%
남자	9.7%	5.9%	4.5%
여자	2.6%	1.2%	3.4%
중학교	6.9%	2.5%	5.0%
일반고	5.1%	1.6%	3.4%
실업고	5.8%	1.9%	3.4%

교급별로 볼 때 일반계나 실업계 차이 없이 발생되는 비율이 유사하며, 중학생의 피해율이 높게 나타났다. 가해 경험의 경우에도 일반계 고등학생과 실업계 고등학생간의 차이는 거의 없으며, 중학생의 경우 경미한 정도로 가해 경험이 높았다.

이상의 결과를 통해 볼 때, 피해 학생의 경우 신체적인 폭행을 당하면서 돈이나 물건을 빼기기도 하고, 욕설을 듣는 등 중복 피해를 당하게 되지만, 각 유형별로 1주일에 1~2회 이상 피해를 당한다는 학생은 학교폭력에 시달리고 있다고 보아도 무방할 것이다. 이렇게 본다면, 약 3% 정도 되는 학생은 거의 만성적으로 피해를 당하면서 학교를 다니고 있는 것으로 보인다. 따라서 매우 심각한 상황으로 진단할 수 있다.

2) 가해자와 피해자와의 관계

청소년보호위원회(2001) 조사결과에 의하면, 금품갈취는 다른 폭력유형에 비해 상대적으로 다른 학교학생이나 모르는 사람에게 당하는 경우가 많으며, 심각한 신체폭력은 같은 학교 다수에게 당하는 비율이 다른 폭력유형에 비해 높았다. 2002년의 조사에서도 같은 학교 선후배가 35.0%로 가장 많았다.

이 조사에 의하면, 학교폭력은 개인보다는 집단적으로 발생하는데, 답안지를 보여달라거나 친구들을 놀리는 행위(77.3%), 따돌리는 행위(89.7%)는 다른 폭력유형보다도 2명 이상 집단으로 행해지고 있는 것으로 나타났다.

<표 4-3> 가해자, 피해 시간 및 피해 장소(금품갈취, 언어·신체폭력)

가해자, 시간, 장소		금품갈취	심각한 언어폭력	가벼운 신체폭력	심각한 신체폭력
가해자	같은 학교 1명	23.6%	26.7%	41.7%	25.1%
	같은 학교 다수	17.3%	41.7%	26.0%	43.7%
	타학교/모르는이	59.1%	31.6%	32.3%	31.2%

학교폭력의 집단화 경향은 서울시내 중・고등학교 474개교 생활지도교사를 대상으로 한 조사결과(자녀안심운동 서울협의회, 2001)에서도 중학교 폭력 가해학생 수가 2~3명 이상, 특정, 불특정 다수라는 응답이 46.2%로 나타나 학교폭력의 집단화가 우려되는 결과를 보이고 있다.

3) 학교폭력 발생원인

학교폭력에 관한 실태조사에 나다난 학교폭력 발생원인을 살펴봄으로써 학생들이 학교폭력에 대해 어떻게 생각하고 있는지, 그들의 의식수준을 알 수 있다.

2001년에 서울시내 중・고등학생 1,682명을 대상으로 한 자녀안심운동 서울협의회의 조사결과에서 나타난 가해 이유(중복응답)는 '상대방이 마음에 안 들어서'가 35.7%로 가장 많았고, '장난 삼아서'(15.5%)와 '아무런 이유 없이'(15.3%)와 같이 뚜렷한 이유 없이 학생을 괴롭히거나 폭행하는 경우가 30%에 달하였다. '친구 폭행에 동조하여'(7.8%), '힘을 과시하기 위해'(7.6%)와 '친구나 또래 명령에 따르기 위해'(3.2%) 등도 적지 않은 비율을 점해 학생간의 역학관계 또한 폭력유발의 요인으로 나타났다. 또한 '남이 괴로워하는 것을 즐기려고' 하는 경우도 3.9%에 달해 청소년들의 피폐한 심리적 생활세계를 엿볼 수 있다.

2002년에 실시된 청소년보호위원회의 조사결과에서 일반 학생들은 학교폭력의 발생원인으로 자신의 힘을 과시하고자 하는 욕구가 강하고(56.3%), 대인관계가 잘못 되었기 때문(31.0%)을 지적했다. 이외에도 절제력 부족 29.6%, 도덕성이 제대로 함양되지 못해서 27.3%, 학교생활의 부적응 18.7%, 용돈 부족 14.9% 때문에 학교폭력이 발생된다고 인식하고 있었다. 학교폭력 발생에 영향 미치는 사회환경으로는 가정교육 잘못이 48.6%, 폭력적 대중매체의 범람 35.5%, 지역사회의 유해환경 범람 35.5%이며, 학교의 인성교육 부족 25.5%, 사회의 가치관이 타락해서 19.6%, 처벌하는 법이 미약해서 18.5%, 청소년을 지도하는 성인이 없어서가 12.5%였다.

결국 학교폭력의 해결은 학교폭력을 유발하는 개인적 원인에 대한 대처뿐 아니라 학교와 사회의 노력과 변화, 협조 없이는 문제해결이 어렵다는 것을 의미한다.

4) 폭력피해 신고

피해학생이 피해사실을 알리지 않은 이유는 피해사건을 대단치 않게 생각하는 경우와 보복이나 일이 커지는 것을 두려워하는 경우가 많은데, 심부름·놀림은 주로 사건의 사소함 때문에 알리지 않은 경우가 많고, 심각한 폭력의 유형은 주로 보복이나 일이 커지는 것을 두려워하여 알리지 않은 경우가 많은 것으로 보고되었다(청소년보호위원회, 2001).

이 자료에 의하면 협박, 폭행이나 따돌림 등을 당한 적이 있는 학생 중 아무에게도 알리지 않은 경우는 1/3 정도이고, 친구에게 알린 학생이 약 1/5, 가족에게 알린 학생이 약 1/5 정도 된다. 피해사실을 알렸던 학생 중 많은 도움이 됐다는 학생은 38.8%, 오히려 더 피해를 보았다는 경우는 7.4%,

<표 4-4> 피해 사실보고 및 미보고 사유 (금품갈취, 언어·신체폭력)

가해자 분류		금품갈취	심각한 언어폭력	가벼운 신체폭력	심각한 신체폭력
사실보고	가족	30.1%	20.3%	26.0%	16.1%
	친구	31.7%	33.9%	33.1%	25.8%
	교사	4.9%	1.7%	9.0%	6.5%
	신고전화/기타	3.8%	0.0%	1.5%	3.2%
	미보고	29.5%	44.1%	30.4%	48.4%
미보고사유	창피 등	9.9%	8.3%	5.5%	8.3%
	사소함	33.7%	29.2%	27.5%	0%
	보복/일 확대	32.6%	41.7%	42.9%	58.3%
	소용없음	19.8%	16.7%	17.6%	33.3%

별로 도움이 되지 않았거나 똑같았다는 학생은 53.8%였다. 폭력을 당한 것을 알리지 않은 이유로는 알려봐야 소용이 없기 때문이라는 응답이 56.8%로 가장 높고, 어떻게 해야 될지 몰라서는 21.8%, 알린 후 보복을 당할까 두려워서는 21.4%로 나타났다(청소년보호위원회, 2001).

5) 학교폭력의 심각성

폭력피해로 인해 학생들이 경험하는 고통은 폭력피해를 당한 후 학교에 가기 싫어졌다는 학생이 과반수가 넘고, 누군가를 죽이고 싶었다는 학생은 1/3, 친구들을 대하기가 두려워졌다거나 자살충동을 느꼈다는 학생은 각각 1/5 정도로 나타나 폭력피해 학생에 대한 상담과 치료가 절실히 요구됨을 알 수 있다(청소년보호위원회, 2001).

2002년에 초등학생을 대상으로 한 실태조사(자녀안심운동 서울협의회, 2002) 결과에서 괴롭힘을 당한 학생의 21.2%가 가해학생에게 복수하고 싶었고, 당한 것을 화풀이했다는 학생은 22.3%, 사라지거나 죽고 싶었다는 학생도 15.8%로 나타나 학교폭력 피해로 인한 후유증은 우려되는 바이다. 폭력피해를 당한 중·고등학생들도 사건 이후 학교 가기가 싫어졌다는 학생은 42.3%, 누군가를 죽이고 싶었다는 학생 26.3%, 자살충동을 느꼈다는 학생은 14.2% 정도로 나타나 유사한 경향을 보였다.

학교폭력의 심각성에 대해 서울시내 중·고등학교 474개교 생활지도 교사들은 '가해 학생의 죄의식 부족(38.9%)'을 가장 많이 지적했다. 학교폭력의 현안과제 해결을 위해서는 '여학생 폭력 확산(12.3%)', '폭력행위의 상습화·반복화(12.2%)', '성인범죄를 모방하여 점차 흉악화·폭력화되는 경향(10.3%)', '폭력의 저연령화(8.3%)', '정신적 폭력의 증가(8%)' 조짐이 있으므로, 학교폭력에 적극 대응하지 않으면 안 된다고 했다.

이렇듯 학교폭력으로 인한 피해학생의 정신적 폐해가 매우 우려되고 학교폭력 사안이 매우 심각하기 때문에 학교폭력에 대한 더 이상의 방치와 은폐는 어린 청소년의 삶을 위협하고 옭아매는 비열한 행위라는 것을 명심

해야 할 것이다.

2. 외국의 학교폭력 현상

학교폭력에 시달리는 청소년은 미국이나 일본의 경우에도 크게 다르지 않다. 미국의 학교폭력은 단순폭행과 심리적인 괴롭힘 외에도 총기 소지나 약물남용 등 비행과 연루되어 있는 것으로 나타나고 있다.

2000년과 2001년에 미국에서 실시된 학교폭력에 관한 대규모 실태조사 결과를 간략히 살펴보면 다음과 같다. 2000년에 학생 15,877명을 대상으로 실시된 조사결과에 의하면, 학교가 안전하지 않다고 느끼는 중학생은 39%, 고등학생은 36%였다. 남자 고등학생의 43%, 남자 중학생의 37%는 그들을 화나게 하는 사람을 때리거나 위협하는 것은 괜찮다고 응답하여 폭력에 대해 허용적인 태도를 보였다. 지난 1년간 자신을 화나게 한 사람을 때렸다는 여학생은 60%, 남학생은 75%이다. 이들 학생은 중복비행이 많아 약물, 알콜, 총기 소지 가능성이 높은 것으로 나타났다. 9~12학년 대상의 또 다른 조사에서는 학교에 가는 것이 불안하다는 학생이 2~16%로 나타났다.

학생 15,686명을 대상으로 2001년에 실시한 조사결과에 의하면, 약 1/3 정도의 학생이 괴롭힘을 당한 경험이 있는 것으로 보고되었다. 조사시점 기준 그 학기에 괴롭힘을 당한 적이 있는 학생은 16%정도이고, 8%는 적어도 일주일에 1번 괴롭힘을 당했다고 했다. 괴롭힘은 9, 10학년보다 7, 8학년의 경우 더 자주 발생했으며, 괴롭힘을 당한 학생은 외로움을 호소하고 친구관계 형성에 어려움을 호소했으며 이들 학생은 학업수행도도 낮고 흡연, 음주 행위를 하고 있는 것으로 나타났다.

일본의 경우는 1999년에 발생한 학교폭력 가운데 학생간의 폭력이 51.6%로 가장 많고 기물파손이 29.3%로 그 다음을 차지하였다. 교급별로 차이가 나는 것은 고등학생(63.8%)의 경우 초등학생(49.2%)이나 중학생(48.8%)보다 학생간 폭력이 많이 발생하고, 대인폭력도 초・중학생보다 다소 많았으며,

상대적으로 기물파손이 적었다는 점이다. 전반적으로 이지메 발생건수는 초등학교 입학 후부터 학년이 올라갈수록 점차 증가하다가 중1때 정점이 되고, 초등학교 5, 6학년 여학생들 가운데 이지메 발생건수는 남학생과 거의 비슷한 정도의 발생빈도를 보이다가 중학교의 발생건수는 남학생의 2/3~3/4 정도 차지하고 고등학교의 발생건수는 남학생의 1/2 정도 된다. 학생들 간에 발생된 이지메 유형 중에는 냉소가 29.1%로 가장 많고, 언어협박 17.9%, 폭력행사 15.5%, 집단소외 14.0%, 물건숨김 8.3%, 집단무시 5.8% 등으로 나타났다. 초등학생의 경우 냉소(29.6%)가 가장 많지만 점차 폭력의 비율이 높아져 고등학교 때에는 폭력의 비율이 22.8%로 초등학교의 14.4%보다 많다. 일본의 경우에도 이지메 현상은 저연령화 추세를 보이고, 남학생 이지메가 여학생보다 많기는 하지만, 여학생 이지메에 대해서도 심각하게 대처할 필요가 있는 것으로 보고되고 있다(청소년보호위원회, 2001).

Ⅳ. 학교폭력의 원인

학교폭력의 발생 원인을 규명하려는 시도는 다양하여 생물학적 기질이나 인성, 심리적 상태로부터 접근하는 학자가 있는가하면, 사회규범과 문화의 틀 안에서 폭력발생을 설명하려는 학자도 있다. 앞서 학교폭력 실태에서 언급한 바 있듯이 학교폭력은 단일요인에 의해 발생되는 것이 아니라 여러 요인의 복합적인 상호작용 결과 발생된다.

1. 학교폭력 관련 이론

학교폭력의 원인을 설명하는 이론 중 누구에게나 폭력충동이나 폭력본능이 있다고 가정하고 있는 정신분석학적 관점에서는 자아나 초자아의 통제가 결핍될 경우, 폭력충동은 비합리적 폭력으로 표출된다고 보고 있다. 개인적 기질과 인성을 중시하는 입장에서 볼 때, 공격성향이 높고 충동적인 사람은 폭력행동을 하는 경향이 높다. 좌절·공격성이론에 의하면 사람이 좌절을 겪을 때 공격적이 되는데, 자신의 인간적 가치가 무시되거나 제대로 인정받지 못하면 모멸감을 느끼고 훼손된 자기가치를 복원하려는 동기에서 분노심이나 폭력행위에 의존하게 된다. 특히 분노는 적개심과 공격성을 이해하는 데에 도움되는 기본 정서로, 청소년은 분노를 해소하는 방법이 서툴고 정서적 격렬함이나 충동성으로 인해 분노가 공격으로 이어질 가능성도 크다. 남자는 힘에서 밀리거나 억울한 일을 경험할 때 분노가 유발되며, 여자는 관계에서 기대하는 바가 무너지고 부당한 대접을 받게 될 때 자신에 대한 무시로 받아들여 분노를 느끼게 될 가능성이 크다. 물론, 분노를 일으키는 모든 상황에서 분노감을 항상 표출하는 것은 아니며, 상대가 자신보다 강하거나 어른일 때에는 참거나 회피하고, 참을 수 없는 상태에서만 간혹 공격적이며 때로는 공격할 대치물 혹은 대치인물을 찾아 이에 대해 강한 분노를 표현한다. 하지만 상대가 자신보다 약하거나 자신을 받아줄 사람, 자신에게 손해를 덜 입힐 사람에 대해서는 공격행동을 취하고, 혹은 이들을 다른 데서 유발된 분노를 해결하기 위한 희생물로 삼는 경우도 있다.

그런데 공격행동의 전체 범주 속에서 논의될 수 있는 폭력성향은 생물학적·생리적 근거보다 사회적·문화적 규범 내지 관습과 보다 관련이 있다. 개인의 폭력성향은 어린 시절의 사회화과정을 통해 형성되는 것으로, 학습이론에 의하면, 폭력행위는 조건화와 강화에 의해서만 아니라 관찰학습과 모델링 등 대리적 학습기제를 통해 학습되는 것이다. 자신이 잘못했을 때 부모나 교사가 꾸짖는 모습을 보거나 폭력적 가정에서 양육된 경우, 폭력을 문제해결의 정당한 수단으로 인식하고, 부모의 폭력행동을 모방하게 된다. 훈육적 차원의 부모의 체벌은 부모의 폭력행동과 차별화된다고 하지만, 부모가 의도하지 않은 부작용이 있을 수 있다. 즉, 아이들은 사랑과 폭력을 연결시켜 자기를 가장 사랑하는 사람은 자신을 때릴 권리가 있다는 것을 배울 수 있고, 자신과 가까운 사람에 대한 자신의 폭력적 행위를 합리화하게 될 가능성이 있다. 이에 따라 폭력적인 행동을 할 가능성이 많아진다.

또한 사회적으로 폭력이 금지, 억제되는 사회 혹은 문화보다는 폭력이 묵인 또는 촉진되는 문화권에는 더욱 많은 폭력관련 문제가 발생할 수 있다. 폭력을 미화하는 사회분위기, 텔레비전이나 영화, 비디오 등을 통한 폭력물과 지나친 선정적 음란물의 노출이 용이하고, 사회 전반의 공격 및 폭력 사건은 폭력을 직·간접적으로 촉진·강화시켜 주게 된다.

폭력관련 연구에서도 대중매체의 음란성이 학교폭력에 영향을 미친다거나 음란사이트 접속과 학교폭력과의 관계가 있으며, 가족수입이 낮고 부모와의 친밀도가 낮은 학생이 학교폭력을 행사하는 것으로 나타났다. 특히 학대받은 학생은 부모의 비이성적인 행위습관이나 폭력친화적인 태도를 학습했을 기회가 많아 오히려 폭력적일 수 있다고 보고 있다. 또래의 영향도 커서 비행경험 친구가 있고 친구의 압력이 있는 경우 폭력행위에 빠져드는 비율이 높으며, 친구가 비행을 옹호하는 태도를 지닐 때 폭력에 연루될 가능성이 있는 것으로 보고되고 있어 이론적인 시각을 뒷받침해주고 있다.

2. 학교폭력 발생의 기제

학교폭력을 유발하는 요인은 무엇이며, 서로 어떻게 영향을 미치고, 어떤 기제로 학교폭력은 발생되는가. 이에 대한 이해는 가해학생과 피해학생 지도와 학교폭력 발생을 예방하는 데 중요한 시사점을 제공할 수 있다.

1) 피해학생에 대한 이해

괴롭힘이나 따돌림, 신체폭력 등을 당하는 피해학생에게 어떤 특성이 있다고 단정적으로 말할 수는 없지만, 이해와 지도 차원에서 볼 때, 두 부류로 나누어 볼 수 있다.

첫번째는 다른 사람의 험담이나 비방을 늘 하는 학생, 상습적으로 거짓말을 하거나 자기주장만 내세우고 남의 말을 전혀 듣지 않는 학생, 지나치게 허영심이 많고 잘난 체 하는 학생 등 자신의 행동에 좀 문제가 있기 때문에 친구들로부터 외면당하는 경우이다. 두 번째 부류의 학생은 자기주장을 잘 못하고 대인관계가 서투르고, 신체적으로 약하고 자기방어를 잘 못하며 내성적인 성격의 사람이다. 이들은 사람을 두려워하고 자기표현력이 부족하며 행동이 소극적이며 위축되어 있다. 때로는 주의가 산만하고 불안하고 우울하며 외로움을 많이 느낀다. 이들은 대개 성장과정에서 부모로부터 따뜻한 사랑을 받지 못하고 자라서 자신감이 없고 자기존중감이 부족한 경우가 많고, 때로는 반대로 지나치게 과보호를 받음으로 인해 의존적 성격인 사람도 있다.

자신의 안전을 위협하는 상황 속에서 반 친구들로부터 소외되고 심리적으로 괴롭힘을 당하며 집중적 폭언이나 폭행을 지속적으로 당하게 되면, 이로 인한 상처와 충격을 감당하기 힘들게 되고 심각한 후유증을 겪을 수 있다. 첫번째 유형은 누군가로부터 배척당한다는 사실로 인해 심한 불안감을 호소하고, 이는 성적 부진과 등교거부, 학교중퇴로 이어지게 되거나 전체 반 학생들 앞에서 구타당하고 놀림받은 것에 대한 과도한 스트레스를 견디지 못해 수치심을 느끼고, 심한 피해의식으로까지 진전될 수 있다. 피해학생은 모든 친구들이 다 자기를 따돌린다거나 따돌림을 당하는 상황을 과장하는 경향이 있다. 자신을 이해해주는 사람이 없다거나 아무도 뾰족한 묘안이 없다고 생각하고, 혼자 견딜 수밖에 없다며 스스로 위로하면서도 절망하고 자신만의 세계에 갇혀 사는 학생이다. 이들 학생들 중에는 폭력이 종식된 후에도 가출하거나 자살을 시도하며, 자폐증 증세, 어른들에 대한 신뢰를 잃어버리는 등 여러 문제가 발생될 수 있다. 두 번째 유형은 지속되는 괴롭힘을 피하고 보복당할까 두려워서 자신을 괴롭히는 친구들에게 잘 보이려고 노력하거나, 더 이상 피해를 당하지 않기 위해 동조하는 학생들이다. 세 번째 유형은 자신을 따돌린 친구들에 대해 복수할 기회를 노리거나 무모한 계획을 세우거나 가해자로 돌변, 자신보다 더 약자를 선택해서 자신이 당한 만큼 괴롭히는 형이다.

일반적으로 선생님이나 부모의 입장에서 볼 때, 피해학생이 왜 괴롭힘을 당하고만 있는지, 답답하고 때로는 어리석게 보일 것이다. 또 안타까운 마음에 당당하게 행동하고, 용기를 가지라고 말할 것이다. 그러나 피해학생에게 진정한 의미가 전달되기는 쉽지 않다. 왜냐하면, 이들은 그럴만한 마음과 행동의 준비가 채 되어 있지 않으며, 엄격히 말하면 이들은 대항을 안 하는 것이 아니라, 못 하는 것이기에 용기의 말은 오히려 더 큰 좌절감을 가져올 수 있기 때문이다.

2) 가해학생에 대한 이해

남을 괴롭히는 아이들을 보면, 심리적으로 문제가 있는 경우가 적지 않은데, 이들은 크게 두 부류로 나뉠 수 있다.

한 부류는 이들은 질투심과 적개심이 많고, 공격적이며 미성숙하며, 특히 공감능력이 부족하다. 타인의 마음을 잘 이해하지 못하고 자기 생각만 하기 때문에 원만한 대인관계를 맺을 수 있는 능력이 부족하다. 두 번째 부류의 학생들은 별 의식 없이 다른 친구들이 하니까 덩달아 재미로 따라하는 경우로, 이들은 아주 평범하고 무난한 학생들이라고 할 수 있다. 이들은 군중심리에 이끌려 힘이 있는 학생이 시키는 대로 따라 해서 피해학생에게 부당하게 상처를 입히는 것이다.

남을 괴롭히는 학생은 폭력을 문제해결의 정당한 수단, 목표달성의 방법으로 인식하려는 경향이 있어 매우 폭력적이고 잔인한 행동을 죄책감 없이 행동하지만, 이들은 자기중심적이거나 자신의 약점을 최대한 가리고 허세부리는 나약한 존재이며 폭력적인 부모 밑에 양육된, 가정폭력의 피해자인 경우가 많다.

공격적인 학생중에는 해결해야 할 복잡한 가족문제를 많이 안고 있는 경우가 많다. 가족으로부터 심리적인 지지를 받지 못하는 학생들은 또래의 영향을 더욱 쉽게 받게 되고, 특히 주위에 누군가를 괴롭히고 폭력적인 강한 친구가 있다면 그 친구의 행동에 쉽게 동조하는 경향을 보인다. 또한 학교에서 자신의 능력을 인정받지 못하는 학생들 역시 많은 좌절과 한계를 경험하면서 남을 괴롭히거나 폭력적 행위 등 갖가지 문제행동에 빠져들기 쉽다. 때로는 충족되지 않은 욕구의 보상을 위해, 자신이 직면한 어려움을 회피하고, 해소하기 위해 폭력을 사용하거나 남이 괴로워하는 것을 즐기게까지 되는 경우도 있다.

친구를 따돌리거나 괴롭히는 어떤 이유도 정당화할 수 없음에도 불구하고, 가해학생은 폭력의 원인이 자신에게는 없고, 피해 학생이나 자신의 부모에게 있다고 책임을 회피하거나 자신의 스트레스 해소 또는 보복심이 투사되어 있는 경우도 있다. 흔히 얄미워서 또는 잘난 척 하기 때문에 친구를 따돌렸다는 것도 상대방에게 문제가 있어서가 아니라 미워하는 사람의 마음에 문제가 있기 때문이며, 자신의 마음속에 해결되지 못한 채 있는 미움이 상대방에게 투사하기 때문이다. 즉 자신이 하고 싶은 행동을 상대 친구가 너무 잘 하기 때문에 질투심이나 부러운 마음이 생겨 그 친구의 행동이 더 으스대는 것처럼 보일 수 있는 것이다.

3) 폭력발생의 기제

앞서 살펴보았듯이 가해학생은 자신의 인간적 가치가 무시되거나 제대로 인정받지 못하면 모멸감을 느끼고 훼손된 자기가치를 보상받기 위해 폭력행동을 하게 된다. 폭력발생시에 가해학생은 폭력을 합리화하거나 부인한다. 폭력행동과 그 결과를 축소하고, 피해자가 폭력행위를 유발했다고 질책하는가 하면, 가해학생은 자신의 폭력행동에 대해 사과하면서 스스로 통제력을 상실하여 자신도 모르게 충동적으로 했을 뿐 다시는 이런 일이 일어나지 않을 것이라고 주장한다.

대개 폭력이 발생되기까지 먼저 초기 양자간의 긴장이 형성되고, 긴장은 가해자의 폭력으로 인해 깨지며, 폭력은 강도가 강해지고 횟수가 증가하면서 일상화되어 간다. 폭력을 행사한 후 어느 정도 시간 동안에는 피해학생을 달래고, 속이고 변명하면서 마치 화해가 된 것 같다가도 일정 시간 평화로운 상태가 지나면 다시 긴장을 조성해 나가면서 폭력의 악순환은 지속된다. 가해학생은 자신이 괴롭혀왔던 학생이 없어진다 해도 다시 또 다른 피해자를 선정해 폭력적인 행동을 반복적으로 하는 경향이 있다.

한편 피해학생들은 반복되는 폭력 속에서 자아상이 낮아지고, 스트레스를 많이 받게 되며, 우울증 및 학습된 무기력감에 시달리게 되며, 마치 노예와 같은 상태가 된다. 피해학생이 보이는 반응을 단계별로 살펴보면 다음과 같다.

- 제1기: 분노의 시기. 폭력을 당하는 초기에는 분노, 수치심, 자존심의 손상으로 가득 찬다. 수치심과 자존심 때문에 누구에게도 사실을 말하지 못한다.
- 제2기: 공포의 시기. 폭력이 반복되면서 또 다시 폭력을 당할까봐 공포에 떨고 보복이 두려워 어디 가서 하소연도 못하고 침묵한다. 폭력상황 또는 관련된 상황을 상상하거나 떠오르게 될 때, 자신을 괴롭힌 사람과 비슷한 모습을 보게 될 때 공포에 휩싸인다. 불면증, 호흡곤란 등을 일으키게 된다.
- 제3기: 폭력에 계속 시달리면서 자존심의 손상, 공포 때문에 독립심이 전혀 없고 매우 무기력해진다. 매사에 결단을 내리지 못하고 이 핑계 저 핑계를 대고 철저한 체념 속에 산다.

이렇듯 폭력은 인권을 위협하는 심각한 범죄인데, 이러한 폭력의 고리를 끊기가 매우 어렵다. 폭력이나 괴롭힘을 보고 침묵하거나 방관하는 학생들이 적지 않고 때로는 이들이 가해학생을 동조하고 있다는 점에 폭력의 악순환이 계속 되는 것이다. 방관 학생 중에는 정의로움이 무엇인지 알고 있고 당하는 친구가 불쌍하다고 생각하면서도 자신이 해결할 수 없는 문제이기 때문에 섣불리 폭력사건에 끼어들지 않으려 하고, 자칫 잘못 끼어들다가 자신도 피해자가 될까 두렵기 때문에 못 본 척하거나 묵인해버린다. 이러한 태도는 개인주의 확산과 약자에 대한 인도주의 정신이 결여되어 가는 사회적 분위기 속에서 더 확산되고 있다. 거기에 피해학생에 대한 동정심 역시 학년이 높아질수록 줄어들게 되고, 피해학생에 대한 비난 역시 당연한 것처럼 여기게 된다. 즉, 피해학생은 괴롭힘을 당할 만한 행동을 했기 때문에, 괴롭힘을 목격한 학생은 자신이 방관하는 행동에 대해 죄의식을 가질 필요도 없다는 식으로 합리화를 한다. 하지만 가해학생과 피해학생 중간에서 심리적 갈등을 겪는 일부 학생은 심각한 무력감과 우울, 대인관계에 대한 두려움을 경험하게 된다.

괴롭힘이나 폭력사건에 대한 방관 또는 침묵은 가해학생의 폭력을 묵인 또는 동조라는 의미로 받아들이게 되고 또 다른 폭력을 유발하는 계기가 되는 만큼, 괴롭힘 문제를 풀어나갈 수 있는 열쇠는 다수의 학생에게 있다고 볼 수 있다. 하지만 이들은 학생들 사이에 발생된 사건의 사실을 선생님이나 주위 사람에게 이야기하는 것은 비겁하다고 생각한다는 점에 문제가 있다. 인간의 생명을 위협하고, 인권이 무시당하는 학교폭력에 대해 알리는 것은 고자질과는 다르다는 것, 나쁜 일을 나쁘다고 이야기하고 이에 대응하는 것은 용기있는 행동이라는 점을 분명히 할 필요가 있다. 반대로, 무관심하다든지 보고도 못 본 척하는 행동이 얼마나 비겁하고 창피한 일이며 방관은 중립된 행동이 아니라 가해행동을 지속시킨다는 것을 인식시킬 필요가 있다.

학교폭력의 발생기제를 이해하는 데 있어서 빼놓을 수 없는 것은 학교의 대응이다. 무엇보다도 중요한 것은 학교관계자가 학교폭력의 심각성에 대해 바르게 인식하고 문제해결을 위한 강한 의지와 균형적 사고와 개입 의지가 있는 것으로, 이를 분명하게 밝힌다면 상당수의 학교폭력 발생을 예방할 수 있을 것이다.

학교폭력은 교사의 적극적인 관심과 개입이 이루어질 때 해결의 가능성이 있다. 물론, 이것이 가능하려면 학교폭력을 학교생활을 해나가면서 있을 수 있다거나 하나의 통과의례로 볼 수 없고, 어떠한 폭력도 문제해결의 정당한 방법으로 합리화될 수 없다는 의식무장이 필요하다. 왜냐하면 폭력에 대한 부적절한 개입과 편견, 감정적인 대처는 더 큰 불화와 갈등을 낳기 때문이다.

학교에서 취할 입장

· 의심받는 사건을 결코 무시하지 않는다.
· 성급한 가정을 세우지 말고, 결론 또한 성급하게 내리지 말자.
· 모든 설명과 입장에 대해 충분히 귀기울이자.
· 문제해결적 접근을 취하자.
· 반복적으로 후속조사를 하고, 조사를 중단해서는 안 된다.
· 전체 교사들의 정기모임을 통해 따돌림 문제의 실상, 지식, 인식을 높이고, 교사들의 관여, 이해도를 높이자.
· 유사한 학교가 취했던 조치 등을 알아보고, 조사를 수시로 실시하여 다양한 정보를 수집한다.
· 부모 · 보호자 모임을 활성화시킨다.
· 괴롭힘 예방과 치유를 위한 정보제공의 팸플릿 개발 · 보급

학교는 학교폭력을 발견하거나 주지하였을 경우에 당황하지 말고 침착하고 자신감 있게 대처하고, 경미한 수준의 폭력일지라도 그것을 행하는 학생들에게 자신의 행동에 대한 책임, 결과를 인식하게 하고, 가해학생을 대상으로 자신의 인권이 소중한 것처럼 상대방의 인권도 중요하다는 것을 인식시켜 상대방의 입장을 생각할 수 있는 계기를 마련한다면 학교폭력의 발생을 줄일 수 있을 것이다. 폭력피해 학생에 대해서는 일차적으로 신변의 안전함을 느낄 수 있는 실질적인 대처를 해주어야 한다. 주위 사람들이 피해학생에 대해 공감하고 있으며, 직면하고 있는 문제를 함께 풀어가자는 지지를 우선적으로 보임으로써 드러나지 않은 다른 피해학생에게도 희망을 줄 수 있을 것이다.

학교의 책임- 학생을 보호할 책임지기

· 교내에 배회하는 외부 사람이나 침입자에 대한 방침은 있는지?
· 학교종사자가 사용하는 안전점검 목록이 있는지?
· 방과 후 건물을 보호하도록 지정된 사람이 있는지?
· 교내에 후미진 곳이나 조명이 어두워서 다툼이 일어날 수 있는 곳은 어디인가?
· 방과 후 건물을 보호하도록 지정된 사람이 있는지?

- 학생과 학부모는 학교의 교칙에 대해 잘 알고 있는지?
- 지역사회내 청소년 유관기관과 학생지도를 연계하고 있는지?
- 사건 신고체계가 있는지?
- 방과 후 교내폭력이 발생할 경우, 학교에 신고할 방법은 있는지? 이에 대해 학생들은 잘 알고 있는지?
- 교내에 폭력행동을 다루기 위한 교칙이 있는지?
- 학생들이 쉬는 시간, 점심 시간, 그리고 수업 전후에 잘 모이는 장소나 현관, 복도 등은 안전한지?
- 교내에 부서진 창문은 없는지?
- 피해, 가해 학생을 위한 상담은 이루어지고 있는지?
- 담임교사와 생활지도 담당교사, 상담교사와의 협조는 잘 되고 있는지?

V. 학교폭력 예방 및 해결을 위한 과제

학교폭력은 학생 개인의 특성과 교육환경 및 여러 사회·문화적 요인이 복합적으로 상호작용하여 발생되는 것으로, 이를 단기간 내에 획기적으로 감소시키거나 근본적으로 근절할 수 있는 방안은 현실적으로 기대하기 어렵다. 따라서 학교폭력의 본질과 그 발생과정, 그리고 학교폭력 발생을 유발하는 요인을 여러 각도에서 분석한 결과를 토대로 장기적인 정책의 기본 틀을 세우고 그 틀 안에서 구체적 방안을 계획하고 추진하는 체계적 접근이 무엇보다 필요하다. 학교폭력 예방 및 해결을 위해 정부가 뚜렷한 정책 방향과 이를 구체화할 수 있는 현실적 방안을 제시하고 이를 일관성 있게 추진할 때, 사회 각층이 신뢰감을 가지고 적극적으로 그 해결을 위한 노력에 동참할 수 있기 때문이다.

구체적으로 학교폭력에 대한 정책의 틀은 다음과 같은 방향을 염두에 두고 세울 필요가 있다.

첫째, 학교폭력 문제를 해결하기 위해서는 학교를 비롯한 교육계가 일차적으로 변화되어야 한다는 점이다. 더 이상의 은폐는 있어서도 안되고 오히려 문제를 장기화시키고 고질화될 수 있으므로, 학교폭력 문제해결을 위해 보다 개방적인 태도로 임할 수 있는 여건조성을 해나가야 한다.

둘째, 학교폭력 문제는 대부분 장기간에 걸쳐 발생되어 온 경우가 많으므로 사후반응적 개입만으로는 좋은 성과를 기대하기 어렵고, 학교폭력에 대한 예방적 접근을 통해 학교폭력에 대한 근본적인 해결을 기대할 수 있다는 점을 염두에 두어야 한다. 따라서 정부는 장기적인 관점하에 학교폭력 발생을 근본적으로 방지할 수 있는 방안에 비중을 두고 정책을 세울 필요가 있다.

셋째, 학교폭력 예방 및 해결을 위한 정책은 반드시 가정과 학교, 지역사회가 모두 함께 참여하여 협조하는 연계체계 구축을 목표로 해야 한다는 점이다.

넷째, 학교폭력 문제에 효과적으로 대처하기 위해 정부와 민간이 각각의 역할을 분담하면서 동시에 협력하는 정부-민간 협력관계 구축을 목표로 해야 한다. 정부는 학교내 위기상황에의 외부의 개입을 제도화할 수 있는 방안 등 제도적, 정책적 그리고 재정적 뒷받침을 제공하고 민간은 이를 기반으로 실제적인 대처방안을 개발하고 실천해야 한다.

다섯째, 학교폭력 예방을 위한 효과적인 실천 프로그램을 개발하고 실제로 이를 운영할 수 있는 전문인력 양성을 병행해야 한다는 점이다.

그렇다면, 이러한 정책의 방향하에 어떠한 구체적인 방안을 모색해야 하는가?

첫째, 학교폭력 문제는 학교에서 일차적으로 풀어가야 하며, 앞서 언급한 바 있듯이 유관기관 관계자가 공동 대처함으로써 효과를 거둘 수 있다. 따라서 관계 전문가들은 학교에서 발생할 수 있는 다양한 사안에 대한 위기관리 체계와 계획 수립을 위해 학교의 안전성을 평가하는 학교안전지수(school safety index)를 개발, 작성하고, 학교안전지수에 기반하여 학교의 안전상태를 학교 스스로 점검하여, 학교폭력을 예방하며, 사고 혹은 사건 발생시 위기관리 지원단의 빠른 개입을 통해 피해가 최소화되고 장기화되는 것을 예방하도록 하는 것이다.

둘째, 학교폭력은 학교에서 일차적으로 해결할 수 있으며, 학교폭력에 대한 학교의 대응능력을 높이기 위한 대안으로 정부는 학교폭력 피해학생과 가해학생 문제해결을 위한 명확한 지침을 학교에 제시해주고, 민관으로 구성된 학교폭력대책 자치위원회를 운영하여 학교폭력 문제를 심의·조정해 나갈 수 있도록 해야 한다.

셋째, 일선 교사와 학교장을 대상으로 학교폭력 관련 연수교육을 실시하여 학교폭력에 대한 바른 인식과 문제해결을 위한 적극적 태도를 갖도록 해야 한다. 학교폭력의 발생이 초등학교 시기로 내려가고 있다는 점을 감안하여 특히 초등학교 교사를 대상으로 한 연수는 필수적이다. 연수교육을 통해 폭력에 대한 잘못된 고정관념을 바로 잡고, 폭력은 인간의 존엄성을 파괴하고 생명의 소중함을 무시하는 행위라는 것을 강하게 인식시켜야 한다. 폭력상황은 예측할 수 없는 위험요인이 함축되어 있기 때문에 일부 학생들의 과도한 흥분에 따라 험악한 분위기가 조성되거나 흉기를 사용하는 등 돌출행동이 나타날 수 있으므로, 사안을 처리할 때 일차적으로 모두의 안전을 기하고 침착하게 처리하도록 권한다. 또한 폭력사안의 발생상황을 정확

<폭력, 바르게 이해하기>

- 괴롭힘은 단순히 곯리는 행동이다 – 아니다
- 남을 곯리는 것은 재미있는 측면이 있지만 괴롭힘은 마음의 깊은 상처를 주고, 죽음에까지 이르게 할 수 있다.
- 괴롭힘을 당할 만한 사람은 따로 있다 – 아니다
- 당연히 당해야 할 사람은 없다. 가해자가 내세우는 핑계이다.
- 괴롭힘은 성장과정 중에 나타나는 자연스런 행동이다 – 아니다.
- 정상적인 행동이라고 할 수 없으며, 그럴 수도 있다는 생각이 괴롭히는 행동을 조장할 수도 있다.
- 괴롭힘에 대처하는 가장 좋은 방법은 맞서거나 되갚아주는 것이다 – 아니다. 이것은 더 큰 폭력으로 발전되어 상황을 더 악화시킬 수 있다.
- 괴롭힘을 당하는 사람은 한동안 상처를 입지만 곧 극복할 수 있다 – 아니다 괴롭힘을 지속적으로 오랫동안 당하면 그 상처는 매우 오래 간다.

하게 파악하여 가능한 한 빠른 조치를 취해야 하며, 폭력피해 및 가해 학생 상태에 따라 필요한 경우 전문기관에 의뢰해야 한다. 피해학생이나 가해학생의 부모는 학교에 대한 불신감이 크기 때문에 학교측의 미온적인 태도나 회피적인 태도, 중도적 태도를 보이거나 사안을 가볍게 여기거나 부모를 무시하는 태도를 보일 때, 학교폭력 사안의 경중과는 무관하게 학교와 학부모와의 감정대립이 확대되어 문제가 더 어려워질 수 있으므로 인내심을 갖고 감정을 통제해가면서 부모를 대해야 한다.

또한 학생지도의 효율성을 위해 학교폭력 사안에 대한 법적 처리에 대해 알아둘 필요가 있다. 학교내에서 해결되지 못한 학교폭력 사안을 경찰에 고발하는 경우나 해당 학교 학생이 다른 학교 학생들과 집단폭력을 행사하여 법에 저촉된 행위로 경찰의 조사를 받고 구속될 경우, 학생지도 차원에서 알아두어야 할 학교폭력 사건의 처리과정을 간략히 정리하면 다음과 같다.

학교폭력 사건은 먼저 피해 학생이 부모에게 피해 사실을 호소하고 그에 따라 부모에 의해 범죄신고가 이루어지는 경우가 대부분이다. 형사입건 양상을 보면, 수사기관인 경찰에 신고를 하는 피해자의 대부분은 치료기간 2주 내지 3주 가량의 상해진단서를 제출하고, 상해에 이르지 않는 단순폭력은 범죄신고를 하지 않고 합의를 하거나 포기하는 것으로 보인다.

사건이 접수되면, 피해자와 가해자 조사를 한 후 검찰에 송치하는데, 이 기간 동안에 피해자와 가해자간의 합의가 가능하며, 실제 사건이 처리되기까지 기간이 오래 소요된다. 검찰 송치 후 1개월 이내에 검찰 내부에서 재조사를 벌이는데, 이 기간 중에도 양자간의 합의가 가능하다. 검찰에서는 가해자의 가해정도에 따라 기소유예 및 기소결정을 내리게 되는데, 가해자가 학생이거나 초범인 경우 기소유예나 선도조건부 기소유예를 내리고, 경우에 따라서는 형사법원이 아닌 가정법원 소년부에서 재판을 받도록 하는 경우가 보편적이다. 가정법원 소년부에서는 검찰에서 송치한 사건에 대해 조사한 후 보호처분을 내릴 수 있다.

학교 관계자는 유사한 학교가 취했던 조치 등을 알아보고, 실태조사를 수시로 하여 다양한 정보를 수집하고, 전체 교사의 정기모임을 통해 학교폭력

문제에 대한 인식 제고 및 대처방안을 모색해야 한다. 이 뿐 아니라 교사의 교외 생활지도를 강화하고 지도교사의 신변안전을 보장해주며, 신입생 대상으로 학교폭력을 비롯한 청소년의 인권을 위협하고 예방을 위한 수련활동(오리엔테이션)을 실시하는 것도 하나의 방법이다.

넷째, 학교에서는 학교폭력을 예방하기 위해 학생을 대상으로 인권교육을 실시하는 것도 방법이다. 근본적인 인권교육은 자신의 권리를 침해당하지 않는 것만이 아닌, 타인의 권리를 침해하지 않는 것임을 강조하는 것으로, 이타성과 친사회성에 대한 개념과 행동을 학습시키고, 폭력은 인간의 존엄성을 파괴하고 생명의 소중함을 무시하는 행위라는 것을 인식시켜 나가야 한다. 학교폭력은 초등학교 때부터 발생되므로, 중·고등학생은 물론, 학교폭력의 조기해결을 위해 초등학생 대상의 폭력예방교육 실시를 의무화해야 할 것이다.

다섯째, 폭력을 비롯한 청소년비행 예방을 위해 보다 광범위한 스쿨존(school zone) 사업을 전개해 나가야 한다. 학교 주변의 후미진 곳이나 공터 등 학교폭력이 발생될 만한 곳을 사전에 점검하여, 다수의 학생들이 위험에 처하지 않도록 지원을 아끼지 말아야 할 것이다. 현재 버스정류장, 지하철역, 귀가 길, 이면도로 등 취약통학로, 청소년 운집지역 등 학교폭력이 빈번하게 발생하는 장소를 위험지역으로 선정하고 특별 관리함으로써 학교폭력을 예방하고 있는데, 학교폭력 발생빈도, 장소별 취약성 등을 보다 면밀히 분석하여 위험 지역 등급을 수시로 조정해가면서 이에 적합한 예방활동을 실시해야 할 것이다.

여섯째, 우리사회에 팽배해져 있는 폭력문화를 추방하는 운동을 전개해나가야 할 것이다. 즉 매스미디어의 무분별한 선정성과 폭력성, 비인간적인 사회병리 현상에 대한 도덕적 불감증, 인간적 접촉이 부족한 전자문명 시대의 역기능을 고발하는 추방운동에 더 많은 사람의 자발적 참여가 뒷받침되어야 한다.

VI. 요약

학교폭력은 우리사회가 반드시 해결해야 할 중요한 사회문제의 하나이다. 학교폭력은 집단적, 조직적으로 발생하고, 특정 집단뿐 아니라 불특정 다수, 개인에까지 확산되며, 지속적으로 집요하게 폭력을 가하며, 폭력 가해행위에 대한 죄의식이 결여되고, 학교폭력 발생 연령이 낮아지고 여학생의 폭력 발생이 빈발해진다는 점에 문제가 심각하다. 또한 학교폭력 피해학생의 등교거부, 우울, 자살 등 심각한 후유증으로 인해 가정, 학교 및 사회에 큰 반향을 일으키고 있다. 학교폭력 실상에 대한 정확한 파악과 문제해결을 위한 중·단기적 계획을 수립하여 관련 기관의 유기적인 협조체제를 제도화하여 실천하고자 할 때, 해결의 실마리를 찾을 수 있을 것이다.

참고문헌

김은경(2001). 가정폭력범죄의 형사절차상 위기개입 방안 연구. 서울: 한국형사정책연구원.
김준호 외 2인(1997). 학교주변의 폭력 실태. 서울: 한국형사정책연구원.
서울특별시 교육청(2002). 사랑이 있는 학교를 만듭시다.
이순래(2002). 학교폭력의 원인 및 대처방안에 관한 연구. 서울: 한국형사정책연구원.
자녀안심운동 서울협의회(2001). 생활지도 교사가 지각한 학교폭력 실태조사.
______________________(2001). 학교폭력 및 유해매체 접촉 실태조사.
______________________(2002). 초등학교 폭력 실태조사.
______________________(2002). 폭력없는 교실 만들기.
청소년보호위원회(2001). 청소년 폭력에 관한 실태조사.
_______________(2002). 청소년 유해환경 종합실태조사.
_______________(2002). 청소년보호백서.
_______________(2002). 폭력없는 우리 학교를 위하여.
최연신(2001). 청소년 폭력범죄자 재활 프로그램의 실태와 개선방안. 서울: 한국형사정책연구원.
National School Safety Center(2001). *NSSC Review of School Safety Research.*

5
학업중단

어느 시대, 어느 사회를 막론하고 청소년기는 성인이 되기 위한 준비 시기로서 각종 교육과 사회적인 보호를 받게 된다. 고대나 중세에는 청소년의 교육과 보호에 있어서 가정의 역할이 절대적이었으나, 근대 이후 학교가 가정의 역할 중 상당 부분을 대신하기 시작하였다. 특히 과거에 주로 개별적인 차원에서 이루어졌던 교육은 학교의 설립에 따라 주로 학교에서 이루어지게 되었고 집단적, 사회적 특성을 보이게 되었다. 현대사회의 성립 이후 학교교육의 중요성은 더욱 커지는 추세이다. 청소년들은 학교교육을 통해 상급학교에 진학할 준비를 하거나 사회에 나가 직업을 가질 준비를 한다.

이렇게 중요한 학교교육을 중간에 그만 두는 학업중단은 개인적인 손실을 가져올 뿐 아니라 가족에게도 피해를 주며 사회문제의 원인이 되기도 한다. 학업을 중단한 개인은 교육기회를 상실하고 직업을 가지는 과정에서 상대적으로 불리한 위치에 처하게 되며 학생집단에의 소속감을 잃고 일탈집단으로 편입될 가능성마저 있다. 학력이 중시되는 사회인 우리나라에서 중퇴는 단순한 학업중단 이상의 의미를 지닌다. 지식이나 기술을 습득하지 못할 뿐 아니라 사회적 낙오자라는 평가를 받게 되는 경우도 빈번하다. 또한 학업중단은 학업중단 자체의 문제로 끝나지 않고 비행이나 범죄 등 각종 문제를 일으키는 원인이 되기도 한다. 이는 개인적인 손실을 가져오는 것은 물론 청소년비행이나 범죄와 관련된 사회적, 국가적 비용을 증가시킨다. 한편, 성장발달기인 청소년기에 학교교육을 제대로 받지 못하면 올바른 사회화과정을 겪을 수 없으며 성인이 되어서도 사회에 부적응할 확률이 높아진다. 이러한 사회문제는 결국 국가적인 차원에서의 사회적 비용 증가로 이어진다.

학업중단은 주로 개인이나 가정이 해결해야 하는 문제로 인식되어 왔다. 그러나 학업중단 현상은 개인적인 이유로만 발생하는 것이 아니며 학교나 사회의 영향을 받는 부분도 크기 때문에 사회 전체가 공동으로 대처해야 한다는 인식이 확산되고 있다. 개인이나 가족 차원에서의 대처방식에는 한계가 있으므로 가정, 학교, 사회가 협력하여 청소년들의 학업중단을 사전에 예방하고, 이미 학업을 중단한 청소년을 효과적으로 지원할 수 있는 정책적 대안이 모색되어야 한다.

Ⅰ. 학업중단의 개념과 유형

학업중단이란 중퇴 혹은 중도탈락과 유사한 뜻으로 쓰여지고 있으며, 정규학교를 다니다가 비행, 질병, 가사, 기타의 이유로 학교를 졸업하기 전에 학업을 중단하는 것을 의미한다. 과거에는 경제사정으로 인하여 학교를 그만두는 경우가 많았으나 최근에는 이러한 경우가 급속히 줄고, 학생이 학교생활 또는 교육제도를 거부하거나 문제행동이나 비행, 범죄 등을 저지르는 학생을 학교가 더 이상 수용할 수 없게 되는 경우가 늘고 있다. 이처럼 학업중단은 권고퇴학인 자퇴와 명령퇴학인 제적의 의미를 포함하고 있는데(표갑수, 1995:374), 자퇴는 본인의 자발적 의사에 의한 것이고 제적은 학교의 명령에 따른 것이다.

학업을 중단하는 청소년의 유형은 매우 다양하다. 중퇴를 결심하는 동기에 따라 유형화되기도 하고, 학교를 거부하는 정도 혹은 청소년 자신의 자유의지 반영 정도에 의해 유형화되기도 한다.

먼저, 송광성 외(1992:14)는 중퇴를 결심하는 동기에 따라 능동형, 도피형, 불가피형으로 유형화하였다. 능동형은 자신이 처한 상황을 적극적으로 극복하기 의하여 중퇴를 하는 경우이고, 도피형은 자신의 상황으로부터 도피하기 위해, 불가피형은 자신이 해결할 수 없는 어쩔 수 없는 상황 때문에 중퇴하는 경우이다.

능동형의 예로는 취업이나 취업 준비로 인한 중퇴, 검정고시를 보기 위한 중퇴, 내신의 불리함을 극복하기 위한 중퇴 등이 있다. 능동형 중퇴는 비행이나 범죄로 이어지는 경우가 거의 없으며, 중퇴 이후의 진로 개척에 적극적인 자세를 보이는 것이 일반적이다. 도피형은 학교를 다니는 상황에서 탈출하기 위해서 뚜렷한 대안 없이 학교를 그만 두는 것인데 전체 중퇴의 대다수를 차지한다. 자신의 문제를 적극적으로 해결한다는 자세가 아니라 학교에 다니는 것이 싫어서, 혹은 학교 밖 생활을 동경하여 중퇴하는 경우이다. 학교나 교사를 기피하거나, 학업을 태만히 하고 그 결과 학업에서 낮은 성취도를 보이고, 친구들로부터 소외되거나 교칙을 위반하는 경우 도피형 중퇴를 결행할 가능성이 있다. 이 형태의 중퇴생은 유해환경에 노출되는 경우가 많으며 가출, 비행, 범죄 등을 저지르기 쉽다. 불가피형이란 학교를 그만 둘 수밖에 없는 상황에서 중퇴한 것으로서, 집안형편상 학업을 계속할 수 없거나, 비행이나 범죄로 인해 학교에서 제적을 당하는 경우이다.

조한혜정(1996)은 학교를 거부하는 정도에 따라 자발적 거부형과 부등교형으로 구분하였다. 자발적 거부형은 학교의 교육 전체를 부질없다고 판단하여 학생자신이 학교가기를 적극적이고 자발적으로 중단하는 경우이고, 부등교형은 사고와 판단의 과정 없이 단순히 아침에 학교에 가기 싫어 집에 있는 경우이다.

김경식(1997)은 중퇴자의 자유의지 반영도에 따라 사고형 중퇴자와 자발적 중퇴자로 구분하고, 청소년비행 및 범죄에 연루되어 학교로부터 제적당하거나 자퇴하는 경우를 사고형 중퇴로, 자신의 진로를 찾아 학교를 스스로 그만두는 경우를 자발적 중퇴로 유형화하였다.

한편, 이숙영(1997:76)은 중퇴청소년의 유형을 크게 적응형과 부적응형으로 구분한 후 각각을 보다 상세히 분류하였는데, 적응형은 송광성의 능동형, 조한혜정의 자발적 거부형, 김경식의 자발형과 유사한 내용을 담고 있다. 부적응형은 보호관리 체제하에 있는 청소년과 그렇지 않은 경우로 구분하여 전자에는 소년원에 수용되어 있거나 보호관찰중인 청소년과 정신질환 등으로 요양중인 청소년, 후자에는 방치된 비행청소년, 유흥업소 취업청소년, 가출청소년, 방치된 정신질환 청소년으로 세분화하고 있다.

이처럼 접근하는 방식이나 보는 관점에 따라 학자마다 중퇴청소년의 유형이 상이하게 제시되고 있지만, 중퇴청소년의 유형을 구분하는 주요한 핵심은 당사자의 자발적 의사이며 이는 중퇴청소년의 유형을 결정짓는 중요한 요인으로서 모든 학자들의 유형화 작업에서 공통적으로 나타나고 있다.

학업중단 문제를 접근하는 방식에 있어서 최근의 특징적 경향은 개인의 문제차원을 넘어서 청소년 자신, 가정, 학교 등 전체 사회에 존재하는 다변인적인 요인들이 복합적으로 작용하여 나타난 일종의 사회이탈 현상으로 보는 것으로, 이는 학업중단을 중퇴생 자신의 문제로 보는 과거의 시각으로부터 진일보한 것으로서 학업문제를 보다 효과적으로 다룰 수 있는 배경을 제공하고 있다.

Ⅱ. 학업중단의 원인

청소년이 학업을 중단하게 되는 요인은 매우 다양하다. 이성친구, 또래집단, 취업, 가사 등과 관련된 개인문제로 중퇴하는 경우와 교칙위반, 성적불량, 검정고시 준비, 교사에 대한 적대감, 학교부적응 등 학교문제로 중퇴하는 경우, 또한 개인문제와 학교문제가 복합적으로 작용하여 중퇴하는 경우

<표 5-1> 중퇴청소년의 유형과 특징

<table>
<tr><th colspan="4">유 형</th><th>특 징</th></tr>
<tr><td rowspan="6">송광성
(1992)</td><td colspan="2" rowspan="2">능동형</td><td>취업준비형</td><td rowspan="2">· 자신이 처한 상황에서 제기되는 문제를 적극적으로 해결</td></tr>
<tr><td>진학형</td></tr>
<tr><td colspan="2" rowspan="2">도피형</td><td>부등교형</td><td>· 학업에 대한 흥미상실</td></tr>
<tr><td>탈출형</td><td>· 학교를 빠져나가 흥미로운 생활 추구</td></tr>
<tr><td colspan="2" rowspan="2">불가피형</td><td>가사형</td><td>· 집안형편상 학업에 전념할 수 없는 경우</td></tr>
<tr><td>제적형</td><td>· 심각한 비행으로 학교에서 제적</td></tr>
<tr><td rowspan="2">조한
혜정
(1996)</td><td colspan="3">자발적 거부형</td><td>· 학교교육을 부질없다고 판단
· 학교가기를 적극적이고 자발적으로 중단</td></tr>
<tr><td colspan="3">부등교형</td><td>· 단순히 학교가기가 싫어 집에 있는 경우</td></tr>
<tr><td rowspan="2">김경식
(1997)</td><td colspan="3">자발형</td><td>· 일찍 자신의 진로를 찾아 스스로 그만둠</td></tr>
<tr><td colspan="3">사고형</td><td>· 청소년비행과 관련 학교로부터 제적</td></tr>
<tr><td rowspan="10">이숙영
(1997)</td><td colspan="2" rowspan="3">적응형</td><td>진학형</td><td>· 복교, 검정고시학원, 대안학교에서 수학
· 학습의욕 상실 및 기술의 부족으로 부적응하기도 함
· 대인관계 문제, 생활적응상의 문제를 가짐</td></tr>
<tr><td>건전직장
취업형</td><td>· 일정한 교육훈련 후 취업하여 생활정착
· 진학준비를 병행하기도 함</td></tr>
<tr><td>취업
준비형</td><td>· 사설기술학원, 직업훈련원 등에서 취업준비를 위한 기술습득을 하고 있음
· 일부는 적응상에 문제를 겪고 있음</td></tr>
<tr><td rowspan="7">부적응형</td><td rowspan="3">보호 및
관리체제에
소속된
청소년</td><td>소년원
수용</td><td>· 범죄 연루 소년원 수용</td></tr>
<tr><td>보호관찰
중</td><td>· 범죄연루 후 보호관찰 중
· 검정고시 등을 통한 진학준비 병행
· 유흥업소 등에서 아르바이트 병행</td></tr>
<tr><td>요양중</td><td>· 정신질환, 신체질환으로 병원, 요양기관에 수용됨
· 진학, 진로지도가 부재함</td></tr>
<tr><td rowspan="4">보호 및
관리체제에
소속되지
않은
청소년</td><td>방치된
비행
청소년</td><td>· 중퇴 후에 진학, 취업준비에 참여하지 않음
· 다양한 비행-폭력, 약물오남용 등에 참여함</td></tr>
<tr><td>유흥업소
취업</td><td>· 단란주점, 술집 등에 취업 중
· 일부는 검정고시 학원, 기술학원에서 진학, 및 취업준비 중</td></tr>
<tr><td>가출
청소년</td><td>· 가출하여 소재가 불분명함
· 중국집, 카페 등에 취업하거나 단란주점 등 유흥업소에 취업 중
· 비행 등에 연루될 가능성이 높음
· 장기적이고 체계적인 진로준비가 미흡함</td></tr>
<tr><td>방치된
정신질환
청소년</td><td>· 가정의 경제적 여건으로 집안에 방치됨
· 장기적이고 체계적인 진로준비가 미흡함
· 가족들의 스트레스가 증가됨</td></tr>
</table>

출처 : 이숙영, 1997:76에서 재구성

등 학업을 중도에 그만두는 원인은 실로 다양하다. 교육통계연보는 청소년 학업중단의 원인을 질병, 가사, 품행, 기타로 분류하고 있으나 정확한 실태 파악을 위해서는 보다 세분화된 분류가 필요하다. 장석민 외(1988:46)는 가정문제, 학교문제, 친구의 유혹, 건강, 검정고시, 기타 등으로 중퇴의 원인을 구분하였으며, 표갑수(1995:131-132)는 중퇴의 원인을 가정적 원인, 개인적 원인, 사회적 원인, 기타로 분류하였다. 이 두 연구는 공통적으로 중퇴의 원인이 개인보다는 학교나 가정에 있음을 제시하였다. 따라서 가정을 건전하게 유지하고 학교의 생활지도, 진로지도, 상담지도 등을 활성화한다면 학업중단라는 사회적 문제도 상당 부분 완화시킬 수 있음을 시사점으로 도출하였다.

송광성 외(1992:18-19)는 중퇴의 요인을 청소년을 둘러싼 환경에서 찾고 있는데, 가정, 학교, 사회 등 세 가지로 분류하였다. 가정불화, 결손, 빈곤 등을 학업중단의 가정적 요인으로 보았고, 학업기피, 성적불량, 유급, 교칙위반, 무단결석 및 가출, 수업일수 부족, 불량집단의 구타, 선배의 구타, 학교나 교사에 대한 불만 등을 학교요인으로 범주화하였다. 한편, 사회적 원인으로는 취직 및 기술습득, 검정고시, 이민, 유학 등을 들고 있다

이처럼 학자에 따라 다소 차이는 있지만 청소년 학업중단의 원인은 개인적 요인, 가정환경, 학교환경 및 지역사회 환경 등으로 크게 범주화할 수 있다. 본 절에서도 유사하게 학업중단의 원인을 가족구조 및 기능의 변화, 학력위주의 학교교육 환경, 학벌주의 사회구조, 유해한 지역사회 환경 등으로 범주화하여 제시하고자 한다.

1. 가족구조 및 기능의 변화

1970년대 이후 한국의 가족구조는 핵가족화와 평등화의 방향으로 변화되었으며, 평균 가족수 4명 정도의 핵가족 비율은 전체 인구의 70%를 넘게

되어 전통적인 부자중심의 가족구조를 부부중심의 가족구조로 전환시켰으며, 이로 인해 전통적인 가부장적 가족주의는 아직 유지되고 있으나 가족내의 권력구조는 상당 정도 평등화되어 있다(임희섭, 1994:241). 이러한 새로운 가족형태로의 변화 속에서 가족내의 여성의 위치가 변화하고 있으며, 여성의 사회참여 증가와 권리의 신장은 맞벌이부부의 증가와 이혼율의 급증이라는 사회변화를 수반하게 되었다. 한편, 최근의 경제적 위기상황은 부의 실직과 알코올중독, 모의 취업 및 가출 혹은 부모의 이혼 등 기능적으로 역할을 다하지 못하는 문제가정을 양산하게 되었다. 경제적으로 어려운 가족의 경우, 이혼은 그 자녀에게 치명적인 결과를 가져올 수 있으며, 이혼하지 않더라도 실직, 빈곤 등으로 인한 여성의 취업은 자녀들에게 기능적 결손을 가져올 가능성이 매우 높다.

이와 같은 가족형태의 변화와 가족기능의 상실은 청소년들의 생활세계에 지대한 영향을 미치고 있고, 부모의 자녀에 대한 지나친 관심과 기대 혹은 무관심이 자녀와의 갈등과 마찰을 유발시키게 되는 것도 청소년 학업중단의 배경이 되고 있음을 간과할 수 없는 사실이다.

2. 학력 위주의 학교교육 환경

우리나라의 교육제도는 입시와 학력에 초점이 맞추어져 있음을 누구도 부정할 수 없다. 한번 획득한 학벌은 평생을 따라다니며 개인의 진로를 결정짓게 되며, 그에 따라 학교는 단지 시험에서 높은 성적을 얻는 것에 가장 큰 교육적 의미를 두고 학생 개개인에게 심적 부담을 주고 있다.

이와 같은 입시 위주의 교육환경은 성적이 우수한 학생에게나 열등한 학생 모두에게 학교가 외면당하는 요인이 되고 있다. 성적이 좋은 학생들의 상당수는 학교보다 학원수강이나 개인교습이 높은 성적을 내는 데 효과적이며, 학교가 자신의 진로에 별 도움이 되지 못한다고 평가하여 학교교육을 부정적으로 인식하고 있으며, 성적이 낮은 학생들은 학교에서 공부를 못한다는 낙인과 차별 속에 자신의 미래에 대한 좌절과 무력감을 경험하여 학교를 등지게 된다.

학력을 중시하는 교육환경의 부작용은 특히 실업계 고등학교에서 두드러지게 나타난다. 현재 실업계 고등학교는 붕괴 직전에 있다고 해도 과언이 아니다. 인문고 대비 실업고 입학생의 비중이 지속적으로 감소하여 1995년의 0.77%에서 2000년에는 0.52%로 하락했다. 중도탈락률도 인문고에 비해 현저하게 높다. 2001년의 중도탈락률은 인문고가 1.5%임에 비해 실업고는 무려 5.1%에 달한다(교육통계연보, 2000). 문제는 실업계 고등학교 진학자가 직업교육에 뜻을 두고 있다기보다는 대부분 인문고에 진학할 성적이 안되기 때문에 어쩔 수 없이 입학한 측면이 강하다는 사실이다. 그 결과 실업계 고등학교는 학습능력이 부진한 학생의 집합소가 되어 버렸고, 정상적인 학습이 불가능할 정도로 '교실붕괴'가 심각한 상황에 이르게 된 것이다. 실제로 실업고생의 대다수가 졸업 후 취업보다는 전문대학을 비롯하여 대학진학을 원하고 있으며, 이들의 대학진학률이 취업률보다 월등히 높다는 것은 우리사회의 고학력화 현상과 직업교육의 붕괴 조짐을 단적으로 보여주는 결과이다. 결과적으로 고학력화현상은 '진학'에서 밀려난 실업계 고등학교에서의 직업기술 교육에 대한 사회적 무관심과 낙인을 낳았으며, 변화하는 산업구조에 필요한 인력을 제대로 공급하지 못하는 무기력한 현재의 실업계 고등학교를 양산하였다고 볼 수 있다. 실업계 고등학교는 본래의 교육목표를 상실한 채, 명실상부한 중등 직업교육기관으로 자리잡지 못하고, '전문대학'으로 그 역할을 넘겨주도록 강요받는 현실을 초래하게 된 것이다.

3. 학벌주의 사회구조

고학력화 현상과 맞물려 한국사회에 만연해 있는 학벌주의도 청소년 학업중단의 근본적인 원인으로 볼 수 있다. 학벌주의는 특정한 학교의 졸업생들이 사회에 진출하여 자신들만의 폐쇄적인 집단을 형성하고 기득권을 획득하거나 지속시키는 데 서로간에 협력체제를 구축하며, 또 그 학벌을 갖지 못한 사람들도 그러한 관행을 비판하면서도 어느 정도는 이를 받아들이고, 자신과 자신의 자녀들도 가능하다면 그러한 폐쇄적인 집단의 구성원이 될 수 있도록 하기 위해 노력하는 것을 의미한다(김부태; 1997, 김동춘; 2001, 박창남 외 2001:51에서 재인용).

학벌주의는 아직까지도 한국사회 전반을 움직이는 중요한 힘으로 작용하고 있으며, 대다수의 기성세대들은 학벌주의가 갖는 병폐적인 영향과 현상에 대해 부정적 인식을 공유함에도 불구하고, 한번 취득되면 평생토록 지속되며 어떤 다른 요인에 의해서도 쉽게 바뀌지 않는 학벌 중심의 사회체제를 인정하고, '교육열'이라는 허상으로 포장하여 학벌주의를 수용하고 있다. 결국, 한국사회에서 학벌주의는 입시위주의 교육을 정착시키고, 고학력화 현상을 초래하는 결정적 요인이 되었으며, 이러한 기성세대들의 인식과 사회현상은 학력이 부진한 청소년들에게 불확실한 미래에 대한 불안과 좌절을 안겨주어 학교를 등지게 하는 요인으로 작용하게 된다.

더욱이 높은 학력이 고액 학원수강이나 개인교습을 받을 수 있는 경제력 여부에 의해 결정되는 최근의 한국적 상황에서, 경제적으로 어려운 환경에서도 열심히 노력만 하면 좋은 학벌을 취득할 수 있다는 과거의 능력주의는 점차 설득력을 상실하게 되었다. 과거의 청소년들에게 현재의 어려움을 참아내며 묵묵히 노력하게 했던 능력주의는 이제 과거지사가 되었으며, 오히려 자신의 한계를 인식하고 미래에 대한 희망을 저버린 채, 하루하루 되는 대로 살아가는 무기력한 청소년들로 전락하게 한다.

4. 유해한 지역사회 환경의 범람

청소년에게 유해한 각종 업소, 유해매체물, 유해약물 등 청소년 유해환경의 범람과 접근의 용이성도 학업중단을 부추기는 요인으로 작용하게 된다. 무계획적인 도시계획과 비체계적인 허가행위로 인해 청소년들에게 유해한 업소가 특정한 지역단위로 밀집하여 있지 않고, 상가와 주택가, 학교부근에 광범위하게 산재하여 있으며, 심지어 청소년 대상의 입시학원과 유해업소가 같은 건물 혹은 바로 옆 건물에서 영업중인 곳도 있다. 이러한 지역사회의 환경은 학교교육이 주는 중압감에서 벗어나고 싶은 청소년들의 소비

<표 5-2> 선행 연구결과로 본 중도탈락의 원인

구자경(2001) 연구결과 : -조사대상: 서울시 소재 중·고 재학생 1,198명					이경림(1999) 연구결과 : -조사대상: 실업고 중퇴생 86명
순위	자퇴를 하고 싶은 이유	중학교 순위	일반고 순위	실업고 순위	중도탈락의 원인(백분율)
1	내가 하고 싶은 일을 하는데 학교가 도움이 되지 않는다	1	1	1	학교 공부가 싫어서(44.2%)
2	학교교칙을 지키기 싫었다	2	4	2	집을 떠나고 싶어서(부모와의 갈등이 있었다)(18.6%)
3	학교공부를 따라갈 수 없었다	3	3	4	기타(16.3%)
4	내신성적이 나빠서 검정고시로 더 좋은 학교에 가려고 했다	7	2	8	사회진출(취업)을 위해서(7.0%)
5	부모님과의 갈등이 있었다	4	5	5	가정의 경제사정이 어려워서(5.8%)
6	일(아르바이트)을 하는 것이 학교 다니는 것보다 재미있다	5	7	3	검정고시를 쳐서 더 좋은 학교(대학)에 가려고(4.7%)
7	선생님과의 관계가 나빴다	6	8	6	비행이나 사고로 인한 학교로부터의 권고가 있어서(3.5%)

자료출처 : 구자경(2001)과 이경림(1999)에서 재구성

욕구와 놀이에 대한 욕구를 자극하는 요인이 되고 있으며, 부모의 간섭 없이 또래문화를 형성하고 자신들만의 세계를 추구하고 싶은 욕구의 실현으로 가출을 시도하여 불법 유흥산업에 흡수되기도 한다. 가출과 가출 후의 생활을 유지하기 위해 선택한 불법 유흥산업으로의 유입은 학업중단으로 이어질 가능성이 매우 높으며, 이 경우 개인적·사회적 손실은 매우 크다고 볼 수 있다.

이상에서 살펴본 청소년 학업중단의 원인은 최근 실시된 연구조사 결과에서도 실증적으로 잘 나타나고 있다. 학교공부의 중압감 및 학력 위주의 교육제도 등 학교교육 환경이 학업중단의 가장 큰 원인이며, 그 외 가정적 요인, 사회적 요인 및 유해한 지역사회 환경 등이 학업중단으로 유인하는 배경이 되고 있음을 조사결과는 입증하고 있다.

Ⅲ. 학업중단의 현황과 실태

1. 중퇴청소년 현황

우리나라에서 중퇴청소년의 정확한 현황을 파악하는 데는 한계가 있다. 중퇴청소년에 대한 통계수치가 학년 시작과 비교하여 학년이 끝나는 시점까지의 변동이라는 측면에서 조사되고 있을 뿐, 상급학교로 진학하지 않은 학생은 통계수치에서 제외시킴으로써 중퇴청소년의 숫자가 다소 낮게 집계될 가능성이 있다. 한편, 결원자를 중심으로 산출하므로 사망이나 질병, 유학, 이민까지도 중퇴청소년에 포함시키고 있어 정확한 현황 파악에 어려움이 있다.

최근 3년간 중퇴 원인별 현황과 추이를 살펴보면, 실업계 고등학생의 중퇴생 비율이 계속 증가추세에 있음이 두드러진 특징으로 나타난다. 중학생과 고등학생의 경우, 재학생 대 중퇴생 비율이 1% 내외로 비슷한 수준을 유지하고 있고 3년 동안의 가감률도 작은 폭을 유지하고 있으나, 실업고생의 경우는 1999년에 3.8%에서 2000년도에는 4.2%로 증가하다가 2001년도에는 5.0%를 기록하여 큰 폭으로 증가하고 있음을 알 수 있다.

중퇴 원인별 분석에서도 실업고생의 심각성이 두드러지게 나타나고 있다. 가정사정이나 품행, 학교생활 부적응 등 도피형 혹은 불가피형 중퇴로 유형화되어 주요 정책대상이 되는 집단의 비율이 실업고생에게 있어 월등히 높게 나타나고 있다. 최근 3년간의 도피형 혹은 불가피형 중퇴가 중학생(76.2%→69.0%→62.7%)과 일반고생(79.8%→75.6%→71.8%)의 경우는 다소 감소하는 경향을 보이고 있으나, 실업고생(96.9%→96.3%→96.8%)은 계속 96% 이상의 높은 비율을 유지하고 있어 청소년 학업중단 문제의 주요 정책대상은 실업고생임을 알 수 있다.

이들은 고학력 사회와 학벌주의의 희생자들로 중도탈락으로 유입될 가능성이 가장 높은 집단이다. 이들의 중도탈락은 개인적 측면보다는 오히려 사회제도적인 측면에서의 결함이 더 큰 원인으로 작용하고 있는데, 최근 들어 겪고 있는 실업계 고등학교의 미달사태, 학교수의 감소는 이러한 측면을 잘 반영하는 결과이다. 직업교육의 위상과 목표가 없이 전문적인 기술인력 양성체계에 실패한 국가정책은 실업계 학생들로 하여금 좌절감과 패배의식을 갖도록 하고 있으며, 실업고생의 대다수가 인문계 진학에 실패하여 진학한 경우이고, 이들의 상당수가 대학 진학을 희망하고 있다는 조사결과는 이러한 사실을 입증하고 있다.

이러한 사회제도적 결함의 결과, 부진한 학교성적으로 인해 실업고에 밀려왔다는 식의 패배주의와 향후 진로에 대한 무기력증, 전공과 적성의 불일치 등은 실업고생이 겪고 있는 심적 갈등의 대표적인 것으로, 학업중단의 잠재적 가능성이 다른 집단에 비해 현저하게 높은 이유이기도 하다. 또한 실업고생의 부모들은 사회계층적으로 주로 하위층에 몰려 있다는 사실도 실업계 고등학교 학업중단의 이유 중의 하나로서 가족의 구조적·기능적 결손이 작용할 수도 있음을 짐작케 한다. 실업계 고등학교 학업중단자들의 상당수가 이미 중학교 때 가출한 경험이 있고, 상당수가 비행문화에 접촉한 경험이 있음은 이러한 추측을 뒷받침해주는 요인이다.

실업고생뿐만 아니라 중학생도 청소년 학업중단의 주요 정책대상으로 간과해서는 안 된다. 청소년기에 겪을 수 있는 '반항과 방황'을 가장 뚜렷하게 경험하는 연령대는 대체로 중학교 2~3학년의 시기이다. 학업중단, 가출, 불법 아르바이트, 성비행 등 청소년 일탈행위와 관련된 경험은 중학교 2~3학년시기에 가장 높게 나타나고 있음이 많은 연구결과에서 입증되고 있다. 실제로 중학생 시기에 가출을 동반한 학업중단이 가장 많이 발생하며, 특히 여자중학생의 경우에는 청소년 성매매, 향락 유흥업소 불법고용과 같은 사회적 유해환경에 더 많이 노출되어 있어 사회문제를 야기하기도 한다. 그러므로 실업고 학업중단자와 마찬가지로 중학생도 학업중단의 주요 정책대상으로서 신속하고도 장기적인 개입과 지원체제의 구축이 시급히 요구된다.

<표 5-3> 중퇴원인별 현황과 추이

(단위 : %)

구분 \ 년도		중학생			일반고			실업고		
		1999	2000	2001	1999	2000	2001	1999	2000	2001
중퇴생 비율		0.9	0.8	0.9	1.0	1.1	1.4	3.8	4.2	5.0
정책 대상 집단	소계	76.2	69.0	62.7	79.8	75.6	71.8	96.9	96.3	96.8
	가정사정	25.0	22.8	22.3	40.2	38.1	34.8	34.6	33.6	34.7
	품행	5.2	3.6	2.5	3.2	2.6	1.9	9.0	7.9	6.2
	학교생활 부적응	37.0	34.6	31.7	30.0	29.0	29.7	45.4	48.0	48.1
	기타	9.0	8.1	6.2	6.3	5.9	5.4	8.0	6.8	7.8
사망		2.9	2.2	1.7	3.0	2.1	1.6	1.2	1.4	1.0
질병		2.2	1.9	2.0	4.0	3.6	2.8	1.2	1.4	1.0
검정고시		0.3	0.3	0.3	1.0	2.9	2.1	0.1	0.2	0.3
유학/이민		18.4	26.5	33.4	12.3	15.8	21.7	0.6	0.7	0.9

자료출처 : 박창남 외, 2001:7-12에서 재구성

2. 중퇴청소년의 특성과 현안문제

1) 중퇴청소년의 특성

학업을 중단한 청소년 개개인이 가지고 있는 특성을 일반화하기는 매우 어렵다. 학업중단의 동기나 유형이 다양한 것처럼 중퇴한 청소년 개개인이 지니고 있는 특징적인 측면은 각양각색이다. 학업중단의 다양한 원인과 유형에도 불구하고 중퇴청소년이 지니고 있는 일반적인 특성은 다음과 같이 정리될 수 있다.

첫째, 중퇴의 원인에 있어 개인적 요인보다는 학교적·사회적 요인 등 환경적 요인이 크게 작용한다(홍봉선 외, 2000:308). 학업태만, 성적불량, 무단결석, 교칙위반 등 학교부적응과 같은 개인적 요인도 청소년 개개인의 문제라기보다는 학업을 중단하도록 학교에서 내밀고 사회에서 끌어당기는 외적 요인이 더 크게 작용함을 감안해 볼 때, 학업중단의 원인은 학교나 사회, 가정에 더 많이 근거하고 있음을 알 수 있으며, 특히 학교요인은 학업중단의 가장 큰 부분을 차지하고 있음이 많은 조사결과 입증되었다(장석민, 1988; 구자경, 2001; 표갑수, 1993; 김기태 외, 1996).

둘째, 중퇴청소년들은 문제아 또는 실패자라는 사회적 낙인으로 소외감과 좌절감을 경험하고, 이는 비행이나 범죄로까지 연결되는 경향이 높다. 실제로 청소년범죄의 상당부분이 중·고등학교를 중퇴한 청소년에 의해 발생되고 있고, 중퇴와 비행과의 밀접한 관계는 많은 연구조사 결과 입증되고 있다(김준호 외, 1999; 김기태 외, 1996).

셋째, 대다수 청소년에게 있어 학업중단을 결심하는 동기가 자신의 문제상황을 적극적으로 해결하려는 능동적 대처라기보다는 현재 자신이 처한 상황으로부터 도피하거나 어쩔 수 없는 불가피한 상황에서 행해지는 경우가 많다. 학업을 중단하게 되는 동기에 따라 중퇴의 유형을 분류한 연구(송광성 외, 1992; 김기태 외, 1996)들은 실제 많은 청소년들이 단순히 학교에

다니는 것이 싫어서 혹은 학교 밖 생활을 동경하여 학교를 다니는 상황에서 탈출하기 위해서 뚜렷한 대안 없이 학교를 그만 두는 도피형 중퇴나 비행이나 범죄로 인해 학교에서 제적을 당하는 등 타의에 의해 중퇴를 할 수밖에 없는 불가피형 중퇴가 대다수를 차지하고 있음을 입증하고 있다. 문제는 도피적이고 불가피한 원인에 의해 학업을 중단한 청소년의 경우 자신의 계획이나 장래에 대한 의지가 불투명하여 무력감과 좌절을 경험하기 쉬우며 이러한 상황은 각종 청소년 문제행동과 범죄로까지 연결될 가능성이 높다는 점이다.

2) 중퇴청소년의 현안문제

학업을 중단한 청소년들은 적절한 보호나 지원을 받지 못하고 방치되는 경우가 많으며 이는 여러 가지 위기상황에 노출될 가능성을 높이고 있다.

첫째, 중퇴청소년들은 가출을 비롯한 각종 문제행동이나 비행에 연루될 가능성이 매우 높다. 음주, 흡연 및 본드, 가스흡입 등 약물비행을 비롯하여 절도와 폭력 혹은 성비행 등 다양한 비행 전력을 나타내고 있다. 이러한 비행은 도피형 중퇴일 경우 중퇴 후에, 불가피형 중퇴일 경우 중퇴 전에 경험한 비율이 높을 것으로 추정할 수 있다. 청소년들은 학업중단을 전후로 하여 자연스럽게 비행 또래집단과 어울리게 되고, 비행문화에 합류하게 됨으로써 다양한 비행을 경험하게 된다. 이러한 비행문화로의 유입은 학업중단의 상황을 더욱 악화시켜 복교나 취업을 위한 준비활동 등 건전한 사회복귀를 위한 개입을 더욱 어렵게 하고 있다.

둘째, 중퇴청소년들은 교육문제의 병폐를 안고 있다. 학업을 중단한 청소년의 대다수는 학업흥미의 상실, 잦은 무단결석 및 각종 문제행동에의 개입 등으로 학교부적응 문제를 갖고 있으며, 이는 복교, 전학 및 검정고시 등 학교에로의 복귀를 어렵게 하는 요인으로 작용한다. 학교라는 제도적 틀 안에서 자아정체감을 형성해가야 할 청소년기에 학교로부터 이탈하여 학업을 중단함으로써 올바른 사회화과정의 기회를 상실하게 된다. 검정고시나 전학을 통해 복학이 이루어진다 하더라도 입시위주의 획일적 학교생활과 또래 및 교사로부터의 차별적 대우(박수민, 1998:50)에 적응하지 못해 잦은 교육 기회의 상실을 경험하게 된다. 이같은 학교교육의 중도탈락은 학력이 중시되는 우리사회에서 향후의 사회생활 적응에 또 하나의 장애로 등장할 것이며, 낮은 학력과 그로 인한 취업장애는 성인이 된 후에도 빈곤의 악순환을 초래할 가능성을 내포하고 있다.

셋째, 중퇴청소년들은 취업문제에 직면하고 있다. 학업을 중단한 상태에서 자신의 소비욕구 충족을 위해 혹은 경제상의 이유로 일을 필요로 하게 된다. 그러나 중퇴생이라는 낮은 학력과 사회적 낙인이 찍힌 상태에서 선택할 수 있는 업종은 매우 제한적이고 직업적 여건은 열악할 것이라는 것을 감안해 볼 때, 청소년들의 합법적이고 안전한 취업을 어렵게 하여 유흥산업이나 서비스업소 등 불법적인 직종에의 유입을 부추긴다. 특히, 중퇴 후 가출을 비롯한 각종 문제행동에의 개입이 고착화되어질수록 돈과 주거가 동시에 해결되는 직종을 선호하게 되는데, 문제는 이러한 직종의 경우 합법적인 취업과 고용관계가 성립되지 않아 청소년들은 부당대우와 노동착취의 대상으로 전락하여 악순환을 겪게 되는 데 있다.

넷째, 학업을 중단한 청소년의 대다수는 심리·정서적인 문제를 갖고 있다. 학업을 중단했다는 자체만으로도 스트레스를 주는 위기적 사건으로 장기화될 경우 극심한 긴장을 초래하게 되는데, 학업중단으로 인한 비행에의 개입과 교육기회의 상실, 불완전한 취업 및 장래에 대한 좌절 등으로 공격성, 분노, 우울, 불안, 낮은 자아존중감 등 정서적인 문제가 심각하게 드러나는 경우가 많다.

Ⅳ. 학업중단 청소년을 위한 현행 정책

학업을 중단한 청소년을 위한 현행 정책은 교육인적자원부의 대안학교,

노동부의 기능사 양성훈련, 문화관광부의 청소년상담과 청소년쉼터 운영, 그리고 일부 지역의 시·도 교육청 차원에서 시범운영되고 있는 학교사회사업 등 다양하다.

1. 대안학교

대안학교는 정형화된 학교교육에 대한 제반 문제점과 학생들의 다양한 욕구나 특성을 반영할 수 있는 학교의 설립 필요성에 따라 특성화 학교 형태로 추진되고 있다. 특성화 고등학교는 크게 "소질과 적성이 있는 특정 분야의 인재양성"을 목적으로 하는 "직업분야 특성화 고등학교"와 "체험위주의 교육을 전문"으로 하는 "대안교육 분야 특성화 학교"로 구분될 수 있는데, 중퇴생을 위한 대안교육 분야 특성화학교는 2001년 5월 현재 11개교가 설립·운영되고 있으며 대안학교에 등록된 학생 수는 1,170명이다(박창남 외, 2001:59). 또한 대안중학교의 설립 필요성에 따라 2003년 현재 헌산중학교와 지평선중학교 및 성지중학교 등 3개의 대안중학교가 설립되어 대다수의 중학교 중퇴 학력자에게 중학교 학력 취득의 기회가 주어졌다. 현재 설립·운영되고 있는 대부분의 대안학교들은 모두 도시보다는 산간벽지에 위치하고 있으며, 대부분의 경우 기숙학교의 형태를 띠고 있어 학생들이 가족과 떨어져 생활해야 한다. 학교가 외진 곳에 입지해 있으므로 도심에서 일어나는 비행문화 접촉을 차단할 수 있고 자연친화적인 환경에서 체험교육이 가능한 장점이 있기는 하지만, 격리 수용되어 있다는 인상을 줄 수도 있으며 학교의 입장에서도 기숙사와 특별실 등을 확보해야 하는 상황이 대안학교의 재정적 여건을 더욱 악화시키는 요인으로 작용하고 있다. 영세한 규모의 대안학교들은 공간의 확보와 유지, 교사의 생계유지, 양질의 교육을 가능케 하는 시설과 기자재의 확보 등이 해결해야 할 과제로 남아있다.

2. 직업훈련

노동부에서 매년 실시하는 직업훈련 중에서 중퇴생이 받을 수 있는 훈련으로는 기능사 양성훈련이 있다. 기능사 양성훈련은 가공생산 및 기계설비 등의 설치, 보수, 유지, 관리에 필요한 지식·기능과 적응력을 갖추기 위한 훈련이다. 한국산업공단 소속의 전국 21개 직업전문학교에서 실시되며, 훈련기간은 일반과정(주간)은 1년, 특별과정(야간)은 3개월 혹은 6개월 과정으로 개설되며 훈련수준은 국가기술자격 "기능사" 수준이다(박창남 외, 2001:64). 기능사 양성훈련 참여자에게는 각종 특전이 주어지는데, 교육훈련비용을 전액 국가가 부담하고, 기숙사를 무료로 제공하며 성적 우수자 및 모범생에게 각종 장학금을 지급한다. 또한 훈련 수료시 기능사 필기시험을 면제하는 등 국가기술자격 취득을 용이하게 하고 수료 후에 취업을 알선하고 사후지도를 하며, 직업전문학교 1년 이상의 교육훈련과정 수료(예정)자로서 기능사 이상의 자격증 소지자일 경우 기능대학이 정하는 동일계열 학과 지원자에게 가산점을 주는 혜택을 부여하고 있다.

3. 청소년상담

청소년상담과 청소년쉼터는 문화관광부에서 주도적으로 운영하고 있는 사업으로 중퇴생의 예방과 사회적응을 위한 정책이라 할 수 있다. 청소년상담은 1991년에 제정된 청소년기본법에 근거하여 한국청소년상담원과 시·도 및 시·군·구 단위의 청소년상담실 설치 근거가 마련됨으로써 청소년의 문제해결과 예방 및 성장·발달의 촉진에 중요한 기능과 역할을 담당하고 있다. 2001년 현재 전국적으로 16개 시·도 청소년종합상담실과 107개 시·군·구 청소년상담실이 운영되고 있으며, 청소년 개인의 문제해결을 위한 다양한 사업을 실시하고 있다. 지역 청소년종합상담실에서는 학교부적응 학생, 복학생 및 징계대상 청소년 등 중퇴자와 관련한 상담 프로그램을 다양한 형태와 방법으로 수행하고 있다(전경숙, 1999:39). 상담방법은 개인상담, 집단상담, 부모상담 및 봉사활동 등 다양한 형태로 이루어지며, 편입생과 복학생 및 학교생활에 부적응을 보이는 청소년들에게 긍정적인 자아발견의 과정을 갖도록 해 주며, 이를 통해 자아정체감을 갖게 하고 원만한 학교생활에의 적응을 돕는다. 시 · 도 교육청 및 중 · 고등학교와 대안학교 등과 연계하여 프로그램에 따라 일정 기간과 시간 등을 정해 개별상담 및 집단상남을 벌이며, 그 외 사회봉사활동, 인간관계훈련, 심리극 등 다양한 프로그램을 수행한다. 학교의 위탁을 받아 공식적인 절차를 거쳐 학교를 방문하여 주기적인 프로그램을 운영하기도 하고, 학교로부터 특별교육 대상자 및 복학생을 공식절차를 통해 상담실로 의뢰받아 각종 프로그램을 수행하기도 한다. 정해진 기간과 절차에 따라 상담이 완료되면 집단상담의 경우 차후 개인상담으로 연계되기도 하고, 상담소견서 등이 학교로 발송되기도 한다. 프로그램의 대상이 복교생 및 학교부적응 학생 등 중퇴의 위험이 높은 청소년들이므로 프로그램 구성이 주로 원만한 학교생활에의 적응에 초점을 두고 있다.

4. 청소년쉼터

청소년쉼터는 각종 비행과 유해환경으로부터 청소년을 보호하고, 학업을 이미 중단하였거나 무단결석한 상태에서 가출한 청소년을 조기에 발견하여 일시적으로 보호하며 숙식제공, 상담활동, 각종 교육활동 및 여가활동의 제공을 통해 가정과 학교에 복귀시키기 위한 목적으로 운영되고 있다. 쉼터에서 제공하고 있는 프로그램은 다양하나 단기간에 머물며, 유동적인 청소년들을 대상으로 집단 프로그램을 실시하는 것이 매우 어려운 상황이다. 또한 프로그램을 실시할 수 있는 전문인력 및 절대적인 인력의 부족, 공간 부족 및 재원 부족 등 여러 가지 복합적인 요인으로 형식적인 프로그램의 운영에 그치고 있는 문제점이 있다. 쉼터에 입소했던 청소년 중 가정 및 학교에 복귀되거나 보호기관 의뢰, 취업알선 및 대안학교 입학 등 사후관리된 인원은 7% 정도에 그치고 있어 쉼터를 거쳐간 청소년에 대한 사후관리가 매우 미흡하게 이루어지고 있는 문제점을 나타내고 있으며, 대부분 다시 재가출로 이어지는 악순환이 계속되고 있음을 반영하는 결과이다.

5. 학교사회사업

학교사회사업은 오늘날 학교가 당면하고 있는 교실붕괴나 학업중단과 같은 심각한 교육병리현상을 예방하고 해결하기 위해 학교의 사회적 기능을 확립하려는 사업이다. 학교는 더 이상 학습이나 지식 전수만을 위한 장소가 아니라, 학생의 삶의 질을 향상시키고 학생의 인권과 복지를 실현시킬 수 있는 생활의 터전이 되어야 하기 때문이다. 특히 오늘날의 교육병리 현상과 학생문제는 더 이상 학교나 학생만의 잘못이 아니며 가정과 지역사회 모두가 책임을 져야하는 사회문제라는 인식하에, 가정, 학교, 지역사회가 상호협조하여 모든 학생들에게 최적의 교육환경을 제공하는 이상적인 학교로 변화시키는 데 학교사회사업의 목적이 있다. 학교사회사업은 학생 개개인의 문제를 예방하고 치료하는 사회사업적인 과업을 통하여 학교의 사회적 기능을 향상시키며 학교교육의 목적을 달성하는 이중적인 목적을 추구한다.

V. 대책 및 지도방안

1. 학업중단 예방을 위한 정책적 대안

1) 도시형 대안학교 및 대안중학교의 설립

대안학교의 개념과 성격이 보다 확장되어야 한다. 현재의 대안학교처럼 도심이나 생활권을 떠나 위치하는 대안학교의 경우, 비행문화의 차단과 자연친화적인 교육의 실현이라는 장점을 지니고 있다. 그러나 교육수혜자들에게 접근 가능하고 유연성 있는 또 다른 형태의 도시형 대안학교도 대안학교로서 인정되고 도입되어야 한다. 학교설치 기준을 보다 완화한 다양한 형태의 대안학교 설립도 고려해 볼 만하다. 예를 들어 지역사회의 다양한 평생교육시설 중 일부를 대안학교로 지정하여 학교에서 발생하는 잠재적 중퇴생에 대한 교육을 위탁하는 위탁형 대안학교는 도시형 대안학교의 좋은 사례가 될 수 있을 것이다. 대안학교는 이미 중도탈락한 학생들의 학교 및 사회 재적응을 위한 대안적 기능의 수행 못지않게, 상급학교 진학시에 대안학교를 선택함으로써 문제를 사전에 예방하는 기능도 중요하게 고려되어야 한다.

한편, 대안중학교의 설립이 추진되어야 한다. 현행 정책에 의하면, 대안고등학교에 대한 행정적 지원이 마련되어 있을 뿐 중학교에 대한 대책은 미흡한 실정이다. 실제적으로 가출 및 그로 인한 중도탈락은 중학교 때 가장 많이 이루어지고 있음이 많은 연구조사 결과 입증되고 있으나 현재 2개의 대안중학교가 운영되고 있을 뿐이다. 상당수의 중학교과정 중퇴자들은 복학과 검정고시에 실패할 경우, 학교교육을 포기할 수밖에 없는 상황이므로 무상교육으로 실시되는 대안중학교의 설립은 조속히 추진되어야 한다.

2) 비정규학교 지원 및 학력인정

대체로 어려운 가정환경의 중퇴생들을 대상으로 교육을 실시하고, 검정고시의 기회를 제공하고 있는 학력비인정 비정규학교를 지원·육성해야 한다. 이 학교들은 1999년 12월말 현재 158개교 7,800여 명으로 파악되고 있으며, 재정적 어려움을 겪고 있다. 학력비인정 비정규학교에 대한 예산지원이 보다 확대되어야 하며, 평생교육시설로 등록하여 학력인정을 받을 수 있는 방안이 강구된다면 중퇴생을 위한 대안학교로서의 역할이 가능할 것이다.

3) 학교규율 자율제정의 확산

중도탈락의 원인분석에서도 살펴보았듯이 잠재적 중퇴생들은 학교의 엄격한 규율과 억압적인 학교의 교칙에 대하여 저항하고 있으며, 학교의 통제와 규율이 중도탈락의 주요 원인으로 작용하기도 한다. 이러한 결과는 최근 일부 학교에서 도입하고 있는 학교규율 자율제정 운동을 확산할 필요가 있음을 시사하고 있는데, 학교의 모든 구성원이 참여하여 자율적으로 자신들이 지켜야 할 것을 정한 뒤, 이를 준수하기로 합의한다면 잠재적 중퇴생들이 느끼고 있는 학교내의 관료적이고 억압적인 분위기는 상당 부분 줄어들 수 있을 것이다.

4) 실업계 직업교육의 대폭적 전환

중퇴생의 비율이 높은 실업계 고등학교의 문제는 사실상 제도적인 측면이 강하다. 학교에서 직업교육을 받지만 청소년들이 희망하는 직종이 아닌 경우가 대부분이며, 업종도 3D이거나, 비정규직에 주로 분포되어 있는 실정이다. 여기서 실업계 고등학생들은 학교교육의 무용성을 느끼고 누적된 패배주의에 젖어 무기력한 학교생활을 반복하게 된다.

그러므로 학교에서의 정규교육을 통해 자기 인생의 전망과 가능성을 가질 수 있도록 실업계 고등학교가 명실상부한 직업교육기관으로서의 위상을 정립하여야 한다. 이를 위해서는 직업교육 내용의 대폭적인 변화가 요구되는데, 전통적인 공업학교와 상업학교로는 사회의 노동시장 변화와 청소년의 직업선호도 변화를 따라갈 수 없기 때문이다. 흔히 기피되는 업종이나 장래성이 없는 직종이 아닌, 자신이 원하는 분야에서 능력을 발휘할 수 있도록 하기 위해서는 직업교육에 대한 정부의 거시적이고 장기적인 계획, 적극적인 투자와 지원이 필요하다. 청소년들의 욕구를 반영한 직업교육의 전환, 실입계 고등학교를 졸업하고 나면 어느 정도의 기술적 전문성과 경쟁력을 가지고 자신의 분야에서 인생의 전망을 가질 수 있는 풍토가 조성된다면 실업계 고등학교의 붕괴 조짐과 그로 인한 폐단을 줄여나갈 수 있을 것이다.

5) 상담 전담교사 배치 의무화

잠재적 중퇴생을 조기에 발견하여 중도탈락을 예방하기 위해서는 학교 내에 상담 전담교사 배치를 의무화할 필요가 있다. 무단결석, 가출, 일탈행동 등 학교부적응 청소년과 비행청소년 등 문제청소년을 대상으로 조기 개입 체제를 구축한다면, 중도탈락의 사전예방 효과를 기할 수 있을 것이다. 상담 전담교사의 배치는 연차적으로 이루어지도록 하되 실업고에 우선적 배치가 이루어지도록 해야 할 것이다.

상담 전담교사는 상담을 위한 전문적 지식과 기술을 갖추고 있어야 한다. 청소년상담의 성패는 결국 청소년 상담인력의 전문성에 달려 있다고 볼 수 있다. 아무리 좋은 상담프로그램 및 상담 운영체제가 마련되었다 할지라도 이를 충분히 이해하고 청소년들의 수준에 맞는 서비스를 제공할 수 있는 주체는 바로 상담자이기 때문이다(오익수 외, 1998:41). 그러므로 청소년문제 영역별로 청소년상담 전문인력을 체계적으로 양성할 수 있는 제도적 장치를 마련하여, 청소년 중심의 상담방법 및 실습 위주의 교육과정을 통해 청소년상담 전문가를 체계적으로 양성하고, 이들의 전문성을 확인해 줄 수 있는 공신력 있는 자격증 제도가 구축된다면 질적으로 보다 향상된 청소년

상담 서비스를 제공할 수 있을 것이다.

6) 학교방문 순회상담의 강화

현재 일부 시 · 도 청소년종합상담실이 교육청 및 학교와 연계하여 실시하고 있는 학교방문 집단상담을 점차적으로 확대해 나갈 필요가 있다. 시 · 도 청소년종합상담실과 시 · 군 · 구에 배치된 중퇴생 전담 상담인력을 활용하여 지역사회의 담당학교들을 정기적으로 순회방문하여 집단상담을 실시하고, 학교의 요청이 있을 경우 수시로 방문하여 각종 프로그램을 운영한다면 잠재적 중퇴생을 조기에 발견하여 예방할 수 있을 것이다.

2. 학업중단 청소년을 위한 사후지원 정책

1) 위탁직업교육 및 시설 학력인정제 도입

노동부 인력공단 산하 직업전문학교에서 실시하는 기능사 양성과정에 중 · 고등학교 중퇴생이 참여하도록 하기 위해서는 일반계 고교 직업교육위탁생과 같은 학력인정이 필요하다. 직업훈련을 희망하는 중퇴생이 재입학 · 편입학을 한 뒤, 곧바로 남은 기간을 직업전문학교에 위탁하여 직업훈련을 받도록 한 후, 원적교의 졸업장을 받을 수 있도록 하는 방법이 고려될 필요가 있다. 이때 중퇴생의 대다수가 실업고생임을 감안하여, 직업훈련 위탁교육은 실업계 고등학교와 중학교에서도 실시할 수 있도록 해야 한다.

또한 청소년쉼터 등 수용보호시설에 있는 청소년들에게도 이와 같은 기회가 주어져야 하며, 이러한 시설들이 제도적으로 직업전문학교와 연계체제를 갖추어 희망자에게 언제라도 직업훈련이 지원될 수 있도록 해야 한다. 시설에서 수용 · 보호되고 있는 청소년의 대다수는 학교부적응으로 인한 중퇴자들이고 학력에 대한 욕구가 높은 경우가 많으며, 이들이 사회구성원으로 정상적으로 살아가기 위해서는 최소한의 학력이 뒷받침되어야 한다. 학업에 대한 기초실력이 낮은 청소년들에게 별도로 학력을 인정하는 방법을 모색함으로써 자신감을 회복하게 하고 건전한 사회복귀의 기회를 제공할 수 있다.

일정기간 보호시설에서 보호를 받으며 보호시설에 규정된 일정 교육과 시간을 이수하면 학력을 인정하는 제도를 도입함으로써 보호시설에 대한 부정적인 이미지를 개선하고 청소년 개개인의 특성에 맞는 교육을 통해 학력을 인정받음으로써 자신감이 낮은 청소년들의 성취욕구를 고취한다. 교육인적자원부는 현재 법무부와 연계로 추진되고 있는 소년원 특성화교육에 대한 학력인정 제도를 문화관광부와 여성부에서 주도하고 있는 청소년쉼터와 선도보호시설에도 적용하는 방법을 모색해야 하며, 문화관광부와 여성부는 교육인적자원부와의 협력을 통해 청소년쉼터와 선도보호시설에서 제공하고 있는 교육 프로그램에 대한 학력인정제 도입을 추진해야 한다.

2) 국가기술자격시험 필기시험 면제

학교부적응으로 학업에 흥미가 없고 학력수준이 낮은 청소년들이 국가자격증 취득을 위한 시험에서 1차 필기시험을 통과하지 못하여 좌절만 겪다가 포기하는 경우를 예방하기 위한 방안을 모색할 필요가 있다. 실제적으로 수용시설에서 실시되는 직업교육훈련을 성실하게 받아 실기시험에 무난히 통과할 정도의 실력을 보유하고 있지만, 1차 필기시험에 통과하지 못하여 낙담하는 경우가 흔히 발생하고 있다.

기술훈련교육 등으로 실기시험은 통과할 능력을 보유하고 있는데 1차 필기시험을 통과하지 못하여 자격증 취득에 실패하는 청소년들을 위해 현재 노동부 산하 직업전문학교에서와 같이 국가기술자격법에 의해 교과교정의 70%만 이수하면 필기시험을 면제받을 수 있도록 하는 제도가 적용될 수 있도록 하는 방안이 강구되어야 한다.

노동부와 여성부가 협력하여 여성부 주도의 선도보호시설에서 실시되고 있는 직업훈련교육의 활성화 방안을 모색한다면, 시설에서 제공되는 직업훈련교육이 실제적으로 소기의 효과를 거둘 수 있을 것이다.

3) 청소년쉼터와 학교간의 연계체제 구축

가출청소년의 상당수는 학교를 자퇴하였거나 중도탈락한 자들로 이들이 전학이나 복학을 원할 경우 어려움 없이 학교로 돌아갈 수 있도록 학교와 쉼터간의 연계체제가 형성되어야 한다. 쉼터 실무자와 학교의 상담교사 간의 네트워킹이 이루어진다면, 쉼터 실무자의 사후지도체제 안에서 자퇴 후 복학한 청소년의 심리적·환경적 적응이 원활하게 이루어질 것이며, 학교는 문제청소년을 비롯한 학교부적응 청소년을 쉼터에 위탁하는 위탁교육제도를 활성화할 수 있을 것이다.

4) 복학 및 전학시 복교 프로그램 이수 의무화

학교 중도탈락의 문제를 완화하기 위한 정책의 일환으로 현재 각 학교는 교육과정 이수에 지장이 없는 범위 안에서 복학과 전학을 수시로 할 수 있도록 하고 있다. 하지만, 중퇴생 본인이 중퇴 전의 상황과 별로 변화가 없는 상태에서 그대로 복교할 경우 재적응하는 데 상당한 어려움을 겪게 될 수밖에 없어 재탈락할 가능성이 매우 높다. 따라서 재입학·편입학시에는 학교에서 복교 프로그램의 이수를 의무화하여 중퇴생이 복교 후 학교생활에 성공적으로 적응할 수 있도록 지원해야 하며, 구체적인 실천방안이 마련되어야 할 것이다.

Ⅵ. 요약 및 논의

학업중단이란 정규학교를 다니다가 비행, 질병, 가사, 기타의 이유로 학교를 졸업하기 전에 학업을 중단하는 것으로 권고퇴학인 자퇴와 명령퇴학인 제적의 의미를 포함하고 있다. 학업중단은 개인적 손실 뿐 아니라 사회문제의 원인이 되기도 한다. 학업을 중단한 개인은 교육기회를 상실하고 직업을 가지는 과정에서 상대적으로 불리한 위치에 처하게 되는데, 학력이 중시되는 한국사회에서 중퇴자들은 사회적 낙오자라는 평가를 받게 된다. 또한 학업중단은 학업중단 자체의 문제로 끝나지 않고 비행이나 범죄 등 각종 문제를 일으키는 원인이 되기도 하여 청소년비행이나 범죄와 관련된 사회적, 국가적 비용을 증가시킨다.

최근 학업을 중단하는 청소년들의 지속적인 증가와 함께 청소년 학업중단 문제에 관한 사회적 관심이 모아져 왔다. 최근 3년간의 중퇴 원인별 현황과 추이를 살펴보면, 특히 실업계 고등학생의 중퇴생 비율이 계속 증가추세에 있음이 두드러진 특징으로 나타난다. 중학생과 고등학생의 경우, 재학생 대 중퇴생 비율이 1%내외로 비슷한 수준을 유지하고 있고, 3년 동안의 가감율도 작은 폭을 유지하고 있으나, 실업고생의 경우는 1999년에 3.8%에서 2000년도에는 4.2%로 증가하다가 2001년도에는 5.0%를 기록하여 큰 폭으로 증가하고 있다.

학업중단의 원인별 분석에서도 실업고생의 심각성이 두드러지게 나타나고 있다. 가정사정이나 품행, 학교생활 부적응 등 도피형 혹은 불가피형 중퇴로 유형화되어 주요 정책대상이 되는 집단의 비율이 실업고생에게 있어 월등히 높게 나타나고 있다. 이들은 고학력 사회와 학벌주의의 희생자들로 이들의 학업중단은 개인적 측면보다는 오히려 사회제도적인 측면에서의 결함이 더 큰 원인으로 작용하고 있다. 최근 들어 겪고 있는 실업계 고등학교의 미달사태, 학교수의 감소는 이러한 측면을 잘 반영하는 결과이다.

청소년들이 학업을 중단하는 요인은 매우 다양하다. 이성친구, 또래집단,

취업, 가사 등과 관련된 개인문제로 중퇴하는 경우와 교칙위반, 성적불량, 검정고시 준비, 교사에 대한 적대감, 학교부적응 등 학교문제로 중퇴하는 경우 및 개인문제와 학교문제가 복합적으로 작용하는 경우 등 다양하지만, 크게 개인적 요인, 가정환경, 학교환경 및 지역사회 환경 등으로 범주화할 수 있다.

최근 청소년 학업중단의 특징적 경향은 학업중단의 원인에 있어 개인적 요인보다는 학교적 · 사회적 요인 등 환경적 요인이 크게 작용하며, 중퇴청소년들은 문제아 또는 실패자라는 사회적 낙인으로 소외감과 좌절감을 경험하고, 이는 비행이나 범죄로까지 연결되는 경향이 높다는 것이다. 또한, 대다수 청소년에게 있어 학업중단을 결심하는 동기가 자신의 문제상황을 적극적으로 해결하려는 능동적 대처라기보다는 현재 자신이 처한 상황으로부터 도피하거나 어쩔 수 없는 불가피한 상황에서 행해지는 경우가 많다는 것이다.

문제는 학업을 중단한 청소년들은 적절한 보호나 지원을 받지 못하고 방치되는 경우가 많으며, 이는 여러 가지 위기상황에 노출될 가능성을 높이고 있다. 중퇴청소년들은 가출을 비롯한 각종 문제행동이나 비행에 연루될 가능성이 매우 높고, 취업문제에 직면하고 있으나 중퇴생이라는 낮은 학력과 사회적 낙인이 찍힌 상태에서 선택할 수 있는 업종은 매우 제한적이고 직업적 여건은 열악하여 부당대우와 노동력 착취의 대상이 되기 쉽다.

이처럼 청소년 학업중단의 문제는 단순히 학교를 그만둔다는 단면적인 측면에서가 아니라 우리사회가 안고 있는 복잡하고 다양한 문제의 맥락에서 이해되어져야 한다. 그러므로 청소년들의 학업중단을 예방하고, 학업을 중단한 청소년의 사회적응을 돕기 위한 노력도 학업중단 청소년 개개인의 문제해결 차원을 넘어서 가정, 학교, 지역사회 구조 등 사회 전체의 정책적 대안과 연관되어 보다 거시적인 차원에서 추진되어야 한다.

현재 교육인적자원부, 노동부, 문화관광부, 여성부 등 정부의 각 부처는 청소년 학업중단을 미연에 방지하고 이미 중퇴한 청소년의 원만한 사회복귀를 위한 다양한 정책들을 추진하고 있다. 그러나 학업중단의 문제를 학교

문제로 보는 시각이 크기 때문에 주로 교육인적자원부에 정책대안이 집중되어 있는 경향이 있으며, 다른 부처들의 정책들은 서로 중복되는 측면이 있거나 모두 등한시하는 문제가 발생하는 등 결국 청소년들에게 효과적인 서비스의 제공이 어려운 실정이다.

학력 위주의 학교환경과 불합리한 교육제도에 가장 큰 원인을 두고 있는 청소년 학업중단의 문제를 해결하기 위해서는 학교를 중심으로 한 실천노력이 우선되어야 하는 것도 사실이지만, 교육부와 교육청 및 학교장의 재량에만 의존하는 것에는 한계가 있으며, 각 부처간 협력체제 및 지역사회 기관과의 유기적인 협조체제가 구축되어 있을 때, 최상의 효과를 기대할 수 있을 것이다. 청소년 학업중단은 개인의 문제 혹은 학교문제 아닌 우리사회가 안고 있는 구조적인 문제라는 인식을 공유하고 보다 거시적이고 장기적인 차원에서의 노력이 수반될 때, 정책적 실효성은 최대화될 수 있을 것이다.

참고문헌

구본용(2001). "학업중퇴 청소년을 위한 지역사회의 역할." 학업 중도탈락과 청소년복지. 서울: 한국청소년복지학회.

구자경 외(2001). 청소년의 자퇴욕구실태와 관련 특성 연구. 서울: 서울특별시청소년종합상담실.

구자경(2001). "청소년의 학교중도탈락예방과 중도탈락 청소년의 사회적응을 위한 지역청소년상담실의 역할." 중도탈락 청소년 실태와 대책 공청회 자료집. 서울: 한국청소년개발원.

김경식(1997). "중고교 중퇴생과 재학생의 교내의 생활비교를 통한 중퇴요인 분석." 교육사회학 연구. pp. 115～138.

김기태 외(1996). "부산지역 중 · 고등학교 중퇴생의 생활과 욕구에 관한 조사연구." 사회복지연구, 제6집. 부산: 부산대학교.

김동춘(2001). 독립된 지성은 존재하는가. 서울: 삼인.

김부태(1997). 한국학력사회론. 서울: 내일을 여는 책.

김준호 외(1991). 중퇴와 비행과의 관계에 대한 연구. 서울: 한국형사정책연구원.

박수민(1998). "복교를 원하는 중퇴청소년의 학교적응을 위한 지원 방안에 관한 연구." 사회복지개발연구, 제4권 제1호.

박창남 외(2001). 중도탈락 청소년 예방 및 사회적응을 위한 종합대책 연구. 서울: 교육인적자원부.

송광성 외(1992). 정학 · 퇴학청소년 선도방안 연구. 서울: 한국청소년연구원.

오익수(1998). "시 · 군 · 구 청소년 상담실 활성화 방안 연구." 청소년 상담연구, 56. 서울: 청소년대화의 광장.

이숙영(1997). 중도탈락학생의 사회적응 상담정책 개발연구. 서울: 청소년대화의 광장.

임희섭(1994). 한국의 사회변동과 가치관. 서울: 나남출판.

장석민(1988). 중퇴 및 비진학 청소년의 진로실태에 관한 조사연구. 서울: 한국교육개발원.

전경숙(1999). 가출청소년 보호시스템 구축방안. 서울: 한국청소년개발원.

______(2001). 소외청소년의 복지욕구 조사연구 II. 서울: 한국청소년개발원.

조한혜정(1996). 학교를 거부하는 아이. 아이를 거부하는 사회. 서울: 도서출판 또하나의 문화.

표갑수(1993). "중 · 고등학생의 중퇴요인과 대책." 청소년학연구, 제1권 제1호.

표갑수(1995). 아동 · 청소년복지론. 청주: 청주대학교출판부.

Andre J. I.(1994). Exclusion from School: Current Trends and Issues. *Educational Research*, Vol. 36.

Franklin, M. L. (1992). Family and Individual Patterns in a Group of Middle-class Dropout Youth. *Social Work*, Vol. 37.

Garnier, H. E., Stein, J. A., Jacobs J. K.(1997). The Process of Dropping Out of High School: A 19-Year Perspective. *American Educational Research Journal*, Vol. 34.

Kushman, J., Heariold-Kinney, P. (1996). Understanding and Preventing School Dropout. In D. Cappuzzi & D. Gross (ed.), *Youth at Risk*. Alexandria, VA: American Counseling Association.

Rumberger R. (1995). Dropping out of Middle School: A Multilevel Analysis of Students and Schools. *American Educational Research Journal*, Vol. 32.

6

성비행

성에 대한 다양한 태도가 공존하는 현대사회에서 성에 민감하고 호기심이 많은 청소년들은 혼란에 빠질 가능성이 높다. 학교와 가정에서 강조되는 성은 폐쇄적인 반면, 사회에는 성의 우상화와 성의 상품화 현상이 극에 달하고, 성에 대한 개방화 추세를 보이고 있기 때문이다. 특히 기성세대들은 아이들에게 성교육이 필요하다는 것을 인식하면서도 아이들이 성에 대해 아는 것을 부담스러워 하고, 오히려 성적으로 무지하거나 성에 대해 무관심한 아이들을 순진하게 여기고 성에 대한 관심을 보이는 아이를 조숙하거나 문제아로 보는 경향이 있다.

이렇게 성에 대해 금기시하는 분위기는 필연적으로 성에 대한 왜곡된 문화를 창출하게 된다. 아이들은 부모나 교사의 시선을 피해 나름대로 성적인 호기심을 충족시키려고 하며, 직접 행위를 하지 않고도 성에 대한 호기심 충족 내지 대리 만족을 할 수 있는 '보는 성'이 상품화되면서 성에 대해 왜곡된 가치관을 형성하게 될 수도 있다. 텔레비전이나 비디오, 인터넷 사이트를 통해 무분별하게 유포되는 공격적, 파괴적, 쾌락적 성과 성적 대상으로만 그려지고 있는 여성상은 청소년에게 성에 대한 왜곡된 태도를 고착시키고, 성비행을 유발하는 원인이 될 수 있다는 점에 문제가 있다. 뿐만 아니라 성과 금전 등 물질과의 교환거래로 이루어지는 성매매에 대한 호기심과 환상을 갖게 되고, 일부 청소년의 문제로부터 다수의 어린 청소년에게까지 확산된다는 점에 문제가 더 심각하다.

여기서는 최근 청소년들 사이에 발생하고 있는 성비행의 실상을 알아보고, 이를 예방하기 위한 대안을 모색해보기로 한다.

Ⅰ. 성비행의 개념

사회변화에 따라 성규범 역시 크게 변했으며, 이에 따라 성행동에 대한 일반인의 의식 역시 변하여 스스로 책임질 수 있는 성행위나 서로간의 합의된 성행위는 문제를 삼을 수 없는 분위기로 변하고 있다. 특히 성폭력을 제외한 다양한 유형의 성비행은 다른 비행과는 달리 타인의 물건을 훼손시키거나 타인의 신체에 상해를 입히는 것이 아니라, 결과적으로 피해물이나 피해자는 자신이기 때문에, 즉 내 몸의 소유자는 내 자신에게 있으므로 이것을 하느냐 마느냐는 극히 개인적인 선택일 뿐이며, 이를 비행으로 볼 수 없다는 시각이 행위자들 사이에 지배적이다. 청소년비행 관련 연구에서도 청소년의 성행동이 기존의 연구에서는 폭력이나 절도와 같은 중비행으로 분류되었으나, 최근에는 성에 관한 행동은 개인적인 일로 간주되는 등 성관념의 변화와 함께 성비행 역시 점차 지위비행으로 분류되는 경향이 있다.

일반적으로 성비행에는 광범위한 여러 행태가 포함될 수 있다.

첫째, 성도착증은 성행위나 성적 흥분을 위해 비정상적 대상, 상상, 행위 또는 방법을 사용하는 것을 지칭한다. 성도착증 가운데 상상만 하는 행위는 명백한 외형적 해가 없으나 심한 것은 자신이나 타인에게 해를 끼치고 사회문제를 야기하게 된다. 여기에는 여성물건애, 의상도착증, 관음증, 노출증, 음란전화, 성적 가학증, 소아기호증 등이 포함된다. 하지만 성도착증에 해당

되는 대부분의 행동은 정신질환의 하나로, 행위자가 자신의 이익을 위해서 또는 타인을 괴롭히기 위한 특별한 목적달성을 위해 하는 행동이라기보다는 병리적인 행동으로, 청소년기에 국한하여 특히 주목해야 할 비행으로 보기에는 무리가 있다.

둘째, 성폭력은 개인의 자유로운 성적 결정권을 침해하는 범죄로 강간뿐 아니라 추행, 성희롱, 성기노출 등 모든 신체적, 언어적, 정신적 폭력을 포괄하는 광범위한 개념이다.

셋째, 성매매는 성과 물질이라는 축을 중심으로 한 대가성 성행동으로, 어린 청소년을 보호해 주어야 할 성인이 오히려 돈을 매개로 어린 청소년의 성을 사는 행동, 어린 청소년에 대한 성적 착취를 말한다.

넷째, 성매매나 성폭력이 사회문제로 부각되기 이전부터 사회적 관심이 집중된 성비행으로 10대 혼전 임신이나 미혼모가 되는 것을 들 수 있다.

다섯째, 음란만화나 잡지, 소설, 비디오나 유해사이트 등 음란물에 탐닉하게 되는 경우는 물론 성매매의 수단이 되기도 하는 음란 채팅 역시 성비행에 포함될 수 있다.

이상 살펴본 바 중에서 여기서는 성비행을 성도착증을 제외한 행동유형으로 본다. 여기에는 행동의 결과 사회적, 개인적 피해가 치명적이고, 이에 대한 법적 또는 사회적 처벌이 엄한 행동유형, 즉 성폭력이나 성매매, 아동포르노 등이 포함될 수 있다. 또한 사회적 관습이나 규칙 등을 위반하는 행위로, 사회의 부정적인 반응을 이끌어내는 행동유형, 즉 임신이나 음란 사이트나 음란매체 접촉 또는 중독 등이 포함된다. 즉, 청소년 성비행은 행위자가 청소년이기 때문에 문제가 되는 지위비행적 성격을 띠고 있음과 동시에 법에 위반되는 범죄행위적인 요소를 포함하고 있다. 결국 법이나 규칙, 관습에 위반되는 성관련 행위로, 행위적인 일탈행위를 의미한다.

Ⅱ. 청소년 성의식의 변화

사회변화에 따라 청소년의 성의식이 변화되고 있다는 것은 주지의 사실이다. 청소년들은 기성세대에 비해 성에 대한 개방적인 사고를 하는 층이 많아지고 있으며, 직접적인 성행동이 증가하고 있다. 일부 청소년의 경우이긴 하나 청소년의 임신, 낙태, 출산, 성병, 성폭력, 성매매는 우리사회가 대처해야 할 사회문제가 되기도 했다.

이렇게 된 배경에는 무엇보다도 우리사회 내에 기성세대의 비윤리적인 성의식과 상품화된 성문화가 팽배해져 있고, 여전히 청소년 주위에 존재하는 자극적이고, 향락적인 성인업소 등이 문제가 될 수 있다. 이뿐 아니라 컴퓨터 보급률과 인터넷 사용률이 높아져가면서 음란사이트에 접속한 경험이 있거나 음란채팅을 경험하는 청소년이 증가되고 있다는 것도 성에 대해 민감한 태도를 보이는 청소년에게는 성의식의 변화를 초래하게 될 수도 있다. 이에 관한 연구결과에 의하면, 음란사이트 접속 경험이 청소년 남녀 모두에게 부정적인 성의식 및 성폭력 허용도를 강화시키는 요인이 된다고 지적하기도 했다.

여기서는 변화하는 청소년 성의식 가운데, 주로 혼전 성관계와 성매매에 대한 실태조사 결과를 토대로 하여 간략히 살펴보고자 한다.

1. 성관계에 대한 태도

1999년에 중・고등학생을 대상으로 실시되었던 조사(MBC 청소년백서, 1999) 결과에 의하면, "중・고등학교 시절에 성관계가 가능하다"는 비율은 20.1%이고, 특히 남자는 25.5%, 여자는 14.6%로 과거에 비해 다소 개방적이고 허용적인 태도를 보였다.

2년 후에 실시된 조사(이민희 외, 2001)에서는 "이성친구와의 성행위는 전혀 문제가 안 된다"는 남학생이 13.0%, "상황에 따라 가능하다"는 비율은 64.7%, "절대 안 된다"는 비율은 22.2%이며, 여학생은 보다 보수적이어서 "절대 안 된다"는 비율이 43.7%, "전혀 문제가 없다"는 비율은 2.6%로 나타났다. 전반적으로 상황에 따라 이성친구와의 성관계가 가능하다는 비율이 높아 청소년의 성의식이 개방적으로 변화되고 있음을 알 수 있다. 또한 "처음 만난 사람과의 성관계는 전혀 문제가 안 된다"는 남학생은 9.8%, 여학생은 2.4%이고 "상황에 따라 가능하다"는 비율 역시 남학생 45.5%, 여학생 12.5%로 남학생이 여학생보다 개방적이었다.

한편 2002년에 실시되었던 조사에서는 앞서의 내용과 일치하는 문항은 없었지만, 유사한 문항에 대한 태도를 통해 청소년의 성의식이 허용적인 태도로 변화되고 있음을 알 수 있다. 전국 중·고등학생을 대상으로 한 조사(청소년보호위원회, 2002)결과에 의하면, "남자가 혼전에 순결을 지켜야 한다"는 남학생은 50.1%, 여학생은 70.2%이고 중학생의 65.9%, 일반계 고등학생의 54.9%, 실업계 고등학생의 54.4%인 반면, "여자가 혼전에 순결을 지켜야 한다"는 남학생은 63.6%, 여학생은 76.0%이고, 중학생의 73.6%, 일반계 고등학생의 65.0%, 실업계 고등학생의 69.8%가 여자의 순결을 중시하는 것으로 나타났다. 이러한 자료를 통해 알 수 있는 것은 남학생의 경우 "남자보다 여자가 혼전순결을 지켜야 한다"고 생각하는 비율이 여학생보다 많아, 전반적으로 성의식이 개방적으로 변화되고 있음에도 불구하고 여전히 성에 대한 이중적인 가치관이 존재한다는 것이다. 한편, "사랑한다면 혼전 성관계를 할 수 있다"는 남학생은 38.0%, 여학생은 17.5%이고, 중학생 20.5%, 일반계 고등학생 35.3%, 실업계 고등학생 32.8%가 사랑을 전제로 한 성관계에 대해 허용적인 태도를 보였다. 심지어는 "애정 없이도 혼전 성관계를 할 수 있다"는 남학생이 11.9%, 여학생 3.1%이며, 중학생(5.8%), 일반계 고등학생(8.9%), 실업계 고등학생(9.5%)의 순으로 높아졌다. 처음 만난 사람과의 성행위 가능성에 대해 7%는 전혀 문제가 될 것이 없으며, 32%는 상황에 따라 가능하다고 답함으로써 10명 중 4명 꼴로 애정 없는 성행위에 대해 허용적인 태도를 보였다.

이상 실태조사 결과를 통해 드러난 청소년의 혼전 성관계에 대한 태도는 상황논리에 근거해 혼전 성관계가 가능하다는 의식이 증가하고 있으며, 성의식이 개방적으로 변화되고 있는 가운데, 여전히 성에 대한 이중기준이 존재하고 있다.

2. 청소년 성매매에 대한 태도

일부 청소년에게만 국한된 문제로 여겼던 청소년 성매매가 인터넷 채팅이나 휴대폰 등을 통해 일반 청소년에게도 많이 노출되어, 성에 대한 건전한 태도와 뚜렷한 가치관이 형성되어 있지 않은 청소년의 경우 성매매 상황에 쉽게 빠지기 쉽다.

한국청소년상담원(2001)에서 중·고등학생 1972명을 대상으로 한 실시한 조사결과에 의하면, 중·고등학생의 14.4%가 성매매 제의를 받은 경험이 있으며, 성매매를 하고 싶은 충동이 일어날 때는 용돈이 부족할 경우가 39%, 호기심이 생겨서가 21.5%, 성적 만족이나 쾌락을 얻기 위해서가 9.3%였다. 같은 시기에 실시된 조사(이민희 외, 2001)에서 성매매 제의를 받을 경우 거절하겠다는 학생은 72.2%, 경찰에 신고하거나 부모님이나 선생님에게 알린다는 학생은 14.6%인 반면, 제의를 받아들인다는 학생은 3.7%, 대가가 무엇인지를 알아본 후 결정한다는 학생은 9.5%로 나타나 13.2%가 성매매 위험에 노출되어 있다고 볼 수 있다. 2002년 청소년보호위원회의 조사결과에서도 성매매 제안을 받아본 적이 있는 학생은 전체 응답자의 13.5%로 나타나 앞서의 조사결과와 유사한 분포를 보였다. 성매매 제의를 받아본 학생 중 여학생이 4/5, 남학생이 1/5 정도이고, 실업계 고등학생(18.3%)이 중학생(12.9%)이 나 일반계 고등학생(11.9%)보다 성매매 제안을 받아본 비율이 많았다.

청소년 성매매에 관련하여 "아르바이트로 성행위를 하는 것에 대해 전혀 문제가 안 된다"는 남학생은 7.4%, 여학생은 2.4%이며 "상황에 따라 가능하다"는 남학생은 38.9%, 여학생은 11.0%로 나타나 남학생이 여학생보다 청소년 성매매에 대해 상대적으로 더 허용적이었다.

청소년보호위원회(2002)의 조사결과에서는 청소년의 성매매에 대한 태도가 부정적이고 단호한 것으로 나타났다. 예를 들어 "성관계를 갖지 않더라도 돈을 받고 성인과 데이트하는 것은 문제"라고 인식하는 남학생은 77.6%, 여학생은 88.6%이고, "성인과 성매매를 하는 것은 문제"라고 인식하는 남학생이 85.0%, 여학생이 95.2%였다. 하지만 여기서도 우려되는 바는 "어른과 성관계 없이 돈을 받고 데이트하는 것이 문제가 안 된다"는 남학생은 10.5%, 여학생은 4.2%이고, "성인과 성매매를 해도 무방하다"는 남학생은 7.1%, 여학생 1.5%이며, 중학생 4.7%, 일반계 고등학생 3.8%, 실업계 고등학생 4.3%로 나타나 일부 청소년의 성의식은 우려할만하다.

Ⅲ. 청소년 성비행 실태

성비행 실태는 다른 어떤 비행보다도 파악하기 힘들고 경험적 조사자료도 매우 미흡하다. 공식통계에 의거한 자료는 강간관련 통계와 성폭력특별법에 의거한 통계자료, 미혼모, 성매수에 관한 자료를 통해 일부 파악할 수 있다. 하지만 신고되지 않고 적발되지 않은 사건을 고려한다면 공식통계 자료는 빙산의 일각일 것이다. 한편, 비공식통계 자료는 중·고등학생을 대상으로 한 자기보고식 설문조사 결과로 청소년 성경험, 음란물 접촉, 성매매 등에 관한 것이 대부분이다. 여기서는 공식통계와 비공식통계 자료에 준해 성비행 실태를 살펴본다.

1. 공식통계에 나타난 소년강간범죄의 추세

<표 6-1>에 의하면, 청소년 강간범은 절대수치가 1997년 1,840명에서 2001년 1,371명으로 계속 감소추세를 보이고 있다. 그러나 강력범 중 강간범의 비중은 1997년의 경우 32.5%, 1999년에는 33.8%, 2000년 34.3%로 서서히 증가하다가 2001년 39.4%로 크게 증가했다.

<표 6-1> 청소년 강력범죄의 추세

구분 \ 연도		1997	1998	1999	2000	2001
계		164,182	161,277	150,821	151,176	138,030
강력범	소 계	5,653	6,134	5,053	4,421	3,479
	살 인	79	65	71	45	49
	강 도	3,651	4,273	3,102	2,691	1,885
	강 간	1,840	1,703	1,709	1,515	1,371
	방 화	83	93	171	170	174

출처: 청소년백서(2002)

2. 비공식통계에 의한 청소년 성비행 실태

여기서는 청소년의 성비행 실태를 성관계 경험, 음란물 접촉, 성폭력 가해 경험, 성매매 경험 등으로 나누어 살펴본다.

1) 성관계 경험

청소년의 성관계 경험률은 대상에 따라, 조사시점에 따라 일관된 방향성을 보이지 않는다. 1995년에 실시된 한국청소년개발원의 조사결과에 의하면 성관계 경험률은 7.5%이며, 여학생보다는 남학생, 중학생보다는 고등학생, 일반계보다는 실업계 학생의 경험률이 높았다. 또한, 학업성적이 낮고, 부모와 동거하지 않는 청소년, 흡연이나 유해업소 출입 경험이 있는 청소년의 성관계 경험률이 높았다. 거의 비슷한 시점에 서울의 남녀 고등학교 1,053명을 대상으로 실시한 설문조사(김준호 외, 1996)결과에 의하면, 이성과의 성관계 경험률은 12.1%이고, 음란물 접촉 경험률은 65.8%였다. 1999년에 발간된 MBC청소년백서에 의하면, 청소년의 성관계 경험률은 중학생 6.6%, 고등학생 7.1%였다.

한편, 2001년에 실시된 이민희 등의 조사결과에 의하면, 이성친구와의 성 경험률은 6.3%로, 남학생 7.8%, 여학생 3.7%이고, 교급별로는 중학생의 4.0%, 일반계 고등학생의 3.8%, 실업계 고등학생의 6.3%로 나타났다. 교급별과 성별을 함께 고려했을 때, 고등학생의 성경험률은 남학생이 여학생보다 월등히 많았다. 일반계 고등학생의 경우 남학생 7.6%, 여학생 1.8%이고, 실업계 고등학생의 경우 남학생 14.2%, 여학생 6.9%로 나타났다. 한편, 중학생의 경우는 남녀 유사한 비율을 보여, 중학생 집단내 이중적인 성윤리가 약화되어 가고 있음을 엿볼 수 있다.

청소년보호위원회(2002)의 실태조사에 의하면, 이성친구와 성관계 경험이 있는 학생은 약 4.0%이며, 남학생은 6.4%이고 여학생은 1.8%였다. 교급별로는 실업계 고등학생의 성경험률이 가장 높았으며, 중학생의 2.0%, 일반계 고등학생의 4.4%, 실업계 고등학생의 9.5%가 성경험이 있는 것으로 나타났다.

2) 성폭력

청소년 성폭력 가해자에 대해 알 수 있는 경험적 자료는 거의 없으며, 단지 성폭력 피해나 성학대 경험을 통해 부분적으로 알 수 있을 뿐이다.

성폭력에 대한 상담과 예방교육을 전문적으로 담당하고 있는 한국성폭력상담소에 2002년 한해 동안 신고된 상담건수는 3,534건(4,877회)이며, 이중 83.8%인 2,961건(4,264회)이 성폭력 피해 상담이다. 이는 2001년 2,869건

(4,161회)에 비해 3.2% 증가한 수치이다. 이외 스토킹 피해 상담 139건(155회), 기타(성관련, 혼인빙자, 기타 문의) 433건(458회)으로 나타났다. 성폭력 피해 상담사례에 드러난 가해자는 남자가 98.8%로 대부분이며 전체 성폭력 가해자의 14.8%가 미성년자였다. 이 역시 2001년 11.8%에 비해 증가한 수치이다. 만 13세 미만 미성년 가해자에 의한 피해의 경우, 그 피해대상이 유아 및 어린이가 대부분이며, 또래집단의 의한 성폭력 피해 문제 역시 심각한 것으로 나타났다.

서울시립아동상담소, 한국아동학대예방협회, 한국이웃사랑회 등에 1998년 이후 의뢰된 만 13세 이하 아동의 성학대 상담 300사례를 분석한 강은영(2000)의 연구에 의하면, 만 13세 이하 아동에 대한 동급생이나 선배에 의한 성학대는 전체 사례 중 7.7%로 다른 성학대에 비해 적은 편이다. 선배에 의한 성학대는 선배의 집단 성학대나 위협, 물리적인 강제 등 폭력적 유인 방법에 의해 이루어졌다. 성학대 사례는 성기삽입보다는 성기접촉 피해가 많고, 학교나 학원 건물에서 이루어지며 대다수가 1~2회 피해를 당한 것으로 나타났다. 한편, 동네사람에 의한 성학대는 전체 사례 중 21.0%이고, 모르는 사람에 의한 성학대는 전체 사례 중 19.3%였다. 만 13세 이하의 아동을 가해한 이웃 청소년은 전체 63명 중 26명으로 41.3% 정도되고, 모르는 청소년에 의해 발생된 경우는 20명으로 전체 58명 중 34.5%를 차지하였다.

청소년보호위원회(2002)의 실태조사에 의하면, 성폭력 가해경험 학생은 약 1.0%이며, 피해경험은 0.8%였다. 가해자 가운데 중학생은 전체 중학생의 0.9%, 일반계 고등학생의 1.4%, 실업계 고등학생의 0.5%였다.

> 한국성폭력 상담소의 2002년 상담 사례에 의하면, 성폭력 피해자는 여자가 2,880건(97.3%)으로 대부분을 차지하고 있으며, 연령별로는 성인 피해가 1,649건(55.7%), 청소년 570건(19.3%), 어린이 461건(15.6%), 유아 211건(7.1%), 미상 70건(2.3%)으로 나타났다.
>
> 피해 유형별로는 성추행이 1,196건(40.4%)으로 가장 많고, 강간이 942건(31.8%), 성희롱 479건(16.2%), 특수강간 174건(5.9%), 강간미수 88건(3%), 음란전화, 사이버 성폭력 순이다.

성폭력 피해를 피해자와 가해자의 관계로 살펴보면, 아는 사람 2,278건(77%), 모르는 사람 572건(19.3%), 미상 111건(3.7%)으로, 다수의 성폭력 사건이 아는 사람에 의해 일어난다는 것을 다시한번 확인할 수 있었다. 피해자와 가해자의 관계가 아는 사람인 경우, 직장내가 597건(20.2%)으로 가장 많았으며, 다음으로는 친족내 378건(12.8%), 학교/학원내 351건(11.9%), 동네사람 218건(7.3%), 데이트상대 152건(5.1%), 채팅상대 95건(3.2%) 등의 순으로 나타났다.

2002년 상담사례 중 눈에 띄는 현상은 인터넷의 상용화로 채팅을 통해 만난 상대에게 오프라인에서 성폭력 피해를 입는 경우가 꾸준히 발생되고 있다는 점이다. 이런 피해는 2001년 60건에서 2002년 95건으로 36.8% 증가했는데, 피해자의 대부분은 여중고생, 대학생, 직장인으로 성폭력 피해를 입을 뿐 아니라 비디오 촬영, 폭행, 협박, 금품갈취, 지속적 성관계 요구, 스토킹 등의 피해까지 입고 있다. 채팅으로 만난 경우 대부분의 가해자들은 자신의 신분을 속이고 만나기 때문에 추적이 쉽지 않을 뿐 아니라 가해자가 화간을 주장하여 처벌과정에서 어려움을 겪고 있다.

3) 임신

신체적으로 아직 미성숙하고 사회적으로도 부모가 될 준비가 되어 있지 않은 10대의 임신은 여러 위험요소를 안게 된다. 이는 경제적 빈곤, 부적절한 영양섭취, 임신 전의 불량한 건강상태 등 사회·경제적 요인에 기인할 뿐 아니라 더 심각한 위험요인은 흡연, 음주 및 약물남용 또는 성병감염 등 의학적 요인을 들 수 있다. 특히 15세 이하 임신의 경우에는 신체적 미성숙으로 인해 그 위험성이 더 증대될 수 있으며, 임신중독증으로 인한 저체중아 출산빈도도 더욱 높게 나타난다.

사회문제를 야기시키는 10대 임신에 관한 실태자료는 매우 미흡하다. 2001년 서울(2곳), 부산, 대구, 광주, 경기, 충북, 강원 등에 소재한 전국 8개 미혼모 시설을 대상으로 실시한 조사결과에 의하면, 10대 미혼모 비율은 지난 99년 49.9%에서 55.1%, 2001년 1~6월 53.3%로 높아지는 추세라고 한다. 10대 미혼모 가운데 만 15세 이하 미혼모 비율도 99년 6%에서 2000년 8.7%, 2001년 1~6월 8.3%로 역시 비슷한 상승세를 보이고 있다. 전반적으로 미혼모 연령이 낮아지는 가운데 특히 중학교 재학연령인 만 15세 이하

미혼모는 증가세를 보였다. 중·고등학생 연령인 13~18세 미혼모 가운데 67.7%가 시설입소 당시 학업을 중단한 상태였고, 이중 89%는 임신 이전에 이미 학교를 중퇴했고, 미혼모 가운데 시설퇴소 후 학교로 돌아간 경우는 전체의 25%에 불과, 일단 미혼모가 되면 학업을 계속하기가 어려운 것으로 분석됐다.

한편 청소년보호위원회(2002)의 조사에 의하면, 성관계를 통해 상대방을 임신시키거나 임신한 경험이 있다고 스스로 밝힌 중·고등학생은 조사대상 중 0.3%로 나타났다. 하지만 10대 임신은 사회적으로 비난받는 것으로 청소년들이 솔직하게 응답하지 않았을 가능성이 많다는 점을 감안한다면, 실제는 이보다는 더 많을 것으로 추정된다.

4) 성매매

청소년 성매매에 관한 자료는 2000년 이후 집중되었던 실태조사 결과와 청소년보호위원회의 신상공개 자료, 서울지방검찰청의 성매매 사건 기록과 경찰청의 단속결과를 통해 일부 파악할 수 있다.

한국청소년상담원(2001)의 조사에 의하면 중·고등학생의 성매매 경험률은 1.8%이며, 성매매 경험자 중 남학생 28.6%, 여학생 71.4%로 여학생이 압도적으로 많았다. 학교유형별로는 실업계 여고생이 28.6%로 가장 많고, 여중생도 17.1%로 많았다. 자녀안심운동 서울협의회의 조사(2000, 2001)결과에서도 성매매 경험은 일반 학생의 경우 1～2%로 내외로 추정되며, 여자 공식비행 청소년의 30～40% 가량이 성매매 경험이 있는 것으로 추정된다. 또한 남자 청소년의 성매매도 엄연히 존재하고 있는 것으로 나타났다.

성매매 경험자의 다수가 가출 경험이 있는데, 서울지방검찰청의 2000년 7월부터 2001년 6월까지의 사건분석에 의하면, 51.3%가 가출 경험이 있으며, 성매매 사건 이전에 이미 성매매 경험이 있는 청소년이 61%이고, 76%의 성매매 청소년은 이미 남자친구 등과 성 경험이 있었다. 한국상담원의 조사에서도 48.6%가 가출 경험이 있어 성매매와 가출과의 연관성이 매우 높다는 것을 보여주고 있다. 첫 성매매 연령은 16세가 10.0%, 17세 이상이 20.0%로 중2와 고1 때가 성매매 위험시기로 볼 수 있다.

자녀안심운동 서울협의회의 조사(2000, 2001)결과에서는 성매매 경험이 대부분 중학교 시기에 집중되어 있는 것으로 나타났다. 청소년보호위원회의 신상공개자료에 나타난 성매매 청소년의 연령은 15세 이하가 1차(12세 이하 30.6%, 13~15세 26.9%), 2차(12세 이하 25.7%, 13~15세 32.9%)에 비해 4차 공개(12세 이하 25.1%, 13~15세 33.9%)에서 다소 늘어 성매매 청소년의 연소화 현상을 보여주고 있다.

성매매를 하게 된 주된 동기는 부족한 용돈을 벌기 위해서가 54.3%, 브랜드 옷, 가방, 신발을 살 돈을 마련하기 위해서 42.9%, 유흥비 마련이 25.7%로 나타났다(이민희 외, 2001). 청소년보호위원회의 신상공개자료 분석에서도 청소년의 성매매 이유가 용돈이나 유흥비 마련(51.5%)과 생계비 마련(27.4%)으로 나타났고, 이러한 경향은 청소년보호위원회(2002)의 조사결과도 유사하여, 주로 원하는 것을 사기 위해서(57.3%)와 성에 대한 호기심과 욕구(29.5%) 때문으로 성매매를 한 것으로 나타났다. 다시 말해, 청소년의 소비지향적 문화가 청소년 성매매를 부추기고 있는데, 물질주의 가치관이 팽배해져가는 사회에서 청소년 성매매는 쉽게 줄어들기 어려울 것으로 예상된다. 한번 쉽게 돈을 벌게 되면 그 후에는 힘든 일을 기피하게 되고, 쉽게 돈버는 수단으로 성매매의 유혹을 뿌리치기 어려울 것이기 때문이다.

성매매 청소년에 대해 우려하는 바는 자발적인 의지로 성매매를 하는 숫자가 적지 않다는 점이다. 성매매 청소년의 45.7%가 자발적인 의지로 성매매를 했다는 결과(자녀안심운동 서울협의회, 2000)를 통해 무엇보다도 이들 청소년 대상으로 성과 물질에 대한 올바른 윤리관과 가치관을 지도할 필요성이 있음을 알 수 있다. 성매매 상대를 만나게 된 경로로, 인터넷에 접속하여 대화방에서 사이버 섹스를 즐기다가 연결된 경우가 28.6%이고, 전화방이 21.0%, 헌팅이 22.9%, 휴대폰이 14.3%, 친구 소개 22.9%였다. 그런데 2002년 청소년보호위원회의 조사결과에서는 이와는 달리 인터넷 채팅(80.5%)이 대부분을 차지하여 여학생(85.6%)은 남학생(57.4%)보다 채팅을 통해 주로 성매매 제안을 받았던 것으로 나타났다. 성매매를 한 후 느낌이 재미있었다가 25.7%, 아무 느낌이 없었다가 17.1%, 막상 해보니 별게 아니라 허탈했다는 경우는 11.4%인 반면, 죄책감이 들었다가 17.1%, 나 자신이 싫었다는 14.3%로 부정적인 느낌이 상대적으로 적었다. 성매매 후 정서적 변화로, 성에 대해 자유로워졌다는 경우는 20.0%인 반면, 훗날 결혼하게 될 배우자에 대한 죄책감과 부모에 대한 죄스러움이 들었다는 경우는 31.4%, 경험이 떠올라 너무 힘들었다는 경우는 25.7%, 자신을 소중히 여기는 마음이 줄어들었다는 경우는 20.0%, 나 자신이 추하게 느껴졌다는 20.0%로 자신에 대한 혐오감과 후회, 부모나 미래의 배우자에 대한 죄책감이 적지 않은 것으로 나타났다.

성매매 청소년은 성매매로 인한 신체적 폐해도 적지 않게 경험한 것으로 나타났는데, 성매매 후 아무런 신체변화가 없었다는 경우는 45.7%인 반면, 항문이나 성기의 상처가 있었다는 경우는 20.0%, 성병 20.0%, 임신이나 출산이 14.3% 등 54.3%가 성매매 이후 신체적인 후유증을 앓았던 것으로 나타났다(한국청소년상담원, 2001). 성매매 청소년은 성에 대한 부정적 태도와 여성에 대한 분노와 적개심이 큰 경우가 많으며, 특히 유아기의 애착형성이 불완전하고, 아동학대 경험, 이혼가정에서의 양육 경험 등 성에 대한 긍정적 사고를 할 기회가 부족하며, 해결해야 할 가족내 문제가 적지 않은 것으로 나타났다.

경찰청의 청소년 성매매 단속 결과에 드러난 성매매의 실상은 다음과 같다. 2001년 11-12월에 걸쳐 579건 838명을 검거, 이 중 336명을 구속한 바 있는데 여기에 나타난 대상 청소년의 연령은 15~16세 44.2%, 13~14세 10.9%, 12세 이하 1.5%로 대상청소년의 절반이 넘는 56.6%가 16세 이하인 것으로 나타나 성매매 청소년의 연령이 낮아졌다. 이용수단은 인터넷이 64% 정도 되고, 청소년의 직업별 분포는 무직이 과반수에 약간 못미치고, 중·고등학생은 38% 정도 된다. 대상 청소년에 대한 조치는 보호자 인계가 88.8%, 쉼터 입소 6.9%, 보호사건 송치 4.3%로 대부분 귀가 조치 되었으나, 가출 재발방지 등 청소년에 대한 사후관리가 요망되었다.

성매매 청소년에 대한 심층면접(청소년보호위원회, 2003) 결과에 의하면, 업소형 성매매에 연관된 청소년은 열악한 노동조건과 각종 벌금제도, 빚, 일상적인 성희롱과 성폭력으로 인한 모멸감, 낙태 및 성관련 질환, 손님들의 변태행위 요구와 손님과 업주로부터의 위협과 폭력, 단속과 미래에 대한 두려움 등을 느끼고 있었다. 성매매 경험자들은 성매매가 사회적으로 그리고 청소년 자신에게도 나쁜 범죄라고 생각하지만, 동시에 자신의 경험에 있어서는 "일"이라고 생각한다. 성매매 재유입의 동기는 집에 있는 생활이 지루하고 이미 돈맛을 알게 되었기 때문이라고 설명한다. 성매매 중단의지를 강하게 보인 청소년은 폭력이나 착취 등 부정적인 경험을 하거나 업소에서 빚 등의 어려움을 경험한 경우, 그리고 성매매 공간에서 나이가 들어가면서 그곳에서 벗어날 수 없으리라는 위기감을 갖게 된 경우이다. 또한 성매매 중단 이후 안정적인 지지기반을 가지고 있거나 자신의 성매매 경험을 사회구조적인 문제로 인식할 수 있게 된 경우에 성매매 중단에 강한 의지를 보였다.

이상의 결과들을 통해 볼 때, 성매매는 가출과 매우 밀접한 관계가 있으며, 청소년의 자발적인 의지로 청소년 성매매를 하는 경향이 증가되고 있고, 저연령화 추세를 보이고 있다. 성매매 행동을 한 것에 대해 죄책감을 느끼면서도 동시에 성매매를 자신의 "일"로 생각하는 경향이 있다. 이들은 성에 대해 왜곡된 가치관을 갖고 있고, 성에 대해 매우 무지하다는 것을 알 수 있다. 따라서 무엇보다도 이들 청소년 대상으로 성에 대한 올바른 윤리관과 가치관을 지도하고, 성매매 행위결과를 바르게 인식시켜야 한다.

성매수범의 특성

청소년 성매매를 예방하기 위해서는 성매수자의 행동 특성을 알아둘 필요가 있다. 하지만 성매수자에 관한 구체적인 정보를 파악하기는 매우 어렵다. 경찰청에서 2001년 11-12월까지 2개월간 집중단속한 결과에 의하면, 매수자 연령은 30대 46.2%, 20대 37.6%로 20~30대가 83.8%로 주류를 이루고 있으며, 40대 10.7%, 10대 3.3%, 50대 1.4%, 60대 0.8%로 나타났다. 직업별로는 회사원 25.9%, 자영업 18.2%, 무직

17.2%, 학생 9.4%, 서비스업 7%, 공무원 1.6%, 농수산업 0.1%로 다양한 직업분포를 보였다. 서울지방검찰청(2001)의 성매매 사건분석 결과에서도 20~30대가 86.6%를 차지하여 유사한 분포를 보였다. 직업별로는 회사원, 자영업, 학생의 순으로 나타났고, 대학 재학이나 졸업이상이 52.8%로 인터넷 사용가능한 연령층과 연관이 있는 것으로 나타났다.

한편, 청소년보호위원회가 2001년 8월 1차 신상공개부터 지난 2003년 4차 공개까지 모두 1,926명의 청소년 대상 성범죄자를 분석한 결과 신상공개에도 불구하고 범죄자 수는 1차 169명, 2차 443명, 3차 671명, 4차 643명으로 줄어들지 않았으며, 1~3차 공개자 1283명 중 1.9% (25명)는 이후에도 유사한 성범죄를 저질러 이중 4명이 다시 공개된 것으로 밝혀졌다. 범죄자 직업은 자영업 23.6%(454명), 사무관리직 12.5%(241명), 전문직 3.11%(60명) 등으로 다양하며 특히 교사나 목사, 회사대표, 외국인 노동자도 포함돼 청소년 대상 성범죄가 사회 전반의 문제임을 드러냈다. 범죄자의 성별로는 남자가 94.4%(1818명)이고, 여자는 4.8%(108명)에 불과했으나 여자의 경우 1차 때 6명에 비해 2차 53명, 3차 31명 등으로 늘고 있다.

발생시간의 경우 1차에서는 자정에서 4시까지 전체 사건의 36.7%가 발생해 심야시간에 범죄가 집중됐으나 4차에서는 18시~24시(3 2.5%), 12시~18시(26.3%), 자정~6시(22.4%)등 고루 나타나 때를 가리지 않고 발생하는 것으로 조사됐다.

청소년 대상 성범죄의 2/3가 30대 이하 젊은층에 의해 행해지고 피해연령도 점차 낮아지고 있다. 최근에는 인터넷 채팅을 통한 성범죄가 크게 증가하고 아동을 이용한 포르노 제작도 확산되고 있다.

5) 음란 채팅 및 음란 사이트 접속

음란물의 위험성은 성행동보다 공격행동에 영향을 미친다는 데에 있다. 음란물이 인간행동에 미치는 영향을 다룬 연구, 특히 성범죄와 대인관계에 대한 연구결과에서 강하게 시사되는 바는 6~10세 아동기에 음란물에 노출될 때 강간과 같은 성범죄에 영향을 미친다는 것이다(Marshall, & Barfarce, 1984; Malamuth, 1986). 뿐만 아니라 음란물에 노출된 시기가 빠른 경우에 대인관계에서 정상적인 인간관계보다는 이성을 성적 대상으로 보게 되며, 여성을 비인격적으로 비하시키는 태도를 형성시키게 된다고 한다. 이렇듯 음란물에의 노출은 인간행동에 부정적인 영향을 미친다.

1999년 중・고등학생 1,500명을 대상으로 한 조사결과(MBC 청소년백서,

1999)에 의하면, 음란서적이나 음란비디오 시청 등 음란물 접촉 경험율은 56.7%였다. 특히, 남학생의 72.8%, 여학생의 40.3%, 중학생의 44.0%, 고등학생의 66.4%가 음란물을 접한 경험이 있는 것으로 나타났다. 같은 시기에 실시된 1999년 청소년보호위원회의 조사에서는 초·중·고등학생 집단의 인터넷 음란사이트 접속 경험이 27.3%, 비행청소년 집단은 30.7%로 나타났다. 청소년들이 접촉하게 되는 음란물은 과거 비디오나 사진이나 잡지로부터 인터넷 유해사이트로 변화하고 있음을 보여주고 있다. 2002년에 실시된 조사결과는 이러한 경향을 보다 더 확인시켜 주고 있어, 음란사이트 접속 경험은 52.4%(중학생 44.6%, 일반고 59.4%, 실업고 60.5%)로 청소년층 사이에 급속도로 확산되었다. 음란사이트 접속 시기는 중학교 때가 70.1%(중1 26.8%, 중2 22.8%, 중3 20.5%)이고, 고등학교 이후 접속자는 미미한 수준이다. 또한 접속 장소로는 집이 91.8%로 대부분을 차지해 가정내에서 청소년의 컴퓨터 사용에 대한 적절한 지도가 매우 중요하다.

한국형사정책연구원(2000)의 연령별 포르노 접촉경험 실태조사 결과에 의하면, 10대는 다른 연령대에 비해 성행위 묘사의 만화나 애니메이션, 인터넷 사이트에 접속하는 비율이 현저하게 높았다. 남자의 경우 청소년기에 포르노 접촉이 많을수록 자신을 남성답다고 생각하는 비율이 높고 성에 대한 금기적 태도가 약하며 남녀관계 양식에서 성을 도구적으로 대하는 태도가 더 높았다. 10대의 경우 성차 그 자체가 성폭력을 허용하는 태도에 직접적인 영향을 미치는 것으로 나타났다.

인터넷 채팅은 음란 채팅 및 청소년 성매매의 주요 경로로 이용된다는 점에서 문제가 심각하다. 이민희 등(2001)의 연구에 의하면 인터넷 채팅을 하는 청소년은 71.9%이며, 채팅상대는 주로 같은 또래의 이성친구라는 비율이 76.2%, 같은 또래의 동성친구가 19.4%, 나이 차이가 많은 이성의 사람이라는 비율은 3.2%로 나타났다. 1년 동안 채팅을 해서 실제로 만난 적이 있는 사람은 40.2%이며, 채팅한 사람과 만나는 평균 횟수는 1회가 44.0%, 2~5회가 35.2%였다. 채팅해서 만난 사람과 주로 하는 일은 먹고 마시며 대화를 한다는 비율이 68.3%로 가장 많지만, 성관계를 했다는 학생도 2.9%가

된다. 청소년보호위원회의 조사(2002)에서도 성매매 제안을 받은 경로의 80.5%가 인터넷 채팅으로 밝혀진 바 있는데, 모든 채팅을 다 문제행동으로 볼 수는 없지만 성매매로 연결될 수도 있는 만큼 이에 대해 유의해야 한다.

Ⅳ. 성비행의 원인

청소년들이 성적 일탈행동, 비행을 하는 이유는 무엇인가?

청소년기는 발달상 성에 대한 호기심이 강하고 성적인 충동이 강한 시기이고 학업과 진로, 또래관계와 자아상 등 스트레스가 많은 시기이다. 인간이 스트레스를 많이 또 지속적으로 받게 되면 스트레스에 대처할 수 있는 에너지는 한계가 있기 때문에 누구든 탈진 상태에 빠지게 된다. 특히 학교나 가정생활에 적응하지 못한 청소년은 외로움과 존재 상실의 위험으로부터 벗어나기 위해 자신의 부적응의 돌파구로 자극적이며 쾌락적인 성문화 속에 빠져들기가 쉽다. 그러나 성에 집착하면 집착할수록 허전함, 공허함, 무의미함에 빠져 더욱 성에 집착하는 악순환의 고리를 형성할 가능성이 높다.

특히 청소년의 성가치관이 전근대적인지 개방적인지에 따라 성문화에 대한 반응은 다를 수 있다. 전근대적인 보수적 성가치관을 지닌 청소년은 자신의 생각에 대해 수치감과 죄책감을 갖게 되고, 성에 대해 개방적인 청소년은 공허감과 의미상실감, 즉 허무주의를 경험할 가능성이 높다. 현재 청소년을 대상으로 체계적이고 실질적인 성교육이 거의 이루어지지 않는 현실 속에서 청소년이 성에 대해 긍정적인 가치관을 갖기는 매우 어렵다. 텔레비전이나 비디오, 인터넷 등 영상매체를 통해 무분별하게 제공되는 성에 대한 태도 및 행동을 무의식적으로 학습하게 되거나 자연스러운 문화적 현상의 하나로 별다른 죄책감 없이 성비행을 저지를 수 있다.

성비행은 앞서 언급한 사회환경과 개인적 요인, 학교 및 가정환경 요인에 의해 발생된다. 공격성이 높고, 충동의 절제와 자아통제력이 형성되지 못한 경우에 성비행을 한다. 특히, 유아기의 애정접촉 부족이나 아동학대의 증가, 양육방법의 혼돈, 이혼율의 증가 등은 성에 대한 긍정적 사고를 할 기회가 없는 경우 성비행에 연루되기 쉽다. 성지식이 많아 성에 대한 호기심이 생겨서 또는 성에 대해 무지하고, 성에 대한 무분별한 태도를 가짐에 따라 성비행이 유발될 수도 있다. 부정적 자아정체감을 갖거나 진학에의 욕구도 충족하기 어렵고 자기생활에 대한 주관성이 결여된 경우, 가족내 문제가 있는 경우, 욕구충족의 대상을 이성에서 찾아서 즉시적이고 강렬한 성적 요구에 쉽게 응하고 탐닉하기도 한다.

성비행은 앞서 언급된 사회적 조건과 개인성향과의 상호작용 결과 발생되는데, 성비행 유형에 따라 그 발생 원인은 차이가 난다. 여기서는 성비행 중 사회의 주된 관심 영역이고 행위결과가 가해자나 피해자에게 치명적인 영향을 미치는 성폭력과 일반 청소년층에 확산 조짐이 있는 청소년 성매매의 원인에 대해서는 살펴보고자 한다.

1. 성폭력의 발생원인

성폭력 발생 원인 역시 다른 성비행과 마찬가지로 개인적 요인과 환경적 요인의 상호작용으로 설명하는 것이 보편적이다.

먼저 개인적 측면의 원인론을 살펴보면 다음과 같다(이영분 외, 2001). 성폭력 가해자는 성적 욕구충족만을 위해서가 아니라 타인을 통제하기 위한 열망이나 정서적 외로움을 덜기 위해 범죄를 저지른다. 이들은 분노를 통제하지 못하고 감정을 조절하는 능력이 부족하고 사회적 기술이 부족하여 동료관계로부터 고립되고 연령에 맞는 사회적 관계를 발전시키지 못한다. 또한 이들 중 다수는 성학대나 다른 폭력 피해를 당한 것으로 나타났는데, 특히 성범죄자의 가족환경은 외형상 결손가족보다 양부모가족이 더 많으며, 오히려 부모로부터 신체적 학대를 당했거나 방임된 경험이 있다. 학대와 성범죄간의 관계는 헌터와 휘에레도(1997)의 연구결과에서도 알 수 있는데 학대를 당한 시기가 어릴수록, 학대당한 사건비율이 많을수록, 학대와 이를 발견하게 된 시점과의 기간이 길수록, 학대가 발견된 후에 가족지지의 수준이 낮을수록 성범죄가 발생할 가능성이 있는 것으로 나타났다.

부모와의 애착형성이 제대로 되어 있지 않고, 인지과정의 오류가 있거나 성에 대한 부정적 태도를 지니거나 여성에 대한 분노와 적개심이 있는 경우, 성에 대한 지식이 많아 성에 대한 호기심이 강한 경우, 성에 대한 지식이 부족하여 무분별한 성에 대한 관점을 갖는 경우 성폭력을 유발하게 된다고 한다.

성폭력 발생원인은 각각의 이론적 시각에 따라 다음 표와 같이 중시하는 것이 다르다.

<표 6-2> 성폭력 발생원인에 관한 이론적 접근

구 분	내 용
전통적인 보수주의적 접근	성폭력피해 대상은 한정되어 있으며, 정숙한 여자는 성폭력을 당하지 않는다고 인식. 이중적인 성윤리 규범의 결과
정신병리적 접근	개인의 일탈적 행위로 인식하고 사회문제로 보지 않음
하위문화적 접근	폭력적 환경 속에서 성장하고 생활해온 사람들이 성폭력을 행사할 확률이 높음
여성주의적 접근	피해자에게 초점을 맞추어 가부장적 사회에서 구조화된 남성과 여성의 주종관계를 그 원인으로 인식

성폭력 발생원인을 사회문화적 이론에서 살펴보면 다음과 같다. 성폭력은 거시적으로 가부장제 가족제도에 기인한다고 보는데, 가부장제 내에서는 남성이 여성의 성을 소유한다는 관점, 즉 여성은 성적 자율권이 없는 수동적 존재라는 것을 당연시하기 때문에 성폭력이 유발된다는 것이다. 남성은 성적 본능이 강한 반면, 여성은 성에 대해 관심이 없다는 고정관념 역시 성폭력을 유발하는 요인이 된다.

이 뿐 아니라 각종 성관련 산업은 성적 쾌락주의를 부추기고, 남성적 성을 과장하고 왜곡시키는 성문화를 조장하기 때문에 성폭력이 일어난다고 본다. 상품화된 성문화의 존재는 성폭력과 직접적인 연관성이 있고 성차별적인 성접촉은 이를테면 포르노와 매매춘보다 훨씬 더 직접적이고 강력한 영향을 미친다. 전반적으로 상품화된 성접촉은 남성집단에 성차별적인 고정관념과 강간 통념, 성폭력 허용도를 강화하는 것으로 나타난다. 즉, 남성들은 상품화된 성적 이미지나 경험을 통해 여성을 사랑의 주체로 보기보다는 욕망의 대상으로 삼기 쉬우며, 성적 강압에 긍정적으로 반응할 것이라는 믿음을 학습하기 쉽다. 한편 여성에게 있어서도 포르노 접촉효과는 강압적인 성을 자연스러운 것으로 인식케 함으로써 남성강압적인 성문화에 오히려 공모하도록 독려하는 기능을 한다고 보고 있다.

이러한 거시적인 배경은 무의식적으로 내면화되며 인간의 행동에 영향을 미친다. 특히, 청소년에 의한 성폭력은 이외에도 다른 성비행의 원인과 유사하게 호기심이나 성에 대한 잘못된 인식, 잘못된 또래문화의 영향을 받으며, 사회적, 개인적 열등감과 다른 곳으로부터의 분노를 해소하기 위한 하나의 수단으로 성폭력을 할 수도 있다.

한슨과 해리스(1988)는 성범죄 재발을 촉발시키는 요인으로 조발성 비행자이거나 성장과정에서 학대와 방임을 경험하였거나 어머니와의 관계가 좋지 못했던 경우, 부모와의 별거기간이 길었던 경우, 실직 상태이거나 물질사용 장애가 있는 경우, 자기통제력이 낮은 경우 등을 제시했다.

<표 6-3> 성범죄 재범에 영향을 미치는 요인

범주	구체적 요인
인구학적 요인	▪ 낮은 연령 ▪ 미혼 ▪ 실직 ▪ 부모와의 관계 약함
성적 선호도	▪ 친분관계가 없는 낯선 사람에 대한 성적 관심

범주	구체적 요인
	▪ 아동·청소년 등 미성년자에 대한 성적 관심과 선호 ▪ 일탈적인 성 선호
최초 성범죄	▪ 낮은 연령에서 성범죄 시도 ▪ 친분관계가 없는 타인 대상 ▪ 다수의 성범죄 희생자
인지적 특징	▪ 피해자에 대한 자책감과 관심 ▪ 새로운 범죄 유발에 대한 낮은 자제력 ▪ 반사회적 생활양식

2. 성매매 발생원인

청소년 성매매가 우리 사회에 확산되는 이유는 청소년의 호기심, 경제적 욕구, 성적 태도 등 청소년 개인의 동기와 사회 전반의 성개방 풍조, 청소년 노동시장의 부재(이용교, 2000), 남성 중심의 가부장적 요소와 자본주의적 상업적 요소 등 사회적 요인이 함께 작용하는 것으로 분석된다. 성매매 발생원인을 보다 구체적으로 살펴보면 다음과 같다.

첫째, 청소년 성매매는 성매수자의 잘못된 의식으로 인해 발생한다. 보편적으로 성매수자들이 성매매 청소년을 대하는 시각은 윤락여성에 대한 시각과 크게 다르지 않으며, 때로는 성매매 청소년의 유인과 거짓으로 자신이 성매매에 연루되었다거나 청소년 스스로 성매매를 선택한 것이기 때문에 오히려 성매매 청소년을 비난하고 자신의 행동을 합리화하려는 경향이 있다. 또한 성매수자들은 청소년과의 성관계를 통해 시간과 공간에 구애받지 않고 보다 자유스럽고 안전하게 자신의 성적 욕구를 충족시킬 수 있다고 인식한다. 이들은 자신의 여자는 순결하고 정숙해야 된다고 강하게 인식하는 반면, 자신의 성적 욕구를 발산하기 위한 대상으로는 좀 더 어린 여자를 선호하는 이중성을 표출한다. 이렇듯 성매수자의 왜곡된 성의식으로, 자신의 잘못된 성충동을 통제하지 못하고 그대로 행동으로 옮기기 때문에 청소년 성매매가 유발된다고 본다. 이것은 Freud의 이론에서 이드(id)의 욕망을 자아(ego)가 통제하지 못하는 초자아(super ego)의 부족으로 설명하기도 한다.

둘째, 성매매 청소년의 왜곡된 가치관, 즉 황금 만능주의적 사고와 왜곡된 개방된 성의식과 가정환경적 요인으로 인해 성매매가 발생한다. 사회 전반에 팽배한 물질주의와 지나친 소비풍조는 아직 미성숙한 청소년의 가치관 형성에 부정적인 영향을 미친다. 청소년 성매매를 하게 된 최초의 동기가 용돈이나 사고 싶은 물건을 사기 위해서 라는 것이 가장 많듯이 경제적 요인이 성매매를 유발한다. 하지만 성매매를 하층 가족 청소년의 전형적인 비행으로 볼 수는 없다. 절대적인 빈곤 청소년층의 문제라기보다는 대량소비사회 속에서 물질주의를 절대적 기준으로 삼는 청소년층의 잘못된 행태로 보아야 할 것이다. 또한 청소년을 위한 노동시장이 제대로 형성되지 못한 가운데 다수의 청소년은 학업 외에도 일하기를 원한다. 마땅한 일자리를 찾지 못한 일부 청소년층은 특별한 훈련이나 자격을 갖추지 않아도 쉽게 돈을 벌 수 있는 성매매에 대한 유혹을 뿌리치기 어렵다. 막연한 기대감과 호기심, 충동적으로 성매매를 하는 청소년층이 증가하고, 성매매를 일종의 아르바이트로 인식하고 일반적으로 성매매는 어렵지 않게 돈을 벌 수 있는 방법으로 인식하는 청소년층이 늘어가는 것도 청소년 성매매를 부추기는 요인이 된다.

청소년 입장에서 또 다른 성매매의 원인을 제공하는 요인으로는 성에 대한 개방적 사고이다. 현재 우리사회에서 순결에 대해 언급하는 것은 매우 시대착오적인 발상으로 인식되며, 정조관념 자체가 실종되어 가고 있다. 일부 청소년 사이에는 성적 거래를 자연스럽게 받아들이게 되는 친화성을 가지고 있으며, 성매매로 인해 자신에게 크게 변화될 것이 없고 자신의 몸을 자원으로 인식하면서, 물질과 성적 거래는 극히 개인적인 일로 사회에서 관여할 바가 아니라고 인식한다. 약물중독 청소년들이 약물의 폐해가 자신에게 있기 때문에 자신의 행동은 다른 비행과 다르다고 인식하고 있는 것처럼, 성매매 청소년도 유사한 기제를 갖고 자신의 행동에 대해 죄책감을 느끼는 정도가 낮다. 이러한 인식의 바탕하에 청소년들은 성매매를 하게 된다는 것이다.

결국, 용돈 마련과 가출 생활비를 벌기 위해 또는 단순한 호기심으로 성매매를 시작하게 되었지만, 사회는 소비가 부추기고 있고, 성의식이 개방적으로 변화되면서 경제력을 확보하기 위한 가장 손쉬운 수단으로 또 다시 성매매에 가담하고 지속되면서 중독되어 간다. 한편, 가족은 청소년 성매매의 직접적인 원인이라고 단정짓기 어려우나 가족에서 성폭력을 당했거나 부모와의 결속력이 낮은 경우 성매매에 빠져들기 쉽다는 점에 상당한 관련이 있다고 본다. 이는 가족이 제 기능을 다하지 못할 때 다수의 청소년이 가출을 하게 되고 가출은 곧 성매매로 이어지기 쉽기 때문이다.

셋째, 사회환경의 차원에서 성매매의 원인은 우리사회의 가부장제 논리와 고도의 소비자본주의의 만연, 퇴폐적인 향락문화의 주도 등으로 설명할 수 있다. 성인들의 문란한 성문화, 우리 사회에 내재되어 있는 가부장적 논리는 여성을 단순한 희롱의 대상이나 성적 대상으로 여기며, 10대의 성을 상품화하는 고도의 소비자본주의는 청소년 성매매를 부추기고 있다. 게다가 인터넷을 통해 유포되는 음란성 유해매체의 영향도 한몫을 하고, 음란 채팅 등도 성매매를 부추기는 요인이 된다.

Ⅴ. 성비행 예방을 위한 방안

청소년 성비행은 쉽게 드러나지 않고, 유형도 다양하고 유형별 발생요인이 각기 다르고 복합적인 요인의 영향을 받기 때문에 성비행 발생 감소를 위한 대책 역시 유형별로, 다각적으로 모색해야 한다.

1. 성비행 예방을 위한 법적 대응

성비행 발생을 예방하고 재범을 예방하기 위한 우리 사회의 법적 대응을 살펴보면 다음과 같다.

<표 6-4> 청소년 상대 성폭력범 법정형 비교

행위자	청소년성보호에관한법률	이전 관련 법률
여자 청소년에 대한 강간(준강간)의 죄를 범한 자	5년 이상의 유기징역 및 신상공개	-3년 이상의 유기징역(형법) -13세 미만인 경우 5년 이상의 유기징역(성폭법)
청소년에 대해 강제추행(준강제추행)의 죄를 범한 자	1년 이상의 유기징역 또는 500만원 이상 2000만원 이하의 벌금 및 신상공개	-10년 이하의 징역 또는 1500만원 이하의 벌금(형법) -13세미만인 경우 1년 이상의 유기징역 또는 500만원 이상 2000만원 이하의 벌금(성폭법)
위계 또는 위력으로 여자 청소년을 간음한 자	5년 이상의 유기징역 및 신상공개	-5년 이하의 징역(형법) -13세미만인 경우 5년 이상의 유기징역(성폭법)
위계 또는 위력으로 청소년에 대해 추행을 한 자	1년 이상의 유기징역 또는 500만원 이상 2000만원 이하의 벌금 및 신상공개	-5년 이하의 징역(형법) -13세미만인 경우 1년 이상의 유기징역 또는 500만원 이상 2000만원 이하의 벌금(성폭법)

먼저 성폭력의 경우, 청소년보호법에 의하면 19세 미만 청소년에 대한 성폭력행위(위계에 의한 간음, 강제추행 포함)는 대폭 가중처벌되고, 13세 미만 청소년과의 성교행위 및 추행을 금하는 형법상 13세 미만 미성년자의제강간규정이 있다. 또한 성폭력범죄의처벌및피해자보호등에 관한 법률에서는 성폭력 범죄 청소년인 경우에는 반드시 보호관찰 · 사회봉사 또는 수강을 명하여야 한다(제16조2항)고 제시하고 있다.

대 상	청소년의성보호에 관한 법률	성매매알선등행위의처벌에관한법률	청소년보호법
청소년 연령	만 19세 미만 (연나이 19세)	만19세 미만	만19세 미만 (연나이 19세)
청소년의 성을 사는 행위를 한 자	3년 이하의 징역 또는 2000만원 이하의 벌금 및 신상공개	1년 이하의 징역 또는 300만원 이하의 벌금	해당사항 없음
청소년의 성을 사는 행위를 알선한 자	5년 이하의 징역 또는 3000만원 이하의 벌금	3년 이하의 징역 또는 3000만원 이하의 벌금	사안에 따라 차별 -1년 이상 10년 이하의 징역 -5년 이하의 징역 -3년 이하의 징역 또는 2000만원 이하의 벌금
청소년의 성을 사는 행위를 알선하는 것을 업으로 한 자	5년 이상의 징역 및 신상공개	7년 이하의 징역 또는 7000만원 이하의 벌금	
성을 파는 행위를 한 청소년	형사처벌 면제, 소년법상 보호처분 부과, 신상공개 금지	1년 이하의 징역 또는 300만원 이하의 벌금, 구류, 과태료	해당사항 없음

이뿐 아니라 성매매를 예방하기 위한 청소년의성보호에관한법률 제정은 청소년 성매매에 대한 관점과 정책의 변화를 가져왔다. 청소년의 성을 돈을 주고 사는 사람에 대한 단속과 처벌을 통해 청소년 성매매를 해결해 보고자 한 것이다. 즉, 자신의 성을 돈을 주고 판 청소년에 대한 형사처벌은 금지하고, 청소년의 성을 사는 사람이나 이것을 알선한 사람이나 알선을 업으로 삼는 사람에 대한 처벌을 기존의 법률보다 엄하게 하고, 미성숙한 청소년 대상 성매수, 강간, 강제추행, 매매춘 알선 등 성범죄를 예방하기 위한 성범죄자의 신상공개제도를 법제화한 것이다. 신상공개제도는 청소년 성매매 예방 및 근절을 위한 고육책의 하나로 제도화된 것으로, 현행 성매수자에 대한 망신, 사회적 고립과 낙인의 예고를 통한 청소년 성매매 예방 또는 감소에 한계가 있을 수밖에 없다. 따라서 성매수자의 교정・교화에 관한

구체적인 내용과 관계당국의 실천의지와 협력체계가 구축되어야 한다.

2. 성비행 예방을 위한 사회적 대응

1) 구체적이고 실질적인 성교육 실시

성에 대한 바른 태도를 형성할 수 있도록 성에 대한 가치관 교육을 하고, 필요한 성관련 지식을 바르게 알려주어야 한다.

우리사회에 이미 존재하고 있는 퇴폐향락적 문화를 한 순간에 없앨 수도 없고, 현 시점에서 자극적 환경에 청소년의 노출을 막는다는 것은 거의 불가능하다. 단지 그러한 환경에 놓인다할지라도 청소년들로 하여금 자기 자신의 문제로 인식하고 철저한 자기관리 능력을 갖추도록 함으로써, 성이 상품화되고 저질화되는 가운데 야기되는 허무감과 공허감, 분노감의 결과를 예방할 수 있으며 오히려 성을 통해 인간문화와 대인관계가 좀 더 풍부해질 수 있다. 우리 문화 전반에 걸쳐 성과 쾌락의 추구가 과잉평가되어 있고 그 영향력이 막강하기 때문에, 청소년들에게 성의 신체적, 심리사회적 의미를 바르게 심어주어야 할 필요가 있다. 성은 매우 중요한 인간행동의 본능적 요소의 하나이지만 그것이 남녀관계의 전부가 아니며, 다른 범주의 인간의 욕구와 행동과 깊이 연관을 가지고 통합적으로 이해되고 추구되어야 한다. 성이란 사랑과 인격을 전제로 하는 행동으로서 무한한 자유란 존재하지 않고, 통제와 극복이 요구되며, 결과에 대한 책임감이 따르는 행동임을 알려주어야 한다.

또한 청소년기에 있어서 성은 갑작스러운 변화이고 그 변화의 무게 역시 감당하기 어렵기 때문에 자연스럽고 편하게 받아들이지 못하는 경우가 많다. 따라서 청소년은 자신의 행동상의 원인을 성적 변화에 대한 충격으로만 설명하려 들고 필요 이상으로 집착해서 성의 지배를 받기도 하며 불안감과 부담감 때문에 회피하는 경우도 있다. 게다가 사회내에는 성에 대한 개방과 보수주의라는 상반된 입장이 분명하게 공존하고 있어 더욱 혼란스러워지면서 자신이 현대의 개방적 흐름에 너무 뒤지고 있는 것은 아닌가, 그 뒤늦음 때문에 성에 대한 자각수준도 뒤떨어지고 있는 것은 아닌지 불안해하는 경우도 있다. 더욱이 자신의 성적 유능함을 더욱 강조해야 한다는 강박감에 시달리는 일까지 생기게 된다. 이에 따라 성이라는 것을 남에게 보여주고 과시하기 위한 것으로만 생각하고, 성적 매력이나 외모에만 더 많은 관심을 갖고 이것으로 모든 것을 해결할 수 있다는 환상, 착각에 빠지는 청소년이 일부 있다. 따라서 성적 지식을 포함한 성관련 실질적인 내용의 교육을 구체적으로 실시해야 한다.

2) 성폭력 예방 및 치료 재활 방안

성폭력에 관해 바르게 인식하고, 성폭력 피해자의 행동상의 특징과 성폭력 피해자를 돕기 위한 구체적인 방법, 성폭력 예방법 등을 알려야 한다.

우리사회에 팽배해 있는 성폭력에 대한 잘못된 통념을 바로 잡아, 성폭력은 힘있는 자가 힘없는 자에게 가하는 폭력의 형태이며 인간의 존엄성과 자율성을 침해하는 범죄라는 인식을 심어줄 수 있도록 홍보해야 한다. 이를테면, 성폭력은 남성의 성충동 때문에 일어나는 우발적 범죄가 아니며, 자신에 대한 불만이나 분노, 소외감의 표출, 때로는 자신의 남성다움을 과시하거나 능력을 입증하는 방법으로 성폭력을 한다는 것 등을 바르게 알아야 한다.

성폭력은 결코 남의 일이 아니며 우리 주위에 늘 존재한다. 주변의 성폭력 피해자를 돕기 위해서는 피해자가 심리적으로 위축되어 있다는 것을 감안하고 대하면서 성폭력 피해자가 안정된 생활을 영위할 수 있도록 의료기관이나 법률사무실, 상담소간의 사회적 지원망을 구축하여 대응하는 것이 절대적으로 필요하다.

성폭력을 예방하기 위해서는 성폭력 퇴치방법을 널리 알려야 한다. 처음부터 적극적으로 대항하되, 위험이 예상되는 상황에서 상대방을 화나게 하는 일이 없도록 해야 한다. 성폭력 피해를 막기 위해 낯선 차를 타지 말도록 하며, 외출시에는 자극적이거나 노출이 심한 옷을 삼가하거나 자기방어를 위한 도구나 호루라기를 지니고 다니도록 하는 것도 하나의 방법이다.

동시에 성폭력을 예방하기 위해서는 성폭력 가해자의 치료 재활에 힘써야 한다. 대체로 이들은 도덕성이 결여된 범법자로서 낙인찍힌다. 하지만 가정에서 인정받지 못하고 사랑받지 못한 정서적으로 외로운 존재로, 올바른 가치관이 형성되지 못하고 성에 대한 인식이 왜곡되어 있다. 별다른 죄책감 없이 성폭행을 하는 경우도 많다. 이 경우 가해자의 잘못된 생각이나 태도를 바로 잡을 수 있도록 자신의 행동결과의 파장을 예상해 본다거나 법적으로 어떤 처벌을 받게 되는 중범죄인지를 알려주는 것도 방법이다. 성적 욕구조절 능력이 약화되어 상습적인 성폭행을 하는 경우는 전문치료기관에 의뢰해서 장기적인 치료를 받을 수 있도록 주선하며, 이를 통해 재발을 막아야 한다.

특히 청소년 성범죄자의 재범 예방을 위해서는 수강명령을 통해 교화 개선하는 것이 바람직하다. 성범죄의 경우 다른 일반 범죄에 비해 전문가 개입을 보다 더 필요로 하는 만큼, 수강명령 프로그램에 대한 국가지원을 강화하고, 청소년 성범죄자의 재활을 위한 전문가 조직 구성이라든가 청소년 성범죄자의 개인적 환경이나 성향 및 행위의 종류나 내용에 따라 재활 프로그램을 달리 개발·적용할 필요가 있다. 이를테면 청소년 성범죄자를 반사회적이며 충동적인 범죄자, 비정상적이며 소외된 범죄자, 지나치게 내성적인 범죄자, 공격적인 범죄자 등 4가지 유형으로 구분해 볼 때, 반사회적이며 충동적인 범죄자의 경우 규칙을 위반하는 속성 때문에 범죄를 저지를 수 있으므로 성범죄자에 특수한 처우에 부가해서 친사회적 태도, 대인기술, 학업능력 등을 향상시키는 프로그램이 필요하다. 비정상적이며 소외된 범죄자에게는 듣기, 대화 시작하기, 질문하기, 자신을 소개하기 등의 기술을 가르치는 것이 도움이 된다. 지나치게 내성적인 청소년에게는 함께 하기, 감정 표현하기 등의 기술을 가르치는 것이 좋고, 공격적인 범죄자에게는 타인의 감정을 이해하는 것을 가르치는 것이 도움이 된다. 성범죄자에 대한 처우와 치료에 있어서 배타적으로 성행동에만 초점을 두어서는 안되며, 이들이 건전하게 생활할 수 있으며 연령에 맞는 사회적, 성적 관계를 갖도록 돕는 등 재범 예방에 힘써야 한다.

> 오레곤주의 초이스(CHOICE) 프로그램은 자신의 범죄행위가 자신의 책임이며, 그것이 자신과 타인에게 미치는 해를 분명히 알게 하기 위한 것이다. 일상생활에서 사회와 원활히 소통하는 기술, 지식, 이해 등을 배양하고, 성에 대한 건전한 태도와 행동을 발전시킨다. 타인과 도움, 애정을 주고받을 수 있는 능력을 함양하며, 성범죄 원인을 파악하고 미래의 성범죄 발생 위험과 관련되는 상황, 생각, 감정, 행동에 대해 명확하게 알 수 있도록 한다. 청소년 성범죄자로 하여금 자기자신이나 피해자 등에게 자신의 범죄행동을 설명하도록 하는 프로그램이 포함되어 있으며, 해로운 행동을 가져올 수 있는 위험요소에 대해 다양한 대안을 개발하게 된다. 프로그램을 마친 후 1년간 추후지도 프로그램에 참여해야 한다.

3. 성매매 예방방안

우리 문화 전반에 걸쳐 성과 쾌락의 추구가 과잉평가되어 있는 가운데 청소년 성매매는 퇴폐적 향락문화, 물질주의적 가치관의 지배 등 우리사회에 만연된 성조장 문화와 밀접한 상관이 있다. 따라서 우리 사회내 이중적인 성의식이 탈피되고, 물질 위주의 사회구조적 모순을 극복해 가는 과정이 동시에 진행되어야 청소년 성매매를 줄여나가는 데에 일조할 수 있을 것이다. 다시 말해 티켓다방, 안마시술소, 퇴폐・향락업소, 포르노사이트를 비롯한 음란 사이트, 음란 채팅 등 청소년 성문제를 조장하는 부정적 사회환경을 정화해나가고, 우리사회 전반에 퍼져있는 성에 대한 이중잣대와 여성에 대한 왜곡된 가치관의 변화, 공공연하게 자행되고 있는 성과 관련된 회식문화의 청산 등이 수반되어야 그나마 청소년 성매매가 더 이상 확산되지 않을 수 있는 기틀이 마련된다고 본다.

이러한 사회적 여건 조성과 더불어 우리가 해야 할 것은 청소년 성매매는 특정집단에 국한된 문제가 아니라 청소년문화 전반에 스며들어 있으므로, 성매매에 관한 지원 서비스 및 프로그램을 전체 교육기관과 청소년 문화시설에까지 확대 실행해야 하며 성매매 청소년의 저연령화를 막기 위해 초등학교 시기부터 성매매 예방교육을 실시해야 한다.

성매매 예방적 차원에서 초기 개입 효과를 높이기 위한 접근으로, 일시쉼터를 병행하는 방문센터(drop in center)가 운영된다면 가출청소년의 성매매 유입을 일차적으로 막을 수 있어서 위험한 선택으로부터 청소년을 구조하는 초기개입의 효과를 가질 수 있을 것이다. 아울러 검찰이나 경찰의 성매매 관련 전담부서 설치와 아웃리치 상담소와의 공조체제가 마련된다면 더욱 효과가 배가될 것이며, 성매매 청소년의 사회복귀를 위한 공공 민간 기구 차원에서의 다이버전 체제가 구축되고 실시되어야 할 필요가 있다.

성매매 청소년을 대상으로 이들의 성매매 재범을 예방하기 위해 중요하게 다루어야 할 부분은, 성매매 청소년 대부분이 자신의 미래를 부정하고 사회에 대해 반항적이며 물질에 대한 의존적인 태도를 보이고 있다는 점을 감안하여, 이들 청소년이 자신의 미래를 찾고 꿈을 키워갈 수 있는 의지를 갖게 함과 동시에 여건을 조성해주어야 한다는 점이다. 청소년 성매매라는 것은 약물중독과 유사하게 한번 빠지게 되면 그것을 벗어나기가 매우 어렵기 때문에, 성매매 중단을 위한 책임감 강화교육이 필요하고 보호시설 교육의 학력 인정과 청소년 경제활동 참여 범위 및 연령 확대를 고려해야 한다. 또한 성매매의 유혹으로부터 벗어나기 위해서 청소년의 일자리를 현실화하는 방안이 모색되어야 하며, 이는 청소년의 성적·노동력 착취 예방을 위해서도 필요하다. 동시에 성매수자 대상 치료재활 프로그램의 개발과 운영을 통해 재범을 예방해야 할 것이다.

VI. 요약

성과 쾌락의 추구가 과잉평가되고 성이 상품화되는 사회환경 등으로 인해 가치관 확립이 채 되지 못하고 성에 대해 호기심이 강한 청소년층은 성매매나 성폭력 등 성비행에 노출되어 있다. 성비행 예방과 확산 방지를 위해서는 무엇보다도 먼저 청소년을 대상으로 성의 신체적, 심리사회적 의미를 바르게 심어주어야 한다. 성이란 사랑과 인격을 전제로 하는 행동으로서, 무한한 자유란 존재하지 않고 통제와 극복이 요구되며 결과에 대한 책임감이 따르는 행동임을 알려주고, 청소년들로 하여금 철저한 자기관리 능력을 갖추도록 해야 한다. 아울러 우리사회내 존재하고 있는 이중적인 성의식과 물질 위주의 사회구조적 모순을 극복해나가는 노력과 유해매체의 불법유통을 차단하기 위한 지속적인 관리 · 감독을 하고, 민간감시체제의 활성화를 위한 적극적 지원을 통해 청소년 성비행을 줄일 수 있다.

참고문헌

강은영(2000). 아동 성학대의 실태 및 대책. 서울: 한국형사정책연구원.
김은경(2000). 성의 상업화가 성의식 및 성폭력에 미치는 영향. 서울: 한국형사정책연구원.
김준호 · 김은경(1995). 여자청소년의 비행실태에 관한 연구. 서울: 한국형사정책연구원.
__________(1996). 법의식과 비행의 관계. 서울: 한국형사정책연구원.
김지선(2001). 성매매 청소년의 처우실태에 관한 연구. 서울: 한국형사정책연구원.
김진화 외 10인(2002). 청소년 문제행동론. 서울: 학지사.
문화관광부(2001). 청소년 성매매에 관한 정책연구.
________(2002). 청소년백서.
서울가정법원소년자원보호협의회(1995). 청소년 성폭력 어떻게 할 것인가?
윤덕경 · 박현미 · 장영아(2001). 미성년여성 성매매 관련법제의 시행실태와 과제. 서울: 한국여성개발원.

이건호(2002). 아동 포르노그래피에 관한 연구. 서울: 한국형사정책연구원.
임영식 · 한상철(2000). 청소년심리의 이해. 서울: 학문사.
자녀안심운동 서울협의회(2000). 원조교제의 실상과 대책.
______________________(2000). 청소년문제행동의 이해.
______________________(2001). 가족과 청소년비행.
______________________(2001). 비행청소년의 성의식 조사
______________________(2001). 성매매 청소년 보호대책 심포지움 자료집.
전영실(2001). 청소년 성범죄자 재활 프로그램의 실태 및 개선방안. 서울: 한국형사정책연구원.
청소년보호위원회(2001). 음란물에 노출된 아동 · 청소년의 판단능력과 자기통제에 관한 심리학적 연구.
______________(2001). 성범죄자 치료재활 프로그램 개발을 위한 기초연구.
______________(2002). 청소년 유해환경 종합실태조사.
______________(2002). 청소년보호백서.
한국성폭력상담소(1996). 성폭력이란 무엇인가? 한국성폭력상담소 교육자료 1.
______________(1996). 청소년 성문화를 통해 본 성폭력 실태 및 대책. 세계성폭력주가 세미나 자료집.
한국청소년상담원(2001). 청소년위기, 어떻게 해결할 것인가? 청소년문제 정책포럼 자료집.

7

약물 오 · 남용 및 중독

Ⅰ. 개관

일반적으로 마약류(narcotics)라고 하는 용어는 무감각을 의미하는 그리스어인 "narkotikos"로부터 기인하고 있는데, 수면 및 혼미를 야기시켜 동통을 완화시키는 물질을 가리키며, 대마, 마약, 향정신성 의약품 등이 여기에 포함된다(한국마약퇴치운동본부). 이와 같은 마약류는 술, 담배 등과 더불어 과거 전통사회에서는 한 때 신체 및 정신적 고통을 덜어주는 뛰어난 효능을 지닌 의약품으로 분류되기도 하였다. 그러나 근대 이후 산업화가 진행되고 과학기술의 발전속도가 빨라지면서 이들 의약품이었던 약물들은 중독성 등 인체에 미치는 강한 부작용이 밝혀지면서 일반 의약품과는 구분되는 마약류 및 유해물질 등으로 새롭게 규정되기 시작하였다. 이런 변화 속에서 담배와 술도 사용 및 판매 장소 등이 규제되어지는 등 점차 오 · 남용과 중독을 발생시키는 모든 약물에 대한 일반인의 관심도 증가되고 있으며 특히 청소년에 대해 이들 약물이 미치는 유해성의 심각성에 대한 인식이 보편화되면서 한국사회에서도 이에 대한 정책적 차원에서의 노력이 다양해지고 있는 실정이다.

하지만 이와 같은 변화에도 불구하고 한국사회에서의 유해약물 사용은 점차 증가하고 있는 실정이며, 청소년 연령층의 사용인구 또한 감소하고 있지 않다. 더욱이 새롭게 만들어지는 신종 마약류가 청소년을 포함한 젊은 계층을 중심으로 빠르게 확산되고 있고 심지어 시중에서 손쉽게 구입할 수 있는 일반 의약품을 이용한 약물 오·남용 사례가 증가하고 있는 등 문제의 심각성이 강화되고 있다. 청소년의 경우 특히 대학입시와 이로 인한 과다경쟁으로 인하여 언제나 심적 긴장과 갈등 상태를 안고 있으며, 이러한 상황이 유해약물에 접근하기 쉬운 사회구조의 취약성과 연계되어지면서 이들의 약물 오·남용 및 중독을 심화시키고 있다고 볼 수 있다. 청소년 약물 오·남용과 중독에 있어 가장 중요한 역할을 한다고 볼 수 있는 가정과 학교의 역할 또한 아직까지도 이 부분에 있어서는 매우 미약한 대응방식을 지니고 있으며, 오히려 이들 영역으로부터 청소년의 약물 오·남용과 중독을 조장하는 원인들이 양산되고 있기도 하다.

청소년 약물 오·남용과 중독의 상황이 이와 같음에도 불구하고 이들의 문제를 예방하고 치료할 수 있는 사회제도 및 기구들이 부족한 실정이며, 이들을 바라보는 사회적 인식 또한 막연하게 부정적인 상태에 머물러 있는 등 문제해결의 방향이 효과적으로 설정되고 있지 못하다.

본장에서는 이와 같이 심각한 상황에 놓여 있는 한국 청소년의 약물 오·남용 및 중독 현상에 대해 실태와 원인, 약물의 실재, 관련 법 등을 중심으로 간략하게 살펴보고 이를 바탕으로 이에 대한 가정과 학교, 지역공동체에서의 가능한 대책들에 대해 논의를 제시해보기로 한다.

Ⅱ. 실태

1. 약물 오·남용 및 중독의 개념

약물을 잘못 사용하는 경우는 오용, 남용, 의존, 중독 등과 같은 4가지 형태로 구분할 수 있다. 이들 각 개념들의 정의와 내용 등에 대해 살펴보기로 한다.

1) 약물오용(misuse)

약물오용이란 의학적인 목적으로 약물을 사용하기는 하지만 이를 의사의 처방에 따르지 않고 임의로 사용하거나 또는 처방된 약을 제대로 또는 지시대로 사용하지 않는 것을 말한다. 예를 들면, 감기약을 사용할 때 처방된 2알의 범위를 넘어서 4알씩 먹는 경우, 화상에 의해 발생한 상처에 모기약을 바르는 경우 등이 여기에 해당된다.

2) 약물남용(abuse)

남용이라는 용어는 언어적 차원에서 볼 때 "함부로 씀" "마구 씀" 이라고 하는 의미를 지니고 있지만, 약물과 관계되어져 의학적 차원에서 사용되어질 때에는 다음과 같은 의미를 지닌다.

"의학적 상식, 법규, 사회적 관습으로부터 일탈하여 쾌락을 추구하기 위하여 약물을 사용하거나 과잉으로 사용하는 행위"(한국마약퇴치운동본부)

따라서 이 경우, 법적 규제의 대상이 되는 마약류를 사용하는 것뿐만 아니라 법적 규제의 대상에 포함되어 있지 않은 약물이라도 환각 목적으로 사용할 경우까지 모두 약물남용에 포함되어진다.

이를 진단하는 기준으로는 미국 정신의학회에서 구성한 DSM-IV(Diagnostic Statistical Mannual, 4th ed)가 대표적인데, 이 기준에 의하면 다음에 제시되어 있는 4가지 항목 중 1가지 이상을 1년 이상 지속하여 임상적으로 의미 있는 장애나 고통이 수반되어진 경우 약물남용이라고 규정한다(한국마약퇴치운동본부).

① 약물 사용으로 인하여 직장, 학교, 가정 등에서 자신의 역할과 임무를 수행하지 못하는 경우. 예를 들면, 약물 사용으로 인하여 잦은 결석, 성적저하, 징계, 가족내 불화 등이 발생하는 경우임.

② 신체적으로 위험한 상황임을 알면서도 약물을 사용하는 경우. 예를 들면, 약물 사용 직후 운전을 하거나 기계 등을 다루는 경우임.

③ 약물 사용으로 인하여 법적 문제가 발생하는 경우. 예를 들면, 약물의 사용으로 인하여 관련법에 저촉되어 체포당하는 경우임.

④ 약물 사용으로 인하여 사회적 관계 또는 대인관계에 있어 문제가 발생하였음에도 불구하고 지속적으로 약물을 사용하는 경우. 예를 들면, 약물에 의해 가정불화, 해고, 싸움 등이 반복적으로 발생하지만 약물 사용을 지속하는 경우임.

3) 약물의존(dependence)

약물의존이란 마약류 및 여타 약물을 지속적, 주기적으로 사용한 결과 사용자에게 정신적, 신체적 변화가 발생하여 사용자가 마약류 및 약물 사용을 중단하거나 조절하는 행위가 어렵게 되는 상태를 말한다. 미국 정신의학회에서 구성한 진단기준으로 보면 다음의 7가지 증상 중 3개 이상이 함께 1년 이상 지속되어 임상적으로 의미 있는 장애나 고통이 수반되어질 때 약물의존 상태라고 한다.

① 내성 : 약물을 사용했을 때 효과가 점차로 감소하거나 같은 효과를 얻기 위해 점차 사용량을 증가시켜야 하는 상태

② 금단증상 : 약물 사용을 중단하거나 사용량을 줄이면 나타나는 증상

으로 손 떨림, 많은 땀, 맥박 증가, 구역질, 구토, 환영, 환청, 불안, 초조, 간질 등이 발생하며, 이들 증상은 약물의 종류, 사용기간, 사용량 등과 비례하여 차별적으로 나타남

③ 생각했던 양과 사용기간보다 더 많은 양을 더 오랫동안 사용함
④ 사용중단이나 사용량 감소 노력의 실패
⑤ 약물 사용에 많은 시간 소비
⑥ 약물 사용으로 인해 대인관계, 직업활동, 취미생활 등이 저해되고 문제 발생
⑦ 약물 사용으로 인해 심리적, 신체적 질병이 발생했음을 알면서도 계속 사용

4) 약물중독(addiction)

약물중독이란 약물 사용에 대해 강박적으로 집착하며, 일단 사용하면 끝까지 가야 되는 등의 조절불능 상태에 이르고, 해로운 결과가 있으리라는 것을 알면서도 강박적으로 약물을 사용하게 되는 상태를 말한다. 단적으로 심각한 정도의 심리적, 육체적 의존상태라고 할 수 있다.

2. 청소년 약물 오 · 남용 및 중독 실태

2001년도 UNDCP의 보고자료에 의하면 전세계 인구 중 약 1억 8,500만 명 정도가 불법마약류를 사용하고 있는 것으로 나타났으며, 그 거래 규모는 연간 5,000억 달러에 이르고 있는 것으로 밝혀지고 있다(한국마약퇴치운동본부). 한국의 경우에도 1989년에 단속인원이 3,939명이었던 것이 이후 지속적으로 증가하여 다음 표에서 확인할 수 있는 바와 같이 1999년을 기점으로 1만 명을 넘어서고 있고 잠시 주춤하다 2002년에는 1만 673명으로 증가하고 있는 등 심각성이 더해가고 있는 실정이다.

<표 7-1> 불법 마약류 사범 단속 현황(출처 : 한국마약퇴치운동본부)

(단위 : 명)

구분	'96	'97	'98	'99	'00	'01	'02
사범수	6,189	6.947	8,350	10,589	10,304	10,102	10,673
대마	1,272	1,301	1,606	2,187	2,284	1,482	1,965
마약	1,235	1,201	892	923	954	661	790
향정신성 의약품	3,682	4,445	5,852	7,479	7,066	7,959	7,918

그러나 현실적 상황을 보면 단속현황보다 그 사정이 매우 악화되고 있음을 알 수 있는데, 2000년 이후 급증하고 있는 엑스터시 등 신종마약류의 반입과 이에 따른 은밀한 사용 및 계층의 저연령화 및 다양화, 오·남용을 유발하는 유사마약류 사용의 지속적 증가 등 한국사회에서의 마약류 사용 문제는 심각한 상황으로 확대되어 가고 있다. 특히, 각종 약물의 오·남용과 중독 등으로부터 무방비상태에 있으며 또한 어떠한 연령층보다도 그 심각한 부정적 영향력을 쉽게 접하게 되는 청소년 계층에서의 사용이 증가하고 있다고 하는 측면을 볼 때 이 문제는 더 이상 방치되어서는 안된다고 할 수 있다. 다음에 제시되고 있는 기사는 이와 같은 문제점을 잘 나타내고 있다.

'죽어도 좋아' 젊은층 광란의 파티 : [뉴스추적]차고 넘치는 신종마약 -- 일반 마약류와는 달리 일부 젊은이들이 즐기는 것으로 알려진 엑스터시는 매년 폭발적인 증가추세다. 특히 유학생, 교포들이 방학을 맞아 입국하는 여름철은 엑스터시의 시즌으로 알려졌다. 점차 줄어드는 기존 마약류와는 달리 신종 마약은 폭발적인 증가세를 보이고 있다. 일부 젊은이들이 상용하는 것으로 알려진 엑스터시는 여름철이 되면 더욱 눈에 자주 띈다. 방학을 맞은 교포, 유학생 그리고 그들과 함께 어울리는 사람들이 신종 마약에 관심을 보이기 때문이다. 여기에 아직 마약류로 분류되지 않아 너무 쉽게 구할 수 있는 러미날과 S정의 증가 속도는 수직 상승세. 신종 마약과 러미날 등은 비교적 싼 가격에 쉽게 접할 수 있다는 것이 문제…… 얼마 전 대학생 조군(20)는 이태원의 한 나이트클럽에서 말로만 듣던 '엑스터시(도리도리)'를 처음 접했다. 웨이터의 손에 이끌려 조군 일행이 있는 룸으로 들어온 여자들의 '상태'가 예사롭지 않아 주의를 기울이던 조군. 옆에서 선배가 아무렇지도 않게 "도리도리 한 애들이야"며 조군의 어깨를 툭툭 쳤다. 조 군은 "알고 봤더니 그 날 '엑스터시' 한 사람이 한 둘이 아니었다"며 흥분했다. 신종 마약(정확이 말하자면 향정신성의약품)으로 분류되는 '엑스터시(MDMA:암페타민계 유기화학물질)'의 계절이 돌아오면서 '비상령'이 발효됐다.

1999년 이후 젊은 층을 중심으로 급속도로 확산되기 시작한 엑스터시는 주로 외국 유학생과 국내 거주 외국인, 교포 및 그들과 어울리는 대학생, 젊은 직장인들이 주소비층. 따라서 미국 등 외국 대학의 방학을 맞아 유학생들이 대거 입국을 시작하는 6월 중순 경, 즉 지금부터 본격적인 엑스터시의 '시즌'이 시작된 것이다. 강남경찰서 마약수사 관계자는 "유학생들이 입국하는 시즌이 되면서 이들이 즐겨 찾는 관내 유흥업소와 파티가 자주 열리는 호텔 쪽의 첩보수집을 강화하고 있다"며 긴장의 끈을 늦추지 않았다……엑스터시를 비롯한 신종 마약의 압수건수는 폭발적으로 늘어났다. 지난 4월까지 압수된 엑스터시는 총 1,525정으로 지난 해 같은 기간보다 15배 이상 늘어났다. 작년 압수실적이 한 건도 없었던 신종 마약 LSD(합성 중추신경 흥분제), 야바(알약 형태의 신경흥분제)는 각각 900정, 387정이 압수됐다. 신종 마약이 우리 사회에 급속히 파고들고 있는 것이다. 게다가 아직 마약류로 분류되지 않아 어디에서나 구입할 수 있는 러미날과 S정 등을 합하면 마약은 큰 폭으로 증가하고 있다고 할 수 있다…….

일간스포츠, 2003.06.16

단순히 단속인원수로 보았을 때 청소년 마약사범의 수는 2003년 4월 현재 전체 단속인원 대비 0.6%에 불과하지만, 2001년도에는 24명이었던 청소년 마약사범 단속인원이 2002년에는 전년 대비 229% 증가된 79명이라는 사실은 그 심각성을 대변해준다고 하겠다(한국마약퇴치운동본부). 더욱이, 감기 등의 질병치료를 위해 사용되고 있는 러미날과 같은 약물은 2003년 현재 마약류에 포함되어 있지 않고 또한 중간상에 의해 대량 불법유통되어 음성적으로 판매되고 있는 등 오 · 남용에 의한 부작용을 유발할 수 있는 약물의 사용 정도를 고려한다면 한국 청소년에 있어서의 약물 오·남용과 중독의 문제는 중요한 청소년문제로 위치해 있다고 할 수 있다.

한편, 청소년에 위해한 약물의 범주에 포함될 수 있는 것으로 흡연과 음주에 의한 문제 또한 간과할 수 없는 상황이라고 할 수 있는데, 1999년 조사(한국마약퇴치운동본부) 결과 음주와 흡연 청소년 비율이 각각 61.8%와 32.3% 이었던 것이 다음 표에 제시되어 있는 바와 같이 2001년 조사(한국청소년개발원)에서는 그 비율이 각각 81.4%(일반고)와 32.7%(일반고)로 증가된 결과를 볼 수 있다. 이러한 현상은 실업고에서는 더욱 높게 나타나고 있으며 중학교에서도 그 비율은 점차 강화되고 있는 등 음주와 흡연이 청소년들의 일상으로 깊이 확산되어 감을 볼 수 있다. 이는 흔히 다른 문제행동과 연계되어 약물에 대한 거리감을 감소시키는 원인으로 작용하기도 하여 이러한 이유로 청소년의 약물 오·남용 및 중독의 일차적 단계를 점하기도 한다.

이밖에도 청소년들에 있어 약물 오·남용의 문제는 본드 등 다양한 흡입제와 감기약, 진통제 등 여러 남용 가능성이 있는 약품들이 주변에서 쉽게 구할 수 있는 조건에 있음으로 인해 매우 위태로운 상황에 처해 있다고 할 수 있다. 시중에서 판매되고 있는 남용 가능성이 있는 약품만 해도 200여

<표 7-2> 음주·흡연·행동경험

(단위 : %)

		없다	있다
음주	중학교	50.5	49.5
	일반고	18.6	81.4
	실업고	15.2	84.8
흡연	중학교	76.2	23.8
	일반고	67.3	32.7
	실업고	42.6	57.4

출처 : 이종원 외(2001)

종류가 넘으며, 그중에는 아무런 제재 없이 쉽게 구입할 수 있는 것도 있어 제반 환경이 청소년 약물 오 · 남용과 중독을 방지하기에는 매우 취약함을 알 수 있다. 특히, 대입 위주의 성적 지상주의가 아직도 청소년들에게 있어 주류적 가치관으로 자리하고 있음으로 인해 이로부터 파생되어 나오는 각종 강박관념과 긴장, 갈등의 해소를 위해 청소년들의 약물 사용이 이루어지기도 하는 등 약물남용을 조장하는 환경이 자연스럽게 구성되어 있는 것도 문제라고 할 수 있다.

청소년들에 있어 환각목적의 약물남용에 대해 조사한 1999년의 조사결과(한국마약퇴치운동본부)에 의하면 다음 표에 제시되어 있는 바와 같이 약물 사용이 이미 중학교에서부터 이루어지고 있으며, 다양한 종류의 약물들이 사용되어지고 있음을 알 수 있다.

또한 동일 조사결과 약물 사용 목적이 통증 해소 등과 같은 치료목적인 경우가 가장 많았으나 비치료목적인 경우도 16.7%로 높게 나타났으며, 잠을 쫓기 위해(4.8%), 괴로움 · 우울감의 해소(2.9%), 불안감 해소(1.7%), 호기심(1.5%), 무료함(1.5%) 등과 같은 여타 목적도 다양하게 나타났다.

<표 7-3> 환각목적의 약물남용 실태

(단위 : %)

구분	중학생	고등학생	남	여	전체
흡입제	0.7	1.9	1.9	1.0	1.4
진통제	1.3	2.2	2.0	1.5	1.8
수면제	0.3	1.7	1.3	0.8	1.0
각성제	0.3	0.7	0.4	0.6	0.5
신경안정제	0.1	0.5	0.3	0.3	0.3
진해제	0.1	0.1	0.2	0.0	0.1
항히스타민제	0.1	0.0	0.1	0.0	0.1
이뇨제	0.1	0.1	0.2	0.0	0.2

출처 : 한국마약퇴치운동본부

3. 관련 법

약물 오·남용 및 중독과 관계된 대표적인 법령은 과거에는 마약법, 대마관리법, 향정신성의약품관리법, 유해화학물질관리법 등과 같은 4가지로 구분되어졌었지만, 2000년도에 새로이 개정된 마약류관리에관한법률은 기존의 마약법, 대마관리법, 향정신성의약품관리법을 묶어 하나로 통합하고 있다. 이밖에도 이와 관련 있는 법에는 마약류불법거래방지에관한특례법, 특정범죄가중처벌등에관한법률, 형법 등이 있다.

가장 대표적 관련법인 마약류관리에관한법률과 유해화학물질관리법의 내용을 살펴보면 다음과 같다(법제처).

1) 마약류관리에관한법률

① 목적

이 법은 마약, 향정신성의약품, 대마 및 원료물질의 취급, 관리를 적정히 함으로써 그 오용 또는 남용으로 인한 보건상의 위해를 방지하여 국민보건 향상에 이바지함을 목적으로 한다.

② 대상 약물

가. 마약류

: 마약, 대마, 향정신성의약품

나. 마약

: 양귀비, 아편, 코카엽

: 양귀비, 아편, 코카엽에서 추출되는 모든 알카로이드로서 대통령령이 정하는 것

: 상기 열거된 것과 동일하게 남용되거나 유독작용을 일으킬 우려가 있

는 화학적 합성품으로서 대통령령이 정하는 것

: 상기 열거된 모든 알카로이드를 함유하는 혼합물질 또는 혼합제재. 다만, 다른 약물이나 물질과 혼합되어 상기에 열거된 것으로 다시 제조 또는 제제할 수 없고, 그것에 의하여 신체적 또는 정신적 의존성을 일으키지 아니하는 것으로서 보건복지부령이 정하는 것(이하 "한외마약"이라 한다)을 제외함

다. 향정신성의약품

: 인간의 중추신경계에 작용하는 것으로서 이를 오용 또는 남용할 경우 인체에 현저한 위해가 있다고 인정되는 다음 사항에 해당하는 것으로서 대통령영이 정하는 것을 말한다.

: 오용 또는 남용의 우려가 심하고 의료용으로 쓰이지 아니하며 안전성이 결여되어 있는 것으로서 이를 오용 또는 남용할 경우 심한 신체적 또는 정신적 의존성을 일으키는 약물이나 이를 함유하는 물질

: 오용 또는 남용의 우려가 심하고 매우 제한된 의료용으로만 쓰이는 것으로서 이를 오용 또는 남용할 경우 심한 신체적 또는 정신적 의존성을 일으키는 약물이나 이를 함유하는 물질

: 상기에 규정된 것보다 오용 또는 남용의 우려가 상대적으로 적고 의료용으로 쓰이는 것으로서 이를 오용 또는 남용할 경우 그리 심하지 아니한 신체적 의존성 또는 심한 정신적 의존성을 일으키는 약물이나 이를 함유하는 물질

: 상기에 열거된 것을 함유하는 혼합물질 또는 혼합제제. 다만, 다른 약물이나 물질과 혼합되어 상기에 열거된 것으로 다시 제조 또는 제제할 수 없고, 그것에 의하여 신체적 또는 정신적 의존성을 일으키지 아니하는 것으로서 보건복지부령이 정하는 것을 제외함

라. 대마

: 대마초(칸나비스사티바엘)와 그 수지 및 대마초 또는 그 수지를 원료로

하여 제조된 일체의 제품을 말함. 다만, 대마초의 종자·뿌리 및 성숙한 대마초의 줄기와 그 제품을 제외함

2) 유해화학물질관리법

① 목적

이 법은 화학물질로 인한 국민건강 및 환경상의 위해를 예방하고 유해화학물질을 적정하게 관리함으로써 모든 국민이 건강하고 쾌적한 환경에서 생활할 수 있게 함을 목적으로 함

② 대상 약물

가. 유해화학물질이라 함은 유독물·관찰물질 기타 사람의 건강 또는 환경에 유해한 화학물질을 말함

나. 유독물이라 함은 사람의 건강 및 환경에 위해를 미칠 유해성이 있는 화학물질로서 대통령령이 정하는 지정기준에 따라 환경부장관이 정하여 고시한 것을 말함

다. 취급제한유독물이라 함은 유독물중 사람의 건강 또는 환경에 미치는 유해성의 정도가 특히 크다고 인정되어 제11조의 규정에 의하여 제조·수입 또는 사용을 제한하기 위하여 환경부장관이 정하여 고시한 것을 말함

라. 관찰물질이라 함은 사람의 건강 또는 환경에 위해를 미칠 유해성이 우려되는 화학물질로서 대통령령이 정하는 지정기준에 따라 환경부장관이 정하여 고시한 것을 말함

마. 이 법은 다음 각호의 1에 해당하는 화학물질에 대하여는 이를 적용하지 아니함. 다만, 제2호 내지 제10호의 규정에 의한 화학물질중 유독물에 대하여는 관계법령에서 유독물의 관리기준을 따로 정하고 있지 아니하는 경우 제24조의 규정에 의한 유독물의 관리기준을 적용함

- 원자력법에 의한 방사성 물질
- 약사법에 의한 의약품·의약외품 및 화장품

- 마약류관리에관한법률에 의한 마약 및 향정신성의약품
- 농약관리법에 의한 원제 및 농약
- 비료관리법에 의한 비료
- 식품위생법에 의한 식품 및 식품첨가물
- 사료관리법에 의한 사료
- 총포 · 도검 · 화약류등단속법에 의한 화약류
- 고압가스안전관리법에 의한 독성가스

바. 톨루엔, 초산에틸, 메틸알코올, 신나, 본드, 도료, 부탄가스 등이 포함됨

4. 오 · 남용 및 중독 약물

오 · 남용 및 중독을 일으킬 수 있는 약물로는 마약류와 유해화학물질로 크게 구분할 수 있다. 이를 종류별로 구분하여 제시하면 다음과 같다.

<표 7-4> 오 · 남용 및 중독 약물

천연마약	아편 알카로이드계	아편 알칼로이드계 마약으로는 아편, 모르핀, 헤로인 등이 있으며, 모두 앵속(양귀비꽃)으로 만든다. 아편은 양귀비꽃이 지고 난 후에 생긴 열매에 상처를 내어 흘러나온 액즙을 말려서 굳힌 것으로 생아편이라고도 한다. 검은 빛에 특유한 냄새가 있으며 맛이 쓰다. 아편을 원료로 하여 제조되는 마약은 아편가루(의약용 아편), 모르핀(염산 모르핀), 코데인, 헤로인 등이 있다.
	코카 알카로이드계	코카 알칼로이드계 마약은 코카잎에서 만들며 그 속에 함유되어 있는 코카인류가 마취 작용을 지니고 있다. 코카인은 코카잎에서 분리되었다. 의료용으로 사용되는 염산코카인은 무색 또는 백색의 결정성 가루이며 냄새는 없고 맛이 쓰며 혀를 마비시킨다. 물에 잘 녹으며 빙초산 또는 에탄올에 잘 녹고 클로로포름에도 녹으며, 중추신경계통을 자극한다. 안과질환의 치료, 구강 및 인후 등의 점막을 마비시킬 때 사용한다. 0.5g의 복용으로 사망할 저도로 독성이 강하다.

합성마약	몰핀과 유사효과를 내는 강력한 진통제 개발의 필요성에 따라 화학적으로 합성된 마약으로 천연마약과 같은 강한 의존성을 갖지는 않으나 내성과 의존성 등 금단증상을 유발한다. 화학분자 구조의 유사성에 따라 페치딘, 메사돈, 모르피난, 아미노부텐, 벤조모르판등으로 분류하고 있으며 현재 73종이 알려져 있으나 페치딘과 메사돈이 주로 남용되고 있다.
향정신성 물질	환각을 유발, 발동시키는 물질도 모두 여기에 속한다. 특히 환각제의 경우, 실제로는 존재하지 않는 소리가 들리거나 물건이 보이고, 또는 냄새를 느끼는 등 병적 현상을 야기시키는 작용물질이다. LSD 및 이와 유사한 환각작용이 있는 물질, 암페타민 및 이와 유사한 각성작용이 있는 물질, 바르비탈 메프로바메이트 및 이와 유사한 습관성 또는 중독성이 있는 물질, 프로폭시펜 및 이와 유사한 습관성 또는 중독성이 있는 물질등과 사람의 중추신경계에 작용하는 것으로 이를 오용 또는 남용할 경우 인체에 현저한 위가 있다고 인정되는 물질이라고 지적하고 있다.
흡입제	흡입제란 각종 휘발성 물질을 말하며 청소년들은 이러한 물질을 코나 입을 통해서 흡입함으로서 환각상태에서 비행과 사고를 저지르고 있다. 남용되는 유기용제에는 각종 공업용 접착제(본드), 신나, 부탄가스, 가솔린, 라이터기름, 스프레이 페인트, 헤어스프레이, 매니큐어 지우개, 아교 등 여러 가지 종류가 잇다. 우리나라 청소년들 사이에 접착제나 신나 흡입이 폭발적으로 유행하여 사회문제화되었으며 최근에는 스프레이 캔(연료용 부탄 개스 등)의 에어러졸 사용도 증가하고 있다.
중추신경흥분제	중추신경계에 작용해서 인체를 보다 활력있게 해 주는 물질이다. 이 약물을 사용하는 사람은 안정감이 없어지고 수다스러워지며, 불면증에 걸리기 쉽다, 흥분제에는 카페인, 니코틴, 코카인, 암페타민 등이 있다.
중추신경억제제	중추신경계에 작용하지만 흥분제와는 반대적인 효과를 갖는 물질이다. 즉 호흡, 혈압, 심장박동과 세포의 신진대사와 같은 활동을 억제하는 물질로서 아편계열 마약(아편, 몰핀, 헤로인), 진정제(바비튜레이드), 신경안정제(벤조디아제핀계), 수면제 그리고 술 등이 이에 속한다.

출처 : 한국마약퇴치운동본부

상기에 열거된 약물 이외에도 현재 법적으로는 문제가 없지만 약물 오・남용 및 중독자들에게 일종의 대체 약물로 사용되어지고 있는 약물로 러미날과 S정 등이 있다[4]. 이 경우 구입자들에게는 법적 처벌이 이루어지지 않지만 판매자들에게는 법적 처벌이 이루어진다.

4) 2003년 현재 이들 두 약물에 대해 정부에서는 2003년 10월 경 향정신성의약품으로 규정하고자 계획하고 있다.

5. 약물 오·남용 및 중독의 제반 징후

약물 오·남용 및 중독의 경우 신체 및 정신적인 측면에서 몇 가지 확인 가능한 징후들이 나타나게 된다. 이를 살펴보면 다음과 같다.

1) 신체적 증상

우선 눈으로 확인할 수 있는 신체적 변화로 눈이 많이 충혈되어 있음, 눈의 초점이 없음, 눈에 눈꼽이 끼어 있음, 졸음을 참지 못함, 콧물이 흐르고 있는 코, 체중 감소, 팔에 주사 자국이 있음, 몸에 경련이 일어남 등과 같은 특징들을 들 수 있다. 이들 현상들이 지속적으로 발생하는 경우 약물 오·남용 및 중독을 의심할 수 있다. 또한 오·남용 및 중독이 지속되는 경우 면역기능이 저하되어 작은 염증도 크게 확대되며 회복이 늦어지게 되는 현상이 발생하며, 이외에도 위염, 위궤양, 십이지장궤양, 간경화, 당뇨병, 고혈압, 중풍, 암, 성불구, 기형아출산, 수태불능 등과 같은 질병이 동반되기도 한다. 더욱이 흡입제를 사용하는 경우에는 축농증, 만성기관지염, 만성폐쇄성 호흡기 질환, 폐렴, 폐결핵 등이 발생할 수 있고, 주사를 사용하는 경우에는 전염성 질환과 AIDS 등에 노출되기 쉽다.

2) 정신적 증상

정신적 측면에서는 환각, 환청, 피해망상, 헛소리, 과도한 흥분, 불안, 초조, 사고력 마비, 공격적 행동 등이 유발되며, 건망증, 태만, 거짓말, 고립적 행위, 무책임, 가족회피 등과 같은 행위들이 나타나게 된다. 심한 경우 심각한 우울증과 환각, 불안발작, 정신분열증 등에 의한 자해와 자살이 이루어지기도 한다.

Ⅲ. 청소년 약물 오 · 남용 및 중독의 원인

1. 제반 원인

청소년들이 약물을 오·남용하고 중독에 이르는 원인은 크게 생물학적 요인, 심리적 요인, 사회적 요인 등으로 구분하여 살펴볼 수 있다.

생물학적 요인으로는 유전적 요인, 신경학적 요인, 생리학적 요인 등이 논의되고 있는데, 이중 유전적 요인이 가장 대표적이라고 할 수 있다. 이 부분은 급속도로 발달하고 있는 유전공학 및 다양한 임상실험 등을 통해 점차 확인되고 있는 부분인데, 알코올중독의 경우처럼 유전적 요인에 의해 약물 오·남용과 중독의 가능성이 증가될 수 있다고 하는 내용을 담고 있다.

심리적 요인을 강조하는 주장은 인성 발달과정상 억압, 배제 등과 같은 특정의 심리적 기제가 작용되어 발생하게 된 인성 결함이 가족관계, 친구관계 등 제반 사회적 관계에서의 부적응 결과를 야기하게 됨에 따라, 이를 해소하기 위한 도구적 의미로서 약물 사용자는 보다 쉽게 약물에 가까이 갈 수 있게 된다고 보는 시각이다. 여러 정신분석학적 관점에서 논하고 있는 가족관계를 중심으로 한 각 인성발달 과정에서 나타나는 욕망의 억압기제들이 약물 오·남용 및 중독에 빠지게 하는 중요한 심리적 요인이라고 할 수 있다.

사회적 요인으로는 사회적 역할모델 또는 준거집단의 역할, 사회적 관계에서의 보상과 처벌, 대중매체의 영향 등을 지적할 수 있다. 청소년에게 있어 사회적 역할을 체험하고 익힐 수 있는 역할모델 또는 준거집단의 설정은 매우 중요한데, 따라서 청소년이 선택한 역할모델의 대상이 어떠한 역할을 보여주는가에 따라 청소년 또한 그로부터 직접적인 영향을 받게 된다는 것이다. 평소에 가족이나 주변으로부터 흡연, 음주 등에 빈번히 노출되어진 경우 그 속에서 청소년은 모델을 찾을 가능성이 높은 것이며, 향후 이 청소년 또한 이들 약물에 쉽게 다가갈 수 있는 가능성이 높아진다고 하겠다. 한편, 보상과 처벌의 요인도 중요한 의미를 지니고 있는데, 사회적 관계를 진행해옴에 있어 약물 오·남용적 행위에 대해 처벌이 이루어지지 않았거나 또는 처벌 대신 보상이 이루어진 경우 남용의 가능성은 더욱 높아진다고 하겠다. 더불어 청소년들이 즐겨보거나 선호하는 대중매체의 프로그램 또는 스타들의 장면에서 약물 오·남용과 중독 현상이 심각하게 그려지지 않는 것도 앞서 살펴본 준거집단의 문제와 동일하게 청소년들에게는 부정적인 영향력으로 작용하게 된다.

이들 제반 요인들을 보다 구체화하여 청소년이 약물 오·남용 및 중독에 접하게 될 때의 목적 또는 원인을 몇 가지 행동모델로 구성하여 제시하면 다음과 같다(Chinlund, 1974; 김진화 외, 2002).

① 모험 추구형(adventure seeking type)

평소 과잉보호적인 부모에 의해 정상적인 모험에 대한 경험을 못해본 청소년들은 약물복용을 통해서 이를 해소시키고자 한다.

② 평화 추구형(peace-seeking type)

짧은 인생 기간 동안 많은 갈등을 겪어온 청소년들은 평소 마음이 항상 갈등 속에 머물러 있기 때문에 마음의 평화에 대한 열망이 대단하며 이를 현실적으로는 이룰 수 없다는 것을 깨닫고 그 대신 약물을 복용함으로써 마음의 평화를 느끼고자 시도하게 되는 것이다.

③ 교우관계 추구형(friendship-seeking type)

인생을 살아나가기 위해서는 친구가 반드시 필요하며 친구를 만드는 데에는 상당한 기술이 필요하다. 대부분의 경우에서는 성장과정 동안 그러한 기술을 습득하게 되지만 일부분에서는 그렇지 못한 경우도 있다. 그 결과 그들은 항상 고독하고 우울한 인생을 살아나가게 된다. 이런 사람들은 종종 친구를 사귈 때 마음의 긴장을 완화시키기 위해서 약물을 이용하게 되며 그 결과 약물을 계속 사용하게 되는 경우도 있다.

④ 힘 추구형(power-seeking type)

청소년뿐만 아니라 모든 사람들은 인생을 살아나가는 과정에서 상당한 힘을 발휘하고 싶은 욕망들을 가지고 있다. 그러나 정당한 노력을 통해 힘을 얻는 일은 보통 어려운 일이 아니다. 그러나 약물은 어떤 경우 이들에게 강력한 힘을 가진 것 같은 착각을 제공해 주게 된다. 이런 착각을 경험하게 될 경우 이들은 자주 약물을 접하게 되며 그 결과 약물 남용자로 되고 만다.

⑤ 미적감각 추구형(aesthetic-seeking type)

청소년들뿐만 아니라 모든 사람들은 미적 감각을 추구하는 경향들이 있다. 이를 느끼기 위해서 가끔 약물을 복용하게 되며 그 결과 약물에 지속적으로 의지하게 되는 경우이다.

⑥ 성적 동반자 추구형(sex-companion seeking type)

청소년기는 사춘기의 신체적 변화와 더불어 성적 충동이 증가하고 그로 인해 이성에 대한 관심이 높아지는 시기이며 성적 주체성을 확립해야 하는 시기이다. 그러나 여러 가지 여건으로 인해서 많은 제약을 받고 있는 이들은 성적 행위를 할 때 많은 불안을 겪게 된다. 그래서 이들은 약물복용을 함으로써 이러한 불안을 극복하고자 하며 그 결과 약물에 지속적으로 의존하게 되는 것이다.

⑦ 초월명상 추구형 (transcendence-seeking type)

복잡하고 갈등적인 인생을 살아나가는 우리 모두에게는 모든 것을 초월한 인생의 느낌을 경험해보고 싶은 열망이 있다. 그러나 이러한 열망이 현실에서는 도저히 경험할 수 없는 일들이기 때문에 약물을 복용함으로써 경험하려 하고 그 결과 약물에 지속적으로 의존하게 된다.

이밖에 살펴볼 수 있는 청소년 약물 오 · 남용 및 중독의 원인으로는 주변인의 약물 사용, 개인적 호기심, 또래집단의 영향력, 낮은 자존감, 기분전환, 사회활동능력 증가 목적, 스트레스 해소, 부모에 대한 도전, 매체의 영향, 통과의례, 성적 매력 증가, 지루함 해소 등이 있다(Lawrence. 1996).

2. 오 · 남용 및 중독 과정

청소년의 약물 오 · 남용 및 중독은 처음부터 마약류로 진행되는 경우보다는 대부분 흡연, 음주로부터 시작하여 점차 여러 원인을 거쳐 본드, 가스, 약품, 대마초, 마약 등으로 전이되어 간다(한국마약퇴치운동본부). 따라서 일상적이고 일반적이어서 유해하지 않다고 인식되어지는 약물을 접하는 행위가 약물 오 · 남용 및 중독 과정으로서의 매우 중요한 의미를 지닌다고 하겠다.

금명자(1995)는 이와 같은 약물 오 · 남용 및 중독의 단계 및 각 단계별 행위특징을 다음과 같이 구분하고 있다.

① 1단계 : 위기단계로서 청소년의 사회 · 심리적인 요인에 의해 촉발되며, 이로 인해 약물 사용에 대한 충동을 경험하게 되고 이차적인 약물 사용이 나타남
② 2단계 : 남용단계로서 내적 문제가 일상에서의 외적 행위로 나타나며 이차적 약물 사용이 일차적 약물사용으로 전환되고 이러한 문제들이 지속됨
③ 3단계 : 의존단계로서 일차적 약물 및 심화된 약물을 사용하고 치료를 위해서는 통합적 개입이 요구되어짐

한편, 윌포드(Wilford. 1981)는 약물 남용의 진행단계를 경험과 그로부터

받게 되는 느낌을 중심으로 다음과 같이 5단계로 구분한다.

① 약물 사용에 대한 호기심 단계
② 약물 사용으로 인한 좋은 경험을 하게 되는 단계
③ 다시 한번 좋은 느낌의 경험을 위하여 약물을 다시 하게 되는 단계
④ 좋은 경험을 지속적으로 느끼기 위하여 약물에 집착하게 되는 단계
⑤ 좋은 느낌을 유지하기 위하여 약물을 남용하게 되는 단계

결국, 이상의 제반 논의들을 종합해 볼 때 청소년들에게서 볼 수 있는 약물 오·남용 및 중독의 일반 과정은 다음과 같은 순서로 일반화될 수 있을 것이다.

개인의 생물학적, 심리적, 사회적 요인 → 약물 사용 → 쾌감 → 가족으로부터의 분리 → 동류집단과의 유대감 강화 → 약물 사용 강화 → 신체적, 정신적 장애 발생 → 약물 의존성 강화 → 신체적, 정신적 장애 심화 → 개인 및 사회관계로부터의 단절 → 인격 붕괴

Ⅳ. 대책 및 지도방안

청소년층에 있어 있어서의 약물 오·남용 및 중독의 증가는 청소년들의 정신적 병리현상 증가로 이어지며 나아가 이들의 사회생활 부적응으로 연계되어져 가족문제 심화로 인한 가정 파탄과 한국사회 전반의 병리성 확대 및 국가 경쟁력 약화라고 하는 심각한 결과를 낳을 수 있다. 따라서 가정, 학교를 포함한 사회 전체가 적극적인 태도로 청소년 약물 오·남용과 중독을 예방할 수 있는 정책을 구성하고 실행하며, 이미 중독이나 오·남용의 상태에 있는 청소년들을 위해서도 전국적인 치료시설과 프로그램을 효과적

으로 시행하는 것이 필요하다고 하겠다.

청소년 약물 오·남용 및 중독에 있어서는 무엇보다도 사전에 발생되지 않도록 하는 효과적인 예방정책의 시행이 중요하다. 이를 위해서는 중장기적이며 종합적이고 모든 관련 부분을 유기적으로 엮어 해석할 수 있는 체계적 예방 시스템이 마련되어야 할 것이다. 당사자뿐만 아니라 가족 구성원, 학교 교우, 교사, 지역 공동체 구성원, 기타 사회의 다양한 영향력 있는 매체 등 모두가 참여하는 노력이 하나가 되어야 하는 것이다.

이를 위해 시행해야 하는 가족, 학교, 지역공동체의 역할은 어떠해야 하는지 살펴보면 다음과 같다.

① 가족의 역할

가족은 청소년의 약물 오·남용을 예방하고 치료하는 데 있어 가장 기본적이며 중요한 역할을 하는 곳이다. 따라서, 평소에 청소년들을 대상으로 부모들은 이 부분에 대한 모범을 보여주어야 하며, 약물 오·남용과 중독이 가져올 수 있는 부정적인 결과와 구체적인 예를 설명하고 이에 대한 판단기준의 올바른 형성이 이루어질 수 있도록 해주어야 한다. 더불어 청소년과의 원만한 의사소통을 유지하여 관계를 유연하게 형성할 수 있도록 해야 하는데, 평소에 자녀의 행동을 관심 있게 관찰해야 하고 대화를 나누도록 분위기를 조성하며 자녀의 입장에서 생각해줄 수 있는 공감적인 태도를 가져야 할 것이다. 이렇게 되었을 때 자녀의 고민이 무엇인지 심도 깊은 의사소통이 이루어질 수 있는 것이며, 결국 높은 자아존중감 및 정체성의 확립이 가능하게 되어 자녀가 음주와 흡연 및 기타 약물로부터 자발적으로 저항력을 형성할 수 있는 능력이 이루어지도록 도와주게 되는 것이다.

② 학교의 역할

학교는 청소년들이 가장 많은 시간을 할애하는 곳이다. 따라서, 청소년에 대한 학교에서의 상황이 어떻게 전개되는가에 따라 청소년의 내적 갈등이 학교를 통해 해소될 수도 있는 것이며, 반면 그렇지 못한 경우 학교를 통해 갈등이 심화되고 폭발하게 되어 약물 오・남용으로 이어질 수도 있는 것이다. 청소년들에게 학교가 긍정적인 역할을 하기 위해 고려할 수 있는 방안들로는 다음과 같은 것들이 가능하다(한국마약퇴치운동본부).

- 본드, 가스 등 흡입제 및 술, 담배 그리고 약물사용에 대한 정기적인 실태조사를 한다.
- 술, 담배 및 기타 약물 사용에 대한 학교의 규칙과 벌칙들을 청소년들이 참여하여 스스로 수립하여 실천하도록 한다.
- 마약류 및 약물 사용을 예방하기 위해 구성된 정책을 공정하고 일관성 있게 시행한다.
- 유치원에서 고등학교 졸업반에 이르기까지 종합적인 예방교육 과정을 설치하고 올바른 약물사용법을 지도하고 약물남용의 폐해에 대한 설명과 거절할 수 있는 방안 등을 교육한다.
- 마약류 퇴치 및 약물남용 예방정책을 계획・수립하고 지역사회로부터 지원과 도움을 받도록 노력한다. 학교당국, 학부모회, 지역사회, 교육위원회, 치료기관, 민간단체 등이 상호 필요한 도움을 주며 일할 수 있는 협조체제를 발달시킨다.

③ 지역공동체의 역할

점차 지방자치제가 활성화 되어감에 따라 함께 살아가는 공간으로서의 지역공동체의 의미 또한 매우 중요하게 인식되어 가고 있다. 기성세대는 이를 기반으로 주변에서 청소년의 약물 오・남용과 중독 현상이 발견되면 관계 기관으로 알려 치료를 받게 해야 할 것이며, 지자체의 경우에도 이를 위해 지역별 약물 치료센터와 예방시설 및 전문가들을 확보할 수 있도록 해야 할 것이다. 또한 지자체는 그 지역의 학교에 전문가를 파견하여 청소년들을 대상으로 효과적인 예방교육이 이루어질 수 있도록 해야 하며, 필요한 경우 청소년 및 각 관련 단체와 기관에 경제적인 도움을 줌으로써 지역 공동체에서의 청소년 약물 오・남용 및 중독 현상에 대한 예방과 치료가 효과적이고 효율적으로 수행되어질 수 있도록 해야 한다.

한편, 예방을 벗어나 치료가 필요한 경우에도 당사자 주변인들의 도움이 매우 중요한 의미를 지닌다. 약물 오용의 경우 적절한 교육만으로도 정상적인 상태를 회복할 수 있는 것이며, 남용과 중독의 경우에도 치료시기를 놓치지 않고 적절한 치료를 받으면 정상적인 생활을 할 수 있기 때문이다. 일반적으로 약물 남용과 중독 청소년들에 대해 가족들이 대처할 수 있는 방법으로는 다음과 같은 방안들이 가능하다(한국마약퇴치운동본부).

첫째, 약물남용 청소년의 행동과 태도에 관계없이 무조건적으로 수용하고, 따뜻하게 대하며, 진실 되고 충분한 관심을 보여준다.

둘째, 부모 자신의 견해를 청소년에게 강요하지 말고 그의 입장에서 생각하고 이해하도록 노력해야 한다.

셋째, 마약류의 특징 및 폐해를 정확하게 말해주면서, 지금의 선택이 당장은 해롭지 않을지 모르지만 앞으로 미래에 미칠 악영향을 정확하게 인식하도록 도움을 준다.

넷째, 약물 남용 청소년과 대화를 나눌 때는 간단하고 분명한 용어를 사용하도록 한다.

다섯째, 약물 남용 청소년과 대화할 때는 약물 중독으로부터 벗어날 것을 재촉하거나, 화를 내거나, 폭력을 쓰지 말고 일단 그 자리를 피하고 나서, 어떻게 해야 할지 생각해보아야 한다.

여섯째, 약물 남용 청소년의 경우 책임을 회피하려고 하고, 단약(斷藥)조차 가족에게 맡기려는 속성이 있는데, 가족들은 이런 약물 남용 청소년의 특성에 휘둘리지 않도록 조심해야 한다. 문제를 청소년 대신 해결하지 말고 약물 남용 문제가 자기 자신의 책임임을 인식하도록 돕는 것이 중요하다.

일곱째, 약물 남용 청소년들의 경우 지각이 점점 심하게 왜곡되는 경우가 많기 때문에 많은 변명 혹은 의도적 침묵은 관계를 악화시킬 수 있음으로 가능한 편안하게 대화를 하도록 한다.

여덟째, 가족들은 평상시 가지고 있던 자신의 욕구를 충족시키기 위해 시간을 활용하도록 노력해야 한다. 많은 가족들이 약물 남용자에게 매달려 자신의 욕구를 포기하게 되면서 과도하게 개입되는 경우가 대부분인데, 이런 경우, 약물남용자의 의존성이 더욱 강화됨과 동시에 부담이 증가하며 가족에게도 역기능으로 작용할 수 있다.

아홉째, 가족중의 한 사람인 약물남용자가 부적응 상태를 나타내고 있는 상황에서, 보호자는 자신의 욕구를 충족시키거나 정상적인 생활을 하는 것에 대해 무의식적, 혹은 의식적으로 죄책감을 느낄 수 있는데, 가족들은 일단 이러한 죄책감을 긍정적으로 인정하고 각자의 욕구와 생활에 충실하면서 지속적으로 약물 남용자를 도와줄 수 있는 방법에 대해 생각해야 한다.

열째, 가족의 개입이 효과가 없다고 판단되거나 상황이 심각해져 약물 중독 청소년이 더 이상 가족 공간에서 함께 생활 할 수 없을 때에는 병원 등 치료기관에 입원시켜야 한다.

V. 요약 및 논의

청소년 약물 오·남용과 중독 현상을 감소시키고 그들이 올바른 사회인으로서 살아가게 하기 위해서는 지도자로서 무엇보다 현 상황에 대한 올바른 정보를 지니고 있어야 한다. 무엇이 약물 중독이며, 오용이고 남용인지 개념에 대한 명확한 이해가 있어야 하고 이를 바탕으로 청소년들의 약물 오·남용 및 중독 실태에 대해 알아보고자 해야 한다. 더불어, 유해 약물에는 어떠한 것들이 있으며 유해약물 사용시 어떠한 행위적 특성이 나타나는지, 그리고 이들 유해약물을 제재하고 있는 법에는 어떠한 것들이 어떤 내용을 담고 있는지에 대해 정확한 이해를 하고 있어야 한다. 일련의 조치가 필요한 약물 오·남용 청소년임에도 불구하고 이와 같은 제반 사항에 대한 정확한 판단 미숙으로 인하여 방치할 경우 차후 이 청소년은 치료할 수 없는 상태로 자신을 내몰게 되어 결국 삶 전체를 포기하게 되는 부정적 결과가 발생할 수 있기 때문이다.

따라서, 여기서는 이와 같은 측면에서 우선 약물 오용, 남용, 의존, 중독

등과 같은 제반 용어에 대한 정확한 개념적 설명을 제시하였고, 현재 한국 사회에서 볼 수 청소년 약물 오 · 남용과 중독의 실태에 대해 몇 가지 현실적 자료들을 바탕으로 제시하였다. 더불어 유해약물을 제재하고 있는 관련법으로서 대표적으로 마약류관리에관한법률과 유해화학물질관리법을 선정하여 각각의 목적과 내용에 대해 간략하게 살펴보았다. 오 · 남용과 중독을 일으킬 수 있는 약물의 종류 및 제반 증상 등에 대해서도 살펴보았고 나아가 약물 중독의 원인과 과정 전반에 대해서도 간략하게 제시하였다.

그 결과 청소년 약물 오 · 남용 및 중독에 있어 가장 중요한 영향을 미치는 대상이 가족, 학교(또래집단 포함), 지역사회인 것으로 확인되었다. 가족으로부터 원인이 발생하지 않는다면 결코 쉽게 약물 오 · 남용과 중독에 빠지지 않을 것이며, 오 · 남용이 이루어진다고 하더라도 가족, 학교, 친구집단 및 지역사회에서의 다양한 제도적 장치가 효과적으로 이루어진다면 이를 예방하고 치료할 수 있다고 할 수 있다. 더불어 무엇보다 중요한 것으로 이들 약물 오 · 남용 및 중독 청소년들에게 보내지는 주변인들의 인식 전환을 들 수 있는데, 이들을 사회 구성원으로서 있는 그대로 인정해주고 치료받도록 배려해주며 치료 후에도 다시 정상적인 학교생활과 사회생활을 할 수 있도록 도와주는 태도로의 근본적인 전환이 중요하다고 하겠다.

참고문헌

금명자 외(1995). 약물 남용 청소년 상담프로그램.

김선영(2001). 약물남용 청소년의 약물중단에 관한 연구. 숭실대학교 대학원 석사학위 논문.

김성이 외(1995). 청소년약물 남용 예방 · 재활프로그램. 서울: 문화체육부.

김성이(1996). “2020년 청소년의 병리:약물.” 2020년 우리 청소년의 모습은? 서울: 삼성생명 사회정신건강연구소.

김소야자 · 오경자(1998). 청소년 약물 사용 실태조사연구 현황보고서. 청소년보호정책자료 1998 2, 약물위원회 정책연구보고서. 서울: 청소년보호위원회.
김재희(1995). 약물남용 비행청소년의 성격 특성. 고려대학교 교육대학원 석사학위 논문.
김준호 · 박정선(1995). 청소년 약물 남용 실태에 관한 연구. 서울: 한국형사정책연구원.
김혜균(1999). 청소년 약물사용 예방을 위한 부모교육프로그램 개발에 관한 연구. 가톨릭대학교 석사학위 논문.
노혁(2000). "약물 남용 청소년 상담." 2000년 상담자료집. 서울: 자녀안심운동 서울협의회.
도현승(2001). 청소년의 약물남용에 관한 연구. 동국대학교 행정대학원 석사학위 논문.
문양금(2002). 청소년의 약물남용 실태와 예방대책. 아주대학교 교육대학원 석사학위 논문.
문화관광부(2000). 청소년백서.
__________(2001). 청소년백서.
문화체육부(1996). 청소년 약물 남용 예방교재.
보건복지부(2001). 한국 청소년 음주 및 약물남용과 비행행동간의 상관관계. 서울: 보건복지부.
자녀안심운동 서울협의회(2000). "비행청소년 상담연구 2000." 2000 상담자료집.
소귀례(1990). 청소년 약물 남용 원인 탐색. 숙명여자대학교 교육대학원 석사학위 논문.
식품의약품안전청 · 한국마약퇴치본부(1998). 청소년 약물 오용 · 남용 예방 중 · 고등학교 생활지도교사 교육교재.
안대순(1996). 청소년의 약물 남용 실태와 비행에 관한 연구. 연세대학교 석사학위 논문.
이나연(1995). 비행 및 약물 남용 청소년의 가족기능에 관한 연구. 서울여자대학교 석사학위 논문.
이연경(2000). 약물남용 청소년의 심리적 특성. 고려대학교 석사학위 논문.
이윤로(1997). 청소년 약물 남용의 원인과 치료. 서울:문음사.
이재윤 외(1990). "가족 적응력 결속력 평가 척도를 이용한 만성 알코올 중독 환자의 가족기능 평가에 관한 연구." 가정의학회지, 제11권 제10호.
장수진(2000). 약물남용 재소자 청소년의 성격적 특성에 관한 고찰: MMPI 성격검사를 중심으로. 서울여자대학교 석사학위 논문.
조성남(2000). "청소년 약물 남용 예방과 치료방안." 청소년상담보고서, 제4집. 대전: 대전광역시 청소년종합상담실.
조영환 외(1991). "FACES III를 통해 본 히로뽕 남용 환자의 가족 기능." 가정의학회지, 제12권 제9호.
조혜승(1997). 청소년 약물 남용 과정의 관련 요인에 대한 탐색과 사회사업적 개입에 관한 연구. 서울여자대학교 석사학위 논문.
주왕기(1990). "한국 청소년의 약물 남용 실태와 예방대책." 청소년단체협의회, 14(2).
______(1993). "예방정책분석 및 예방전략." 1993년도 청소년 약물 남용실태와 예방대책 학술대회 자료집. 서울: 한국청소년학회.

진태원(1996). “청소년 약물 남용의 원인과 증상.” 약물남용 청소년을 위한 지역사회 통합적 접근 세미나 자료집.

청소년대화의광장(1997). 청소년 약물남용 예방교육프로그램 개발연구. 서울: 청소년대화의광장.

청소년보호위원회(1999). 청소년 유해환경접촉 종합 실태조사 매체물 · 약물 · 업소 부문.

__________(2000). 제1차 청소년유해환경정화를 위한 정책포럼.

__________(2002). 청소년 유해환경 접촉 종합실태조사.

최선화(1996). 청소년과 약물남용. 서울: 홍익제.

최은영(1999). 약물남용 청소년의 인간관계 분석. 서울대학교 석사학위 논문.

한국마약퇴치운동본부(1995). 마약류 예방 및 약물 남용 예방교재.

__________(1999). 약물 남용예방교육 강의 지침서.

한국청소년학회(1993). 청소년 약물 남용 실태와 대책연구. 서울: 문화체육부.

한국형사정책연구원(1990). 메스암페타민(히로뽕) 사범의 실태와 대책.

__________(1991). 청소년 친구집단과 비행간의 신뢰성 연구.

__________(1995). 청소년의 약물남용실태에 관한 연구 : 술, 담배를 중심으로.

Adger, H. (1991). *Problems of Alcohol and Other Drug Use and Abuse in Adolescence*. New York.

Akers, Ronald L.(1992). *Drugs, Alcohol, and Society-social Structure, Process and Policy*. Wadsworth Publishing Company.

Atwater, E.(1983). *Psychology of Adjustment Personal Growth in a Changing World(2nd ed.)*. New Jersey: Prentice Hall Inc.

Cameron, N., & Magaret, A.(1963). *Personality Development and Psychopathology*. Boston: Houghton Mittin Co.

Chinlund, S. (1974). Juvenile Offenders and the Drug Problem. In R. E. Hardy, and J. G. Cull(ed.), *Problems of Adolescents*. Illinois: Thomas.

Christie, K. A., Burke, D. A., Rae, D. S., Boyd, J. H., & Locke, B.(1988). Epidemiologic Evidence for Early Onset of Mental Disorders and Higher Risk of Drug Abuse in Young Adults. *American Journal of Psychiatry*, 145. pp. 971-975.

Connell, P. H. (1979). Addiction in Adolescence, Some Comments about Its Diagnosis, Treatment, and Vulnerable Groups. *Community Health*, 6. pp. 29-33.

Early, K. E. (1996). *Drug Treatment behind Bars: Prison-Based Strategies for Change*. Westport, CT: Praeger.

Goode, Erich(1989). *Drugs in American Society(3rd ed.)*. New York: The McGraw-Hill Co.

Haugaard, J. J.(2001). *Problematic Behaviors During Adolescence*. New York: The McGraw-Hill Co.

Hawkins, J. David & Britt N.(1987). *Handbook for Evaluating Drug and Alcohol Prevention Programs*. Washington, D.C: U.S. Department of Health and Service.

Helzer, J. E. & Pryzbeck T. R.(1988). The Co-occurrence of Alcoholism with Other Psychiatric Disorders in the General Population and its Impact on Treatment. *Journal of Studies on Alcohol*, 49(3). Pp. 210-224.

Kadden, R. M., Cooney, N. L., Getter, H., & Litt, M. D.(1989). Matching Alcoholics to Coping Skills or Interactional Therapies: Posttreatment Results. *Journal of Consulting and Clinical Psychology*, 57(6). Pp. 698-704.

Lawrence, S. N., Drew, P., & Bruce, S. H.(1996). Overview of Drug Use and Abuse. *Adolescence Health Care(3rd eds.)*. Baltimore: Williams & Wilkins.

Macdonald, D. I. (1984). *Drug, Drinking and Adolescents*. Year Book Medical Publishers.

McCaul, M. E., & Furst, J. (1994). Alcoholism Treatment in the United States. *Alcohol Health & Research World*, 18(4). pp. 253-260.

McNeece, C. A., & DiNitto, D. M.(1994). *Chemical Dependency: A System Approach*. Englewood Cliffs, NJ: Prentice Hall.

Millmann, R. B., Khuri, E. T.(1981). Adolescence and Substance Abuse. In J. H. Lowinson(ed.), *Substances Abuse: Clinical Problems and Perspectives*. Baltimore: Williams and Wilkims.

Mullen, R.(1996). Therapeutic Communities in Prisons: Dealing with Toxic Waste. In K.E. Early(ed.), *Drug Treatment behind Bars: Prison-Based Strategies for Change*. Westport, CT: Praeger.

National Institute on Alcohol Abuse and Alcoholism.(1997). Patient Treatment Matching. *Alcohol Alert*, 36.

Newcomb, M. D., Bentler, P. M.(1988). *Consequence of Adolescent Drug Use: Impact on the Lives of Young Adults*. New York: Sage.

Newcomb, M. D., Maddahian, E., & Bentler, P. M.(1986). Risk Factors for Drug Use among Adolescents: Concurrent and Longitudinal Analysis. *J Public Health*, 76.

O'Brien, C. P. Childress, A. R., Mclellan, A. T. & Ehrman, R.(1992). A Learning Model of Addiction. In C. O'Brien & J. Jaffe(eds.). *Addictive States*. New York: Raven Press.

Reis, R. (1994). *Assessment and Treatment of Patients with Coexisting Mental Illness and Alcohol and Other Drug Abuse*. DHHS Publication No.(SMA) 94-2078.

Rohner, R. P., Pettengill, S. M.(1985). Perceived Parental Acceptance-rejection and Parental Control among Korean Adolescents. *Child Development*, 56. pp. 524～528.

Siegrist, J.(1964). Teenage Alcoholism, a Problem? Presented at the Annual Forum of the National Council on Alcoholism, April 23.

U.S. Department of Health and Human Services.(1993). Eighth Special Report to the U.S. Congress on Alcohol and Health.. Washington, DC: Supt. Docs. Government Printing Office.

Wexler, H.K., Falkin, G.P., Lipton, D.S.(1990). Outcome Evaluation of a Prison Therapeutic Community for Substance Abuse Treatment. *Criminal Justice and Behavior*, 17. pp. 71-92.

WHO(1974). *Twentieth Report on the Expert Committee on Drug Dependence*. Technical Report Series, 115.

WHO: Geneva.
Wilford, B. B.(1981). *Drug Abuse, A Guide for the Primary Care Physician*. Chicago: American Medical Association.
Woody, G.(1996). The Challenge of Dual Diagnosis. *Alcohol Health & Research World*, 20(2). pp.76-80.
약물남용 청소년을 위한 강남지역협의회 http://www.drugkiller.or.kr
한국마약퇴치운동본부 http://www.drugfree.or.kr
한국사이버시민마약감시단 http://www.drugcci.or.kr

8
청소년 자살

Ⅰ. 개관

자살이란 뒤르카임(E.Durkheim)의 정의에 의하면 "희생자 자신이 행한 적극적 또는 소극적 행위가 그러한 결과를 가져오도록 노력한 것으로부터 직접 또는 간접적으로 발생한 모든 경우의 죽음"이라고 할 수 있다(민문홍, 2001). 따라서, 자살의 주체가 스스로 자살에 대한 동기나 의도를 가지지 않거나 혹은 그러한 의도를 지니고 있다고 하더라도 어떠한 계기를 통해 이를 해소시키게 된다면 자살이라고 하는 극단적인 결과는 나타나지 않을 것이다. 이런 측면에서 볼 때 한 사회에서의 자살의 발생 정도는 개인적 차원을 떠나 사회적 차원에서의 고려가 반드시 이루어져야 한다고 할 수 있다.

특히, 청소년의 경우 성인과 달리 대부분 신체적으로 매우 건강한 상태에 있기 때문에 스스로 목숨을 끊지 않는 한 죽음에 이르게 되는 경우가 드물다고 할 수 있으며, 따라서 사회적으로 이를 방지하고 치료할 수 있는 제도적 장치가 잘 갖추어져 있다면 청소년의 자살의 발생 또한 매우 적을 것이라고 할 수 있다.

그러나, 한국의 경우 통계적으로 보았을 때 청소년 자살이 유럽 선진국보다 높으며, 그 원인 또한 과거와 달리 매우 다양해지고 있다는 측면에서 이에 대한 심층적인 논의가 이루어져야 할 것이라고 말할 수 있다. 또한 연구결과 그 중요한 원인이 가족으로부터 출발하고 있으며, 이것이 심각한 정도의 공부압력과 연계되어 폭력, 성비행, 약물 오·남용 및 중독 등과 같은 다양한 일차적 비행으로 나타나며, 결국 해결책을 찾지 못하고 더욱 심화되어 자살이라고 하는 극단적인 상태에 도달하게 되는 것을 알 수 있는데, 이러한 현상을 해결하기 위한 구체적인 정책들의 구성과 시행이 시급하다고 하겠다.

본장에서는 이를 위해 청소년 자살의 실태를 알아보고 청소년 자살의 제반 원인들에 대해 여러 이론들 및 연구들을 바탕으로 간략히 제시할 것이다. 더불어, 자살 청소년들에게서 볼 수 있는 제반 징후들을 살펴보고 이를 예방하고 치료할 수 있는 사회적 차원에서의 대책들에 대해 제시하고자 한다.

Ⅱ. 실태

1. 청소년 자살 통계

한국사회 전체의 자살률은 인구 십만 명당 자살인구 비율이 1999년에 남성 22.7명, 여성 9.6명, 그리고 2000년에는 남성 18.8명, 여성 8.3명으로 나타나는 등 자살률이 비교적 높은 국가군에 포함되고 있다. 특히, 자살이 전체 사고사 중 차지하는 비율을 보면 1990년에는 전체 평균 9.8명(사인 3위)이었던 것이 1999년에는 16.1명(사인 3위)으로 64.3%의 높은 증가율을 나타내고 있다. 한편, 자살이라고 하는 사인이 차지하는 연령대별 비율은 고연령일수록 전체 평균 자살률보다 높은 자살률을 보이고 있는데, 다만 사인의 순위에 의하면 고연령일수록 자살이 아닌 여타의 질병 등에 의해 사망하는 경우가 급증하게 됨에 따라 자살 사인의 순위는 하위로 내려가게 된다. 젊은 연령층일수록 자살이 차지하는 사인으로서의 순위가 매우 높게 나타나고 있다. 성별로 보면 앞서 살펴보았듯이 전반적으로 여성보다는 남성의 자살률이 매우 높게 나타나고 있는데, 자살 순위에 있어서는 여성과 남성 모두 동일하세 1999년도 자료에 의하면 8위의 사인에 위치하고 있다. 단, 남성의 경우에는 1990년부터 1999년까지 자살이라고 하는 사인이 언제나 10위권내에 있었지만 여성의 경우에는 1990년에는 10위권 밖에 있었던 자살이 1999년에 8위로 올라서게 되는 등 특히 여성에 있어서의 자살이 사인의 중요한 요인으로 새롭게 등장하고 있음을 알 수 있다.

한국사회에서 청소년 자살이 지니고 있는 통계적 경향성 또는 의미는 전체 자살률 대비 청소년 자살률의 비율에 의한 것보다는 청소년 계층에 있어 자살이 차지하고 있는 주요 사인으로서의 순위에 대한 고찰을 통해 확인할 수 있다. 특히, 앞서 논의하였듯이 연령대별 자살률은 고연령으로 갈수록 높아지고 있지만 사인으로서의 자살률은 오히려 감소하는 경향이 있기 때문에, 전체 자살률 비교를 통한 논의보다는 청소년 계층 내에서의 자살률 증감 정도와 사인으로서의 순위 등이 주요 분석 대상이 된다.

1990년도에 조사된 청소년 자살을 보면 10대에서는 3대 주요 사인에 포함되어 있지 않았는데, 20대에 있어서는 당시 전체 자살률인 9.8명보다 높은 10.9명으로서 운수사고 다음으로 2위의 사인에 위치하고 있었다. 20대 남성의 경우에는 13.9명, 20대 여성의 경우에는 7.9명으로 각각 동일하게 2위의 사인이었다.

그러나, 1999년에 조사된 통계자료에 의하면 자살이 차지하는 순위가 더욱 높아지고 있는 것을 알 수 있는데, 10~19세의 자살률이 5.0명, 20대가 13.1명으로 사인 순위는 모두 2위를 차지하고 있다. 10대의 경우 90년도에 3대 주요사인에 포함되지 않았었는데 10여년이 지난 1999년에는 2위의 사인을 차지하고 있는 변화의 모습을 볼 수 있다. 이를 성별에 따라 세분화하여 살펴보면, 남성의 경우에는 10대와 20대 모두 각각 5.6, 16.5명으로 2위의 사인이었지만, 여성의 경우에는 10대에서는 4.4명으로 2위였지만 20대에 있어서는 9.6명으로 1위의 사인으로 나타났다. 여자 청소년의 자살률이 남자 청소년들보다 높지는 않지만 사인으로서는 매우 중요한 요인임을 알 수 있다. 2000년의 경우에도 이와 같은 현상은 크게 차이를 보이고 있지 않은데, 10대의 경우에는 3.8명으로 3위의 사인이었으며, 20대는 11.1명으로 2위의 사인이었다.

결국, 이와 같은 통계결과들을 보면 청소년 계층에 있어 자살은 지난 10여년 동안 꾸준히 증가해왔으며 오히려 청소년인구의 감소 정도를 고려한다면 그 증가 정도는 우려를 표시할 수 있을 정도라고 할 수 있다. 물론 전체 자살률 증가폭과 비교할 때 청소년에 있어서의 자살률 증가폭은 상대적으로 작게 나타나고 있지만, 사인의 순위라고 하는 변수를 개입시키게 되면 그 중요성이 매우 커지고 있음을 확인할 수 있다. 성인의 경우 대부분의 사인이 질병에 의한 것인 반면, 청소년에 있어서는 자살이 운수사고를 제외하고 가장 높은 비율을 차지하고 있기 때문에 그 의미는 더욱 심각하다고 하겠다.

1999년과 2000년에 있어 연령별 사인의 순위 및 그에 따른 통계수치를 제시하면 다음과 같다.[5)]

---

5) 2002년 현재 볼 수 있는 청소년 자살의 대표적인 모습을 2002년 11월 초~12월 초까지 한 달 동안 대중매체를 통해 보도된 경우를 통해 살펴보면 다음과 같다.
2002년 11월 8일부터 12월 6일 현재까지 신문기사를 통해 알려진 청소년 자살은 총 7건으로 그 중 2건은 다행히도 자살시도에 그친 경우인데 1건은 경찰에 의해 발견되었고 다른 1건은 투신했으나 장애물 등의 영향으로 목숨을 잃지 않은 경우이다. 교급별로 보면 초등학생, 중학생, 고등학생이 각각 2건이었고 재수생이 1건을 차지하고 있었으며 성별로는 남학생이 5건이었고 여학생이 2건이었다. 외형적으로 밝혀진 원인에 있어서는 학업부담과 수능 및 학교 성적문제 등 학업과 관계된 경우가 4건이었고 왕따가 1건, 부모와의 갈등이 1건, 이성문제(교사 짝사랑)가 1건으로 나타났다. 지역적으로 구분해보면 서울은 한 건도 없었으며 7건 모두 지방에서 발생하였음을 알 수 있다.

<표 8-1> 1999년과 2000년의 연령별 사인 순위

(단위 : 십만 명당 인구)

연도	연령	1위		2위		3위	
1999	9세 이하	운수사고	9.3	익수사고	3.6	선천성기형	2.0
	10대	운수사고	11.9	자살	5.0	익수사고	2.9
	20대	운수사고	20.9	자살	13.1	심장질환	3.2
	30대	운수사고	22.2	자살	17.4	간질환	10.0
	40대	간질환	41.1	운수사고	30.0	뇌혈관질환	24.3
	50대	뇌혈관질환	80.0	간질환	72.4	암	63.8
	60대	뇌혈관질환	265.2	심장질환	131.1	암	124.4
	70세 이상	뇌혈관질환	1098.8	심장질환	501.2	당뇨병	274.3
2000	9세 이하	운수사고	9.4	암	3.6	익수사고	3.4
	10대	운수사고	11.4	암	4.0	자살	3.8
	20대	운수사고	20.9	자살	11.1	암	7.5
	30대	암	24.5	운수사고	20.7	자살	15.1
	40대	암	78.0	간질환	38.7	운수사고	27.8
	50대	암	237.9	뇌혈관질환	76.1	간질환	67.6
	60대	암	547.0	뇌혈관질환	253.4	심장질환	119.7
	70세 이상	암	1109.8	뇌혈관질환	1080.4	심장질환	499.8

출처 : http://www.nso.go.kr

2. 청소년 자살 예방정책 실태

한국사회에서 이루어지고 있는 청소년 자살 예방정책은 국가나 사회 단위로 체계적이고 효과적인 차원에서 시행되고 있는 경우가 매우 미약하다고 볼 수 있다. 자살은 전적으로 개인적 차원 또는 가족적 차원에서의 일이라고 인식하는 경우가 지배적이며, 특히 청소년의 경우 학업이라고 하는 부분에 대한 강조가 가족, 학교, 국가 전체에 걸쳐 지나치게 편중되어 있음으로 인해 그 중요성이 알려지고 있지 않은 실정이다. 청소년 자살에 대해 일단 거론하기에 부적절한 개념이라고 하는 태도가 학문적 영역에 있어서까지 보편화되어 있기 때문에 이에 대한 연구부터 구체적인 정책적 시행에 이르기까지 모든 부분에서의 작업이 미비한 실정이다.

청소년들의 자살을 예방할 수 있는 시설로는 현재 청소년 수련시설 등에서 운영하고 있는 지역별 청소년상담실, 시립 아동상담소, 쉼터, 청소년상담원, 생명의 전화, 자살예방센터, 사회복지회관, 기타 사설 심리치료 및 상담소 등을 들 수 있다. 양적으로도 부족할 뿐만 아니라 질적인 차원에서의 재정립이 절실한 상태이며, 특히 보다 체계적이며 국가적 단위에서의 체계적인 연구와, 정책의 구성, 실천 등이 요구되는 상황이라고 하겠다. 가족, 학교, 각종 사회단체와의 연계를 통한 적극적인 자세로 대안적 정책을 찾고자 하는 근본적인 인식전환과 노력이 필요한 상태라고 할 수 있다.

Ⅲ. 원인분석

1. 자살 이론

1) 사회학적 관점 : 뒤르카임(E.Durkheim)의 자살론

자살이라고 하는 개인현상을 사회학적으로 분석하여 그 이면에 내재되어 있는 사회적 의미를 분석해내는 작업은 뒤르카임의 자살론(E. Durkheim, 1897)을 통해 최초로 이루어졌다. 뒤르카임의 이 연구가 지니고 있는 의미는 바로 이처럼 자살이라고 하는 개인적 현상을 사회적 관계 속에서 해석함으로써 사회학적 연구에 있어 사회적 사실이라고 하는 중요한 관점 또는 방법론적 전기를 이루었다는 데 있다.

우선, 뒤르카임이 규정하고 있는 자살에 대한 정의는 다음과 같다.

> 희생자 자신이 행한 적극적 또는 소극적 행위가 그러한 결과를 가져오도록 노력한 것으로부터 직접 또는 간접적으로 발생한 모든 경우의 죽음(민문홍, 2001)

뒤르카임은 이와 같은 자살이 궁극적으로는 사회질서의 문제로서 개인과 사회 모두에게 저해가 되는 병리현상이며, 자살이 증가한다는 것은 그 유형과 관계 없이 곧 그 사회가 무엇인가 위험에 처해 있다고 하는 신호가 된다고 주장한다(W.S.F. Pickering 외, 2000). 즉, 정상사회에서는 병리적 문제가 적기 때문에 자살률도 낮으며, 혹 자살이 있다면 이는 철저히 개인의 자유의지 문제로 귀결되어지지만, 사회통합성이 낮은 병리사회에서는 사회의 병리성이 개인에게 영향을 주어 자살률이 높아지게 된다는 것이다. 그가 보는 자살은 결국 비도덕적 현상을 표상하고 있다고 하겠다.

뒤르카임은 자살의 원인과 유형을 사회적 연대성과 구속성이라고 하는 통합성 정도에 따라 4가지로 분류하고 있는데, 집단과 개인간의 관계 정도인 사회적 연대성의 정도에 있어서는 이기적 자살과 이타적 자살의 유형을 설정하고 있으며, 집단적 권력에 의한 개인에 대한 강제성 정도인 사회적 구속성 정도에 따라서는 아노미적 자살과 숙명적 자살의 두 가지 유형으로 구분하고 있다.

이기적 자살의 경우에는 사회적 연대성이 낮은 사회에서 주로 발생하는 자살형태인데, 사회적 연대성이 낮기 때문에 개인적 자아가 사회적 자아를 넘어서게 되어 사회 보편적으로 개인주의적 성향이 강하게 나타나고, 따라서 이로부터 사회적 관계에 대한 개인의 고립정도가 높아져 나타나게 된다고 한다. 예를 들면 기능화되고 분화되어 있는 현대 산업사회에서 나타나고 있는 다수의 개인적 차원에서의 자살이 여기에 해당된다고 할 수 있다. 집단의식이 상실되어 있는 지나친 개인주의 사회에서 주로 출현한다고 본다

(W.S.F. Pickering 외, 2000).

이타적 자살의 경우에는 이기적 자살과는 반대로 사회적 연대성이 높은 경우 다수 발생하는 형태의 자살인데, 이와 같은 사회의 경우 집단적 가치가 개인적 가치보다 강하게 작용하기 때문에 개인의 의미는 언제나 집단을 위한 단편적인 구성원에 불과하다는 생각이 일반화되어 있어 자살의 경우에도 집단을 위해 시행하게 되는 사례가 다수 발생하게 된다고 한다. 예를 들어 2차대전을 통해 볼 수 있었던 일본의 가미가제 특공대나 과거 전통사회에서 제사를 통해 제물로 바쳐졌던 경우 등을 들 수 있다.

아노미적 자살은 사회적 구속성이 낮은 사회에서 발생하게 되는데, 급격한 사회변동, 경제위기 등과 같은 혼란스러운 상황이 발생하게 되고 사회적 존재로서의 방향성이나 정체성에 있어 심각한 타격이 이루어질 경우 나타나게 된다고 한다. 예를 들면 전쟁이나 혁명과 같이 기존의 규범체계가 무너져 있는 극도의 혼란상황으로부터 탈출하기 위하여 자살을 선택하게 되는 경우가 여기에 해당된다고 볼 수 있다. 따라서, 그가 이야기하고 있는 사회질서의 토대인 도덕은 이처럼 사회질서와 개인적 균형을 밀접히 연계시켜주는 긍정적 측면에서의 외적 강제라고 할 수 있다(W.S.F. Pickering 외, 2000).

반면 숙명적 자살은 사회적 구속성 정도가 높은 사회에서 발생하게 되는데, 구성원들에 대한 사회의 통제력이 너무 강하여 구성원들이 더 이상의 희망을 발견할 수 없게 될 때 유일한 탈출구로서의 자살을 시도하게 된다고 본다. 예를 들면 공부와 입시 압력으로 인하여 청소년이 자살을 하게 되었다고 한다면 이는 숙명적 자살에 해당된다고 할 수 있다.

이와 같은 뒤르카임의 자살유형 논의를 도식화하면 다음과 같다.

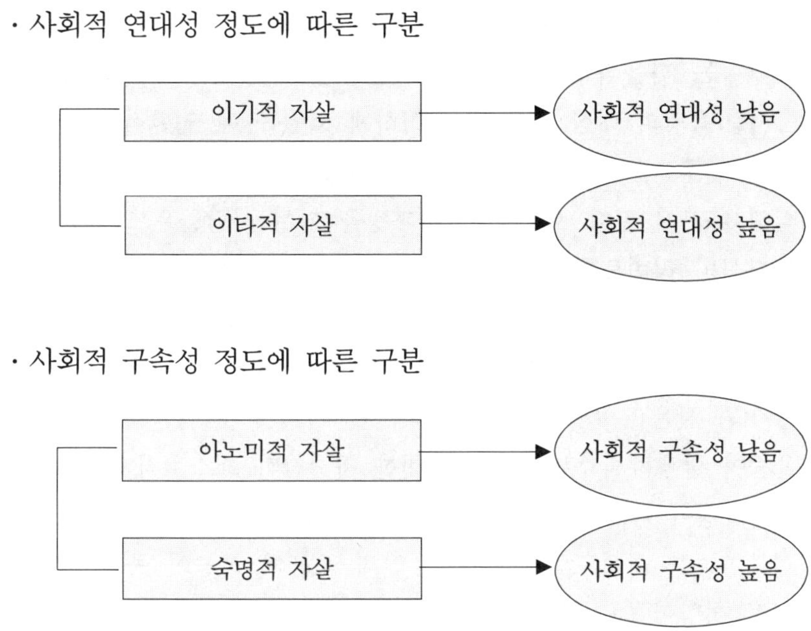

[그림 8-1] 뒤르카임의 자살 유형

2) 심리학적 관점 : 프로이드(S. Freud)

자살에 대한 심리학적 관점을 대표하는 학자로 프로이드를 들 수 있다. 프로이드는 인간의 자살을 리비도(libido), 죽음의 본능(tanatos), 우울증, 공격성 등의 개념을 사용하여 설명하고 있다.

인간에게는 누구에나 삶의 본능(eros)만 있는 것이 아니고 죽음의 본능도 있는데, 죽음의 본능이 특정 계기를 통해 강화되어지면 자살이라고 하는 결과가 발생할 수 있다고 한다. 따라서, 프로이드의 자살논의에 있어 중요한 부분은 바로 이와 같은 죽음의 본능을 발생시키는 기제에 있다고 할 수 있다. 프로이드 이론에 있어 핵심적 개념인 리비도는 언제나 이를 달성하기 위한 대상을 지닌다. 이 대상을 통해 욕망이 해결되어지면 문제가 없지만 그렇지 않을 경우 프로이드가 주장하듯이 다양한 여타 기제를 통해 인간은 그의 욕망을 해결하려고 노력하게 되는 것이다.

자살의 경우는 다음과 같이 설명된다(김시업 · 한중경, 1999). 예를 들어 사랑하는 사람(욕망의 대상)이 삶을 달리하게 되었을 때 일반적으로 사람들은 애도의 단계를 거치면서 그 대상이 더 이상 현실적 존재가 아니라는 사실을 인식해 나가게 된다. 이러한 인식과정을 거쳐 사람들은 그 대상에 부과되었던 자신의 리비도를 제거시키게 되며 현실적 삶으로 다시 돌아오게 된다. 그러나, 이 때 사람들에게는 상당한 고통과 갈등이 수반되는데, 이것은 자연적인 현상으로서 애도의 필연적인 일부분으로서의 의미를 지닌다.

그러나, 이와 같은 일반적인 애도의 과정을 거치지 못하는 사람들의 경우에는 우울증이 발생하게 되고 자신에 대한 자책감과 스스로의 가치를 하락시키는 인식과정이 나타나게 되는데, 비현실적 대상에 지속적으로 부여되고 있는 실현불가능한 리비도의 작용으로 인해 죽음의 본능이 증가되면서 일련의 공격적 성향이 자기자신에게로 돌려져 결국 자학적 행위나 스스로를 죽이는 자살의 결과에 도달하게 된다고 한다.

3) 생물학적 관점

자살에 대한 생물학적 관점은 자살의 직접적인 원인이 뇌전달계통의 이상과 같은 신체장애에 기인하고 있다는 주장이다. 일련의 연구들에 의하면 인간의 공격적이고 충동적인 행동 및 자살 등이 이루어질 때 인간의 뇌 속에는 특정 호르몬이나 뇌전달물질의 양에 있어 불균형의 문제가 발생한다는 사실을 밝히고 있는데, 예를 들면, 자살행동 징후를 보이는 사람들에게 있어 혈중 코티솔(cortisal)은 증가되고 세로토닌(serotonin)이라는 뇌전달물질은 감소한다는 것이다. 이와 같은 주장은 자살의 직접적인 원인을 밝혀냈다고 하기보다는 자살자들의 신체적 이상징후를 밝혀낸 것이라고 할 수 있다.

한편, 자살의 유전적 요인에 대한 연구도 있는데(G. Stone, 2001), 다음과 같다.

① 자살의 생물학적 기초에 대한 가장 설득력 있는 증거는 쌍둥이들간의 자살연구에서 찾아볼 수 있다. 일란성 쌍둥이의 경우 한 쪽이 자살하게 되면 19% 정도의 다른 한 쪽도 자살하고 있지만, 이란성 쌍둥이의 경우에는 둘 다 자살한 경우가 한 사례도 없다.
② 덴마크인들을 대상으로 우울증과 자살에 대한 가족관계를 분석한 결과 생부모-자식 관계에서는 부모가 자살한 387명의 자식중 15명이 자살한 반면, 양자와 양부모간의 자살사례에서는 양부모가 자살한 180명의 양자 중 단 한명만이 자살을 하였다.

결국, 이와 같은 결과는 유전인자가 자살에 직접적인 원인이라는 것을 주장하고 있다고 하기보다는 자살의 요인중 유전인자적 요인의 영향력이 내재되어 있을 수 있다는 생물학적 통계연구의 결과를 말해주고 있다고 하겠다.

2. 청소년 자살의 원인

1) 청소년 자살의 특징

청소년 자살은 성인의 자살과 비교했을 때 매우 충동적이며 모방성 유형이 많고, 정신이상적 원인에 기인하기 보다 모멸감, 부당함, 스트레스 등과 같은 정상적 범주에 포함되는 상황으로부터 발생하기 쉬운 등 전반적으로 상이한 특성을 보이고 있다. 이를 요약하면 다음과 같다(김시업 · 한중경, 1999).

① 외부 자극 변화에 민감하여 충동적으로 일어나기 쉽다.
② 사소한 일에도 쉽게 충격을 받아 단순하게 자살하는 경향이 많다.
③ 오랫동안 자살생각을 한 결과라기보다는 다분히 감정적이다.
④ 모방자살이 많다.

⑤ 자신의 심적 고통을 외부에 알리고자 하는 제스추어형이나 호소형 자살이 많다.
⑥ 가정의 불화를 자신의 탓으로 생각하는 죄책감으로 인한 자살이 많다.
⑦ 성적 및 학교생활과 관련된 문제로 인한 자살이 많다.
⑧ 친구와의 동일시로 인한 집단자살이 많다.

최근에는 이성교제 및 성적 가치관이 개인주의적인 방향으로 개방화되면서 이성교제와 그로 인한 비관 등의 문제로 자살하는 경우가 증가하고 있으며, 청소년 소비 증가로 인하여 이루어지고 있는 카드와 핸드폰의 무분별한 사용과 그에 따른 경제적 문제로 자살하는 사례도 나타나고 있다.

2) 청소년 자살의 원인

청소년 자살의 현실적 원인은 앞서 제시되었던 여러 이론적 논의를 바탕으로 살펴볼 때 심리적 원인과 사회적 원인, 생물학적 원인 등 세 가지로 크게 구분할 수 있지만, 지금까지 진행되어온 연구결과들을 종합해보면 이들 세 가지의 원인들은 다시 보다 구체적인 여러 영역들로 구분되어진다.

(1) 한국 청소년 자살의 원인 연구

한국에서의 청소년 자살 연구는 사회 및 청소년 문제로서의 청소년 자살이 지니고 있는 중요성의 증가에도 불구하고 다양성과 구체성의 측면에서 미비한 실정이라고 할 수 있다. 한국적 가치관 속에서 볼 때 자살이라고 하는 사실은 부정적인 것이며, 따라서 감추어져야 할 대상으로 인식되고 있는 것이 일반적이기 때문에 학문적 차원에서의 논의 또한 일정 부분으로 암묵적인 제한이 있었던 것이 아닌가라는 추론이 가능한 부분이다.

청소년 자살에 대한 한국적 연구는 주로 일반론적인 차원에서 이루어져 왔다. 청소년 자살시도나 충동 부분에 대한 심리학적 연구, 청소년 자살의 동기에 대한 연구 등이 주로 설문조사와 공식통계 등을 사용하여 이루어져

왔는데, 특히 자살의 동기에 대한 논의에 있어서는 연구결과마다 다소 상이한 설명을 하고 있는 등 청소년 자살의 원인에 대한 논의 또한 일반론적으로 통일되어 있지 않은 모습을 볼 수 있다(김시업 · 한중경, 1999).

청소년 자살 시도 또는 충동에 대한 연구들을 보면 대부분 그 주요 원인으로 정신 · 심리적 차원에서의 우울을 제시하고 있는데, 임수영(1995)의 연구와 신민섭 등(1990)의 연구에서 대표적으로 확인할 수 있다. 한편 자살충동 경험에 대해서는 1990년 YMCA 조사연구, 1993년의 청소년대화의 광장 연구, 1997년 김운삼의 연구 등에서 밝히고 있는 바와 같이 전반적으로 60~80% 이상의 청소년들이 자살에 대한 충동을 가져본 적이 있다고 응답했으며, 이중 자살을 시도해 본 경우는 16~25%의 청소년들이 그렇다고 응답함으로써 그 심각성이 확인되고 있다. 1998년에 시행된 서울시 청소년 의식조사에서는 그 결과의 통계치가 다소 낮게 나타나고 있는데, 전체 응답 청소년(중 · 고등학생)의 33.2%가 자살충동을 경험했다고 응답하였고 이중 고등학생의 경우는 37.0%, 중학생은 28.7%를 차지하고 있었다. 대입에 가까워질수록 자살에 대한 충동 경험이 높아지는 것으로 해석될 수 있는 부분이다. 실제로 이 조사 결과 자살충동을 경험하게 되는 경우, 가장 주요한 원인으로 성적이 떨어지거나 나쁜 경우가 19.8%로 가장 높게 나타났다.

이밖에도 자살기도에 대한 여타의 연구들(박기창, 1985; 윤호영. 1969; 전현수, 1988; 이장희, 1989)에서는 자살을 시도했던 사람들 중 청소년이 차지하는 비율에 대해 언급하고 있는 경우도 있는데, 그 통계치의 차이가 심하게 나타나고 있는 등 일반화시키기에는 어려움이 있다.

청소년 자살의 동기에 대한 연구는 연구대상자들이 이미 사망한 경우이기 때문에 정확한 연구 자체에 어려움이 따른다. 따라서, 이에 대한 연구는 청소년이 사망한 이후 주변으로부터 얻게 되는 여러 관련자료들(일기, 편지, 대화내용, 행동특징 등)을 중심으로 해석하게 되는 경우가 대부분이다. 1989년 문교부 자료(조선일보, 1989.9.19)에 따르면 자살동기 중 가정불화가 39명으로 가장 많았으며, 부모의 질책이 20명, 신체결함이나 신병비관이 15명, 빈곤이 12명, 염세비관 12명, 결손가정 9명, 성적불량 7명 등의 순으로 나타났다. 1993년 교육부의 자료에서도 가정불화가 가장 주요한 동기로 나타났으며, 부모질책, 빈곤, 결손가정, 부모의 과잉보호 등의 순이었다(김시업·한중경, 1999).

한편 이에 대한 보다 구체적인 연구(김시업·한중경, 1999)로 신문기사에 나타나 있는 내용을 분석하여 청소년 자살의 동기를 분석한 경우가 있는데, 1991년 박동철의 연구에서는 1981~1990년까지 동아일보에 기재되어 있는 총 411명의 청소년과 20대 후반의 청년을 대상으로 분석한 결과, 정서적 문제가 가장 많았고, 학교문제, 경제적 문제 등이 다음을 차지하고 있는 것으로 나타났다. 1997년 김운삼의 연구에서는 1986~1996년까지 종합일간지에 나타난 청소년 자살자 총 137명을 대상으로 동기분석을 하였는데, 남자 청소년의 61.6%, 여자 청소년의 66.6%에서 학업문제가 가장 중요한 동기로 나타났으며, 다음으로 정서적 문제(남 25.0%, 여 9.2%), 비관(남 6.9%, 여 18.5%) 등이 분석되었다.

이외에도 청소년 자살에 대한 연구들중에는 청소년 자살에 있어 충동적인 심리상태가 매우 중요한 변수라고 분석하는 경우(이영도, 1987)도 있으며, 임수영(1995)과 송은희(1998)의 연구에서는 사회적 지지도가 낮을수록 청소년들의 자살률이 높아진다고 함으로써 사회구조적 차원에서의 지지 정도가 청소년 자살의 예방에 있어 매우 중요한 요인임을 밝히고 있다. 또한 2001년도 경기도 교육청 연구결과는 경기도 청소년들의 자살 특징을 설문조사 및 면접조사 등을 통해 분석하고 이를 바탕으로 몇 가지 예방정책들을 구성하여 제시하고 있다(경기도 교육청, 2001).

(2) 청소년 자살의 제반 원인

① 가정불화

청소년 자살시도자에 대한 쇼케(Fédération FranÇaise de Psychiatrie, 2000)의 연구에 따르면 가족문제는 가족관계의 부재나 과도한 관심, 두 가지로 요약될 수 있다. 다시 말해서 부모의 무관심, 사회시설에서의 양육 등으로 인한 관계의 부재와 독재적 혹은 과보호로 표현되는 과도한 관심이다. 자살시도에 노출되는 청소년군은 빈번한 이사로 전학 또한 잦고 학업에 문제가 있거나 중단하였으며 사회・문화적 환경이 불리하고 문화・체육 활동 참여도가 낮은 것으로 나타난다. 부모 중 한 사람이 중병을 앓거나 입원, 별거 등으로 가족내 문제가 생기면 자살관련 위험률은 더욱 높아진다.

쇼케의 연구에 따르면 가족, 친구 등 사회적 관계의 단절은 여성의 경우 15~19세 연령대, 남성의 경우 20~24세 연령대에서 더 영향을 미친다. 청소년 자살시도자 상담기관인 "엥파스 에 드브니르"(Impass et devenir)의 대표인 왈리드(Oualid) 박사의 연구 또한 같은 경향을 확인한다. 이 상담기관에 의뢰된 대부분의 청소년이 심각한 정신병리적 문제가 없는 반면 가족문제(가족간 애정, 가족내 관계 장애)가 관찰된다. 이러한 가족문제는 사회 직업계층과 무관하게 전반적으로 나타난다.

한편, 가정생활의 질적 요인 가운데 아버지의 위치는 매우 중요하다. 아버지의 부재 혹은 권위적인 아버지 모두 문제가 될 수 있으며, 학업과 관련한 경직된 태도도 위험요인으로 꼽힌다.

부모-자식간의 정서적 관계의 질도 자살관련 문제가 되는데, 너무 적거나 과도한 정서적 관계는 청소년에게 심리적으로 큰 영향을 미친다. 가족이 청소년의 자발성, 창의성, 열정에 대해 가치를 평가절하 혹은 파괴하는 행위는 청소년의 삶에 대한 욕구 자체를 말살하는 것이다. 같은 맥락에서 명시적, 암묵적으로 제시되는 비관적인 세계관, 암울한 미래는 어려운 과거 상황과 현재의 삶과 중첩되어 자살시도와 같은 폭력적 반응을 일으킬 수 있다.

가족관련 자살 위험요인으로는 삶의 정서적 질과 관련된 것인데, 정신적인 내면의 삶을 부정하는 기계적이고 실용적인 태도는 미래에 대한 두려움, 현재에 대한 관심 부재로 이어질 수 있다. 이밖에도 타인과의 관계에서 올 수 있는 실망감에 대한 두려움, 부모의 이혼, 별거, 청소년기의 임신과 실연에 관련된 가족의 부정적 반응 및 가족내 역학관계도 청소년에게 무거운 심리적 짐이 된다. 특기할 만한 점은 프랑스에서는 4명 이상의 자녀를 둔 가정에서 청소년 자살이 더 많은 반면, 직업을 가진 어머니가 있는 가정에서는 자살이 적다는 것이다.

② 신체결함, 신병비관

먼저 개인적인 의학적 문제 요인을 살펴보자면 여러 가지 심리·정신 병리적 문제, 중증의 병, 입원치료를 요하는 사고 등을 들 수 있다.

자살시도 청소년군과 동일 연령층의 전체 청소년인구를 비교한 연구인 1988년 INSERM 연구에 의하면 자살시도 청소년은 전반적인 건강 상태가 좋지 않고(자살시도군 40%, 전체 11%), 중증 정도의 병을 앓거나(29%, 11%), 자주 입원하고(36%, 14%), 피곤감을 표현하고(49%, 12%), 수면 문제가 있으며(27%, 4%), 불안증이나 불면증에 대해 능동적으로 약물을 복용한다(48%, 12%)(M. Choquet, 1988). 이 약물은 의사의 처방에 의한 것이지만 동시에 80%의 경우 처방된 약물로 자살을 시도한다는 점에 유의해야 한다. 반 이상의 자살시도자가 자살시도 전 2주간의 기간 동안에 일반 가정의를 포함한 병의원을 방문한 적이 있다. 다른 나라의 연구와 마찬가지로 친구, 부모 등의 주위 사람에게 자살시도의 기미를 보였으나 무시되거나 자살시도의 신호로 이해되지 않았다는 사실은 프랑스에서도 발견된다. 이러한 점을 고려할 때 청소년이 겪는 어려움에 의료진이 좀 더 민감하게 반응해야 할 것이다.

청소년 자살시도군은 흡연, 음주에도 더 노출되어 있으며 마약 종류 경험도도 높다. 아노렉시아(음식거부증), 불리미아(폭식과 구토의 반복)같은 관련 문제도 자주 발견되며, 가출 또한 자살시도군에서 자주 발견된다.

하지만 청소년 자살을 개인의 정신병리적 요인으로만 설명하기에는 문제가 많다. 40~70%의 청년층(25~34세)에서는 크고 작은 정신병리적 문제가 발견되는 반면, 이러한 정신병리적 문제는 15~24세 연령군에서는 자주 발견되지 않는다. 보르도 종합병원의 응급실을 다녀간 자살시도자 1,800명을 조사한 결과 이중 500명을 차지하는 15~24세 연령대의 60%에서 잠재적 정신병리문제가 발견되지 않았다. 이 자료는 청소년 자살시도자를 단순히 삶의 어려움에 봉착한 청소년으로 보는 것이 더 타당하다는 한 증거이다.

다른 연구에서는 자살시도자의 80%가 정신병리적 문제점을 갖고 있지 않다고 보고되고 있다. 청소년 자살에서는 도리어 가족의 문제, 즉 별거 혹은 주위 사람들의 병리 경력이 매우 흔하게 나타난다.

③ 경제적 어려움

경제적 어려움은 최근 청소년의 소비정도가 급증하고 있고 또한 그들에게 있어 가시적 소비 자체가 매우 중요한 상호관계의 도구로 작용하고 있는 현실적 상황을 고려해볼 때 매우 중요한 자살원인으로 등장하고 있다고 볼 수 있다. 많은 경우 경제적 어려움은 성인의 자살원인으로 작용하고 있지만, 청소년에게 있어서도 이 문제는 점차 그 중요성을 더해가고 있다고 볼 수 있다. 가족의 낮은 경제적 위치 자체도 자살의 원인으로 작용하지만 이제는 청소년 자신의 과소비와 그로부터 발생할 수 있는 경제적 어려움들도 중요한 원인으로 부각되고 있다.

④ 결손가정

결손가정 자체가 청소년 자살과 많은 관련을 가지고 있지는 않다. 그러나, 결손가정에서 발생할 수 있는 사회적 차별 인식, 고립감, 외로움, 경제적 문제 등과 같은 제반 요인들이 특정 계기를 통해 강화되어지는 경우 청소년의 자살 가능성을 높일 수 있는 하나의 원인으로 작용할 수 있다.

⑤ 부모의 과잉보호

부모의 과잉보호는 부모와 청소년간의 대화단절 등에 의한 갈등만큼 청소년 자살을 유발할 수 있는 원인이 될 수 있다. 특히, 아동기를 벗어나면서 자아정체성을 찾고자 하는 노력이 자연적으로 더욱 강해지게 되면 독립적 의식의 작용 또한 더욱 활발해지게 되는데, 이 때 그동안 지속되어 온 부모의 과보호가 이 시기의 청소년으로 하여금 자발적이고 주체적인 행위와 사고를 제약함으로써 자아정체성 확립 및 자존감 등에 문제를 발생시킬 수 있다. 자신의 존재에 대한 확신이 떨어지고 부모가 없으면 아무 일도 할 수 없게 되는 등 모든 부분에 있어 긍정적이고 능동적인 태도보다는 부정적이고 수동적인 태도가 보다 강화되어질 수 있으며, 이와 같은 상황이 극도에 도달하게 되면 자신을 포기하게 되는 행위가 나타날 수 있다.

⑥ 학업문제

학업문제는 한국사회뿐만 아니라 일본사회 등에 있어서도 매우 중요한 청소년 자살의 원인으로 분석되어 있다. 특히, 대학입학 위주의 교육정책을 따라갈 수밖에 없는 청소년들에게 있어 미래는 언제나 불확실하고 경쟁에서 밀릴 수도 있으며 결국 사회의 낙오자가 될 수도 있다고 하는 강박관념에 사로잡힐 수 있게 된다. 경쟁적 학업성적에 과도하게 집착함으로써 발생되는 불안감을 해소하기 위하여 청소년들은 약물 오·남용과 중독 등에 빠지기도 하며, 더 이상의 해결책이 없다고 판단되어질 때 자살에 이르기도 한다.

⑦ 낮은 사회적 지지도

청소년들의 제반 고민이나 어려움 등을 해결해줄 수 있는 다양한 유형의 청소년복지 지원체계가 사회적 차원에서 미약한 경우 청소년 자살이 보다 용이하게 발생할 수 있다. 청소년복지가 비교적 잘 갖추어져 있는 유럽의 여러 국가들과 비교해보면 한국 청소년의 자살률이 월등히 높다는 사실(1996년 기준 한국의 15~24세 자살률은 인구 십만 명당 남자 14.4명, 여자 9.0명인데, 프랑스는 남자 12.8명, 여자 4.2명임)을 알 수 있는데, 이는 곧 한국사회는 국가적 차원에서 청소년들의 문화와 복지 등 일련의 지원체계를 그만큼 제대로 갖추어놓고 있지 못하다는 증거라고 할 수 있다. 고민이 발생하기 전에 해소시킬 수 있는 기제의 미약함, 문제가 발생했을 때 해결할 수 있는 기제, 즉 위기개입자의 미약함과 부재 등이 청소년들의 자살을 높일 수 있는 것이다.

⑧ 이성문제

서구 청소년들에게 있어 이성문제는 자살의 중요한 원인이 된다. 그만큼 서구사회는 성문제와 관련되어 연령이 낮아지고 있고 또한 개인의 삶에 있어 중요한 위치를 차지하고 있다고 할 수 있다. 한국사회의 경우에도 최근 청소년들의 가치관 및 행위유형을 살펴보면 이성문제가 학업문제만큼 중요해지고 있는 사실을 알 수 있다. 이와 같은 현실을 고려해볼 때 한국사회에서도 곧 이성과의 결별 등 이성과의 관계로부터 발생할 수 있는 다양한 심리적·신체적 문제들이 청소년 개인의 자살문제로 연계되어지는 경우가 증가하게 될 것이라는 예측을 할 수 있다.

⑨ 정신장애

모든 청소년 자살 희생자의 90% 이상은 최소한 하나 이상의 정신질환을 가지고 있는 것으로 나타나 있다(Brent 외, 1993). 청소년 자살과 관련 있는 정신장애로는 정서장애(affective disorder)가 대표적이라고 할 수 있다. 그리고 청소년 자살에 있어서 그리 큰 영향을 미치지는 않지만 정신분열증(schizophrenia)에 대해서도 고려할 수 있다.

정서장애는 청소년 자살자에게서 흔히 볼 수 있는 것이다. 여덟 개의 심리적 검시연구(psychological autopsy study)를 분석한 브렌트(Brent; 1995)에 의하면 정서장애는 적게는 35%(샌디에고 표본; Rich 외, 1986)에서 많게는 76%(루이스빌 표본 Shafii 외, 1988)까지 폭넓게 나타나고 있으나 분명한 것은 정서장애를 가진 청소년들이 자살의 위험이 높다는 것이다. 정서장애중에서 자살과 관련 있는 것은 우울증(depression), 기분장애(mood disorder), 불안장애(anxiety disorder)와 같은 것이다. 특히 우울증은 자살과 밀접한 관련이 있다고 밝혀졌다(Deykin & Buka, 1994 ; Shaffer 외, 1996 ; Crumley, 1990).

정신분열증은 자살에 있어서 심각한 위험요인이지만 청소년 자살에 있어서는 큰 역할을 하지 않는 것으로 나타나고 있다. 그것은 정신분열증이 청소년 후기부터 나타나는 정신질환으로 성인의 자살과는 밀접한 관련이 있지만 청소년에게는 그리 큰 영향을 미치지 못하기 때문이다(Drake 외, 1984

; Brent, 1995).

한편 정신장애가 성격장애(personality disorder)와 같이 나타나면 자살의 위험이 더욱 높은 것으로 알려지고 있다. 이를 행동장애와 경계성 성격장애를 예를 들어 설명하면 다음과 같다.

행동장애는 청소년 자살과 성인의 반사회적 성격장애의 주요 위험요인으로 알려져 있다. 행동장애는 자살 및 자살시도와 모두 밀접한 연관이 있는데 이것은 남자 청소년 자살희생자들에게 더 공통적으로 나타나는 현상이다. 행동장애는 주로 정서장애, 약물남용, 경계성 성격장애와 관련되어 나타나고, 관련이 강할수록 자살시도의 횟수와 치명성이 더해간다. 청소년에게 있어서 경계성 성격장애가 어떻게 나타나는지에 대해서 아직 잘 알려지지 않았지만 자살시도 청소년과의 관계에 대해서는 흥미 있는 연구가 있다. 프리드만(Friedman 외, 1982)은 경계성 성격장애와 기타 정서장애를 가진 청소년들이 가장 자살을 많이 한다고 보고하고 있다.

⑩ 약물사용

청소년의 약물사용과 자살생각(suicidal ideation), 자살시도(suicidal attempt), 자살은 서로 밀접한 관련이 있는 것으로 나타나고 있다(Crumley, 1990).

약물사용은 사회적 소외, 우울, 낮은 자존감, 학교나 직장에서의 기회상실, 가족 · 친구로부터의 소외로 이끌게 된다(Deykin & Buka, 1994 ; Workman & Beer. 1990). 또한 약물사용은 스트레스를 일으켜 개인을 자살행동으로 이끌기도 한다(Moscicki, 1995). 약물사용은 학교에서 퇴학을 당하거나 인간관계의 갈등을 일으켜 개인에게 위기를 가져오는데 이것은 자살행동을 예측해주는 행동이다(Deykin & Buka. 1994). 즉 청소년의 약물남용은 직접 혹은 간접적으로 자살에 영향을 미친다는 것이다.

데이킨과 부카(Deykin & Buka, 1994)에 의하면 15~19세의 약물남용 청소년중에서 남자 청소년의 31%와 여자 청소년의 75%가 자살생각을 한 경험이 있고, 남자 청소년의 28%와 여자 청소년의 61%가 자살시도를 한 것으로 나타나고 있다. 쉐퍼(Shaffer 외, 1996)와 마투넨(Marttunen 외, 1991)에 의하면 자살한 여자 청소년의 12~44%와 남자 청소년의 27~42%가 약물남용 장애라고 진단할 수 있는 수준에 있었다.

청소년의 자살과 약물남용의 관계를 제시하면 다음의 <표 8-2>와 같다.

<표 8-2> 청소년의 자살과 약물남용의 관계

청소년의 자살과 약물남용의 관계	
청소년 중 심한 약물사용자	· 일반 청소년보다 4배의 자살율
청소년 자살시도자	· 10배의 약물남용율 · 자살시도 전 30%가 음주
청소년 자살자	· 70%가 약물을 자주 이용했음 · 50%가 사망시 혈관에 알코올포함 · 75%가 약물남용장애의 기준에 적합
청소년 정신질환자	· 자살과 약물남용과 관련

출처 : M.A. Schuckit & J. Schuckit. 1991

한편 자살한 청소년들은 약물남용의 문제뿐 아니라 정신장애와 성격장애를 가지는 것으로 나타나고 있다. 쉐퍼에 따르면 자살한 청소년의 약 61%는 임상적으로 심각한 기분장애를 가지고 있었고 35%는 약물남용 장애를 가지고 있었다. 그러나 이러한 성격장애나 정신장애와 상관 없이 약물남용은 청소년의 자살과 관련이 있다는 연구결과들이 있다(Borges 외, 2000 ; Wagner 외, 1996). 커틀러(Cutler 외, 2001)는 청소년의 건강에 대한 전국적 종단적 연구에서 우울의 영향을 통제한 후에도 약물사용이 자살시도의 중요한 예측변인이라는 것을 밝혀냈다.

이제까지의 선행연구에서는 약물사용이나 남용이 청소년의 자살과 관련이 있다는 상관연구가 대부분이었으나, 마르코비츠(Markowitz 외, 2002)는 약물사용이 자살생각과 시도의 원인이라는 것을 밝혀냈다. 약물남용이 청소년 자살의 원인임에는 분명하지만 약물남용과 정신건강의 문제를 동시에 가진 청소년들은 자살의 위험이 더욱 높다는 연구도 있다(Brent 외, 1993).

⑪ 모방

집단모방은 매우 중요한 자살요인이다. 모방은 정체성 확립과정의 첫번째 단계이지만 모방에 대한 집착 혹은 저항은 정체성 확립에 있어서의 심리적 문제점을 반영한다. 이것은 부모와의 관계 속에서 정체성 확립의 어려움으로부터 유발되는 자살시도와도 관계가 있다.

집단모방이 지니고 있는 문제점의 다른 측면으로는 모방자살이 있다. 모방자살 역시 정체성 확립의 과정에서 파악될 수 있다(정체성 확립의 부재 혹은 다른 사람에 대한 심리적 집착, 주체적인 내면적 보호막의 부재 또는 허위적 자아상).

이러한 정체성 확립과 관련된 청소년의 자살시도는 허위적 자아상의 파괴와 관계가 있다. 부모의 허위적 자아나 허상적 이미지 혹은 부모의 허위적 자아를 상징하는 육체에 대한 공격과 함께 자신의 허위적 자아상의 파괴를 시도한다. 자신의 내면적 세계를 발견한 청소년에게 허위적 자아상은 더 이상 참을 수 없는 것이기 때문이다.

Ⅳ. 자살자의 제반 징후

청소년 자살의 경우 성인 자살과 달리 충동적으로 이루어지는 경우도 있지만 기본적으로는 성인 자살에서와 유사한 우울증 등의 전조증상들을 나타낸다. 이를 제시하면 다음과 같다(김시업 · 한중경, 1999 참조).

- 부등교, 잦은 결석
- 히스테리 증상
- 식욕부진
- 성욕 상실
- 수면형태의 변화(잠 못 자던 경우 푹 자고, 잘 자던 경우 불면증 경험)

· 가출
· 가정내 폭력 등 공격적 행동
· 자살에 대해 가족 등 주변인에게 직·간접적으로 이야기 함
· 유서 작성
· 주변물건 정리
· 주변인들에게 '여행' 또는 '감사' 등의 말을 함
· 고립, 은둔
· 외모의 변화
· 약물 오·남용 및 중독
· 죽음을 묘사하는 글, 그림
· 심각한 우울증
· 무표정
· 자기비하
· 최근 3개월 내에 자살미수
· 최근 가족-구성원의 자살
· 최근 친한 친구나 좋아하는 연예인의 자살
· 최근 성폭력 경험으로 인한 심한 자책감
· 최근 심한 가족간 갈등 경험
· 장기간의 투병으로 인한 자신감 상실

V. 대책 및 지도방안

한국 청소년들의 자살유형을 고려해 볼 때 효과적인 결과를 가져올 수 있는 청소년 자살예방 및 치료 대책으로는 다음과 같은 대안들이 가능하다(최원기 외, 2002).

첫째, 청소년 성문제뿐만 아니라 죽음에 대한 문제에 있어서도 인식의 전

환이 필요하다. 죽음으로 모든 것이 해결될 수 있다는 생각이 잘못된 것이며 더욱 긍정적이고 바람직한 방법이 현실 속에서 발견되어질 수 있다고 하는 태도를 갖게 하여야 한다. 따라서, 청소년 수련활동 등을 통해 이에 대한 적극적인 계도가 필요하며 근본적으로 자기자신이 스스로 문제를 해결해 나갈 수 있는 힘을 배양해주는 사회적 지지 차원에서의 프로그램 개발이 시급하다고 하겠다. 그러나, 이 문제는 비단 청소년 자신들만의 문제가 아니기 때문에 가족, 학교, 사회 전체가 제도적 접근을 통해 함께 시행해 나갈 수 있는 대안의 구성이 필요할 것이다.

둘째, 청소년 자살에 대한 사회적 관심의 증가와 이에 대한 종합적이고 지속적이며 체계적인 연구가 이루어져야 할 것이다. 현재까지 진행된 청소년 자살연구는 대부분 일반론적이고 단순한 질문조사의 성격을 지니고 있었다. 보다 근본적이며 심층적인 연구를 통한 기초 데이터의 구축이 필요하다.

셋째, 자살예방에 있어서는 위기개입이라고 하는 개념이 중요하다. 따라서, 사회적 차원에서 도움을 필요로 하는 청소년들에게 언제나 다가가 도와줄 수 있는 청소년 자살 위기개입 체계를 구축해야 한다. 현재 구성되어 있는 상담기관과 소수를 위한 치료 차원에서의 제도는 커다란 효과를 예상하기 어렵다. 예를 들면, 청소년지도사들을 활용하여 학교와 지역 곳곳에 언제든지 비밀스럽게 이용할 수 있는 거점을 마련하고 이들로 하여금 정신과 등과 같은 심리치료 담당자들과 연계하여 예방과 더불어 사후치료에 이르기까지 적극적인 활동을 하게 하는 방식도 고려해볼 수 있을 것이다.

넷째, 청소년 자살예방을 위한 전문가 연합체를 구성하는 것이 필요하다. 현재 청소년 자살에 대한 정보가 일반적 차원, 전문적 차원 모두에서 매우 부족한 실정이어서 이를 취합하여 단일 데이터베이스를 구축하는 것이 필요하기 때문이며, 또한 앞서 제기하였던 인식전환을 위해서도 관련 전문가들이 연합체를 형성하여 범사회적인 청소년 자살예방 운동을 전개해 나간다면 그 효과가 더욱 증가될 수 있기 때문이다.

다섯째, 청소년 자살시도자와 그들의 가족을 중심으로 서로 자살예방에 대한 건전한 정보교환과 상호 힘을 북돋을 수 있는 의사소통망을 구성하는 것도 바람직할 것이다. 현재 인터넷을 중심으로 자살시도자들의 사이트가 확산되고 있으며, 심지어 자살방지를 위한 사이트의 경우에도 오히려 자살방조 또는 촉진을 위한 사이트의 성격을 지니기도 한다. 자살방조 사이트는 지속적으로 단속하여야 하며 국가 차원에서 자살예방을 위한 사이트를 구축하여 이들에게 도움이 되는 사회적 지지망의 역할을 할 필요가 있다.

여섯째, 국가 및 지방자치단체 중심으로 청소년 자살예방 프로그램을 실시할 수 있는 연구 및 실천 기구를 설치하고 운영하여야 한다. 민간단체들이나 협의회 등이 할 수도 있지만 결국 궁극적으로는 국가의 개입이 어느 정도 필요하기 때문이다. 또한 이 기구를 통해 자치단체간 정보교환, 다른 나라 및 국제기구에서 시행하고 있는 프로그램과의 정보교환 및 연계성 확보 등으로 시행범위가 확대되어야 한다.

일곱째, 청소년 자살문제는 지금까지 살펴본 바와 같이 가족 내부로부터 출발하는 경우가 많다. 따라서 자살예방 프로그램의 구성에 있어 가족 개입모델을 대입시켜 가정폭력, 가족빈곤 등과 같은 부분까지도 적극적으로 개입하여 초기에 문제점을 사회적 차원에서 해결할 수 있도록 해야 한다. 공공기관의 청소년 담당 사회복지사나 청소년지도사를 대대적으로 확충하여 이들로 하여금 이와 같은 가정문제에 적극 개입하여 해결해줄 수 있는 제도를 구축하는 방안도 필요할 것이다.

여덟째, 무엇보다도 앞서 논의하였듯이 청소년들에게 과도한 심적 부담 및 강제 기제로 작용하고 있는 무조건적이고 획일적인 대입 중심의 교육체계를 개선해야 한다. 인성 계발이 중심이 되어야 할 교육제도를 통해 오히려 인성 억압의 결과가 이루어진다면, 이는 교육제도의 기능성 왜곡이 심각한 상태에 도달해 있다고 할 수 있을 것이다. 숙명적 자살유형에 가까운 한국 청소년들의 자살문제를 해결할 수 있는 교육구조의 전환이 필요하다.

아홉째, 대중매체 등을 이용한 긍정적 가치관 교육이 이루어져야 한다. 이를 통해 앞서 제기한 죽음에 대한 인식 전환도 가능할 것이며, 더불어 이타적 자살의 원인이라고 할 수 있는 비합리적 집단주의적 가치관을 수정할 수 있는 효과적인 도구가 될 수도 있을 것이다. 가치관 전환은 청소년 자살을 예방할 수 있는 가장 근본적이며 효과적인 방법이라고 할 수 있으며, 따라서 다양한 대중매체를 통한 국가적 차원에서의 홍보교육은 중요한 대안적 의미가 될 수 있을 것이다.

Ⅵ. 요약 및 논의

이상의 내용들을 요약하면 다음과 같다.

청소년 자살의 원인은 크게 심리적 원인, 사회적 원인, 생물학적 원인 등으로 구분되어진다.

심리적 차원에서의 원인론은 개인의 내적인 생활사에 기인하고 있는 의식 및 무의식의 차원에서 살펴볼 수 있는 여러 원인들을 다루며, 사회적 원인론은 가족구조 및 관계로부터 학교 및 여타의 모든 사회구조적 원인들에 집중한다. 또한 생물학적 측면에서의 원인론은 뇌전달물질 및 호르몬의 이상 분비, 그리고 유전적 요인 등을 주요 원인으로 설정하고 있다. 그러나, 무엇보다도 청소년 자살에 있어 가장 중요한 부분은 그 원인이 어디에 집중되어 있건 이를 예방할 수도 있으며, 치료할 수도 있다는 점에 있다.

따라서, 청소년 자살을 예방하기 위해서는 주변인들이 청소년 자살이 성인 자살과 다른 점은 무엇이며 그 전조징후로는 어떠한 것들이 있는가 등에 대해 정확히 알고 있어야 하며, 특히 무엇이 청소년으로 하여금 자살에로 쉽게 다가가게 하는 가에 대한 지식을 지니고 있어야 한다. 더불어 무엇인가 가족이나 자신에게 문제가 많은 청소년들이 자살을 한다고 하는 청소년 자살에 대한 성인들의 잘못된 인식구조를 전환시켜야 하며, 사회 전반적인 차원에서도 청소년문화와 복지 정도를 높이는 등 그들에 대한 사회적 지지도를 높이고, 청소년 자살에 적극 개입하여 이를 예방하고 치료할 수 있는 다양한 제도적 장치를 마련해야 한다. 사회적 지지도가 낮은 곳에서는 자살률이 증가하기 때문이다.

참고문헌

강봉규(1999). 상담이론과 실제. 서울:교육출판사.
경기도 청소년상담실(1997). 청소년 자살행동에 관한 인지도 조사. 경기도 청소년상담실.
경기도교육청(2001). 학생자살의 원인분석 및 방지방안연구. 경기도교육청.
경찰청. 경찰청 통계연보.
권세현(1990). 자살 어느 쓸쓸한 날의 선택. 서울 : 책나무.
권재환(1992). "귀인성향과 실패경험에 대한 통제기능 및 우울이 자살생각에 미치는 영향", 연세대학교 석사학위논문.
권재환(1997). 청소년 자살 행동에 관한 인지도 조사. 경기도 청소년상담실.
김 임(1990). 한사람, 상담원이 되다. 서울:하나의학사.
김광일(1990). 누구나 한번은 자살을 생각하다. 서울:샘터.
김기원(1999). 청소년 자아 정체감과 자살행동의 관계 연구. 경기대학교.
김미영 편역(1990). 자살(새 생활 예방 상담 시리즈). 서울:나침반사.
김상준(1996). 프로이드와 영화를 본다면. 서울:집현전.
김시업 역(1994). 심리학. 서울:문음사.
김시업 · 한중경(1998). 우리는 왜 자살을 생각하는가-아름다운 삶을 위하여. 서울:예솔.
김시업 · 한중경(1999). 청소년 자살 예방할 수 있다. 서울 : 예솔.
김운삼(1997). "청소년 자살동기에 관한 연구", 우석대학교 석사학위논문.
김종두(1998). 자살에 대한 이론적 접근. 서원대 교육논총. 2.
김충선 역(1994). 자살론. 서울:청아.
김한수 역(1994). 전화카운셀링. 서울:한국생명의 전화.
김향초(1993). "청소년 자살의 심리사회적 요인분석 및 예방대책 연구", 청소년학연구.
김형수(1996). "자살관념을 통하여 본 노인문제의 심각성과 그 정책적 대응(1)", 국민보건연구소 연구논총. Vol. 6. No. 1.
남 민(1997). 청소년 자살. 대한의사협회지. 453.
노명래(1992). 스트레스 뿌리뽑기. 서울:희성출판사.
노정우(1988). 백만인의 한의학. 서울:행림출판.
다바타가야. (1997). 일본의 대안학교가 만들어진 역사. 또하나의 문화. 새로 쓰는 청소년 이야기 2.
두란노 서적 출판부(1991). 자살. 서울:두란노.
마르탱 모네스티에(1999). 자살 : 도대체 왜들 죽는가. 한명희 역. 서울 : 새움.
민문홍(2001). 에밀 뒤르켐의 사회학. 서울 : 아카넷.

박경애 · 구본용 · 김원중 · 송종용(1993). “청소년 자살행동 연구”, 청소년상담문제 연구보고서 3호, 청소년대화의 광장.

박광배 · 신민섭(1990). “고등학생의 대학입시목표와 자살 생각”, 한국심리학회지 임상 Vol. 9. No. 1. pp.20-32.

박광배 · 신민섭(1991). 고등학생의 지각된 스트레스와 자살생각. 한국임상심리학회. Vol. 10.

박동철(1992). 신문에 기재된 한국인 자살 기사 내용분석. 중앙대학교 박사학위논문.

박상칠 · 조용범(1999). 자살, 예방할 수 있다 : 자살위기 극복을 위한 안내서. 서울 : 학지사.

박성주(1995). 인지상담기법 심화과정 연구개발 및 보급. 청소년대화의 광장.

보건복지부(1997). 보건복지 통계연보. 보건복지부.

서울시 청소년 종합상담실(1998). '98 서울시 청소년 의식 조사.

설명환 역(1991). 생명을 존중하며 삶을 사랑하는 마음. 서울:고려서원.

송동호(1996). 청소년 자살기도자의 정신의학적 특징. 신경정신의 학.

신민섭 · 박광배 · 오경자 · 김중술(1990). “고등학생의 자살 성향에 관한 연구: 우울-절망-자살간의 구조적 분석”, 한국 심리 학회지 : 임상. 9(1).

신일호 역(1992). 왜! 청소년은 자살을 생각하나?. 서울:서치방.

심영희(1986). 한국사회의 자살. 정신건강연구. 4.

알프레드 알바레즈(1992). 자살의 연구. 최승자 역. 서울 : 청하출판사.

오익수 · 임은미 · 김지은 · 박승민(1999). 사이버상담을 통해 본 청소년의 세계. 한국청소년상담원.

원호택 공역(1996). 우울증의 인지치료. 서울:학지사.

유안진(1990). 자살, 우리는 때때로 죽음을 생각한다. 서울:보성출판.

이인복(1986). “한국 문학에 나타난 자살 의식에 관한 연구”, 한양대학교 정신건강 연구 제4집.

이종복 · 이배근(1997). 아동학대의 원인과 대책. 서울:홍익재.

청소년대화의광장(1993). 청소년 자살행동 연구.

청소년대화의광장(1998). 청소년 동반자살.

최병목(2002). 청소년자살예방론 : 원인분석과 대책. 서울 : 弘益齋.

최병목 · 강대기 · 손연기 · 박태영(2001). “학생자살의 원인 분석 및 방지 방안연구” 2001년 전기 사회학대회 발표논문.

최원기. 박길성(2002). 청소년자살의 원인 및 예방정책에 관한 국제비교 연구. 한국청소년개발원.

통계청(1995). 통계로 본 세계와 한국. 통계청.

______(1997). 생활속의 통계. 통계청.

______(1999). 한국의 사회지표. 통계청.

Borges, G., Walters, E. E., Baker, R. M.(2000). "Problems with instrumental variables estimation when the correlation between the instruments and the endogenous explanatory variables is weak", *Journal of the American Statistical Association.* 90.

Brent, D. A. et al.(1993). "Psychiatric risk for adolescent suicide : A case control study", *Journal of the American Academy of Child and Adolescent Psychiatry.* 32.

Brent, D. A.(1995). "Risk factors for adolescent suicide and suicidal behavior : Mental and substance abuse disorders. family environmental factors, and life stress", *Suicide & Life-Threatening Behavior.*

Brent, D. A.(1996). Familial factors in suicide and suicidal behavior. Presented in American Foundation for Suicide Prevention.

Brent, D. A., Kalas, R. & Edelbrocla, C. et al(1986). "Psychopathology and relationship to suicidal ideation in childhood adolescence", *Journal of Academy of Child Psychiatry,* 25, pp.666-673.

Brent, D. A., Preper, J. A., Moritz, G., Baugher, M., Roth, C., Balach, L., & Schweers, J. C.(1993). "Stressful Life Events, Psychopathology, and Adolescent Suicide: A Case-Control Study", *Suicide and Life-Threatening Behavior,* 23, pp.179-187.

Deykin, E. Y. & Buka, S. L.(1994). "Suicidal ideation and attempts among chemically dependent adolescents", *American Journal of Public Health.* 4.

Drake, R. E. et al.(1984). "Suicide among schizophrenics : Who is at risk?" *Journal of Nervous and Mental Diseases.* 172.

Durkheim, E.(1897). *Le Suicide.* Paris. PUF.

Freud, S.(1985). Mourning and Melancholia(1917), In J. C. Coyne(Ed.), *Essential Papers on Depression,* New York: New York University Press.

Friedman, R. L., Clarkin, J. F., Corn, R.(1982). "DSM III and affective pathology in hospitalized adolescents", *Journal of Nervous and Mental Diseases.* 170.

Fédération FranÇaise de Psychiatrie(2000). "La crise suicidaire : Reconna^itre et prendre en charge" Conférence de consensus. 19, 20 octobre 2000. Paris.

Markowitz, S. et. al.(2002). "Substance use and suicidal behaviors among young adults", National Bureau of Economic Research. www.nber.org/papers/w8810.

Marttunen, M. J. et. al.(1991). "Mental disorders in adolescent suicide : DSM-III-R Axes I and II diagnoses in suicides among 13 to 19 year olds in Finland", *Archieves of General Psychiatry.* 48.

Marttunen, M. J., Aro, H. M., & Linqvist, J. K.(1993). "Precipitant Stressors in Adolescent Suicide", *Journal of the American Academy of Child and Adolescent Psychiatry*, 32, pp.1178-1183.

Pickering, W. S. F., Walford, G.(2000). *Durkheim's Suicide : a century of research and debate.* New York : Routledge.

Shaffer, D. et. al.(1996). "Psychiatric diagnosis in child and adolescent suicide", *Archives of General Psychiatry.* 53.

Stone, G.(2001). *Suicide and Attempted Suicide: Methods and Consequences.* Carroll & Graf.

Wagner, B. M., Cole, R. E., Schwartzman, P.(1996). "Comorbidity of symptoms among junior and senior high school suicide attemptors", *Suicide and Life-threatening Behavior.* 26.

9

청소년 인터넷중독

Ⅰ. 서론

지난 90년대 이후 한국사회의 변화를 설명하는 가장 중요한 키워드는 정보화라고 할 수 있다. 정보화는 우리 일상생활의 다양한 영역에서 적지 않은 변화를 가져왔는데, 그 상징적인 지표로서 인터넷의 급속한 확산·보급을 들 수 있다. 불과 10여 년 전만 해도 소수 전문가층에 국한되었던 인터넷 이용자가 이제는 전체 국민의 과반수를 상회하고 있으며, 인터넷 전용회선의 보급률은 세계적으로 가장 높은 수준으로 평가되고 있다. 인터넷은 우리사회의 다양한 영역에서 생활의 불가결한 일부분으로서 앞으로도 그 영향력은 지속적으로 증가할 것으로 예상된다.

인터넷은 특히 성인보다는 청소년들의 일상생활에 많은 영향을 미치고 있다. 일반적으로 청소년들은 기성세대에 비해 새로운 매체에 높은 친밀감과 적응력을 나타내고 있으며, 이와 같은 특징은 세대간 정보격차가 심한 우리사회에서 더욱 두드러진다. 청소년들 사이에서 인터넷은 가장 중요한 정보입수원으로써 방송이나 신문 등 전통적인 매체의 영향력을 대체해 가고 있다(이종원 · 유승호, 2003). 또한 과중한 학업부담에 시달리고 있는 청소년들에게 주변에서 손쉽게 접할 수 있는 인터넷은 단순한 정보매체의 차원을 넘어 중요한 여가 · 오락의 매체로 부각되고 있다. 많은 청소년들이 인터넷이 제공하는 가상현실 속에서 일상생활에서는 충족될 수 없는 욕구와 스트레스를 해소하고 있는 것이다.

인터넷이 청소년들에게 미치는 영향력의 증대와 더불어 그로 인한 다양한 형태의 부작용이 사회적 관심사로 대두되고 있다. 인터넷중독은 그 대표적인 사례의 하나로서 인터넷에 과잉몰입하여 밤샘이나 결석을 일삼는 청소년이 증가하는 한편, 때로는 심각한 수준의 비행이나 범죄로 연결되기도 한다. 이에 따라 최근 매스컴을 중심으로 인터넷중독에 대한 논의가 활성화되고 있음에도 불구하고 그에 대한 사회적 대응은 매우 미흡한 실정이다. 인터넷중독에 대한 학술적 연구의 역사가 매우 일천하여 그 개념과 특징, 영향 등에 대한 사회적 공감대가 형성되지 않은 것이 그 주된 요인으로 생각된다.

여기서는 한국 청소년들의 인터넷중독에 대한 올바른 이해에 도움이 될 수 있도록 인터넷중독의 개념과 특성, 실태 등에 대한 국내외 주요 연구성과와 문제점을 정리하여 검토하고 가정과 사회 차원에서의 대응방안을 제시하고자 한다.

Ⅱ. 인터넷중독의 개념과 측정

1. 인터넷중독의 개념

정신의학적으로 중독은 원래 약물중독의 개념에서 출발하였다. 약물중독은 특정약물에 대하여 "내성"과 "금단증상"이라는 생리적 의존성이 생기는 경우를 말한다. 즉, 특정 약물에 중독되면 동일한 효과를 얻기 위하여 복용량이 지속적으로 증가하고(내성), 약물의 체내 농도가 줄어들면, 불안, 초조, 식은 땀 등 견디기 어려운 신체적 증상(금단증상)이 나타나 다시 그 약물을 찾게 된다. 한편, 약물 복용과는 무관하게 특정 행동에 대하여 내성과 금단증상을 나타내는 사례들이 여러 학자들에 의해 관찰되었는데, 대표적인 예로는 운동중독(Morgan, 1979), TV중독(Winn, 1983), 충동적인 도박(Griffiths, 1990), 비디오 게임 중독(Keepers, 1990), 컴퓨터중독(Shotton, 1991) 등이 있다. 이들 사례들이 "행동중독" 또는 "과정중독"으로 지칭되기 시작하면서 당초 약물에만 국한되었던 중독 개념의 외연이 행동 일반으로 확대되었다.

약물중독과 행동중독은 내성과 금단증상의 측면에서는 공통되지만 뚜렷한 차이점도 존재한다. 약물중독은 그 원인이 되는 마약, 알코올, 카페인 등의 접촉을 완전히 금지하거나 차단시키면 원칙적으로 치료가 가능하다. 또한 중독자들은 심각한 신체적 · 정신적 고통을 경험하기 때문에 대부분 중독으로부터 탈출하려는 의지를 갖고 노력하게 된다. 반면에 운동, 쇼핑, 섹스, TV시청 등 특정 행동에 대한 중독은 일상생활이나 생존에 불가결한 활동이기 때문에 이를 강제로 차단하는 것은 원칙적으로 불가능하다. 또한 약물중독에 비해 중독자들이 느끼는 신체적 · 정신적 자각증상이 그리 심하지 않기 때문에 이를 질병으로 인식하는 경우도 매우 드문 편이다.

행동중독의 한 유형으로서 인터넷중독이 학술적인 관심사로 부각된 것은 1990년대 중반부터이다. 미국 뉴욕의 정신과 전문의 Ivan K. Goldberg는 "인터넷 중독 장애"(internet addiction disorder)라는 표현을 통해 처음으로 병리적 · 강박적 인터넷 사용에 대한 학술적 연구의 필요성을 제기하였다(Goldberg, 1996). 또한 미국 피츠버그 대학의 Kimberly S. Young은 인터넷중독을 "중독성 물질이 없는 충동조절 장애"(impulse control disorder)로 정의하고 인터넷중독증의 진단기준을 제시하였다(Young, 1996). Goldberg와 Young 등에 의하여 인터넷중독이 하나의 독립된 연구의 주제로서 부각되면서 이후 많은 학자들에 의해서 경험적 · 임상적 연구가 축적되어 갔다.

2. 인터넷중독의 측정

인터넷중독 연구의 양적인 성장에도 불구하고 가장 기본적인 사항이라 할 수 있는 중독의 객관적인 진단기준과 그 척도는 아직까지 확립되어 있지 않은 실정이다. 이것은 신체상의 생화학적인 변화과정을 실험하고 검증함으로써 쉽게 진단할 수 있는 약물중독과는 달리 행동중독에 속하는 인터넷중독은 뚜렷한 신체상의 변화와 증상을 수반하지 않기 때문이다. 따라서 대부분의 연구자들은 인터넷중독자의 심리적 특성 및 인터넷 이용행태에 대한 경험적 연구성과에 기초하여 이를 조사문항으로 정리하여 이에 대한 응답결과를 토대로 중독 여부와 진단하고 있다.

지금까지 인터넷관련 중독을 측정하기 위해 제안된 척도로는 Young(1996, 1998)의 인터넷 중독 척도, Goldberg(1996)의 인터넷 중독장애 척도, Suler(1996)의 통신중독 자가기준 척도, Fearing(1996)의 컴퓨터 중독 척도 등이 있다. 아직까지 인터넷중독의 개념과 속성에 대한 이론적 합의가 미흡하기 때문에 이들 척도의 신뢰도와 타당도에 대해서는 많은 이견이 존재한다(강만철 · 오익수, 2001). 이와 같은 상황에서 Young(1998)의 척도는 부분적인 한계와 문제점을 안고 있기는 하지만, 지금까지 인터넷중독의 진단과 조사연구에 가장 널리 활용되는 대표적인 척도로 인정받고 있다.

Young의 척도는 중독의 일반적 특징인 지나친 몰두, 의존성, 조절능력 상실 등을 표현하는 모두 20개의 진술형 문항을 제시하고 그 경험빈도를 각각 5점 척도로 응답하도록 구성되어 있다. 응답결과의 점수(20~100점)에 따라 피조사자는 정상이용자와 중독가능자, 중독자의 3단계로 구분되는데, 그 기준이 되는 점수는 당초 1998년 저술(*Caught in the Net*)에서는 각각 40점과 70점이었지만, 현재 온라인검사(http://www.netaddiction.com)에서는 50점과 80점으로 강화되었다. 이것은 인터넷 이용자층의 확산과 이용시간의 증가경향을 고려하여 변경된 것으로 추측된다. Young 척도의 구체적인 내용을 소개

하면 다음과 같다(김현수 역, 2000)

1. 원래 마음먹은 생각보다 더 오랫동안 인터넷에 접속해 있었던 적이 있는가?
2. 인터넷 때문에 집안일을 소홀히 한 적이 있는가?
3. 배우자와의 애정관계보다 인터넷에서 더 흥미를 느낀 적이 있는가?
4. 온라인상의 친구를 만들어 본 적이 있는가?
5. 온라인 접속 때문에 다른 사람이 불평한 적이 있는가?
6. 온라인 접속시간 때문에 성적인 학교생활에 문제가 있는가?
7. 해야 할 다른 일을 하기 전에 먼저 전자우편을 점검한 적이 있는가?
8. 인터넷 때문에 업무능률이나 생산성에 문제가 있었던 적이 있는가?
9. 누군가가 인터넷에서 무엇을 했느냐고 물었을 때 숨기거나 변명을 하며 얼버무린 경험이 있는가?
10. 인터넷에 대한 생각으로 인해 현재 생활상의 어려운 문제를 생각하지 못했던 적이 있는가?
11. 인터넷 사용 후 다시 온라인에 접속할 때까지의 기간을 기다린 적이 있는가?
12. 인터넷이 없는 생활은 따분하고 공허하며 재미없을 것이라고 두려워한 적이 있는가?
13. 온라인에 접속했을 때 누군가가 방해를 한다면 소리를 지르거나 화를 내거나 귀찮은 듯이 행동한 적이 있는가?
14. 밤늦게까지 접속해 있느라 잠을 못 잔 적이 있는가?
15. 오프라인 상태일 때 인터넷에 정신이 팔려 있거나 다시 온라인에 접속해 있는 듯한 환상을 느낀 적이 있는가?
16. 온라인에 접속해 있을 때 "몇 분만 더"라고 말하며 시간을 허비한 적이 있는가?
17. 온라인 접속시간을 줄이려고 노력했지만 실패한 적이 있는가?
18. 온라인 접속시간을 숨기려 한 적이 있는가?
19. 다른 사람과 밖으로 외출하려고 하기 보다 온라인 상태에 더 머무르기 위해 접속하려고 한 적이 있는가?
20. 오프라인 상태일 때에는 우울하고 침울하며 신경질적이 되었다가 다시 온라인 상태로 오면 이런 감정들이 모두 사리진 적이 있는가 ?

*응답척도(1~5점): "전혀 아니다" "드물지만 있다" "가끔 있다" "자주 있다" "항상 그렇다"

Ⅲ. 인터넷중독의 요인

사람들이 인터넷중독에 빠지는 요인은 크게 두 가지의 측면으로 나누어서 생각할 수 있다. 먼저 외재적 요인으로서, 개별 인터넷 이용자와는 무관한 인터넷 자체가 갖고 있는 특성을 들 수 있다. 즉, 새로운 매체로서 인터넷이 내포하고 있는 어떤 특성이 원인이 되어 사람들이 중독에 이르는 것으로 가정할 수 있는 것이다. 이와 같은 외재적 요인은 인터넷을 이용하는 모든 사람에게 동일하게 작용하지만, 모든 사람들이 중독에 이르는 것은 아니다. 따라서 인터넷에 중독되기 쉬운 개인의 심리적 상황과 특성을 고려할 수 있는데, 이것을 전자와 대비하여 내재적 요인으로 지칭할 수 있다.

1. 인터넷 자체의 특성

먼저 사람들을 중독으로 이끄는 인터넷 자체의 특성을 살펴보면 다음과 같이 정리할 수 있다.

첫째, 인터넷 환경이 제공하는 익명성(anonymity)을 들 수 있다. 사람들은 인터넷의 가상현실 공간에서 자신의 이름, 나이, 성별, 직업 등을 드러내지 않고 자유롭게 활동할 수 있다. 현실세계에서는 신분이나 체면 때문에 억압되어 왔던 의견과 주장을 마음껏 표현할 수 있고 다른 사람과 토론하거나 논쟁을 벌일 수 있다. 또한 일상생활에서는 금기시되는 다양한 정보와 자료를 획득하고 즐김으로써 자신의 욕구와 스트레스를 해소할 수 있는 것이다. 평소에는 온순하고 소극적인 사람들이 인터넷상에서는 과감하고 적극적인 성격으로 돌변하는 것도 이와 같은 인터넷의 익명성에 기인하고 있다. 인터넷을 이용할 때 나타나는 현실과는 다른 새로운 정체성은 이른바 "사이버 아이덴티티"로 지칭되며 많은 학자들의 관심의 대상이 되고 있기도 하다.

둘째, 인터넷은 이용자들간의 쌍방향 통신이 가능하다는 점이다. TV나 라디오와 같은 전통적인 매체에서 이용자들은 일방적으로 정보를 받아들이기만 하는 수동적인 존재에 머물렀다. 그러나 인터넷에서는 뉴스그룹, 게시판, 블로그 등을 통하여 누구나 자신이 알고 있는 정보를 올리고 다른 사람들의 의견에 반응할 수 있다. 또한 단순한 정보교환에 머물지 않고 다른 이용자들과의 상호작용을 통하여 새로운 인간관계의 형성이 가능하다. 신분상의 차이나 지리적 제약 등으로 만날 수 없었던 다양한 부류의 사람들과 대화하고 사귐으로써 인간관계의 망을 넓히고 대인관계의 욕구를 충족시킬 수 있는 것이다. 특히 현실세계에서 대인관계에 어려움을 겪고 있는 사람들이 채팅 등을 통하여 인터넷에 쉽게 빠져드는 것도 바로 이와 같은 인터넷의 특성 때문이다.

셋째, 인터넷의 무한한 개방성을 들 수 있다. 인터넷이 제공하는 가상현실 공간은 누구에게나 차별 없이 개방되어 있다. 접속의 속도와 형식 등은 사람마다 다양할 수 있지만, 일단 인터넷에 접속하면 사회적 신분이나 계층, 직업 등의 차별 없이 누구나 대등한 존재로서 상호작용할 수 있다. 또한 엄격한 도덕규범과 법률체계가 지배하는 현실사회와는 달리 가상현실 세계에서는 자신의 욕구와 희망에 따라 시 · 공간적인 제약을 넘어 평소에는 상상할 수 없었던 다양한 활동을 전개할 수 있다. 누구에게나 열려 있는 자유로운 활동무대로서의 인터넷은 현실사회의 차별과 제약에 억압받고 있는 현대인들에게 강한 유인력을 발휘하고 있는 것이다.

2. 개인심리적 특성

사람들이 인터넷중독에 이르는 또 다른 요인으로서는 개인의 심리적 특성을 들 수 있다. 인터넷이 생활에 불가결한 매체로 자리잡으면서 많은 사람들이 일상적으로 이용하고 있지만 모두가 중독상태에 이르는 것은 아니다. 따라서 학자들은 인터넷에 중독될 개연성이 높은 독특한 심리적 특성의 존재에 주목하여 그에 대한 연구를 진행해 왔다. 지금까지의 연구를 통하여 인터넷중독과 관련된 다양한 심리적 특성이 제시되었지만, 그에 대한 이견도 적지 않고 또한 인터넷중독과의 인과관계도 명확하게 구명되지는 않은 상태이다. 이와 같은 전제하에 인터넷중독과 관련하여 논의가 진행 중인 대표적인 심리적 특성을 소개하면 다음과 같다.

인터넷중독과 관련하여 가장 많이 언급되는 심리적 특성의 하나가 우울증이다. Young과 Rogers(1998)는 인터넷 사용자 온라인조사를 통하여 인터넷 중독군이 비중독군에 비해 높은 수준의 우울증을 나타내고 있는 것으로 보고하였다. Gunn(1998)은 우울하고 내향적인 성격을 가진 사람이 인터넷중독에 빠질 확률이 높다는 결과를 발표하였고, Young(1998)은 인터넷중독자의 54%가 우울증 경력을 가지고 있음을 밝혀냈다. Kraut 등(1998)은 펜실베이니아 지방의 93가정을 대상으로 2년간에 걸쳐 인터넷 사용과 우울증의 관계를 조사하였다. 그 결과 한 개인의 우울 수준은 일상생활에서 경험하는 고독이나 스트레스에는 별 영향을 받지 않았으나, 인터넷 사용량이 많은 사람들에게서는 우울 수준이 증가하는 경향이 있음을 발견하였다(황상민 외 2인, 2001; 최민정, 2000).

많은 학자들에 의해서 우울성향과 인터넷 중독성향간에는 유의한 상관관계가 있음이 검증되었지만, 양자간의 인과관계에 대해서는 아직까지 이론적인 설명의 여지가 남아 있다. 인터넷중독과 유사한 것으로 평가되는 병적 도박의 예를 보면 양자간에는 일종의 상승효과가 있는 것으로 추측된다. 즉, 병적 도박의 경우 심리적 외상의 병력이 있는 경우가 많고 도박이 주는 즉각적인 만족이 학습된 무력감에 의한 우울한 감정을 일시적으로 줄여주기 때문에 중독행위를 하게 된다는 것이다. 인터넷에 대한 몰입도 우울한 감정을 잊기 위한 노력의 일환일 가능성이 있다. 그러나 인터넷 사용이 증가할수록 가상세계의 상호작용이 실제 사회적 관계를 대체하므로 결국 불만족감과 우울감이 다시 증가하게 된다. 결국 개인은 다시 증가된 우울로부터 벗어나고자 인터넷 사용에 몰입하게 되고 결국 이러한 기제는 인터넷중독과 우울간의 관계를 지속시킬 수 있다는 것이다.

인터넷중독과 관련된 두 번째 심리적 특성으로는 충동성을 들 수 있다. 많은 학자들이 행동중독의 주된 요인으로서 충동성을 지적하고 있는데, 인터넷중독도 역시 행동중독의 한 유형이므로 충동성과의 밀접한 관련성을 쉽게 유추될 수 있다. 지금까지의 연구결과 역시 인터넷중독군의 충동조절 혹은 인터넷 사용에 대한 절제의 실패 등을 일관된 공통점으로 보고되고 있다. Young은 인터넷중독군이 자신의 인터넷 사용을 적절하게 통제하지 못하며, 그로 인해 직업, 금전상 어려움이 야기된다는 점에서 분명한 충동조절 장애라고 주장했고, Greenfield 역시 탈억제(disinhibition)가 인터넷중독군의 중요한 특성의 하나라고 보고하였다(Greenfield, 1998).

인터넷의 특성상 즉각적인 만족을 얻는 것이 가능하고 많은 정보의 "바다 위를 이리저리 떠돌아다니는 것"(web surfing)이 가능하다는 점을 고려할 때 충동적인 개인은 인터넷 사용에 큰 매력을 느끼기가 쉬우며, 일단 인터넷에 몰입하게 되면 사용량을 조절하는 데에 어려움이 따르므로 인터넷에 중독되기 쉽다. 즉, 충동성은 인터넷중독을 유발하고 유지시키는 한 특성으로 작용할 수 있을 것으로 보인다.

외로움은 인터넷중독과 관련된 또 다른 심리적 특성의 하나로서 간주되어 왔다. 즉, 현실사회의 인간관계에서 고립되어 외로움을 느끼는 사람들은 가상현실의 참여를 통해 이를 대체하고자 한다는 것이다. 그러나 다른 심리적 특성과 마찬가지로 인터넷중독과의 인과관계는 명확하지 않으며 인터넷 이용이 과연 외로움을 감소시키는 효과가 있는지에 대해서도 이견이 존재한다. 몇몇 연구자들은 인터넷상의 익명의 타인들과의 대인관계 몰입은 오히려 현실 사회관계로부터 멀어져서 더욱 고립상태에 빠지는 결과를 낳는다고 주장한다(Stoll, 1995; Turkle, 1996). Krout 등(1998)도 2년간에 걸친 종단연구에서 사회적 고립에 대한 인터넷의 영향을 조사하였는데, 인터넷 사용량이 많은 사람일수록 더 많은 외로움을 느낀다는 조사결과를 발표하였다. 반면에, 인터넷이 현실적인 제약으로 접촉이 어려운 사람들간의 사회적 관계를 형성하고 강화시킨다는 입장도 있는데, 예컨대 Katz와 Aspden(1997)

은 인터넷 사용자와 비사용자의 사회적 참여를 비교한 결과, 인터넷이 친구 관계와 사회적 관계를 더욱 풍부하게 하는 효과가 있다고 보고하였다(황상민 외 2인, 2001).

아직까지도 인터넷을 통한 만남이 현실공간의 인간관계가 가져다주는 정서적 효과를 대체할 수 있는지, 아니면 익명성에 기반한 불완전한 관계로 인하여 오히려 외로움을 강화할 것인지에 대해서는 논란이 계속되고 있는 실정이다.

Ⅳ. 인터넷중독의 실태와 문제

1. 청소년 인터넷중독의 실태

한국에서 인터넷중독에 대한 학술적 연구가 시작된 것은 90년대 후반부터이며 2000년대에 접어들어 본격적으로 활성화되기 시작했다. 연구사적으로 매우 짧은 기간이지만 인터넷의 급속한 확산·보급이라는 사회적 환경을 배경으로 단일 주제로서는 적지 않은 연구물이 축적되었고, 심리학·정신의학과 더불어 사회과학자들의 관심도 높은 편이다. 여기서는 지금까지의 조사연구를 통해 확인된 한국 청소년들의 인터넷중독 실태를 개관해 보고, 그 특징을 정리해 보기로 한다.

인터넷중독 연구를 평가함에 있어 일차적으로 고려되어야 할 것은 어떤 척도를 사용하여 어떤 방식으로 조사하였는가의 문제이다. 서로 다른 척도를 사용한 연구의 결과를 단순 비교하기란 쉽지 않은 일이고, 조사의 방식에 따라 그 결과가 달라질 수 있기 때문이다. 따라서 여기서는 앞서 소개한 Young의 척도(1998)와 더불어 자기진단 척도를 활용한 연구에 한정하여 오프라인 조사(직접 설문조사)와 온라인 조사(인터넷을 통한 설문조사)로 구분하여 살펴보기로 한다.

먼저 Young의 척도를 활용한 오프라인 조사의 결과를 개관하면 다음과 같다.

안정임 · 김동규(2000)는 서울과 수도권 중 · 고교생(798명)을 대상으로 조사를 실시하였다. 그 결과 척도점수 50점 이상의 비정상적인 이용자가 16.7%였고 이중 남자가 여자의 배 이상에 달하였다(각각 19.1%, 8.1%). 비정상적인 이용자는 중간층보다는 상 · 하류층, 친구사귀이나 채팅을 목적으로 접속하는 청소년들 사이에 많이 분포되어 있었고, 이들은 정상 이용자에 비해 음란물의 접촉빈도가 높은 편이었다.

서울지역 고교생(396명)을 대상으로 한 서주현 · 유안진(2001)의 조사에서는 전체 응답자의 40% 이상이 비정상적인 이용자(척도점수 50점 기준)로 분류되었다. 성별로는 역시 남자가 여자보다 월등하게 많았으며(각각 48.8%, 32.6%), 이용유형별로는 게임 · 오락형의 중독성향이 가장 높고, 대인관계 추구형이 중간이었으며, 정보탐색형이 가장 낮았다.

조춘범(2001)은 서울지역 인문계 고교생(666명)을 대상으로 인터넷중독과 가정 · 학교환경과의 관계를 조사하였다. 조사결과를 보면, 비정상적인 이용자(척도점수 40점 기준)가 전체의 7할을 상회하였고, 16.1%가 현재 중독상태에 있는 것(70점 이상)으로 나타나 정상이용자는 1할 수준에 머물렀다. 부모의 관심정도가 높고 부모와의 갈등이 적은 가정, 또한 부모의 양육태도가 민주적 · 수평적인 가정의 청소년들이 그렇지 않은 경우보다 낮은 중독성향을 나타내었다. 학교환경에 있어서는 학업성적이 높고, 학교 친구들과의 관계가 원만한 집단일수록 인터넷 중독성향이 낮은 수준이었다.

경기지역 중 · 고교생(1,400여명)을 대상으로 한 권구영 · 이혜자(2002)의 조사에서는 전체의 31.2%가 비정상적인 이용자(40점 기준)로 분류되었다. 비정상적인 이용자는 PC방이나 학교보다는 주로 자기집에서 접속하는 청소년, 학습이나 정보검색보다는 채팅과 게임목적으로 이용하는 청소년들이 많았다. 또한 인터넷 중독성향이 높은 청소년들은 정상이용자들에 비해 학습 · 수면 · 운동 등 일상적인 생활시간이 감소했다는 응답률이 높았고, 강박증, 우울, 적대감 등의 부정적인 정신증상의 경험비율도 높은 편이었다.

다음으로 Young의 척도를 활용한 온라인 조사의 대표적인 사례를 소개하면 다음과 같다.

황상민(2001)은 특정 포털 사이트를 방문하는 인터넷 이용자 13,000여명을 대상으로 온라인 설문조사를 실시하였다. 그 결과, 비정상적인 이용자가 무려 62.0%에 달하였지만, 중독자는 전체의 1.5%에 머물렀다. 중독자 비율은 성별로는 남녀간에 큰 차이가 없었지만, 연령별로는 10대가 가장 많았고(3.0%) 연령대가 올라갈수록 점차 감소하는 경향을 나타내었다.

이종원(2001)은 다양한 연령층의 인터넷 이용자 1,300여명을 대상으로 인터넷중독의 실태를 조사하였다. 전체 표본 중에서 비정상적인 이용자(50점 이상)는 31.5%로서 앞의 조사결과와 비교하여 절반 수준에 불과했지만, 중독자(80점 이상)는 1.4%로서 유사한 분포를 나타내었다. 성별로는 중독자의 비율에서 남녀간에 거의 차이가 없었고, 연령대 · 신분별로는 10대 학생집단이 20대 이상 직장인 또는 무직자집단에 비해 월등하게 높았다.

인터넷중독의 자기진단 척도는 피조사자가 스스로 자신의 중독여부를 판단하여 응답하게 하는 방식을 의미한다. 전적으로 피조사자의 주관적 판단에 의존하기 때문에 척도로서의 객관성과 신뢰도가 떨어지지만, 조사자의 해석을 보완하는 수단으로 일부 연구에서 활용되고 있다.

황상민(2001)은 앞서의 온라인 설문조사에서 자신이 인터넷에 중독되어 있는지의 여부를 스스로 응답하게 하였다. 그 결과, 전체의 19.9%가 자신이 인터넷중독자라고 응답하였는데, 성별로는 남녀간에 뚜렷한 차이가 나타나지 않았다. 연령대별로는 10대가 33.0%에 달하여 가장 많았고 다음이 20대였으며(20.0%) 30대 이상은 모두 1할 남짓한 수준으로서 연령대가 높아질수록 중독자의 비율이 감소하였다.

이종원 · 유승호(2003)는 오프라인 조사를 통하여 전국의 중 · 고교생 및 대학생(2,300여명)을 대상으로 자신이 인터넷에 중독된 경험이 있는지의 여부를 응답하게 하였다. 그 결과, 현재 자신이 중독상태에 있다는 청소년이 16.3%, 과거에 중독된 적이 있다는 청소년이 41.6%로서 중독경험자가 전체의 과반수를 상회(57.9%)하였다. 성별로는 남자가 여자보다, 교급별로는 중·고교생이 대학생보다 중독경험자의 비율이 높은 수준이었다. 인터넷중독의 하위유형별로는 게임중독 경험자(과거 또는 현재)가 46.5%에 달하여 가장 많았고, 다음으로 웹서핑 중독(26.0%), 채팅중독(24.8%)의 순이었으며, 음란/포르노물 중독 경험자가 9.4%로서 가장 적었다. 특기할 만한 사실은 청소년 하위유형별로 중독경험자의 비율이 뚜렷한 차이를 나타내고 있다는 점이다. 즉, 남자는 게임중독과 음란/포르노물 중독 경험자가, 여자는 채팅중독과 웹서핑 중독경험자가 상대적으로 더 많았고, 교급별로는 게임중독은 중·고교생, 음란/포르노물 중독은 고교생, 웹서핑 중독은 대학생의 경험자 비율이 다른 집단에 비해 상대적으로 높은 편이었다. 이와 같은 조사결과는 같은 청소년집단 내에서도 성별·연령대에 따라 인터넷중독에 이르는 경로가 다양할 수 있음을 시사해 주고 있다.

검토의 대상이 된 연구의 사례는 많지 않지만, 나름대로 우리나라 청소년 인터넷중독의 전반적인 실태와 경향성을 파악하는 데는 도움이 된다. 이를 몇가지로 정리해 보면 다음과 같이 요약할 수 있다.

첫째, 성인과 비교하여 청소년들의 인터넷중독성향이 상대적으로 높은 수준임을 확인할 수 있다. 청소년중에서도 연소집단인 10대, 중·고교생들이 20대, 대학생들보다 높은 중독성향을 나타내고 있음이 주목되는데, 이것은 인터넷중독이 기본적으로 청소년문제의 일환으로 다뤄져야 함을 시사하고 있다.

둘째, 청소년들 사이에서 인터넷의 비정상적인 이용자가 상당수에 달하지만, 정작 중독으로 단정할만한 인구는 극소수에 불과하다는 점이다. 비정상적인 이용자의 분포는 동일한 척도(Young, 1998)를 사용한 조사에서도 그 결과에서 큰 편차가 나타나지만(16.7%~73.9%), 척도점수 80점 이상의 중독자의 비율은 대부분 5% 미만으로 일치하고 있다.

셋째, 인터넷 중독성향의 배경변인별 분포를 보면, 대체로 여자보다는 남자, 중소도시보다는 대도시와 농촌지역, 중간층보다는 상·하류층에서 높게 나타나는데, 이것은 청소년 문제행동의 경험빈도에 대한 기존의 연구결과와 대체로 일치하고 있다.

넷째, 청소년들이 어떤 용도로 인터넷을 이용하는가는 청소년들의 인터넷 중독성향을 예측하고 설명하는 가장 유력한 변인으로 판단된다. 주로 게임이나 채팅의 목적으로 인터넷을 이용하는 청소년들이 정보검색 등 다른 용도로 이용하는 청소년들에 비해 월등하게 높은 수준의 중독성향을 나타내고 있다. 또한 중독에 이르는 경로는 성·교급별로 뚜렷하게 구분되는데, 대체로 남자·중학생은 게임, 남자·고교생은 음란/포르노물, 여자는 채팅을 주된 경로로 하여 인터넷에 중독되는 것으로 추측된다.

2. 인터넷중독 연구의 문제와 과제

인터넷중독과 관련한 학계의 논의와 연구성과를 바탕으로 현행 청소년 인터넷중독의 조사연구가 안고 있는 문제점과 시사점을 정리해 보면 다음과 같이 요약할 수 있다.

첫째, 인터넷중독의 조사척도와 그 해석에 관련된 문제이다.

앞서 언급했듯이 국내의 청소년 인터넷중독 조사연구는 대부분 Young의 척도에 의존하고 있다. 가장 널리 활용되는 "권위" 있는 척도이기 때문에 검증작업이 불필요하고 같은 척도를 사용한 다른 많은 연구와의 비교가 가능하다는 점이 그 주된 이유인 듯하다. 하지만 최근에 제기되고 있는 Young 척도의 신뢰도와 타당도에 대한 비판적 논의는 접어두더라도(강만철·오익수, 2001), 그 기본적인 한계에 대해서는 명확하게 인식할 필요가 있다.

먼저 Young 척도는 성인을 대상으로 개발되었기 때문에 청소년에게 적용하기에는 무리가 있다는 점이다. 세대간 정보격차는 보편적인 현상이지만 한국은 매우 현저한 대표적인 사회이다. 청소년들의 인터넷 이용행태와 관행이 성인과 크게 다름에도 불구하고 이를 성인의 기준으로 진단하는 것은 문제가 있다. Young 척도가 개발된 당시(1998년)와 비교하여 크게 변화된 인터넷 이용환경도 고려의 대상이 되어야 한다. 소수의 전문가 또는 특수계층이 전화모뎀으로 접속하던 시대의 기준으로 인구의 대다수가 초고속 전용선을 이용하는 현재의 인터넷 이용행태를 평가하는 방식이 타당한지는 의문의 여지가 있다. "오늘날" "청소년"들에게는 매우 정상적인 이용행태가 Young의 척도에 따르면 병리적이고 중독적인 이용으로 해석될 가능성도 높은 것이다.

조사결과의 해석에 있어서도 신중한 자세가 요구된다. Young은 척도점수를 기준으로 피조사자를 세 단계로 구분했는데, 명백하게 중독자로 구분될 수 있는 것은 가장 높은 점수의 세 번째 집단에 한정된다. 중간집단의 경우 "때때로 또는 자주 인터넷 이용상의 문제를 경험"(experiencing occasional or frequent problem)하는 층으로 표현하였다. 엄밀한 의미에서 중독의 가능성이 보통이용자보다는 높은 집단이지만, 현재 중독상태에 있는 것으로 단정할 수는 없다. 그러나 대다수의 국내 연구자들은 이를 "중독자" 또는 "초기중독자"로 개념화하고 있다. 그 결과 Young의 척도를 기준으로 할 때 실제 중독인구는 극소수임에도 불구하고(이종원, 2001; 황상민, 2001), 매스컴에 의해서 마치 전체 청소년들 사이에 폭넓게 확산되어 있는 양 보도되어 엄청난 사회적 파장을 불러일으키고 있는 것이다. 엄밀한 의미에서 Young의 척도는 중독 여부의 진단보다는 중독의 정도와 성향을 측정하기 위해 고안된 조작적 도구임을 잊어서는 안될 것이다.

둘째, 인터넷중독의 개념과 성격에 대한 보다 깊이 있는 논의와 성찰이 필요하다.

국내 연구자들 사이에서 인터넷중독은 새로운 정신질환 또는 행동장애의 한 유형으로 별다른 이의 없이 받아들여지고 있는 듯하다. 그러나 서구의 학계에서 인터넷중독의 개념과 성격에 대한 논의는 아직 진행 중이며, 학자들간의 뚜렷한 공감대나 합의점을 찾기란 쉬운 일이 아니다. 예컨대 Young과 Greenfield는 인터넷중독의 진단기준을 설정함에 있어 병리적 도박의 기준을 적용한 반면, Goldberg는 약물남용 장애의 기준을 원용하였다. 즉, 인터넷중독이 그 증상과 예후에 있어서 병적 도박에 가까운지 아니면 약물남용에 가까운지 그렇지 않으면 그 어느 쪽도 아닌 제3의 증후군인지에 대해서 구체적인 합의나 검증이 이루어지지 않은 것이다. 심지어는 인터넷중독을 독립된 단일질환이라기 보다는 다른 질환에서 기인한 이차적 증상군으로 봐야 한다는 주장(Griffiths, 1998)까지 제기되고 있는 실정이다.

인터넷중독의 개념과 성격규정을 둘러싼 이와 같은 논란은 인터넷중독의 증상과 예후가 매우 다양한 데서 기인한다. 예컨대 약물중독자들은 다소간 개인편차는 있지만 하나의 질환으로 유형화할 수 있을 만큼 유사한 신체적·정신적 증상을 나타내며, 이것은 다른 유형의 행동중독에도 그대로 해당된다. 하지만 인터넷중독자들이 나타내는 심리·행태상의 특징은 연구자들마다 의견을 달리하기 때문에 유형화가 쉽지 않다.

필자는 이것을 다양한 기능을 내포한 인터넷이라는 매체의 복합적인 성격에서 기인하는 것으로 판단한다. 인터넷중독자들은 통상 특정 기능만을 집중적으로 이용하는 경향이 있는데, 그 대표적인 것이 채팅, 온라인게임, 포르노사이트 열람과 웹서핑의 네 가지이다(이종원·유승호, 2003). 이들 기능은 각기 그 주된 이용자층을 달리하고 있으며 그 중독적 이용이 개인에게 미치는 영향도 상이할 것으로 생각된다. 예컨대 온라인게임 중독자들(남자/중학생 중심)은 같은 인터넷중독 범주에 속하는 채팅중독자(여자/고교생 중심)들보다는 오히려 다른 유형의 행동중독인 비디오게임 중독자와 유사한 특성을 공유하고 있을 것으로 추측된다. 바꿔 말하면, 포르노 사이트에 탐닉하는 청소년들은 인터넷에 중독되었다기 보다는 음란물에 중독된 것으로 보는 것이 타당할 것이다. 이와 같은 시각에서 본다면, 인터넷은 중독에 이르는 하나의 매체이자 경로일 뿐 중독의 궁극적인 대상은 아닐 수도 있는 것이다.

세 번째, 인터넷중독의 긍정적인 기능을 간과해서는 안된다는 점이다.

약물이나 알코올중독이 인간에게 나쁜 영향을 미친다는 것은 명백한 사실이고 이에 대한 부정적인 평가가 앞으로 변화될 가능성이 전혀 없다. 반면에 인터넷중독의 영향에 대한 학계의 논쟁은 아직도 진행중이지만, 사회에는 그 부작용과 위험성에 대해서만 과장된 형태로 알려져 있다. 그러나 인터넷중독은 고질적인 정신질환이나 행동장애로 분류하기 어려운 독특한 특성을 갖고 있다. 예컨대, 약물 · 알코올중독자들이 정상상태와는 확연하게 구분되는 극도의 편집증세를 나타내고 그 회복이 더딘 것과는 달리 인터넷 중독은 일시적인 경우가 대부분으로서 일정 단계에 도달하면 저절로 회복되는 경향이 있다. 또한 모든 정신활동이 중독물질에만 집중하여 단순 · 기계화하는 약물중독과는 달리 인터넷중독자들은 신체시스템의 복잡계적 특성을 유지하기 때문에 정상상태와의 구분이 용이하지 않은 것이다(김주환, 2001).

인터넷중독에 대한 사회의 일방적인 부정적 인식은 중독의 다른 이름인 "몰입"의 측면을 간과하고 있기 때문이다(정기도, 2001). 몰입은 외형상 중독의 모습으로 나타나지만 그 내면에는 특정 대상에 대한 깊은 천착과 마스터리 과정을 내포하고 있다. 따라서 청소년들이 인터넷에 중독되어 가는 과정은 곧 특정 분야의 매니어가 되어가는 과정이기도 하다. 실제로 한국사회의 인터넷 이용문화를 주도하는 것은 특정 분야에 전문가적 수준의 지식과 기능을 갖춘 청소년 매니어층이라 할 수 있다. 인터넷을 거점으로 활동하는 이들 매니어층은 고립적 · 폐쇄적인 과거의 이미지에서 벗어나 자체적인 사이버 커뮤니티의 형성을 통해 정보와 의견을 공유할 뿐 아니라 때로는 사회적 의제와 여론을 생산하고 확산시키는 주역으로 부각되고 있는 것이다. 몰입을 중독과 동일시하는 시각은 청소년층을 중심으로 새롭게 형성되고 있는 인터넷문화의 성숙을 방해(윤영민, 2000)하는 결과를 낳을 수 있음에 유의해야 할 것이다.

V. 인터넷중독의 지도와 대책

인터넷중독은 학술적인 연구의 역사가 일천할 뿐만 아니라 다양한 이론과 관점이 서로 경합하고 있는 매우 논쟁적인 개념이다. 아직까지 중독을 가늠하는 객관적이고도 명확한 기준이 존재하지 않음을 고려할 때 그 개념의 사용과 적용에 있어서 매우 신중한 자세가 요구된다. 특히 세대간 정보격차가 현격한 우리사회에서 청소년들의 일상적인 인터넷 이용도 기성세대의 관점에서는 비정상적 · 병리적인 이용으로 간주될 수 있다. 인터넷이 청소년들의 일상생활에 불가결한 일부분이 되고 있는 현실을 직시하여, 일방적인 규제나 통제보다는 청소년들이 스스로 인터넷 이용을 조절할 수 있는 능력을 키워주는 한편, 심각한 중독의 부작용을 겪고 있는 청소년들에게는 적절한 치료의 기회를 제공해 주어야 한다.

인터넷중독에 대한 대응방안은 개인 · 가정 차원의 지도와 사회 · 정책적 차원의 대책의 두 가지로 구분하여 생각해 볼 수 있다. 인터넷중독으로 어려움을 겪고 있는 청소년에 대해서는 일차적으로 부모 등 주변 성인의 지속적인 관심과 적절한 지도가 행해져야 한다. 청소년들이 주변 성인의 지도하에 인터넷 이용과 관련된 자신의 문제점을 발견하고 이를 극복해 가는 효율적인 방법으로는 Young의 인지행동치료방법을 들 수 있다. 인지행동치료란 잘못된 생각과 행동을 바로 잡아주는 요법으로서, 적지 않은 시간과 노력이 필요하지만 특히 초기단계의 중독에서 벗어나는 데 매우 효율적인 방법으로 평가되고 있다(이종원 · 유승호, 2003).

Young이 그의 저서(*Caught in the Net*)에서 제시한 인터넷중독의 인지행동치료의 내용을 요약하여 제시하면 다음과 같다.

첫째, 인터넷 때문에 현재 자신이 잃어가고 있는 것을 파악하게 한다. 인터넷에 중독된 청소년들은 가족 · 친구 등과의 대인관계상의 장애, 수면부족으로 인한 집중력 저하와 신체적 이상증상, 학업성적 하락 등의 다양한 형태의 부작용을 경험하게 된다. 청소년들이 이런 것들을 하나하나 목록으로 작성하여 인터넷으로 인한 손실을 되새겨 보고 이와 같은 상태가 지속될 경우 장래에 어떤 결과를 낳게 될지를 스스로 생각해보도록 지도한다.

둘째, 자신의 인터넷 이용행태를 중심으로 한 생활일지를 작성하게 한다. 현재의 상황을 정확하게 이해하는 것이 치료를 위해 무엇보다 중요하다. 많은 중독자들이 자신이 얼마나 오랫동안 인터넷을 이용하는지 인식하지 못하기 때문에 일지 작성 후에는 스스로 놀라게 된다. 또한 일지 작성 자체만으로도 이용시간 통제의 효과가 있는 경우도 많다고 한다.

셋째, 시간을 효과적으로 관리할 수 있는 기법을 활용하도록 한다. Young이 제시한 온라인상의 시간관리 기법을 몇 가지 소개하면 다음과 같다. ① 더 재미있는 다른 일을 찾는다. 특히 오프라인에서 할 수 있는 새로운 취미를 개발하는 것도 좋은 방법이다. ② 인터넷에 몰두하는 방식을 바꾸어 본다. 습관을 바꾸기 위해서는 접속시간대를 밤에서 낮으로 바꾸는 등 정반대로 해보는 것이 효과적이다. ③ 외부의 방해물을 이용한다. 등교시간을 1시간 앞두고 인터넷에 접속하게 하는 등 반드시 해야 할 일을 앞두고 인터넷을 이용하게 함으로써 이용시간을 통제할 수 있다.

넷째, 정서적인 원인을 찾아야 한다. 인터넷에 중독된 청소년들의 상당수가 정서적인 문제를 안고 있고 현실탈피의 도구로서 인터넷을 이용하고 있다. 청소년들이 스스로 자신의 상황을 객관적으로 되돌아보고 중독의 원인이 무엇인지를 자각하고 극복할 수 있도록 지도해야 한다. 무조건적인 인터넷 이용시간의 통제와 금지는 오히려 사태를 악화시킬 수 있다.

다섯째, 외로움을 정면으로 마주하고 대처하게 한다. 인터넷에 중독된 청소년들의 상당수가 일상생활에서 우울감이나 불안감에 시달리고 있다. 인터넷에 몰입함으로써 현실의 고통에서 벗어나려 하지만 일시적인 효과가 있을 뿐 오프라인의 생활은 더욱 위축되고 고립되는 악순환을 겪게 된다. 자신의 문제를 솔직하게 표현하고 필요할 경우 전문가의 상담을 받을 수 있도록 지도해야 한다.

인터넷중독은 청소년 자신의 심리적 특성과 잘못된 이용관행에서 비롯된 개인적인 문제이기도 하지만, 청소년을 둘러싼 사회·문화적 환경의 소산이기도 하다. 사회·정책적 차원에서 인터넷중독을 예방하고 효율적으로 대처할 수 있는 방안으로서는 다음과 같은 사항들을 고려해 볼 수 있다.

첫째, 우리 현실에 적합한 청소년용 인터넷중독 척도의 개발이 필요하다. 지금까지 국내의 인터넷중독 연구는 대부분 우리와는 사회·문화적 환경이 상이한 외국의 척도를 사용하여 수행되었기 때문에 그 신뢰도와 타당도에 대하여 많은 의문이 제기되어 왔다. 가장 널리 활용되고 있는 Young 척도의 경우에도 척도가 개발된 당시의 미국과 현재 한국사회의 인터넷환경은 상당한 차이가 있다. 또한 문항의 내용이 성인 중심으로 구성되어 청소년들에게는 부적합한 내용이 적지 않게 포함되어 있는 것이다. 이와 같은 한계에도 불구하고 우리 현실에 적합한 표준화된 조사척도가 존재하지 않기 때문에 많은 연구자들이 어쩔 수 없이 Young의 척도에 의존하고 있는 것이다.

둘째, 인터넷중독을 전문적으로 상담 · 치료할 수 있는 인력의 양성과 기관에 대한 지원이 필요하다. 인터넷중독은 학술적 연구의 역사가 일천한 새로운 유형의 문제행동이기 때문에 그 상담 · 치료를 위한 체계적인 교육과정과 전문인력이 매우 부족한 실정이다. 우리사회의 급속한 인터넷 확산 추세를 고려할 때 장기적인 관점에서의 전문인력 양성과 더불어 기존의 청소년상담 전문인력에 대한 연수 · 재교육과정을 통해 증가하는 수요에 효율적으로 대처해 나갈 수 있도록 해야 할 것이다.

셋째, 인터넷중독이 갖고 있는 긍정적인 측면에 주목할 필요가 있다. 앞서 지적했듯이 인터넷중독은 새로운 매체에 대한 적응과 숙련이라는 다른 유형의 중독에서는 찾아볼 수 없는 독특한 특징을 내포하고 있다. 실제로 인터넷에 몰입하는 청소년들 중 상당수가 컴퓨터 · 인터넷과 관련한 매니어 수준의 지식을 보유하고 있으며 앞으로 IT산업 분야에 진출하기를 원하고 있다. 이들이 자신의 관심과 흥미를 지속적으로 계발하여 전문적인 직업인으로 성장할 수 있도록 인터넷 · 게임관련 특수목적고 설립, 능력 검증을 통한 대학 특례입학 확대 등 다양한 정책적 지원방안이 모색되어야 할 것이다.

넷째, 인터넷에 과잉몰입하는 청소년들이 증가하는 것은 청소년을 둘러싼 우리사회의 열악한 문화 · 여가환경과도 밀접한 관련이 있다. 대학 입시제도의 개선, 학교 주5일제의 전면 시행 등으로 청소년들의 학업부담은 점진적으로 감소하는 한편 여가시간은 증가해 갈 것으로 예상된다. 그러나 현재와 같은 열악한 문화 · 여가환경이 그대로 방치된다면, "시간은 많고 할 일이 없는" 청소년들은 가정이나 PC방 등 생활주변에서 손쉽게 접할 수 있는 인터넷에 더욱 몰입하는 결과를 낳을 수도 있는 것이다. 이웃국가인 일본의 경우, 학교 주5일제의 시행을 앞두고 지역사회의 청소년 시설 · 프로그램을 획기적으로 개선하는 3개년 계획의 청소년플랜을 수립 · 시행한 바 있다. 청소년들의 학업부담 경감을 위한 교육제도의 변경은 문화 · 여가환경의 개선과 병행될 때에만 소기의 목적을 달성할 수 있을 것이다.

VI. 요약과 논의

정보화의 급속한 진전과 더불어 최근 우리사회에서도 청소년들의 인터넷중독이 새로운 청소년 문제행동의 유형으로서 중요한 사회적 관심사로 부각되고 있다.

정신의학적으로 중독은 원래 약물중독의 개념에서 출발하였다. 약물중독은 특정 약물에 대한 "내성"과 "금단증상"이라는 생리적 의존성이 생기는 경우를 말한다. 그런데 많은 학자들이 도박, 게임 등 특정 행동에 대해서도 내성과 금단증상이 나타나는 사례를 보고하여, 이와 같은 증상을 약물중독과는 구분되는 "행동중독"으로 지칭하게 되었다. 넓은 의미의 행동중독의 하나인 인터넷중독은 1990년대 중반 Goldberg, Young 등에 의해 학술적인 연구대상으로 부각되어 많은 학자들에 의해 경험적 연구가 축적되어 왔다. 인터넷중독은 약물중독과는 달리 뚜렷한 신체적 · 생리적 증상을 수반하지 않기 때문에 주로 연구자의 조작적 정의에 의거한 조사척도를 통하여 측정되는데, 그 대표적인 예가 모두 20개의 문항으로 구성된 Young의 인터넷중독 척도이다.

사람들을 인터넷중독에 이르게 하는 요인은 외재적 요인과 내재적 요인의 두 가지로 설명할 수 있다. 외재적 요인은 매체로서 인터넷이 갖고 있는 독특한 특성으로서 인터넷 환경이 제공하는 익명성, 쌍방향 통신 가능성, 무한한 개방성 등을 들 수 있다. 개인의 심리적 특성으로서의 내재적 요인으로서는 우울증, 충동성, 외로움 등이 지적되고 있지만, 그에 대한 이견도 적지 않고 또한 인터넷중독과의 인과관계도 명확하게 구명되지 않은 상태이다.

Young의 척도와 자기진단 척도를 활용한 실증적 연구의 성과를 토대로 한국 청소년들의 인터넷중독의 실태를 정리하면 다음 네 가지로 요약할 수 있다. 첫째, 성인과 비교하여 청소년들의 인터넷중독 성향이 상대적으로 높은 수준이며, 둘째, 청소년들 사이에서 비정상적인 인터넷이용자가 상당수에 달하지만 Young의 척도를 토대로 중독으로 단정할 수 있는 청소년은 극소수에 불과하며, 셋째, 성 · 지역 · 계층 등 배경변인에 따른 중독성향의 차이가 나타나고 있으며, 넷째, 청소년들이 어떤 용도로 인터넷을 이용하는가가 인터넷 중독성향을 설명하는 가장 유력한 변인으로 판단된다는 점이다. 인터넷중독과 관련된 현행 조사연구의 문제점으로는 조사척도에 대한 체계적인 이론적 검토와 성찰이 부족하고, 약물중독과는 구분되는 인터넷중독의 독특한 특성과 그 긍정적인 측면에 대한 고려가 미흡하다는 점 등을 들 수 있다.

인터넷중독은 학술적인 연구의 역사가 일천할 뿐만 아니라 다양한 이론과 관점이 서로 경합하고 있는 매우 논쟁적인 개념이다. 아직까지 중독을 가늠하는 객관적이고도 명확한 기준이 존재하지 않음을 고려할 때 그 개념의 사용과 적용에 있어서 매우 신중한 자세가 요구된다. 특히 세대간 정보격차가 현격한 우리사회에서는 청소년들의 일상적인 인터넷 이용도 기성세대의 관점에서는 비정상적 · 병리적인 이용으로 간주될 수 있다. 인터넷이 청소년들의 일상생활에 불가결한 일부분이 되고 있는 현실을 직시하여, 일방적인 규제나 통제보다는 청소년들이 스스로 인터넷 이용을 조절할 수 있는 능력을 키워주는 한편 심각한 중독의 부작용을 겪고 있는 청소년들에게는 적절한 치료의 기회를 제공해 주어야 할 것이다.

참고문헌

강만철 · 오익수(2001). 인터넷 중독 척도 개발을 위한 기초 연구. 청소년 상담연구, 9, pp. 114-135.

권구영 · 이혜자(2002). 청소년의 인터넷 사용과 정신건강 간의 관계에 관한 연구. 정신보건과 사회사업, 13, pp.59-86.

김동규 · 안정임(1994). 텔레비전 중독에 관한 연구. 한국방송학회 1994 추계학술대회발표논문집, pp.125-147.

김옥순 · 홍혜영(1998). 정보사회와 청소년Ⅰ 통신중독증. 서울: 한국청소년문화연구소.

김은경(1998). 대중문화의 선정성이 청소년 성범죄에 미치는 영향. 서울: 한국형사정책연구원.

김준호 · 박해광(1994). 음란물과 청소년 비행과의 관계에 관한 연구. 서울: 한국형사정책연구원.

김진숙 · 최수미 · 강진구(2000). 청소년의 PC중독. 서울: 한국청소년상담원.

김현수(2001). 인터넷이 개인행동에 미치는 영향과 사례. 인터넷의 사회심리학적 영향과 윤리적 대응 - 제1차 정보통신윤리학술포럼 자료집. 서울: 정보통신윤리위원회.

박명진(1996). 정보격차와 세대차이. 정보사회와 사회윤리. 서울: 아산사회복지재단.

배진한(1995). 컴퓨터매개 커뮤니케이션이 대인 커뮤니케이션 채널 및 정보이용에 미치는 영향. 서울대학교 박사학위 논문.

서주현 · 유안진(2001). 청소년의 인터넷을 통한 친구관계의 기능, 구조적 특성 및 만족감. 아동학회지, 22(4), pp.149-166

송원영(1998). 자기효능감과 자기통제력이 인터넷의 중독적 사용에 미치는 영향. 연세대학교 석사학위 논문.

심영희(1993). 약물남용의 실태와 통제방안. 서울: 한국형사정책연구원.

안정임 · 김동규(2000). 청소년의 인터넷 사용행태 조사 청소년의 인터넷 중독증후군 및 음란물 접촉행위에 관한 연구. 서울: 한국여성민우회 미디어운동본부.

윤재희(1998). 인터넷중독과 우울, 충동성, 감각추구성향 및 대인관계의 연관성. 고려대학교 석사학위 논문.

윤영민(2000). 인터넷 몰입 '중독' 매도 곤란. 매일경제. 2000년 4월 13일자.

이광자(1983). 정신건강 간호학. 서울: 신광출판사.

이종원(2001). 청소년의 인터넷관련 문제행동 실태분석. 서울: 한국청소년개발원.

이종원 · 유승호(2003). 청소년들의 온라인게임 이용실태 연구. 서울: 한국청소년개발원.

이종원 · 임성택 · 최원기 · 최종헌(2001). 전국 청소년 문제행동 실태조사 연구. 서울: 한국청소년개발원.

전석호(1999). 정보사회론: 커뮤니케이션 혁명과 뉴미디어. 서울: 나남출판.

정기도(2001). 게임, 몰입, 그리고 탈자(脫自). 정보와사회, 2, pp. 88-106.

조춘범(2001). 청소년의 인터넷 중독과 가정 및 학교환경과의 관계에 관한 연구 - 서울지역 인문계 고등학생들을 중심으로. 경희대학교 석사학위 논문.

최민정(2000). 인터넷 중독적 사용과 우울감, 자기효능감 및 감각추구성향의 관계. 중앙대학교 석사학위 논문.

황상민 외 2인(2001), 인터넷 중독 현황 및 실태조사. 서울: 한국정보문화센터.

황상민 · 한규석(1999). 사이버공간의 심리: 인간적 정보화 사회를 향해서. 서울: 박영사.

Corsaro, W.A. and D. Eder.(1995). Development and socialization of children and adolescents. In K.S. Cook, G. A. Fine, J. S. House(ed). *Sociological Perspective on Social Psychology*. Boston: Allyn and Bacon.

Gackenbach, J.(1998). *Psychol1ogy and the internet*. San Diego: Academic Press.

Goldberg, I. K.(1996). *Internet addiction disorder*. http://www.rider.edu/users/suler/psycyber/supportgp.html

Greenfield, D. N.(1998). *The net effect: Internet addiction and compulsive internet use*. The Center for Internet Studies. http://www.virtual-addiction.com/neteffect.htm

Griffiths, Mark(1998). Internet addiction: Does it really exist?. In Jayne Gackenbach(ed). *Psychology and the Internet: Intrapersonal, Interpersonal, and Transpersonal Implications*. London: Academic Press.

Joinson, Adam(1998). Causes and implications of disinhibited behavior on the internet." *Psychology and the Internet*, pp. 43-60.

Kraut, R., Patterson, M., Lundmark, V., Kiesler, S., Mukopadhyay, T., Scherlis, W.(1998). Internet paradox: A social technology that reduces social involvement and psychological well-being? *American Psychologist*, 53, pp. 1017-1031.

McIlwraith, R., Jacobvitz, R. S., Kubey, R. & Alexander, A.(1991). Television addiction: Theories and data behind the ubiquitous metaphor. *American Behavioral Scientist*, 35. pp. 102-121.

Noonan, R.(1998). The psychology of sex: A mirror from the internet. In Jayne Gackenback(ed). *Psychology and the Internet: Intrapersonal, Interpersonal, and Transpersonal Implications*. San Diego: Academic Press.

Odzer, C.(1997). *Virtual spaces: Sex and the cyber citizen*. New York: Berkeley Books.

Spears, R. and M. Lea(1994). Panacea or panopticon: The hidden power in computer-mediated communication. *Communication Research*, 21(4), pp. 430-431.

Shotton, M.(1991). The cost and benefits of "computer addiction". *Behavior and Information Technology*, 10, pp. 219-230.

Young, K. S.(1996). Internet addiction: The emergence of a new clinical disorder. Paper presented at the

104th American Psychological Association. Toronto, Canada.

Young, K. S.(1998). *Caught in the net: How to recognize the signs of internet addiction and a winning strategy for recovery*. New York: John Wiley & Sons. 김현수 역(2000). 인터넷 중독증. 서울: 나눔의 집

Young, K. S. and Rodgers R. C.(1998). The relationship between depression and internet addiction. *CyberPsychology and Behavior*, 1(1).

제3부 청소년범죄의 동향과 대책

10

비행청소년의 교정보호

과거 전쟁과 기아를 가장 심각한 사회문제로 여기던 것이 냉전의 종식과 사회의 발전으로 인하여 이제는 범죄가 가장 심각한 사회문제의 하나로 자리잡게 되었다. 더 큰 문제는 이처럼 심각한 범죄문제의 한 가운데에 미래의 역군이어야 할 청소년들이 자리하고 있다는 사실이다. 더구나, 이들 청소년들의 범죄와 비행 또는 일탈이 양적으로 증가할 뿐만 아니라 질적으로도 악화되고 있다면 문제의 심각성은 더할 수밖에 없을 것이다. 따라서 본 장에서는 우리사회의 청소년범죄와 비행의 실태를 살펴봄으로써 문제의 심각성을 가늠해보고, 그렇다면 과연 우리는 이들 비행청소년들을 어떻게 교정하고 보호해야 할 것인가를 밝히기 위해서 비행청소년을 위한 교정보호의 현주소를 알아보고, 더불어 최근 새롭게 등장하거나 시도되고 있는 비행청소년의 교정보호제도와 프로그램을 찾아보며, 이를 토대로 우리사회의 보다 바람직한 비행청소년 교정보호의 발전을 위한 방안과 대안을 제시하고자 한다.

Ⅰ. 청소년범죄의 현황과 특징

1. 청소년범죄의 현황

1) 청소년범죄의 일반현황

아래 <표 10-1>을 보면, 청소년범죄가 1997년 이후 2000년에 약간 증가한 것을 제외하고는 매년 감소한 것으로 나타나고 있다. 이와 동시에 전체범죄인 중 소년범의 점유비율도 비슷한 추세를 보이고 있어 성인범죄와 비교하여 일반적 추세는 큰 차이를 보이지는 않고 있다. 그 결과, 전체범죄는 14.6% 증가하였으나 소년범죄는 같은 기간 15.9% 감소한 것을 알 수 있다.

<표 10-1> 전체 범죄 대비 청소년범죄 구성 현황

(단위: 명, %)

	1997	1998	1999	2000	2001
총범죄	2,117,759 (100.0)	2,341,431 (110.6)	2,400,485 (113.4)	2,329,134 (110.0)	2,426,050 (114.6)
소년범죄	164,182 (100)	161,277 (98.2)	150,821 (91.9)	151,176 (92.1)	138,030 (84.1)
구성비율 (%)	7.8	6.9	6.3	6.5	5.7

주: ( )안은 기준년도 대비율임.
자료: 문화관광부. 청소년백서(2002), p.495 (표-7-1-1)

2) 청소년범죄의 분류별 동향

(1) 유형별 동향

아래 <표 10-2>를 보면, 전체 소년범죄의 감소와 함께 유형별 청소년범죄도 각각 감소추세를 보이고 있다. 2001년도에는 폭력범죄가 37%에 이르러 대부분을 차지하고 있으며, 다음이 교통사범으로 30.3%, 재산범죄가 24.5%, 그리고 강력범이 2.5%를 차지하고 있다. 특이한 것은 강력범죄 중 방화와 재산범죄 중 횡령·배임과 사기는 오히려 증가하고 있다는 점이다. 이는 아마도 청소년들의 경제활동이 증가한 것과 관계가 있을 것으로 보인다.

〈표 10-2〉 **청소년범죄 유형별 현황**

(단위: 명, %)

	1997	1998	1999	2000	2001
계	164,182	161,277	150,821	151,176	138,030
강력범 소계	5,653	6,134	5,053	4,421	3,479
살인	79	65	71	45	49
강도	3,651	4,273	3,102	2,691	1,885
강간	1,840	1,703	1,709	1,515	1,371
방화	83	93	171	170	174
폭력범 소계	62,218	57,080	56,757	56,711	51,095
폭행.상해	61,383	56,461	56,186	56,125	50,598
공갈	790	557	517	488	420
기타	45	62	54	98	77
재산범 소계	39,605	45,561	36,612	39,834	33,822
절도	35,177	39,894	31,162	34,236	25,926
횡령.배임	993	887	788	1,048	981
장물	741	819	731	555	343
사기	2,694	3,961	3,931	3,995	6.572
교통사범	45,622	41,665	40.874	42,537	41,869
기타	11,084	10,837	11,525	7,673	7,765

주: 1) 폭행.상해에는 폭력행위등처벌에관한법률 위반 사범이 포함
2) 폭력범 중 기타는 체포와 감금, 협박, 미성년자약취유인죄 포함
3) 강간에는 1994. 4. 1일부터 시행된 "성폭력범죄의처벌및피해자보호등에관한법률" 위반 사범이 포함

자료: 문화관광부. 청소년백서(2002), p.496 (표 7-1-2)

(2) 연령별 현황

청소년범죄에 관한 일반적 견해였다고 할 수 있는 연소화는 적어도 소년범죄의 연령별 현황을 통해서는 나타나지 않고 있다. 아래의 <표 10-3>에 따르면, 1997년에 15세 이하의 범죄소년은 전체의 28.6%이던 것이 2001년에는 21.2%로 7.4%가 줄었으나 18세 이상 19세 미만은 1997년 33.9%에서 2001년에는 45.5%로 11.6%나 증가한 것으로 나타나고 있다. 그러나, 소년범죄 중에서도 형사미성년자이거나 또는 보호사건의 대상도 되지 않아서 통계조차 잡히지 않는 12세 미만 어린이 또는 아동들에 의한 범죄는 증가하고 있다는 점을 고려한다면 소년범죄자의 저연령화도 틀린 것은 아닐 것이다.

<표 10-3> 청소년범죄 연령별 현황

(단위: 명, %)

	소년범죄자	14세 미만		14-15		16-17		18-19	
	인원	인원	구성비	인원	구성비	인원	구성비	인원	구성비
1997	164,182	4,093	2.5	42,786	26.1	61,622	37.5	55,681	33.9
1998	161,277	1,886	1.2	35,964	22.3	59,833	37.1	63,594	39.4
1999	150,821	1,674	1.1	30,088	19.9	53,857	35.7	65,202	43.2
2000	151,176	1,649	1.1	33,047	21.8	53,324	35.3	63,156	41.8
2001	138,030	1,656	1.2	27,606	20.0	45,964	33.3	62,804	45.7

자료: 문화관광부. 청소년백서(2002), p.497(표 7-1-3)

(3) 남녀별 현황

소년범죄자의 성별 분포를 보면, 남자 소년범죄자의 비율은 점점 낮아지는 반면 여자 소년범죄자의 비율은 반대로 점점 높아지고 있어서 여자 소년범죄가 증가하고 있음을 보여주고 있다. 1997년 여자 소년범죄자 비율이 8.4%이던 것이 2001년에는 15.8%로 무려 두 배 가까이 증가하였다. 즉, 같은 기간 남자 소년범죄자의 비율은 7.4% 낮아지고 여자 소년범죄자의 비율은 7.4% 높아졌으며 특히 전체 소년범죄 인원이 감소하고 있음을 감안하면 더욱 큰 의미가 있다.

<표 10-4> 청소년 범죄자의 남녀별 현황

(단위: 명, %)

	계	남자		여자	
	인원	인원	점유율	인원	점유율
1997	164,182	150,396	91.6	13,786	8.4
1998	161,277	144,907	89.9	16,370	10.1
1999	150,821	131,275	87.0	19,546	13.0
2000	151,176	131,444	86.9	19,732	13.1
2001	138,030	116,235	84.2	21,795	15.8

자료: 문화관광부. 청소년백서(2002), p.498(표 7-1-5)

(4) 동기별 현황

청소년범죄의 특성중 하나가 비공리성이라고 하는데, 우리의 청소년범죄도 크게 예외는 아니어서 우발적 범행이 가장 큰 청소년범죄의 동기임을 알 수 있다. <표 10-5>를 보면, 2001년의 경우 우발적 범행이 28.0%로 가장 많았으며, 부주의가 15.2%, 유흥비 마련 등 이욕범행이 15.0%, 취중(호기심)이 5.5%의 순으로 나타나고 있다. 연도별 큰 변화는 없으나 우발적 범행이 비교적 큰 폭으로 증가하고 있으며, 반대로 취중(호기심)으로 인한 범행은 약간 줄어들고 있음을 볼 수 있다.

<표 10-5> 청소년범죄의 동기별 현황

(단위: 명, %)

		1997	1998	1999	2000	2001
계		164,182 (100)	161,277 (100)	150,821 (100)	151,176 (100)	138,030 (100)
이욕	소계	22,985 (14.0)	26,949 (16.7)	24,294 (16.1)	23,595 (15.6)	20,703 (15.0)
	생활비	1,947 (1.2)	2,612 (1.6)	2,548 (1.7)	2,045 (1.4)	2,070 (1.5)
	유흥비	8,686 (5.3)	9,579 (5.9)	8,732 (5.8)	8,623 (5.7)	6,349 (4.6)

		1997	1998	1999	2000	2001
	허영사치심	1,181 (0.7)	1,096 (0.7)	889 (0.6)	827 (0.6)	690 (0.4)
	기타	11,171 (6.8)	13,662 (8.5)	12,125 (8.0)	12,100 (8.0)	11,594 (8.4)
사행심		1,157 (0.7)	1,080 (0.7)	965 (0.6)	858 (0.6)	552 (0.4)
원한분노		2,359 (1.4)	1,806 (1.1)	1,628 (1.1)	1,650 (1.1)	1,380 (1.0)
취중(호기심)		15,057 (9.2)	13,805 (8.6)	9,305 (6.2)	9,428 (6.2)	7,591 (5.5)
우발적		35,956 (21.9)	40,254 (25.0)	40,887 (27.1)	41,573 (27.5)	38,648 (28.0)
유혹		1,914 (1.2)	2,354 (1.5)	1,945 (1.3)	1,701 (1.1)	1,385 (1.0)
가정불화		92 (0.1)	113 (0.1)	150 (0.1)	163 (0.1)	138 (0.1)
부주의		22,035 (13.4)	21,417 (13.3)	22,849 (15.1)	24,320 (16.1)	20.980 (15.2)
현실불만		1,590 (1.0)	1,290 (0.8)	1,281 (0.8)	1,067 (0.7)	966 (0.7)
기타		61,037 (37.2)	52,209 (32.3)	47,517 (31.5)	46,821 (31.0)	45,687 (33.3)

주: 1) (　　)안은 점유율임

2) 이욕난의 '기타'는 도박비 마련, 치부와 그 외의 이욕목적 범행임

자료: 문화관광부. 청소년백서(2002), p.499(표 7-1-6)

(5) 학력별 현황

소년범죄자의 교육정도별 현황을 보면, 해마다 고등학교 학력자와 대학생의 비율이 증가하고 있음을 알 수 있다. 이는 고등교육 기회의 증대와 그로 인한 고학력자의 증가와도 관련이 있으며, 한편으로는 학생범죄의 증가와 청소년범죄의 일반화라는 특성과도 연관이 있는 것으로 이해할 수 있다. <표 10-6>은 고등학교 재학 및 졸업자가 1997년에는 51.8%이던 것이 2001년에는 57.2%로, 대학생은 1997년에 5.4%이던 것이 2001년에는 10.4%로 증

가하였으나, 중학교 재학 및 졸업자는 1997년 28.8%였으나 2001년에는 26.3%로 감소한 것을 보여주고 있다.

<표 10-6> 청소년범죄의 교육정도별 현황

(단위: 명, %)

	계	불취학	초등학교	중학교	고등학교	대학교	기타
1997	164,182 (100)	171 (0.1)	2,624 (1.6)	47,287 (28.8)	87,987 (51.8)	8.852 (5.4)	20,261 (12.3)
1998	161,277 (100)	226 (0.1)	2,725 (1.7)	48,318 (30.0)	90,558 (56.2)	11.500 (7.1)	7.950 (4.9)
1999	150,821 (100)	256 (0.2)	2,472 (1.6)	42,907 (28.5)	85,731 (56.8)	12,744 (8.5)	6,711 (4.4)
2000	151,176 (100)	118 (0.1)	2,274 (1.5)	43,243 (28.6)	86,721 (57.4)	13,124 (8.7)	5,696 (3.8)
2001	138,030 (100)	276 (0.2)	2,070 (1.5)	36,302 (26.3)	78,954 (57.2)	14,356 (10.4)	6,072 (4.4)

주: (　)안은 점유율임
자료: 문화관광부. 청소년백서(2002), p.500(표 7-1-7)

(6) 가족관계별 현황

전통적으로 소위 말하는 결손가정을 비롯한 가정문제가 청소년범죄의 중요한 원인으로 지적되고 있다. 지금까지의 통계만을 보면 실부모가 있는 경우가 전체의 3/4 정도를 차지하고 있어서 이러한 주장을 무색케 하는 것 같다. 그러나 최근 들어 문제가정도 물리적 결손보다는 정서적, 정신적 갈등이나 결손을 더 중시하고 있음에 비추어 반드시 잘못된 주장이라고 하기에는 이른 것 같다. <표 10-7>을 보면, 결손가정중에서는 어머니만 있고 아버지가 없는 경우가 가장 많고, 그 다음이 아버지는 있으나 어머니가 없는 경우, 부모 모두 없는 경우, 실부와 계모, 계부와 실모 등의 순으로 나타나고 있다.

<표 10-7> 청소년범죄 가족관계별 현황

(단위: 명, %)

	계	미혼										기혼
		실부모	계부모	실모계부	실부계모	실부무모	실모무부	계부무모	계모무부	무부모	미상	
1997	164,182 (100)	127,853 (77.9)	378 (0.2)	903 (0.6)	1,574 (1.0)	9,012 (5.5)	12,143 (7.4)	109 (0.07)	250 (0.2)	3,847 (2.3)	133 (0.08)	7,980 (4.9)
1998	161,277 (100)	119,991 (74.4)	404 (0.3)	1,033 (0.6)	1,807 (1.1)	10,709 (6.6)	13,128 (8.1)	113 (0.07)	162 (0.1)	4,968 (3.1)	129 (0.08)	8,833 (5.5)
1999	150,821 (100)	110,370 (73.2)	377 (0.2)	1,010 (0.7)	1,613 (1.1)	10,572 (7.0)	12,518 (8.3)	90 (0.06)	150 (0.1)	4,735 (3.1)	120 (0.08)	9,266 (6.1)
2000	151,176 (100)	112,398 (74.3)	597 (0.4)	928 (0.6)	1,756 (1.2)	10,596 (7.0)	11,878 (7.9)	107 (0.07)	84 (0.06)	4,934 (3.3)	108 (0.07)	7,796 (5.1)
2001	138,030 (100)	101,867 (73.8)	415 (0.3)	829 (0.6)	1,518 (1.1)	9,524 (6.9)	10,491 (7.6)	96 (0.07)	69 (0.05)	4,416 (3.2)	110 (0.08)	8,695 (6.3)

주: ( )안은 점유율임

자료: 문화관광부. 청소년백서(2002). p.501(표 7-1-8)

2. 비행청소년의 특징

1) 흉포화

청소년범죄의 특징중 하나로 많은 사람들이 폭력성을 들고 있다. 물론 청소년의 사회적 위치와 그들의 특성과도 관련이 있겠지만 앞의 <표 10-2> 청소년범죄의 유형별 현황에서도 전체 청소년범죄중 폭력범죄와 강력범죄가 거의 대부분을 차지하고 있으며, 특히 재산범죄의 두 배에 가까운 것으로 나타나고 있어서 이러한 청소년범죄의 흉포화, 조폭화를 잘 보여주고 있다.

2) 누범화

최근 소년사법의 보수화 내지는 강경화는 청소년범죄의 조폭화와 누범화에 기인한 바 적지 않다. 아래의 <표 10-8>을 보면, 2001년의 경우 전체

소년범죄자중 초범자가 63.7%인 반면 전과자가 무려 36.3%에 이르고 있다. 특히 눈여겨 볼 것은 전체 소년범죄자중 초범자의 비율은 감소하고 반대로 전과자가 차지하는 비율은 해마다 증가하고 있다는 사실이다. 실제로 1997년에 초범자가 74%이던 것이 2001년에는 63.7%로 감소하였으나, 전과자의 비율은 1997년에 26.0%이던 것이 2001년에는 36.3%까지 증가하였다. 이러한 전과자의 증대와 함께 전과자중에서도 특히 3범 이상이 차지하는 비율이 많이 증가한 것이 청소년범죄의 누범화 현상을 잘 대변해 주고 있다.

<표 10-8> 청소년범죄의 전과별 현황

(단위: 명, %)

	계	초 범	전 과			
			소계	1범	2범	3범이상
1997	164,182 (100)	121,516 (74.0)	2,666 (26.0)	22,067 (13.4)	10,148 (6.2)	10,451 (6.4)
1998	161,277 (100)	108,330 (67.2)	52,947 (32.8)	25,304 (15.7)	12,531 (7.8)	15,112 (9.4)
1999	150,821 (100)	97,475 (64.6)	53,346 (35.4)	24,312 (16.1)	12,291 (8.1)	16,743 (11.1)
2000	151,176 (100)	98,535 (65.2)	52,641 (34.8)	23,794 (15.7)	11,904 (7.9)	16,943 (11.2)
2001	138,030 (100)	87,925 (63.7)	50,105 (36.3)	22,085 (16.0)	10,904 (7.9)	17,116 (12.4)

주: ( )안은 점유율임

자료: 문화관광부. 청소년백서(2002), p.502(표 7-1-9)

3) 집단화

청소년이 성장함에 따라 그들에게 있어서 중요한 타자(significant others)도 부모로부터 점점 또래집단으로 옮겨가게 된다. 이러한 청소년들의 또래집단화 현상이 청소년범죄의 집단화에도 영향을 미치는 것으로 알려지고 있다. 아래 <표 10-9>가 이를 잘 대변하고 있는데, 청소년범죄의 거의 절반 또는 그 이상이 공범이 있으며, 2001년을 제외하고는 오히려 단독범보다 공범이 있는 경우가 더 많은 것으로 나타나고 있다. 2001년의 경우 공범이 있는 소년범죄자중에서 학교동창이 22.9%로 제일 높고 동네나 고향친구가 9.7%로서 그 다음으로 높았다.

<표 10-9> 소년범죄자 공범관계 현황

(단위: 명, %)

	계	단독범	공범관계								
			소계	학교 동창	교도소 등동료	친·인척	동네 고향 친구	애인	군 직장 동료	기타	미상
1997	164,182 (100)	75,622 (46.1)	81,534 (49.7)	38,907 (23.7)	168 (0.1)	1,191 (0.7)	17,341 (10.6)	294 (0.2)	1,827 (1.1)	21,806 (13.3)	7,026 (4.3)
1998	161,277 (100)	70,123 (43.5)	87,762 (54.4)	39,609 (24.6)	225 (0.1)	1,467 (0.9)	19,998 (12.4)	370 (0.2)	1,596 (1.0)	24,497 (15.2)	3,392 (2.1)
1999	150,821 (100)	69,905 (46.3)	77,945 (51.7)	34,010 (22.5)	226 (0.1)	1,478 (1.0)	17,344 (11.5)	407 (0.3)	1,646 (1.1)	22,834 (15.1)	2,971 (2.0)
2000	151,176 (100)	70,106 (46.4)	78,530 (51.9)	36,467 (24.1)	245 (0.2)	1,412 (0.9)	16,893 (11.2)	424 (0.3)	1,596 (1.0)	21,493 (14.2)	2,540 (1.7)
2001	138,030 (100)	68,739 (49.8)	66,807 (48.4)	31,611 (22.9)	276 (0.2)	1,242 (0.9)	13,389 (9.7)	414 (0.3)	1,656 (1.2)	18,219 (13.2)	2,484 (1.8)

주: ( )안은 점유율임

자료: 문화관광부. 청소년백서(2002), p.503(표 7-1-10)

Ⅱ. 비행청소년 교정교화의 이념

1. 비행청소년 교정보호의 이해

지금까지 형사사법의 근거를 이루었던 비행을 포함한 범죄의 원인은 자유의사론(free will)과 결정론(determinism)이라는 인간의 본성에 대한 두 가지 상반된 인식에서 논의되어 왔다. 자유의사론은 인간은 합리적 존재로서 범죄를 비롯한 개인의 행동은 자유로운 의지에 의한 선택의 결과이며, 따라서 범죄자는 자신의 범행에 대한 책임을 가지게 되어 처벌되어야 한다는 것이다. 반면에 결정론적 입장에서는 범죄자는 생물학적, 심리학적 조건이나 외부환경과 같은 자신이 통제할 수 없는 외부의 세력이나 힘 또는 영향에 의하여 만들어진다는 것이며, 따라서 범죄에 대한 책임이 아니라 범죄자에 대한 치료와 처우를 필요로 한다는 것이다(이윤호, 1991:104-105).

그런데 청소년범죄의 경우는 청소년의 자유의사보다는 범죄나 비행을 유발하고 조장하는 환경적 영향이 중요한 비행성 요인임이 많은 연구의 결과로 밝혀지고 있다. 더구나, 청소년은 합리적 사고와 판단에 기초한 자유로운 의사결정을 할 수 있을 정도로 정신적·이성적으로 성숙되고 완성되지 않았으며, 환경과 주위의 자극에 쉽게 반응하고 감수성이 예민하다는 특징을 가지고 있다. 따라서 비행 청소년은 사회적 환경과 여건이 그들이 사회적으로 건전하고 관습적인 사회화(socialization)를 할 수 없도록 만들었다고 파악되고 있다. 그러므로 비행청소년은 사회적으로 약탈된 병약자이고 따라서 환자를 벌할 수 없고 치료·보호해야 하듯이 이들 비행청소년도 처벌의 대상이 아니라 오히려 치료·보호되어야 할 대상이라는 것이다. 즉, 비행청소년은 그들의 미성숙과 환경의 영향으로 비행을 하게 되므로 그들에게 책임을 묻기보다는 오히려 나쁜 영향으로부터 보호되어야 한다는 것이다(이윤호, 1989:22-23).

이러한 비행청소년에 대한 보호주의의 전제하에서 비행청소년의 반사회성향을 교정하고 환경을 조정함으로써 그들을 건전하게 육성하고 보호하자는 것이 비행청소년 교정보호의 기본적인 이념이라고 할 수 있다. 그러나, 소년사법 자체가 비행청소년으로부터 사회질서를 유지하고 공공의 안녕과 이익을 보호하기 위한 형사정책적 수단의 하나이며, 소년에 대한 강제 등 몇 가지 사법적 성격도 가지고 있다는 점에서 형사정책적, 사법적 성격의 본질도 동시에 내포하고 있는 합목적적인 것으로 이해되어야 한다.

2. 소년사법의 이념

1) 국친사상

거의 모든 국가의 소년사법제도는 영국의 관습법(common law)으로부터 유래된다. 영국의 관습법은 범죄자의 나이에 따라 7세 이하의 소년은 범죄의향을 소유할 능력이 없는 것으로 간주하며, 8세에서 14세까지는 범죄행위에 대한 책임을 물을 수 없고, 14세 이상은 자신의 행위에 대하여 책임을 물을 수 있기 때문에 처벌을 받아야 마땅하다고 가정하고 있다(Allen and Simmons, 1986:295). 우리나라도 이와 유사한 개념으로 범죄소년, 촉법소년, 그리고 우범소년으로 소년사법의 대상을 정의하고 있다.

그런데, 촉법소년은 형사책임이 없는 형사미성년자이고, 우범소년은 아직 반사회적 행위를 하지 않았고 단지 불량성이 있어서 방치하면 범행을 할 우려가 있을 뿐인 소년인데도 범죄소년과 동일한 소년사법의 절차와 과정 및 처분을 받을 수 있도록 한 것은 죄형법정주의의 원칙에 반한다는 주장도 대두되고 있다(나채규, 1990:176).

그러나 바로 이 점이 소년사법을 형사사법과 구별하는 기초가 되고 있다. 국가가 자녀에 대한 양육과 보호를 부모에게 위임하였으나 부모가 이를 제대로 하지 못하거나 할 수 없다면 아동의 복지를 위하여 국가가 양육과 보호에 대한 책임을 져야 하는 것으로 인식되고 있다. 청소년비행이 가정과 학교, 사회 등 외적 환경의 영향으로 인한 것이라는 주장에서 보듯이 비행청소년은 어쩌면 우리사회가 그들을 제대로 양육하고 보호하지 못했기 때문일 수도 있으며, 특히 많은 경우 가정적 요인이 중요한 비행의 원인으로 지적되고 있기에 그들을 그대로 방치한다면 그들에 대한 일종의 책임회피일 수도 있는 것이다. 이러한 견지에서, 비록 아직 죄를 범하지는 않았지만 그대로 둔다면 범행할 가능성이 있는 우범소년은 물론이고 범죄소년이나 촉법소년까지도 소년사법의 대상으로 보는 것이다. 즉, 국가가 보호자를 대신하여 궁극적인 보호자로서 아동을 양육하고 보호해야 한다는 것이 소년사법의 철학적 기초라고 할 수 있는 국친사상의 모체이다(Reid, 1981:349).

우리의 소년법 제1조에서 반사회성 있는 소년에 대하여 그 환경의 조정과 성행의 교정을 통하여 소년의 건전한 육성을 기함을 목적으로 한다고 천명함으로써, 우리의 소년사법이 적어도 명목상으로라도 국친사상에 기초하고 있음을 보여주고 있다. 실제로, 소년법이 촉법소년과 심지어 우범소년에게도 보호처분의 보호적 혜택을 베풀고 있음이 이를 대변하고 있다. 그런데 이는 소년법이 소년의 범죄행위가 아니라 소년범죄자에 초점을 맞추고 있으며, 이는 다시 보호처분이 범죄의 응징이 아니라 소년에 따라 선택적으로 부과되는 것임을 보여주고 있고, 이것이 바로 형사사법이 범죄행위를 중시하는 행위형법적 속성을 가진 데 반하여 소년사법은 범죄자를 중시하는 행위자형법적 속성을 가지는 차이를 보여주는 것이다(임상규, 2002: 39-40).

이러한 보호적 처분임에도 불구하고 소년사건의 재범율이 30%를 상회하고 성인범죄자가 되는 소년사범의 비율이 67%에 이른다(김준호 · 이순래, 1995:12)는 사실은 현행 소년사법과 보호처분이 문제가 있음을 암시하고 있다. 보호처분이 명목적으로는 보호적 혜택과 교육적 은전을 추구하지만 현실은 이미 보호처분이 또 다른 하나의 형벌이라는 비판에 귀를 기울이게 한다. 더구나 결식아동, 버려지거나 방치된 아동, 그리고 소년소녀가장 등 국가가 부모를 대신하여 보호 · 육성해야 할 건전한 소년들도 국친사상의 혜택을 제대로 받지 못하고 있음에도 불구하고 범죄소년에게 지나친 국친사상을 베푸는 것도 지적받을 수 있다. 물론 소년범죄자의 처벌만을 강조하는 것도 문제가 있지만 동시에 일방적으로 보호와 육성만으로 처벌을 대신하는 것도 문제일 수 있는 것이다.

2) 소년법원

국친사상을 근간으로 하는 소년사법의 대표적인 제도가 바로 소년법원이라고 할 수 있다. 초기의 소년법원은 청소년 비행뿐만 아니라 방치되거나 혼자 살 수 없는 청소년까지 그 대상으로 하였다. 그것은 소년법원이 국친사상을 기초로 하기 때문에 대상 청소년에 대한 처벌을 목적으로 하지 않고 보호와 육성을 목적으로 한다는 점에서 어쩌면 당연한 것인지도 모른다. 즉, 청소년은 그들의 행동에 대해서 처벌을 받는 것이 아니라 그들이 처한 조건, 여건, 환경 등에 대해서 처우를 받기 위하여 소년법원에 보내지는 것으로 이해되는 것이다(이윤호, 1999:895).

이러한 소년법원은 따라서 당연히 일반법원과는 다른 점이 있다. 소년법원은 개별화된 처우를 강조하여 원래 법정이라기보다는 사회기관이나 의료기관으로 비추어졌다. 즉, 소년법원은 청소년을 보호하고 재활시키기 위한 것이지 청소년의 유죄를 재판하기 위해 만들어진 것이 아니기 때문에 재판을 위한 성인법원과는 차이가 있을 수밖에 없다.

사실 소년법원은 비행청소년을 형사법원에서 재판할 때 생기는 부작용인 부정적 낙인으로부터 보호하기 위한 것이었다. 그래서 소년법원과 형사법원에서 사용되는 용어부터 차이가 있다. 재판이 아니라 심판, 판결이 아니라 결정, 처벌이나 형벌이 아니라 처분이라고 하는 것 등이 그것이다. 절차상으로도 비공개를 원칙으로 하며 비공식적으로 진행하는 것도 다른 점이라고 할 수 있다. 그리고 심판, 결정, 처분의 주요 관심사도 청소년의 범죄사실과 유・무죄의 판단이라기보다는 청소년에게 최선의 이익이 무엇인지를 가장 중요한 기준으로 삼고 있다.

그밖에, 소년법원은 처음부터 처벌과 억제 지향에 반대되는 교화개선과 재활의 철학을 지향하고, 비행청소년은 물론이고 심지어 우범소년까지도 관할대상으로 하고 있으며, 형사법원이 선택할 수 있는 형의 종류보다 선택할 수 있는 처분이 더 다양하다는 특성도 소년법원은 가지고 있다. 한편, 소년법원은 일종의 현명한 부모로서 작용하기 때문에 공식적인 절차는 오히려 부담과 부정적인 영향만 가중시킨다는 판단에서 절차적 권리가 상당 부분 생략되기도 한다. 이는 국가가 청소년에 대한 보호자나 부모로서의 임무와 역할을 수임하여 청소년을 처벌하지 않고 보호하고 도움을 주는 것이라는 가정에서 그들의 절차적 권리가 침해되지 않는다고 믿기 때문이다(Reid, 1981:350-351).

그러나 소년법원의 현실은 밝지만은 않다. 소년법원이 처음부터 목표하였던 교화개선, 재활, 처우 또는 보호와 육성이라는 꿈은 만족스럽게 실현되지 못하고 있다. 명목적으로 또는 수사학적으로는 이를 부르짖고 있지만 현실은 극단적인 경우 청소년이 성인법원에서의 적법절차의 권리도 제대로 받지 못하면서 그렇다고 헌신적 보살핌이나 처우도 만족스럽게 받지 못하여 성인법원과 소년법원의 가장 부정적인 면만 받게 된다는 비판을 받고 있다. 또한, 소년법원이 형사절차로 인한 전과자라는 낙인으로부터 청소년을 보호하기 위한다지만 청소년은 물론이고 사회까지도 소년보호처분을 형사처벌로 인식하여 현실은 비록 법률적 낙인은 아닐지 모르지만 사회적 낙인은 불식시키지 못하고 있다.

3) 비행청소년 교정보호의 이념적 목표

비행청소년의 교정보호라고 성인범죄자 교정과 궁극적인 목표가 크게 다를 수는 없다. 그것은 모두가 궁극적으로는 범죄자나 비행청소년의 사회복귀와 재통합을 통한 범죄로부터의 사회의 보호를 목표하기 때문이다. 이런 점에서 비행청소년의 교정보호도 교화개선과 재통합(rehabilitation and reintegration), 격리와 통제(isolation and control), 예방(prevention), 그리고 처벌이나 응보(punishment or retribution)를 목표로 한다고 할 수 있다. 그런데 문제는 이들 목표가 때로는 서로 모순적이고 충돌할 수 있다는 것이다(Thornton et al., 1987: 350-351).

교화개선과 재통합은 주로 지역사회 교정이 추구하는 목적으로서 비행청소년과 사회의 동시 변화를 통한 사회와 청소년의 재결합 또는 재통합을 추구하는 어쩌면 가장 궁극적인 비행청소년 교정보호의 목적이라고 할 수 있을 것이다(Martin, 1987). 한편, 비행청소년의 교정보호에 있어서 억제는 어쩌면 이율배반적일 수도 있는데, 그것은 비행청소년의 교정보호가 처벌보다는 처우를 목적으로 하기 때문이다. 그러나 비행청소년의 교정보호도 규율과 공식적 제재 등 억제적 요소도 내포되어 있다(Gendreau and Ross, 1987).

격리와 통제는 비행청소년의 수용을 통해서 가능한 일이다. 소년원이나 소년교도소와 같은 수용시설은 물론 근본적으로는 교화개선이나 처우를 강조하지만 강제적 수용을 전제로 한다는 면에서는 통제적 의미도 상당 부분 내포되어 있다. 물론 비행청소년 교정보호의 궁극적인 목표는 이를 통한 범죄의 예방일 것이다. 교화개선을 통한 것이나 아니면 억제적 의미에서의 예방적 효과를 추구하는 특별예방이 그것이다. 그러나 문제는 억제효과의 측정도 어려운 일이며 더구나 재범의 예방이 교화개선의 효과인지 억제의 영향인지 아니면 단순한 성장효과인지 분명하지 않다. 누군가가 가장 좋은 범죄예방은 바로 성장의 결과라고 주장한 점을 고려한다면 더욱 그렇다. 한편, 비행청소년의 응보나 처벌적 관점은 청소년범죄의 심각성과 범죄 전반의 악화에 따른 형사정책 전반과 소년사법에 있어서 보수화와 그로 인한 강경대응(get tough) 정책이 강조되고 따라서 소년사건의 형사이송의 확대, 책임의 강조, 강제양형(mandatory sentencing) 등의 제도나 시책이 실험되고 시행되고 있는 실정이다.

4) 비행청소년 교정보호의 모형

인간의 본성, 청소년비행의 특성, 그리고 교정보호의 이념적 목표 등을 바탕으로 일반적으로 다음 <표 10-10>과 같이 비행청소년 교정보호를 의료모형(medical model), 적응모형(adjustment model), 범죄통제모형(crime control model), 그리고 최소제한모형(least-restrictive model)으로 구분하고 있다(Bartollas and Miller, 1978:18).

<표 10-10> 비행청소년 교정보호의 모형

모형	비행과 소년사법을 보는 시각	처벌 ?	처우?
최소제한모형	실제문제 없으며, 비행은 정상적인 행위이며, 다만 일부 법률폐지 필요	불필요	불필요
범죄통제모형	부모와 사회, 그리고 소년사법의 관대함이 문제	예	아니오
적응모형	개인적 문제와 일반적 무책임성	아니오	예
의료모형	감정적 박탈과 같은 배경적 문제	아니오	예

의료모형에 따르면, 생리적, 심리적, 사회적 환경과 특성으로 인해 범죄로 이끌리게 되었기 때문에 처벌의 대상이 아니라 치료의 대상이라는 결정론적 입장과, 범죄의 원인은 과학적으로 규명될 수 있으며 따라서 그 치료도 가능하다는 실증주의의 주장에 따라, 비행청소년은 자신이 통제할 수 없는 외부의 요인에 의하여 범죄자로 결정되었으며 이들은 사회적으로 약탈된 사회적 병질자이기 때문에 처벌의 대상이 아니라 치료의 대상이어야 한다는 것이다.

적응모형은 의료모형과 유사한 것으로, 범죄자와 비범죄자는 차이가 있으며 그 차이점은 파악될 수 있고 치료될 수 있다고 가정한다. 의료모형의 국친사상과 실증주의사상에다 재통합의 이념을 가미하여 비행청소년의 사회재통합을 강조하고, 의료모형이 범죄자를 환자시하였지만 적응모형에서는 범죄자도 책임 있는 선택과 합리적 결정을 할 수 있는 것으로 간주하여 현실요법, 환경요법, 교류분석 등의 방법을 주로 활용하고 있다.

범죄통제모형은 지금까지의 비행청소년에 대한 처우가 실패한 것으로 보고 비행청소년에 대한 훈육과 처벌 등 강경대응을 청소년범죄를 억제하는 가장 효과적인 수단으로 인식한다. 즉, 비행청소년에 대한 지나친 관대함이 오히려 형벌과 형사사법의 권위와 억제효과를 저하시켜서 그들을 직업적 범죄자로 만들고 있다고 비판하면서 비행청소년의 책임을 강조하여 처벌의 강화가 필요하고 따라서 범죄자에 상응한 처우가 아니라 범죄에 상응한 처벌이 강조되고 있다(van den Haag, 1975:249).

최소제한모형은 글자 그대로 청소년범죄자에 대한 소년사법의 개입을 최소화하자는 것이다. 청소년범죄자에 대한 개입은 전과자라는 부정적 낙인을 양산하여 직업적 범죄자를 만들 가능성이 높아지며, 또한 최근의 경향인 청소년비행의 아마추어화와 보편화로 인하여 이를 더욱 악화시킬 우려가 있다는 것이 개입의 최소화를 주장하는 이유이다. 구체적으로는 지위비행자는 소년사법의 대상이 되어서는 안되며, 소년범죄자에 대한 소년사법의 절차적 권리가 보장되어야 하고, 비시설수용적 프로그램이 확대되어야 한다는 것이다.

Ⅲ. 비행청소년 교정보호의 실태와 평가

1. 소년사법제도의 개관

1) 비행소년의 정의

비행소년이란 죄를 범한 14세 이상의 범죄소년, 형법에 저촉되는 행위를 한 12세 이상 14세 미만의 촉법소년, 그리고 우범사유, 즉 보호자의 정당한 감독에 복종하지 않는 성벽이 있거나, 정당한 이유 없이 가정에서 일탈하거나, 범죄성이 있는 자, 또는 부도덕한 자와 교제하거나, 자기 또는 타인의 덕성을 해롭게 하는 성벽이 있고 아울러 우범성, 즉 성격이나 환경에 비추어 장래 형벌법령에 저촉되는 행위를 할 우려가 있는 12세 이상의 소년을 포괄적으로 지칭한다.

그러나 촉법소년은 형사책임이 없는 형사미성년자이고, 우범소년은 아직

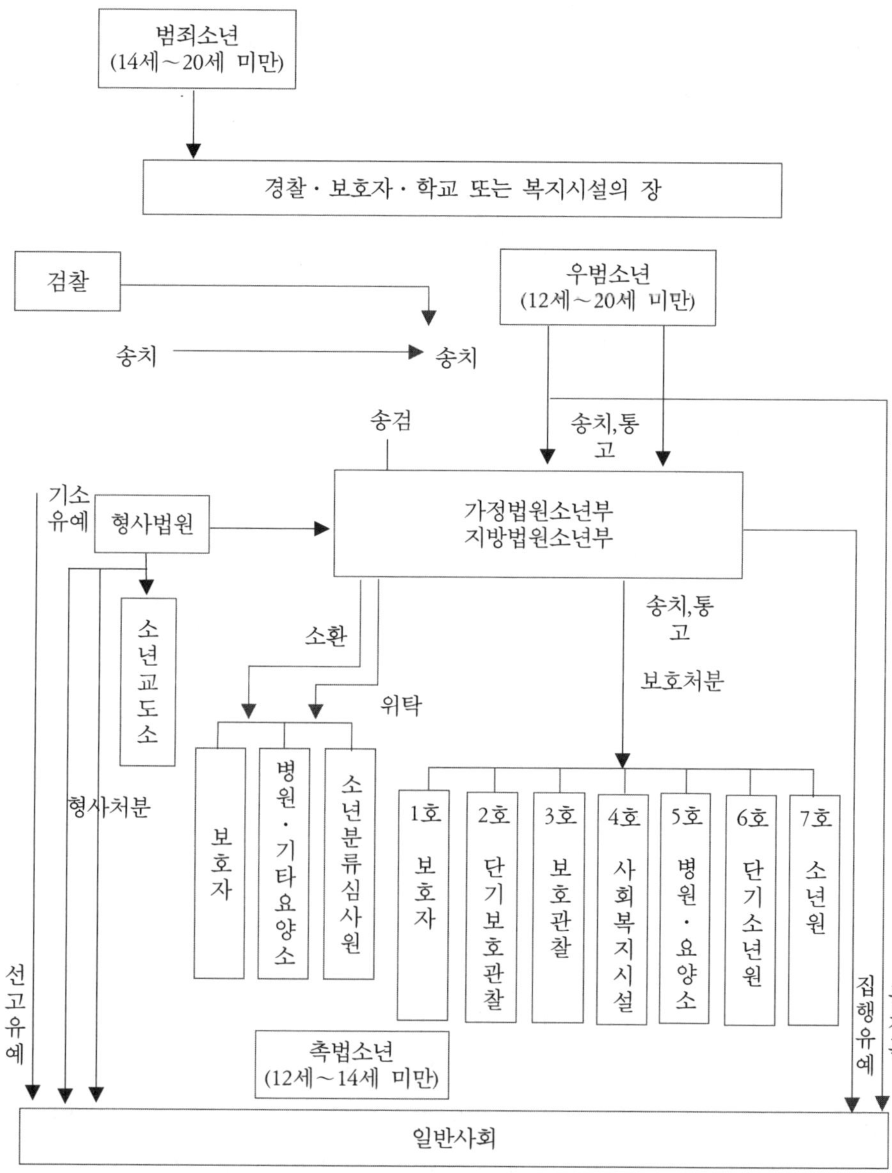

[그림 10-1] 소년범죄자의 처리과정

반사회적인 행위를 하지 않았고 단순히 불량성이 있을 따름임에도 불구하고 범죄소년과 동일한 심판기관에서 동일한 조사와 심판을 받게 하는 것은 죄형법정주의의 원칙에 위배된다는 논거에서 소년심판의 대상에서 제외되어야 한다는 주장도 있다(나채규, 1990:176). 이에 대해서, 특히 형사미성년자에 대해서는 일부에서 최근 청소년비행의 연소화와 흉악화 등을 이유로 오히려 형사미성년자의 연령을 낮추거나 폐지하거나 또는 범죄자의 나이를 고려하지 말고 범죄에 따라 처리하거나 소년법원을 이원화하거나 다양화하여야 한다는 주장도 제기되고 있다.

2) 비행소년의 처리과정

소년범죄자는 크게 형사사건과 보호사건으로 구분하여 처리되고 있다.

이것은 성인범죄자의 처리과정과는 약간 차이가 있는데, 그 이유는 청소년이 아직 성장단계에 있는 인격적 미완성의 상태여서 책임 있는 합리적 결정을 할 수 있는 능력이 부족하고 따라서 그들의 범죄행위도 책임을 묻기 위한 처벌보다는 치료와 처벌이 우선되어야 하는 것이며, 성인범죄자보다는 개선의 가능성도 높기 때문에 성인범죄자에 대한 사법적, 형벌적 처리보다는 교육복지적 보호측면에서 처리될 필요성에 기인된 결과이다.

앞의 [그림 10-2]에서 알 수 있듯이, 성인범죄자와는 달리 소년범죄자는 검찰단계에서 소년의 행위가 벌금 이하의 형에 해당되는 범죄이거나 보호처분에 해당되는 사유가 있다고 인정되는 경우에는 소년법원에 송치해야 한다. 또한, 기소된 범죄소년에 대해서도 위와 같은 사유가 있다고 인정되는 때에는 법원은 그 사건을 소년법원으로 이송하도록 하고 있다.

한편, 촉법소년이나 우범소년이 발견되면 경찰서장은 이를 직접 소년법원에 송치해야 하고, 보호자나 학교장 또는 사회복지시설의 장이 우범소년을 발견하면 서면 또는 구두로 소년법원에 통보할 수 있다. 검사는 경찰에서 송치되거나 직접 인지한 소년피의사건에 대해서 보호처분의 필요성이 있을 때는 소년법원에 송치해야 하여야 한다. 보호, 촉법 또는 우범소년을 송치 또는 통고받은 소년법원은 소년법원의 조사관에게 조사를 명하거나 소년분류심사원에 위탁하여 심사분류를 구하도록 하고 있다. 이렇게 조사하고 분류심사한 다음에 검찰송치, 형사법원이송, 심리불개시, 불처분 등의 결정을 하거나, 1호부터 7호까지의 소년보호처분을 하게 된다.

<표 10-11> 소년보호사건 접수현황

(단위: 명, %)

	계	법원송치	검사송치	경찰송치	이송	통고
1997	42,104	10,820	23,573	7,693	18	0
1998	39,910	11,035	22,322	6,552	1	0
1999	36,757	6,988	23,769	5,988	11	1
2000	36,520	6,190	24,449	5,863	18	-
2001	30,706	3,923	22,013	4,741	28	1

자료: 법무연수원. 범죄백서(2002), p.216(표 2-45 재편집)

위의 <표 10-11>을 보면, 2001년의 경우 검사송치가 22,013건으로 전체의 71.6%로서 대부분을 차지하고 있으며, 경찰송치는 4,741건이고, 법원송치가 3,923건으로 전체의 12.7%를 차지하고 있다. 전체사건 중에서 법원송치가 1997년에 비해 2001년에는 거의 1/3 수준으로 줄어들었으며, 경찰송치도 절반 수준으로 낮아진 것을 알 수 있다.

3) 소년범죄자 처리과정의 문제점

(1) 처리과정의 복잡성과 장기화

범죄소년이 검찰, 형사법원, 소년법원을 거쳐 소년보호교육기관에 들어오기까지는 그 절차가 지나치게 복잡하고, 그 결과 처리기간이 지나치게 장기화되고 있다는 지적을 받고 있다. 일반적으로 촉법소년은 약 70일이 소요되며, 소년사건의 대부분을 차지하는 범죄소년은 검사송치가 약 3개월, 형사법원 판사송치가 약 7개월이 소요되는 것으로 알려지고 있다. 이처럼 처리과정이 장기화함으로써 교육적으로 조직화되지 않은 환경에 노출되어 범죄적 행동양식이나 범죄적 수법 등을 학습할 기회를 주게 되어 차후 교정보호와 교육을 더욱 어렵게 하게 된다.

(2) 비행의 질적 고려 미흡

소년법 제49조 제1항은 검사는 소년피의사건의 수사 결과 벌금 이하의 형에 해당되는 범죄나 보호처분에 해당되는 사유가 있다고 인정될 때는 소년법원에 송치하도록 규정하고 있다. 그러나 보호처분으로 소년원에 입원하는 원생의 70% 이상이 이미 수회에 걸친 비행전력을 가진 상습 비행소년이며, 그중 상당수는 이미 집행유예나 징역형 등 형사처분을 받은 전력도 있어서 소년원 교육에 적합하지 않고 많은 어려움을 초래하게 된다. 더구나, 자신뿐만 아니라 이들은 개선의 가능성이 높은 다수의 다른 원생들의 교육에도 큰 지장을 초래하고 보호처분 집행기관인 소년원과 형사처분 집행기관인 소년교도소의 역할구분조차도 모호하게 만들고 있다.

(3) 보호처분의 불균형

소년부 판사는 보호자 또는 보호자를 대신하여 보호할 자에게 위탁하는 1호부터 소년원 송치인 7호까지의 처분을 할 수 있는데, 이는 대상 소년의 특수성을 고려하여 처분을 다양화함으로써 개별 소년에 가장 적합한 처우와 교육을 제공할 수 있는 처분을 할 수 있게 하기 위한 목적을 가지고 있다. 그러나, 지금까지는 4호 처분인 소년복지시설 등에의 위탁과 5호 처분인 병원, 요양소 등에의 위탁은 그 활용도가 높지 않고 있다. 5호 처분을 할 수 있는 병원이나 요양소가 극소수에 불과하고 4호 처분은 수탁기관 대부분이 인적·물적 환경과 여건이 열악하여 그 역할과 기능을 수행하기 쉽지 않다.

2. 소년형벌

범죄소년에 대해서는 형법상의 제재수단인 형벌이 부과될 수 있다. 그러나, 소년형벌은 소년의 건전육성을 위하여 소년의 재사회화를 지향하는 특별조치를 소년법상 규정하고 있다(박재윤, 1991:23). 현행 소년법은 죄를 범할 당시 18세 미만의 소년에 대한 사형과 무기형의 부과를 금하고, 재사회화 효과의 고양을 위하여 상대적 부정기형 제도를 두며, 단기자유형의 폐해를 없애기 위하여 벌금미납자에 대한 환형처분을 금하고 있다. 또한 자유형의 집행시 효율적인 교정처우와 성인수형자에 의한 피해와 범죄학습을 막기 위하여 성인과의 분리수용을 규정하고, 개선의욕의 고취를 위하여 가석방의 조건을 완화하며, 낙인의 부정적 영향을 없애기 위하여 특별한 규정을 두고 있다.

소년교도소는 소년범죄자를 성인범죄자와 격리수용 · 처우하기 위하여 설치된 기관이다. 그래서 징역 또는 구금형의 선고를 받은 소년에 대하여는 소년교도소에 수용함을 원칙으로 하고, 일반교도소에 수용하는 경우에도 특히 분계된 장소에서 수용하도록 하고 있다. 현재 소년교도소는 천안과 김천 2개소에 설치되어 있으며 모두 남자만을 수용하고, 천안은 초등학교 졸업 이상의 초범자를, 김천은 미취학자, 초등학교 중퇴자 및 누범자를 수용하고 있으며, 여자의 경우는 일반교도소 내의 분계된 장소에 수용하고 있다.

<표 10-12> 소년수형자 년도별 인원

계	1997	1998	1999	2000	2001
1,689	1,689	1,888	2,059	1,782	1,470

자료: 법무연수원. 범죄백서(2002), p.296(표 3-34 재편집)

위의 <표 10-12>는 김천과 천안 소년교도소에 수용중인 소년수형자를 연도별로 보여주는 것이다. 전체 수용인원은 연도별 다소의 증감은 있으나 대체로 비슷한 수준을 유지하고 있으며, 다만 2000년부터 다소 감소하고 있는 추세를 엿볼 수 있다.

소년교도소에서의 처우는 대체로 학과교육, 직업훈련, 생활지도, 그리고 교화활동으로 이루어지고 있다. 학과교육은 초등기초반, 초등과, 중등과, 그리고 고등과의 과정으로 교육이 이루어지며, 그 외에 별도로 검정고시반을 편성·운영하고 있다. 그밖에, 사회의 정규 고등학교과정을 이수할 수 있는 기회를 주기 위하여 천안소년교도소에 천안중앙고등학교 부설 방송통신고등학교를, 그리고 김천소년교도소에는 김천중앙고등학교 부설 방송통신고등학교를 설치·운영하고 있다.

<표 10-13> 소년수형자 학과교육 실적

	초.중.고등과		방송통신고		검정고시반		대학입학	
	천안	김천	천안	김천	천안	김천	천안	김천
1997	67	73	106	119	37	44	5	-
1998	61	71	135	134	74	50	8	-
1999	60	90	150	135	55	46	7	-
2000	50	80	150	135	46	59	5	6
2001	50	75	150	135	44	56	5	4

자료: 법무연수원. 범죄백서(2002), p.298(표 3-36)

직업훈련은 공공직업훈련과 일반직업훈련의 두 가지 형태로 행해지고 있다. 공공직업훈련은 노동부의 허가를 받아 천안에는 법무부 제10 공공직업훈련소를, 김천에는 법무부 제17 공공직업훈련소를 설치·운영하고 있는데 현재 천안에는 자동차정비, 전기용접, 건축배관, 제과제빵, 정보기기운용, 애니메이션 등 11개 직종을, 그리고 김천에는 조적, 미장, 양복봉제, 도배, 이용, 보일러설비, 정보기기운용, 자동차정비 등 8개 직종의 훈련을 양성훈련과정으로 설치하여 기능사 자격취득을 목표로 운영하고 있다. 일반직업훈련은 노동부의 허가 없이 면허를 취득하기 위하여 실시하는 훈련으로, 천안에는 일반기계조립, 김천에는 인장공의 직종을 설치하여 장애자 직업훈련과정으로 운영하고 있다.

<표 10-14> 소년수형자 직업훈련 실적

	계		천 안		김 천	
	훈련인원	기능자격취득	훈련인원	기능자격취득	훈련인원	기능자격취득
1997	447	444	299	271	178	173
1998	526	489	346	313	180	176
1999	585	568	332	316	253	252
2000	504	645	246	246	258	399
2001	470	355	220	181	250	174

자료: 법무연수원. 범죄백서(2002), p.300(표 3-37)

생활지도는 수형자의 건전한 생활자세를 확립하고 자기개선 의지를 고취하며 사회생활에 필요한 지식과 정보를 제공함으로써 사회복귀를 촉진시키기 위하여 실시하고 있는데, 신입자를 대상으로 수용생활안내와 행형법 등을 교육하는 신입자 생활지도와 출소 1개월 전의 수형자를 대상으로 국가관 확립 등을 목표로 하는 석방예정자교육(정신교육)으로 구성되어 있다.

끝으로, 교화활동은 수형자의 의식을 개선시키고 정서를 순화시키기 위하여 개별 또는 집단적으로 행해지는 것으로서, 종교지도, 상담, 수용자 생일위로회, 보호자 좌담회, 사회참관, 불우이웃 돕기, 체육대회, 음악회, 한자교육, 정보화교육, 외국어교육 등으로 구성되고 있다. 특히, 천안에는 충의소년단을, 김천에는 화랑소년단을 조직하여 교육활동, 봉사활동, 야외활동 등의 집단활동을 전개하고 있다.

3. 소년보호처분

1) 의의

소년보호처분은 범죄소년, 촉법소년, 그리고 우범소년의 보호사건을 소년부 판사가 심리하여 소년의 교화개선과 보호를 위하여 소년의 환경을 조정하거나 성행을 교정할 것이 요구되어 소년에 대한 처분이 필요하다고 인정될 때 결정하는 처분이다. 청소년의 미성숙으로 인한 합리적 의사결정 능력의 부족으로 비행청소년에게 책임을 물을 수 있는 자유의사보다는 비행을 유발하고 조장하는 환경적 영향이 더 중요한 비행성 요인으로 지적되고 있기 때문에, 그들에게 책임을 묻기보다는 그들을 유해한 환경으로부터 보호하는 것이 우선이라고 한다. 따라서, 소년심판은 소년이 범한 행동 그 자체보다는 소년의 범행을 유발한 소년의 인격과 환경을 고려한 소년의 보호 필요성, 즉 요보호성에 초점을 맞추고 있다(이윤호, 1991:23-24).

이런 견지에서, 소년법 제1조는 "반사회성이 있는 소년에 대하여 그 환경의 조정과 성행의 교정에 관한 보호처분을 행하고 형사처분에 관한 특별조치를 행함으로써 소년의 건전한 육성을 기함을 목적으로 한다"고 규정하고 있다. 물론 보호처분도 사회질서와 안전의 유지 및 보호를 위한 형사정책적 수단의 하나이고, 법률적 판단과 절차에 의한 결정이며, 소년원 송치 등 신체의 자유를 제한하고, 보호관찰상의 의무부과 등 강제조치가 따른다는 점에서 사법적 · 형사정책적 특성도 내포하고 있다. 그러나, 환경의 조정과 성행의 교정을 통한 소년의 건전육성과 보호를 목적으로 한다는 점에서 교육적 · 복지형성적 본질을 가진 합목적적인 것으로 이해되어야 한다. 그럼에도 불구하고 현실적으로 소년원송치와 보호관찰처분이 대부분을 차지하고 있고 복지시설에의 위탁이나 환경의 조정 등은 거의 이루어지지 않고 있어서 복지적 성격보다는 형사정책적 성격이 강한 면을 볼 수 있다.

그런데, 소년보호처분이란 소년비행사건을 심리한 결과 소년의 환경의 조정과 성행의 교정을 위하여 처벌이 아닌 보호의 필요성이 중시되고 있다. 따라서 심리의 주대상이 비행 자체가 아니라 소년의 건전한 육성을 위한 요보호성에 있다는 사실을 고려할 때 요보호성의 문제가 중요한 관건이 되고 있어서, 소년의 재비행 가능성과 개선 가능성을 필요충분조건으로 하는 기준에서 출발하여야 한다. 즉, 재비행 가능성이 전혀 없다면 굳이 처분할 필요가 없고 교화개선의 가능성이 희박하다면 보호처분보다는 형사처분이 더 바람직할 것이다. 따라서 요보호성이란 적절한 보호조치가 없이 방치한다면 비행성이 심화되고 반대로 보호처분에 의한 개선가능성이 큰 경우를 요보호성의 판단기준으로 삼아야 한다.

2) 종류

(1) 보호자 등 감호위탁(제1호 처분)

법률상 감호와 교육의 의무가 있거나 현재 소년을 감호하고 있는 보호자나 자원보호자 등 보호를 대신할 수 있는 사람에게 감호를 위탁하는 처분이다. 소년의 환경이 나쁘지 않고 보호자의 보호능력이 양호한 경우에는 보호자에게 직접 그 감호를 위탁하고, 비행을 유발했거나 조장했던 환경이 개선되지 않았거나 보호자의 보호능력이 없을 때는 자원보호자에게 그 감호를 위탁하고 있다. 그러나, 비행을 유발했던 환경에로 그대로 되돌려 보내는 처분이 되지 않기 위해서는 보호자의 보호능력과 환경의 적정성 여부 등에 대한 전문가의 진단과 도움이 전제되어야 하나 현실적으로 만족한 수준이 되지 못하고 있다. 자원보호자 위탁의 경우도 자원보호자의 수가 절대적으로 부족하고 그 전문성 또한 만족스러운 수준이 아닌 실정임에도 불구하고 보호사건의 상당수가 이 처분을 받고 있다는 사실은 문제라고 할 수 있다. 따라서 법원의 소년조사관제도나 소년분류심사원의 기능을 향상시키는 등 소년심판전 조사제도의 정착과 활성화가 전제되어야 하며, 더불어 봉사성과 전문성을 겸비한 실무형, 봉사형 자원보호자를 적극 유지하여 전문적인 자원보호를 받을 수 있도록 해야 한다. 더불어, 자원보호의 실효성을 높이기 위한 방안으로 수강명령이나 사회봉사명령을 병합처분하는 것도 고려할 가치가 있다.

(2) 보호관찰(제2, 3호 처분)

보호관찰은 시설내 처우의 문제점과 교화개선의 한계에 대한 대안으로서 시도되고 있는 대표적인 사회내 처우로서, 보호관찰부 선고유예인 Probation

과 보호관찰부 가석방을 일컫는 Parole을 통칭하고 있다. 즉, 선행을 조건으로 형의 선고나 집행을 유예하거나 형의 집행을 중단하여 부분적으로나마 비행청소년에게 자유로운 생활을 허용하고, 보호관찰관과 범죄예방위원의 지도감독과 보도원호를 받아서 교화개선, 갱생하여 정상적인 사회인으로 사회에 복귀, 재통합시킴으로써 재범을 방지하고 사회를 보호하기 위한 것이다.

소년원 등의 시설수용에 따른 악풍감염과 낙인의 부정적 폐해를 없애고 사회내 처우의 필요성에 부응하여 비행소년을 6개월의 단기(2호 처분)나 2년의 장기(3호 처분)로 법무부 장관의 위촉을 받은 범죄예방위원의 도움을 받아 보호관찰관이 비행소년의 재범방지와 사회복귀의 촉진을 위하여 대상소년에게 제반 지도와 원호활동을 하게 하는 처분이다.

그런데, 보호관찰의 효과를 고양하기 위하여 고아원, 장애자 수용시설 등 봉사를 필요로 하는 시설이나 공원 등 공공장소나 시설에서 봉사활동을 함으로써 자신의 비행에 의한 피해를 보상하고 건전한 시민정신과 근로정신을 함양케 하기 위한 사회봉사명령이나, 정해진 강의나 교육을 받게 하는 수강명령의 부수처분을 동시에 명할 수 있게 하고 있다(강지원, 1991:51-86).

현행 보호관찰법은 보호관찰 대상자와 보호관찰 기간을 다음과 같이 정하고 있다.

- 형사법원에서 보호관찰을 조건으로 선고유예를 받은 자는 1년
- 형사법원에서 보호관찰을 조건으로 집행유예를 받은 자는 집행유예기간 또는 유예기간내 법원이 정한 기간
- 가정법원 소년부(소년법원)에서 단기보호관찰처분을 받은 소년은 6월
- 가정법원 소년부(소년법원)에서 보호관찰처분을 받은 소년은 2년(단, 1년에 한하여 연장 가능)
- 가석방자는 잔형 기간
- 보호관찰심사위원회에서 가퇴원 결정을 받은 소년은 6월 이상 2년 이하의 범위 안에서 심사위원회가 결정한 기간
- 사회보호위원회에서 가출소 결정을 받은 자는 3년(1차에 한하여 3년

연장 가능)
· 가정폭력법상 보호관찰처분을 받은 자는 6월
· 사회보호위원회에서 치료위탁 또는 치료감호 가종료 결정을 받은 자는 3년(1차에 한하여 3년 연장 가능)
· 기타 다른 법률에 의하여 보호관찰을 받는 자는 그 법률에서 정한 기간

<표 10-15> 보호관찰대상자 재범 현황

	재범률(%)	대상자(명)	재범자(명)
1997	2.9%	79,663	2,338
1998	4.0	108,727	4,375
1999	4.0	111,053	4,432
2000	3.5	117,822	4,172
2001	4.0	114,419	4,542

자료: 법무연수원, 범죄백서, 2002, P.330, (표 3-57)

위의 <표 10-15>에서 알 수 있듯이, 보호관찰대상자의 보호관찰 기간중 평균 재범률은 4% 내외로서 일반 형사사범의 평균 재범률 25%에 비하면 현격히 낮은 것으로서 보호관찰의 효과를 잘 보여주고 있다. 한편, 보호관찰의 효과를 더욱 제고하기 위하여 사회봉사명령과 수강명령을 활용하기도 한다. 사회봉사명령은 비행청소년으로 하여금 일정시간 무보수로 봉사작업이나 노동의 사회봉사활동을 하게 하여, 시설에 수용하지 않으면서도 자신의 비행을 보상하고 건전한 근로정신과 시민정신을 함양케 하려는 제도이다. 한편, 수강명령은 가벼운 비행을 한 청소년에 대하여 교통규범, 약물의 오·남용 등을 강습하거나 교도소 견학, 전과자 체험담 수강 등을 받도록 하여 비행성을 교정하고자 하는 제도이다.

그러나, 조사제도의 미비, 전문성의 결여, 인력과 기관의 부족 등으로 보호관찰 결정과 집행에 있어서의 공정성의 결여, 적정 대상자 선정과 전문적인 보호관찰의 어려움, 지도원호 업무의 부실 등을 초래할 수 있다는 지적을 받기도 한다. 또한 사회봉사명령은 대상자 선정의 문제, 봉사활동 시기

와 일정 및 작업종류의 문제, 또는 관리상의 어려움, 그리고 특히 공공장소에서의 작업도중 있을 수 있는 신분노출의 부담과 도주의 위험 및 안전의 위협이 문제로 지적되고 있다. 그리고, 수강명령은 대상자의 신분, 비행, 인원 등의 선별문제, 주기교육과 집중교육의 선택문제, 강좌내용의 문제, 관리상의 문제 등이 해결되어야 할 과제라고 할 수 있다.

(3) 소년보호시설 감호위탁(제4호 처분)

성행이 양호하거나 저연령 비행소년으로서 적당한 보호자가 없는 경우 아동복지법상의 복지시설이나 사회복지사법상의 사회복지법인 등 소년보호시설에 감호를 위탁하는 처분으로서, 국가보호시설인 송치처분과 사회내 처우의 중간쯤에 위치하는 처우이다. 그러나, 수용시설이 부족하고 따라서 수용능력도 부족하며, 전문가의 참여도 부족한 실정이어서 바람직한 보호와 지도가 되지 못하여 수용생들이 부정적 인식을 가지고 있는 것으로 지적되고 있다.

(4) 병원 및 요양소 위탁(제5호 처분)

병질이 있는 비행소년의 치료를 위하여 병원이나 요양소에 위탁하는 처분으로서 정신질환이 있거나 약물남용과 같이 치료적 처우와 교육이 필요한 경우 행해지는 처분이나, 실제로 보호소년을 위탁할 수 있는 기관은 국·공립기관이 단 두 곳에 지나지 않고 연간 처분인원도 극소수에 불과하여 실효를 거두지 못하고 있는 실정이다.

(5) 소년원 송치(제6, 7호 처분)

비행과 성행을 개선하고 유해한 환경으로부터 비행소년을 보호하기 위하여 국가시설에 수용하여 교화할 필요성이 있는 소년을 단기간 집중교화로 교화개선이 가능한 경우는 6개월간 송치하고, 장기간의 수용이 필요한 경우에는 수용기간이 결정되지 않아서 사실상 부정기형으로서 23세까지도 수용이 가능하도록 장기 송치하는 요보호소년에 대한 가장 강력한 처분이다.

소년원은 소년법원에서 송치한 14세 이상 20세 미만의 범죄소년, 12세 이상 14세 미만의 촉법소년과 12세 이상 20세 미만의 우범소년을 수용하여 교육하는 국가시설이다. 소년원은 사법적 기능보다 교육적 기능을 중시하여 비행에 대한 책임을 추궁하는 것이 아니라 국가가 소년의 보호자가 되어 교육을 제공함으로써 성격과 행동을 교정하고 건전하게 육성하고자 한다는 점에서 소년교도소와는 그 성격이 다르다고 할 수 있다. 즉, 국가가 보호자가 되어 "심신발달에 알맞은 환경을 조정하고 안정과 규율있는 생활속에서 성장가능성을 최대한 신장시킴으로서 사회적응력을 길러 민주국민으로서 사회에 복귀"(소년원법 제5조)할 수 있도록 함을 목적으로 한다.

소년원 수용이 강제성을 가지며 일부 자유의 제한을 요한다는 점에서 형사정책적 본질이 있으며, 환경의 조정과 성행의 교정은 복지적 기능이 내포되어 있고, 특수아동에 대한 문화전달의 매개를 통한 건전육성은 특수교육

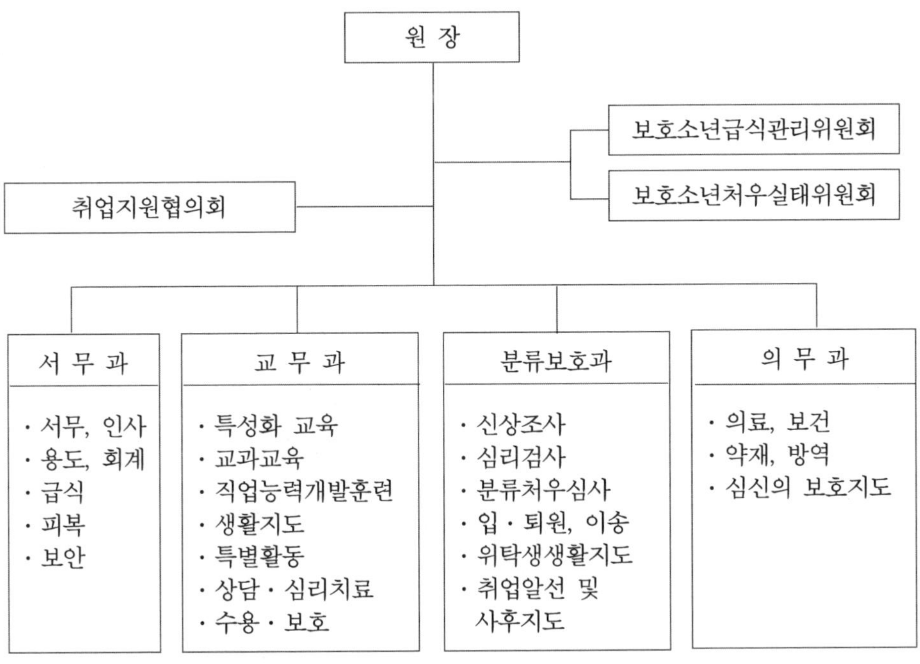

자료 : 법무부 보호국

[그림 10-2] 소년원의 조직

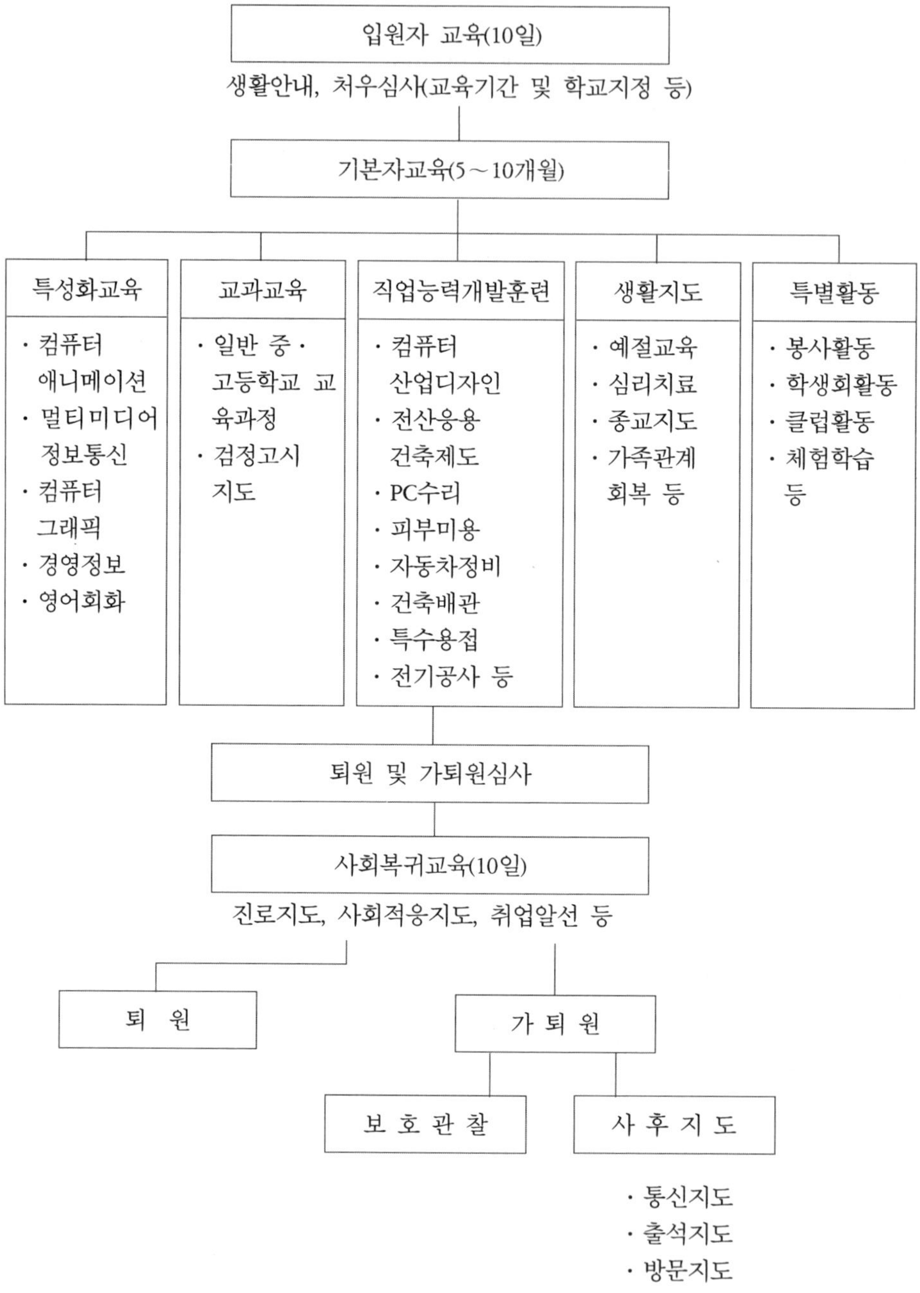

[그림 10-3] 소년원의 처우절차

적 목적을 가지고 있는 합목적적 특수교육시설이라고 할 수 있다. 이처럼 소년원이 교육을 강조하는 것은 비행청소년이 성장단계에 있으며 그들의 비행성이 심각하게 고착되지 않았기 때문에 교육의 가능성과 교육에 의한 개선가능성이 높기 때문이다.

소년원에서의 처우는 위에서 언급한 것과 같이 교육을 통한 건전한 육성에 두고 있기 때문에 교육과 훈련을 중심으로 짜여지고 있다. 아래의 도표는 소년원에서의 처우절차를 보여주는 것인데, 입원자교육을 시작으로 기본교육을 마친 후, 특성화교육, 교과교육, 직업능력 개발훈련, 생활지도, 그리고 특별활동을 받은 다음 퇴원과 가퇴원 심사를 통하여 사회복귀 교육을 받고 퇴원 또는 가퇴원하게 된다.

과거 교과교육 중심의 소년원 학교 운영으로는 급변하는 지식·정보화 사회에 부합되는 교육을 실시하기 어렵다는 판단에서 특성화 학교체제로 전환하여 기본적인 인성교육과 학과교육은 물론이고, 실용영어와 컴퓨터 교육을 중심으로 하는 특성화교육을 집중적으로 실시하고 있다. 이는 대부분의 원생들이 일반학교 교육에 적응하지 못하고 학습에 흥미를 잃거나 학습동기를 가지지 못하고 있다는 사실에 유념하여 이들에게 학습동기를 유발하고 자신감을 부여할 수 있음은 물론이고 세계화·정보화 사회에서 필요한 외국어 능력과 컴퓨터 능력을 배양시킴으로서 사회복귀에 필요한 경쟁력을 가질 수 있게 해준다는 점에서 그 의미가 크다고 할 수 있다.

그렇다고 고학력사회에서의 교과교육도 도외시할 수 없기 때문에 소년원에서도 실시하고 있으나 다만 원생들이 일반학교의 학생들과는 달리 학력, 지적 능력, 그리고 연령의 차이는 물론이고 입원 시점도 다르기 때문에 효율적인 교육을 위하여 다양한 교육과정을 마련할 필요가 있다. 이를 위하여 소년원을 교과교육소년원과 직업훈련소년원, 그리고 종합소년원으로 구분하여, 종합소년원과 교과교육소년원에서 초등학교, 중학교, 고등학교 과정을 운영하였으나 특성화학교로의 전환 이후에는 순수한 교과교육은 인문계 중·고등학교인 청주소년원에서만 실시하고, 특성화 중·고등학교에서는 전체 교과중 약 30% 정도를 교과교육에 할애하고 있다.

소년원의 직업능력 개발훈련은 원생들에게 올바른 직업의식과 기능을 습득시킴으로써 퇴원 후 경제적 자립의 기회를 제공하기 위한 것이다. 소년원 교육이 특성화교육으로 전환되면서부터 일부 사양직종을 제외하고 대신 컴퓨터와 산업디자인 등 현대사회의 유망직종을 추가하여 6개 정보산업학교에서 CAD, 컴퓨터 산업디자인 등 첨단직종과 전기용접이나 건축, 배관, 전통직종 등 15개 직종을 훈련하고 있다.

생활지도는 원생들의 왜곡된 성행과 생활습관을 교정하고 사회생활에 적응하지 못하는 요인을 제거하기 위하여 실시하고 있다. 입원 초기에는 일상생활에 필요한 기초적인 행동양식과 공중도덕 등을 지도하고, 이어서 인간관계와 참여의식 등의 고취를 위하여 집단지도를 실시하며, 정서순화를 위한 문화생활도 지도하고 있다.

특별활동은 원생들의 자발적인 집단생활의 경험을 통하여 민주적이고 협동적인 생활태도를 기르기 위하여 전 원생을 대상으로 각자의 취미와 희망에 따라 특별활동반을 편성하여 운영되고 있다. 이를 위하여 현재 자치회활동, 학예활동, 근로활동, 행사활동은 물론이고, 지역사회의 주민과 장애인을 대상으로 하는 정보화교육, 사랑의 집짓기 운동, 세계문화 체험활동 등으로 활동영역을 넓혀가고 있다.

이러한 교육과정을 거치면서 원생들이 퇴원하거나 가퇴원으로 소년원을 나가고 있다. 소년원법 제43조는 원생이 23세에 달하면 퇴원시키도록 하고 있고, 그 이전에라도 개전의 정이 현저하거나 충분히 교정되었다고 인정될 때에는 소년원장이 법무부장관의 허가를 받아 퇴원시킬 수 있다. 또한 원생이 교정성적이 양호하고 재범의 위험성이 없다고 판단될 경우, 소년원장은 보호관찰심사위원회에 가퇴원 심사를 신청하면 가퇴원의 적부를 심사·결정하여 법무부장관의 허가를 받아 가퇴원시킬 수 있다.

소년원은 수용을 통해 비행유발 환경과 사회관계로부터 소년을 보호하고, 수용기간을 이용하여 환경을 조정하는 동시에 집단수용생활을 통하여 건전한 사회관계와 사회화를 가능하게 해주며, 과학적인 분류심사를 통하여 건전한 성장에 필요한 체계적이고 전문적인 육성과 처우를 집중적으로 제공하여 학교와 사회가 실패한 교육과 취업의 기회를 제공하는 이점이 있다. 그러나 사회로부터 격리시킴으로써 건전한 사회인으로서의 성장을 저해하고 강제수용과 통제생활에 의한 자기존중심과 자율성의 상실, 집단수용에 따른 범죄의 학습, 그리고 낙인의 부정적 영향 등은 문제점으로 지적되고 있다.

(6) 소년보호처분의 현황

소년법상 보호처분은 7가지가 있으나 실무상 5호 처분은 거의 활용되지 않고 있는 실정이고, 1호 처분에는 2호 또는 3호 처분을 병합할 수 있다. 참고로 지난 5년 간의 보호처분 현황은 아래 다음 <표 10-16>과 같다. 표에 의하면, 보호관찰처분인 2호와 3호 처분이 가장 많고, 보호자 등 감호위탁인 1호 처분과 소년원송치 처분인 6호와 7호 처분이 그 뒤를 잇고 있으며, 소년보호시설 위탁인 4호 처분과 병원 및 요양소 위탁인 5호 처분은 크게 활용되지 않고 있음을 알 수 있다.

<표 10-16> 소년보호처분 현황

	1호	2호	3호	4호	5호	6호	7호	계
1997	6,892	12,595	14,017	653	43	2,214	1,145	37,559
1998	6,708	12,719	13,712	851	10	1,884	1,197	37,081
1999	6,688	10,677	11,234	920	14	1,621	1,194	32,348
2000	7,385	10,783	10,404	896	10	1,502	1,290	32,270
2001	6,057	8,818	8,981	717	7	1,420	1,314	27,314

자료: 법무연수원. 범죄백서(2002), p.231(표 2-57 재편집)

3) 소년분류심사원

소년법 제12조는 소년법원이 소년보호사건을 조사 또는 심리함에 있어서 정신과의사, 심리학자, 사회사업가, 교육자, 기타 전문가의 진단과 소년분류심사원의 분류심사 결과와 의견을 참작하도록 규정하고 있다.

소년분류심사원은 소년법 제18조 제1항 제3호의 규정에 의하여 위탁된 자를 수용하여 전문가들의 전문지식에 의하여 소년의 자질을 분류심사하고 소년법원에 그 결과를 송부하여 심판의 자료로 사용하도록 하고 있다. 그러나 분류심사원이 설치되지 않은 지역에서는 소년원에서 분류심사 업무를 대행하고 있다.

분류심사는 면접, 심리검사, 정신의학적 진단, 행동관찰, 생활사 및 환경자료의 분석 등의 조사방법에 의하여 행해지며, 사용되는 조사방법에 따라 일반분류심사와 특수분류심사로 구분되는데, 일반분류심사는 전체 소년을 일차 대상으로 하고 그중에서 문제 또는 비행요인이 비교적 간단한 소년에 대하여 면접조사와 신체의학적 진찰, 각종 표준화검사, 자기기록(회상록) 및 행동관찰 등을 주로 활용하여 실시하고, 특수분류심사는 일반분류심사의 결과 문제 또는 비행요인이 중대하고 복잡한 소년에 대하여 개별검사와 정신의학적 진단, 자료조회 및 현지조사를 실시하여 진단하는 것이다.

이와 같은 조사결과를 토대로 문제의 소재와 특성, 처우지침, 판정 등을 기재한 분류심사결과통지서를 작성하여 심판의 자료로 사용할 수 있도록 소년법원에 송부하고 분류심사의 내용을 분류심사서에 기재하여 해당소년이 소년원송치처분을 받는 경우 그 분류심사서의 사본을 소년원에 송부한다(법무연수원, 2001:222).

한편, 분류심사원에서는 위와 같은 수용분류심사 외에도 검찰청, 학교, 사회단체, 가정 등의 분류심사 의뢰에 따른 외래 분류심사도 실시하고 있다.

<표 10-17> 분류심사 현황

	수용분류심사			외래분류심사
	일반분류심사	특수분류심사	계	
1997	10,691	1,880	12,571	5,125
1998	11,826	2,125	13,951	4,015
1999	7,640	1,601	9,241	4,039
2000	6,916	1,752	8,668	3,575
2001	4,994	1,744	6,738	3,130

자료: 법무연수원. 범죄백서(2002), p.221(표 2-47)과 p.222(표2-48) 재편집

Ⅳ. 비행청소년 교정교화의 쟁점과 현대적 추세

1. 소년사법의 쟁점

1) 지위비행과 우범소년

아무런 형벌법규를 어기지 않았음에도 불구하고 명목적으로는 소년의 보호를 위해서 이고 그래서 장래 아무런 불이익도 받지 않는다고 하지만, 현실적으로는 형벌과 같이 인식되고 형벌과 같은 낙인을 얻게 되는 것은 문제이지 않을 수 없다. 더구나 이것은 죄형법정주의에도 어긋나는 일이다.

이러한 문제에도 불구하고 이들 청소년에 대하여 국가가 개입할 필요가 있을 때는 시설수용보다는 대리가정이나 사회복지시설에 위탁하여 비구금화(decarceration)하는 것이 더 바람직하다. 아니면 지역사회 교정 등 전환제도를 활용하여 시설수용을 피하는 것이 필요하며, 더 혁신적인 발상은 일체의 권한을 포기하는 것(devestiture)으로서 이들에 대해 소년사법이 완전히 손을 떼는 것이다(Schneider, 1984). 그러나 완전히 손을 떼게 되면 경찰의 재량권이 지나치게 확대되고, 법원의 권한은 축소되며, 국가의 제재권이 약화될 수 있다(Dateman and Aicken, 1985).

2) 소년법원의 개혁

현재 소년사법과 형사사법의 경계가 점점 낮아지고 있으며, 현실적으로도 많은 청소년범죄자가 소년법원에서 심리를 받을 자격을 잃고 있으며, 그나마 소년법원에 남게 되는 청소년범죄자도 훨씬 더 형사화된 소년사법절차와 과정을 경험하고 있다. 결국, 소년사법과 성인사법의 유사성이 둘의 차이점보다 더 많아지고 있는 것이다. 따라서 더 이상 소년사법과 성인사법의 경계가 변해야 할 것인지 아닌지가 아니라 얼마나 빨리 그리고 어떻게 변해야할 것인가가 쟁점으로 등장하고 있다.

한가지 방법은 소년법원을 폐지하거나 아니면 원래의 소년법원으로 완전히 되돌아가기 보다는 제3의 새로운 소년법원 제도를 고안하는 것이다. 일부 소년법원 폐지론자들은 청소년범죄자에게는 형사재판의 양형단계에서 청소년이라는 신분과 특징을 하나의 형량경감 요소로 고려하는 일종의 통합된 사법제도를 고려할 필요가 있다고 주장한다. 그러나 13살짜리 성범죄자와 상습적인 성인 성범죄자는 처분과 양형과정뿐만 아니라 수사나 기소단계에서도 다른 방법을 요할 수 있기 때문에 소년법원 완전 폐지는 아직은 시기상조일 수 있다. 반대로 일부에서는 소년사법과 형사사법의 경계를 더 강화하자는 주장도 제기하고 있다. 예를 들어, 현행 소년법원의 관할을 두 개로 나누어 하나는 진짜 보호되어야 할 어린이 또는 아동범죄자를 위한 것으로 하고, 또 다른 하나는 현재와 같이 14세 이상의 청소년을 위한 것으로 하자는 것이다. 어린이를 위한 소년법원에서는 원래 소년법원에 더 가까운 형태로 운영하고, 반대로 현재의 청소년을 위한 소년법원은 지금보다 더 형사법원에 가깝게 운영하자는 것이다.

2. 현대적 추세

1) 자유주의적 추세

자유주의적 입장에서는 소년사법의 개선이 소년에 대한 개입의 최소화와 개입시 적법절차의 극대화라고 할 수 있다. 우선 개입의 최소화를 위하여 지위나 신분비행 등 일부 비행에 대한 비범죄화(decriminalization)를 통해서 소년비행의 범위와 대상을 가급적 축소하는 것에서 시작하여, 일단 소년사법의 대상이 된 비행에 대해서는 수용을 최소화하여 비시설수용적 대안(deinstitutionalization)을 적극 활용하고, 국가의 공적 개입을 줄이기 위하여 각종 전환제도(diversion)를 최대한 활용하며, 소년사법절차에 있어서 절차적 권리, 즉 적법절차(due process)를 극대화하자는 소위 4-D를 강조하고 있다.

2) 보수주의적 추세

(1) 균형과 회복을 강조하는 소년사법

사실상 성인사법이나 소년사법이나 거의 모든 전통적 형사정책이 가해자 중심의 그것인 반면 피해자는 잊혀진 존재로 치부되어 왔다. 그러나 최근 사법에 있어서 균형적 접근이 강조되고 피해의 회복이라는 회복적 사법이 강조되면서 이를 어느 정도 시정하려는 노력이 시도되고 있다. 이러한 시도는 특히 소년사법에 있어서 더욱 강조되어 청소년범죄자의 책임, 지역사회의 보호, 그리고 청소년범죄자의 능력개발을 중시하게 되었다. 책임의 면을 보면, 배상제도(restitution), 사회봉사명령, 가해자-피해자 중재(offender-victim mediation) 등은 범죄자로 하여금 자신의 범죄행위가 피해자에게 끼친 해악을 이해하게 하고, 피해자나 사회에 대하여 범행의 피해를 보상할 수 있는 행동을 취하도록 하며, 그리고 가급적 사법과정에 피해자를 직접 참여시키도록 하고 있다. 지역사회의 보호는 중간제재나 지역사회에 기초한 감시와 제재를 통하여 범죄자의 시간과 에너지를 생산적인 활동을 하도록 만드는 것이다. 능력개발은 일의 경험, 적극적인 학습, 그리고 서비스 등을 통하여 자신의 기술을 습득하고, 관습적인 성인과 상호작용하게 하며, 생산적이고 능력 있는 행위를 할 수 있다는 사실을 보여줄 수 있는 기회를 제공해 준다. 특히 회복적 사법(restorative justice)은 과거 응보적 사법이 공공의 보복, 억제, 처벌을 강조하였으나 협상, 중재, 피해자의 배려, 보상을 통한 피해자의 손상 회복에 관심을 둔다. 따라서 회복적 사법은 범죄자, 피해자, 그리고 지역사회의 광범위한 관계를 강조한다. 구체적으로, 구조화된 성인의 감시하에(지역사회의 보호), 자유시간 동안 지역사회에서 의미 있고 생산적인 일과 서비스에 참여하도록 하는 것은(능력의 개발) 피해자에 대한 보상을 위한 자원(피해의 회복)과 동시에 지역사회 봉사의 기회를 제공(책임)하게 된다. 이러한 회복적, 균형적 사법을 강조하는 새로운 시도로는 가해자-피해자 중재(offender-victim mediation), 지역사회보상위원회(community reparative committee), 가족집단회합(family group conferencing), 써클양형(circle sentencing)을 꼽을 수 있다.

(2) 소년사법과 형사사법의 구분 약화

80년대에 들면서 소년사법의 수단과 목표에 대한 불만이 확산되고 소년법원은 형사법원의 가치와 지향점을 수용하기 시작하였다. 예를 들어, 미국의 여러 주에서 소년사법과정이나 소년법원 기록의 비밀보장 또는 비공개성을 완화하려는 법규를 고치거나 만들고 있으며, 소년법원의 법률적 절차와 과정도 바꾸고, 소년사법의 초점을 과거 개별화된 개입으로부터 이동시키고 있는 대신, 소년법원과 소년사법기관이 공공의 안전과 책임에 초점을 맞추기 시작하였다. 구체적으로, 소년법원의 재량권이 매우 제한되고, 심리과정도 증거, 공식성, 적법절차 등을 더 강조하며, 다수의 청소년범죄자에 대한 소년법원의 권한을 포기하여 성인법원으로 이송하고 있는 실정이다.

(3) 점진적 제재(graduated sanctions)의 강조

이 또한 책임을 강조하는 새로운 시도로서, 국가가 비행청소년이 소년법원으로부터 확실하게 적절한 처분을 받게 하기 위한 하나의 방안이다. 적절한 처우를 제공함으로써 재범의 위험을 줄이는 것과 함께, 재범에 대한 잠재적 위험과 범행의 경중에 기초하여 청소년범죄자에게 적절하고 신속한 처벌을 부과하려는 의도가 저변에 깔려 있다. 구체적으로, 가장 경미한 것에서부터 가장 심각한 범행에 이르기까지 모든 청소년범죄에 대하여 청소년에게 자신의 행동에 책임을 묻는 반면 동시에 공공의 안전을 유지하려는 의도이다. 청소년의 최초 범행부터 확실하게 처벌을 하고 그 후에도 범행을 계속하면 점진적으로 점점 더 엄중한 처벌을 가하는, 다시 말해서 처벌의 강도를 점진적으로 높이자는 것이다.

(4) 소년사법처분과 양형의 변화

전통적으로 소년사법은 무능력화(incapacitation)나 처벌(punishment)보다는 교화개선이 우선이었고 따라서 처분과 양형도 범죄자에 기초한 제재(offender-based sanctions)의 특성을 가지고 있으나, 청소년범죄의 폭력화와 누범화 등의 추세는 소년사법의 주요목표로 범행에 기초한 제재(offense-based sanctions)로서 처벌과 무능력화가 강조되기 시작하였다. 이러한 변화의 대표적인 예가 소년범죄자의 형사이송 확대, 혼합양형(blended sentencing), 강제최소양형(mandatory minimum sentencing)이라고 할 수 있다.

소년범죄자의 형사이송은 소년범죄자를 성인법원에서 형사재판을 통하여 형벌을 받도록 하기 위하여 소년법원의 관할권을 포기하는 것이다. 대부분의 경우 특정한 범죄행위나 범죄자를 대상으로 이러한 형사이송을 강제하거나 성인범죄자로 기소하기 쉽게 하는 형태로 그 활용을 확대하고 있다. 이처럼 소년범죄자에 대하여 강경한 자세를 취하는 이유는, 소년사법의 교화개선 노력들이 재범 억제에 크게 효과적이지 못했다는 판단과 소년사법이 폭력적 청소년범죄자에 상응한 처벌을 할 수 있을 만큼 형벌적이지 못하다는 인식에서 비롯된 것이다. 구체적인 방법으로는 형사이송의 대상이 되는 범죄행위를 늘리고 대상소년의 연령을 낮추는 것이다.

강제최소양형은 범죄자의 개인적 특성이나 상황에 관계없이 특정한 범행에 대하여 특정한 최소형벌을 반드시 가하도록 강제하는 것이다. 이는 최근 형사정책의 보수화와 맥을 같이 하는 것으로서, 미국의 3진 아웃(3 strikes out)제도가 이와 유사한 대표적인 예라고 할 수 있다.

혼합양형은 소년사법과 성인사법의 차이가 좁혀지는 추세와 같은 맥락에서 판사에게 형사법원의 양형과 소년법원의 처분을 혼합하여 부과할 수 있게 하는 제도이다. 과거처럼 형사이송하여 성인사법의 형사처벌을 받게 하거나 소년사법의 보호처분중 하나를 선택하는 대신에, 둘을 혼합하여 처분하는 것이다. 예를 들어, 소년법원으로 하여금 소년보호처분과 형사처분을 동시에 부과하게 하고 형사처분은 유예시켜 주는 것이다. 보호처분을 성공적으로 수행하여 더 이상 재범하지 않으면 형사처분은 없어지도록 하자는 것이다. 아니면 형사법원에서 이와 같이 소년보호처분과 형사처분을 동시에 혼합하여 부과할 수 있게 할 수도 있다.

V. 비행청소년 교정보호제도와 절차의 개선

1. 절차의 개선

검찰의 청소년범죄와 그 처리에 대한 전문성의 결여가 지적되고 있는 현실하에서 검사선의주의를 택하는 결과 비행청소년의 형사처벌 개연성을 높여서 교육과 보호를 통한 건전육성이라는 소년보호의 이념에 배치될 뿐만 아니라 절차의 중복과 지연 등으로 인한 인권침해의 소지도 남기게 된다. 따라서, 법관선의주의를 채택하여 모든 소년사건에 대해서 검사가 소년법원에 송치하면 소년법원의 조사관제도와 소년심사분류원의 분류심사를 토대로 형사처벌과 보호처분의 대상여부를 결정하는 것이 바람직할 수도 있다.

2. 개입시기와 정도의 조정

비행청소년에 대한 교정보호 효과를 의문시하는 이유의 하나는 비행청소년에 대한 적정한 개입시기를 놓쳐서 너무 늦게 또는 너무 일찍 개입하거나 지나치게 개입하기 때문이라고 한다. 비행사실이 경미하고 재비행의 위험성도 낮아서 굳이 소년사법제도의 개입이 필요없는 경우까지 개입함으로써 불필요한 낙인과 범죄학습을 초래하여 직업적 범죄인으로 성장시키는 우를 범할 수 있다. 반면에 조기에 발견하여 개입하면 건전한 사회인으로 복귀시킬 수 있음에도 때를 놓치게 되어 이미 범인성이 고착화되고 개선의 가능성이 약해진 이후에 소년원송치나 소년형벌을 부과함으로써 교화개선의 기회를 잃게 되는 우를 범할 수도 있다. 따라서 예방위주의 비행청소년 정책이 강조되고 과학적인 조기 비행예측을 가능하게 하여 개입이 필요한 경우 가급적 조기에 전문적으로 개입할 필요가 있는 것이다.

3. 개입방법의 조정

청소년범죄의 원인은 개인보다는 환경에 기인된 바 크다고 한다. 그러면서도 청소년문제에 대한 해결은 비행청소년 개인에 대한 처우를 중심으로 행해지고 있다. 물론 그렇다고 비행청소년의 문제를 전혀 무시할 수는 없기 때문에 그들에 대한 적절한 처우도 반드시 필요하지만, 그것이 성공하기 위해서는 비행을 유발하거나 조장하는 사회적 환경의 변화와 개선도 동시에 이루어져야 한다는 것이다. 이것이 바로 현대 교정이 추구하는 사회재통합이다. 더구나 가장 바람직한 형사정책은 예방임을 감안한다면 이러한 사회환경의 개선, 조정, 변화는 곧 청소년범죄의 예방이 되는 것이기에 더욱 중요한 것이다. 따라서 청소년 개인 단위의 개입보다는 환경 단위의 개입이 필요한 것이다.

4. 개입주체의 조정

비행청소년에 대한 처우의 목표가 청소년의 건전육성에 있다면 소년원과 같은 국가기관보다는 청소년의 가정, 학교, 사회가 청소년을 육성 · 보호할 책임도 더 크며 또한 더 적임자이다. 비행청소년 교정보호는 더 이상 사법당국만의 노력으로 해결될 수 없으며 바람직하지도 않기 때문에 민간분야와 사회의 폭넓은 참여를 필요로 하고 있다. 더구나 공적 개입은 필연적으로 부정적 낙인을 가져온다는 점을 고려하더라도 공적 개입보다는 사적개입이 더 확대되어야 할 것이다. 이러한 추세를 반영하는 것이 최근 사회참여를 넘어 이제는 사회와의 동반자 관계를 구축할 것을 강조하고 있는 것이 현재의 사법추세이다.

5. 소년사법 대상연령의 조정

청소년범죄 문제의 특징과 추세의 하나는 비행청소년의 연령이 점점 낮아지고 있으며 그들의 범죄가 질적으로 점점 악화되고 있다고 한다. 그럼에도 불구하고 현재 12세 미만의 소년은 자신의 범죄에 무관하게 보호처분의 대상도 아니고 형사처분의 대상도 되지 않고 있다. 지금까지의 경험과 연구결과가 최초의 비행연령이 낮을수록 상습적인 비행청소년이나 성인범죄자로 전이될 확률이 더욱 높다는 점을 지적하고 있음에 비추어 이는 심각한 문제이지 않을 수 없다. 더구나 소년사법의 청소년범죄자의 보호를 위한 것이라면 이들이 보호받을 필요성이 더 강하며, 우리가 보호해야 할 의무 또한 더 크지 않을 수 없다. 따라서 소년사법이 진정 비행청소년의 보호를 위한 것이라면 이들도 소년사법의 대상이 될 수 있도록 적어도 소년사법의 대상연령을 지금보다 낮추거나 아니면 아예 폐지하는 것까지도 고려되어야 할 것이다. 반면에 최근 청소년의 신체적 성장이 빨라지고 사회활동의 기회도 많아지는 등의 변화를 수용하기 위해서 현행 소년사법 대상자의 상한연령은 오히려 하향 조정할 필요도 있다.

Ⅵ. 요약 및 논의

청소년범죄의 심각성은 소년범죄의 누범화, 흉폭화, 집단화, 연소화가 대변해 주고 있으며, 청소년범죄자의 교정과 보호의 중요성은 다수의 소년범죄자가 성인범죄자로 전이되고 있다는 사실로 입증되고 있다. 청소년범죄가 자유의사에 따른 합리적 선택이라기보다는 환경의 영향으로 결정되는 것으로 이해되고 있으며, 청소년의 가변성과 교육가능성 및 개선가능성을 고려하여 청소년범죄자를 처벌의 대상보다는 건전하게 보호·육성되어야 할 대상으로 인식하여 국친사상을 근간으로 하는 보호주의적 소년사법제도로서 이들을 교정하고 보호하고자 한다. 이러한 보호주의의 이념에 따라 비행청소년의 반사회성을 교정하고 환경을 조정함으로써 그들을 건전하게 육성하고 보호하자는 것이 비행청소년 교정보호의 기본이지만, 소년사법도 비행청소년으로부터 질서를 유지하고 공공의 안녕과 이익을 보호하기 위한 형사정책 수단의 하나이며, 소년에 대한 강제라는 사법적 성격도 있다는 점에서 사법적 성격도 내포되어 있다.

소년범죄자는 형사사건과 보호사건으로 구분하여 처리되는데, 보호사건은 소년법원으로 송치되어 소년심판을 통해 보호처분을 받게 하는 것이고, 형사사건은 형사법원으로 이송되어 형사처분을 받게 하는 것이다. 그런데, 이러한 소년심판제도는 그 처리과정이 지나치게 복잡하고 그 결과 처리기간도 지나치게 장기화되고 있어서 범죄학습의 우려를 낳게 하고 있다.

소년심판은 범행보다는 범행을 유발한 환경과 소년범죄자에 초점을 맞추고 있는데 이는 소년에 대한 보호의 필요성, 즉 요보호성을 강조하기 때문이다. 한편 요보호성은 소년의 재비행 가능성과 개선 가능성을 필요충분조건으로 판단되어야 한다. 따라서 소년사법의 핵심이 바로 요보호성의 판단이라고 할 수 있다.

이러한 요보호성에 기초하여 소년사법이 비행청소년의 건전한 보호육성을 목적으로 심지어 아무런 형벌법규도 위반하지 않은 우범소년이나 청소년이란 신분 때문에 비행이 되는 지위비행자까지도 그 대상으로 삼고 있어서 이들에 대한 부정적 낙인과 죄형법정주의의 위배라는 지적을 받기도 한다.

또한 청소년범죄의 심각성과 청소년범죄자의 성인범죄자로의 높은 전이율 등으로 인하여 소년사법과 형사사법의 경계가 점점 낮아지고, 더 많은 소년범죄자가 형사이송의 대상이 되고 있으며, 소년법원조차도 더 형사화된 절차와 과정을 거치고 있는 실정이다. 한편으로는 이러한 변화를 곧 소년사법의 보수화 내지 성인사법화로 이해할 수 있는데, 여기에는 비행청소년과 사회의 책임에 기초한 균형과 회복을 강조하는 균형적, 회복적 사법과 점진적 제재가 점점 힘을 얻고 있다. 이러한 추세를 반영하여 과거 범죄자에 기초한 제재보다 형사이송의 확대, 혼합양형, 강제최소양형 등에서 알 수 있듯이 범행에 기초한 제재가 소년사법의 주요목표가 되고 있다.

참고문헌

강지원(1991). "사회봉사명령, 수강명령의 효율적 시행방안." 청소년범죄연구, 제8집. pp. 51-86.

김준호 · 이순래(1995). 소년범죄자의 성인범죄자로의 전이에 관한 연구. 서울: 한국형사정책연구원.

나채규(1990). "소년법상 보호처분의 활성화 방안." 청소년범죄연구, 제8집.

문화관광부(2002). 청소년백서.

박재윤(1991). "비행소년에 대한 효과적인 재범방지대책 현행 소년사법제도를 중심으로." 청소년범죄연구, 제9집.

법무연수원(2001). 범죄백서.

이윤호(1999). 형사정책. 서울: 박문각.

이윤호(1991). 소년보호처분의 효과분석. 서울: 한국형사정책연구원.

임상규(2002). "소년법상의 보호정신." 교정연구, 제15집.

Allen, Harry E. and Clliford E. Simmons(1986). *Corrections in America(4th ed.)*. New York: Macmillan Publishing Co.

Bartollas, Clemense and Stuart J. Miller(1978). *The Juvenile Offender: Control, Correction, and Treatment*.

Boston: Holbrook Press.

Datesman, Susan K. and Mikel Aicken(1985). Offense Specialization and Escalation among Status Offenders. *Journal of Criminal Law and Criminology*, 75. pp. 1246-1275.

Gendreau, Paul and Robert R. Ross(1987). Revivification or Rehabilitation?: Evidence from the 1980s. *Justice Quarterly*, 15. pp. 349-408.

Reid, Sue Titus(1981). *The Correctional System*. New York: Holt, Reinhart and Winston.

Schneider, Anne L.(1984). Divesting Status Offenses from Juvenile Court Jurisdiction. *Crime and Delinquency*, 30. pp. 347-370.

Thornton, Jr., William E., Lyndia Voigt, and William G. Doerner(1987). *Delinquency and Justice(2nd ed.)*. New York: Random House.

Martin, Kerry C.(1987). Treatment of Delinquent Youths in Residential Settings, 1975-1986. *Corrective and Social Psychiatry and Journal of Behavior Technology Methods and Therapy*, 33. pp. 175-182.

van den Haag(1975). *Ernest, Punishing Criminals: Concerning a Very Old Painful Question,* New York: Basic Books.

11

자료 : 청소년비행의 국제비교

Ⅰ. 서론

1. 논의의 범위와 전제

이 장에서는 세계 주요국의 소년비행의 동향을 소개하고 우리나라와 비교해 보기로 한다. 소년비행 통계의 국가간 비교에 있어서 고려되어야 할 문제점으로는 크게 다음의 두 가지를 들 수 있다.

첫째, 법률에 의해서 규정된 범죄의 내용과 그 구성요건이 국가별로 상이할 수 있다는 점이다. 극단적인 예를 들자면, 특정 국가에서는 실정법에 위배되는 명백한 범죄로서 처벌의 대상이 되는 행동이 다른 나라에서는 위법과는 무관한 일상적인 행동으로 간주될 수도 있는 것이다.

둘째, 소년사법의 대상이 되는 연령기준이 국가마다 서로 다르기 때문에 각국의 통계를 비교함에 있어 일정한 기준하에 연령을 재조정할 필요가 있다. 여기서 비교대상이 되는 5개국 중에서 형법상 한국과 소년이 연령이 일치하는 나라는 일본이 유일하며 미국의 경우에는 각 주마다 소년의 연령기준이 상이한 실정이다.

이상의 문제점을 고려하여 여기서는 일본 법무성 범죄백서에 수록된 각국의 소년비행 통계를 활용하여 분석을 진행하고자 한다. 일본 법무성(법률총합연구소)에서는 세계 주요국(한국, 미국, 영국, 독일, 프랑스)의 소년비행의 동향을 일본과 비교하는 작업을 세 차례(1981년과 1991년, 1998년)에 걸쳐서 진행해 왔다. 여기서는 앞서 지적한 소년비행 통계 비교상의 문제점을 해결하는 방안으로서, 비교의 대상을 각국의 형법범 등 주요범죄와 더불어 범죄 구성요건이 비교적 명확한 5가지 죄종에 한정하였고, 각국의 연령별 인구 및 범죄통계를 활용하여 동일한 연령층간의 비교가 가능하도록 통계를 재구성하였다. 마지막 분석결과가 1998년에 발표되었기 때문에 각국의 소년비행 통계가 1996년까지만 다루어져 있어 최근의 동향을 파악할 수 없다는 한계를 안고 있으나, 국가간 소년비행의 동향을 일관된 기준하에 객관적으로 비교할 수 있는 매우 귀중한 자료라고 할 수 있다.

따라서 이 장에서는 일본 범죄백서 1991년판과 1998년판에 소개된 통계를 원자료로 하여 미국, 영국, 독일, 프랑스, 일본 등 5개국의 소년비행 동향을 소개하고 한국과 비교하기로 한다. 논의의 범위와 전제는 다음과 같다.

첫째, 비교대상이 되는 범죄는 각국의 형법범 전체(단, 미국은 지표범죄, 영국은 정식기소범죄)와 살인, 강도, 상해, 절도 및 강간의 "주요 5죄종" (통계비교를 위하여 복수의 죄명을 합산한 경우가 있기 때문에 "죄종"이라는 표현을 사용함)으로 한정하였다.

둘째, "소년"의 연령기준은 18세 미만(단, 영국은 1990년까지는 17세 미만)으로 규정하였고, 18세 이상 21세 미만(단, 한국과 일본은 20세 미만)을 "청년"으로, 그 이외의 연령층을 "성인"(단, 프랑스는 18세 이상은 모두 "성인")으로 규정하였다.

셋째, 이 장에서 다루게 될 범죄통계는 일본 법무성(법률총합연구소)에서 국가간 비교를 위하여 재구성한 것이고, 청 · 소년비 등 일부 지표는 필자가 자료를 가공하여 산출한 수치이므로, 범죄의 명칭이나 통계수치 등이 각국의 공식자료와 일치하지 않을 수도 있다.

2. 소년사법 대상연령

미국의 소년사법제도는 50개주 및 컬럼비아 특별구(이하 "주"로 간주함)의 51개의 법역(法域)마다 상이하지만, 모두 소년재판소를 설치하여 성인과는 구분되는 처분을 행하고 있다. 소년재판소 관할 연령의 상한은 1996년을 기준으로 18세 미만(38개주), 17세 미만(10개주), 16세 미만(3개주) 등으로 다양하며, 하한 연령도 10세(11개주), 7세(3개주), 6세(1개주) 등으로 나뉘지만, 법률상 명확하게 규정하지 않고 있는 법역도 존재한다.

영국에서는 형사책임 연령의 하한이 10세로서, 10세 이상 14세 미만을 아동(child), 14세 이상 18세 미만을 소년(young person), 18세 이상 21세 미만을 청년(young adult)으로 지칭하고 있다. 아동과 소년 범죄자는 원칙적으로 소년재판소에서 약식재판에 의해서 처리되며, 청년의 경우는 치안판사재판소 또는 형사법원이 관할하지만 성인과는 구분되는 처분이 행해진다.

독일의 소년사법의 대상이 되는 연령은 14세 이상 18세 미만의 소년(Jugendlicher)이지만, 18세 이상 21세 미만의 청년(Heranwachsender)에 관해서도 일정한 요건이 충족될 경우 소년재판소법의 규정이 적용 또는 준용된다. 행위시 14세 미만의 아동(Kind)는 형법상 책임무능력자로 간주된다.

프랑스의 형사책임 연령의 하한은 13세로서, 13세 이상 18세 미만의 범죄소년에 대해서는 형사처분 또는 교육적 조치가 언도된다. 소년범죄자를 관할하는 법원은 소년의 연령, 죄질 등을 기준으로 소년계 판사, 소년재판소, 소년중죄법원, 위경죄재판소 등으로 세분되어 있다.

일본의 소년법상 소년의 연령기준은 우리나라와 완전히 일치하고 있다.

즉, 소년은 20세 미만의 자를 지칭하며, 심판의 대상이 되는 비행소년은 ① 범죄소년(14세 이상 20세 미만), ② 촉법소년(12세 이상 14세 미만), ③ 우범소년(12세 이상 20세 미만)으로 구분된다. 비행소년에 대한 소년의 심판은 가정재판소 소년부와 지방재판소의 소년부에서 관할하고 있다.

Ⅱ. 소년비행의 동향

1. 미국

미국은 우리나라의 형법범에 해당하는 8가지의 죄종(살인, 강간, 강도, 상해, 불법행위목적 침입, 절도, 자동차 절도, 방화)을 "지표범죄"(Crime Index offenses)로 통칭하고 있다.

1996년 미국의 지표범죄 검거인원 중 소년비(18세 미만의 비율)는 30.4%, 청년비(18세 이상 21세 미만의 비율)는 14.2%로서 21세 미만의 청 · 소년이 전체의 44.6%에 달하고 있다. 1980년까지만 해도 청 · 소년이 전체 지표범죄 검거인원의 과반수를 상회하였지만, 이후 소년비는 감소 후 소폭으로 증가한 반면, 청년비는 지속적인 감소추세를 나타내어 전체적으로는 1980~1996년 기간 동안 청 · 소년비가 10% 가량 감소하였다.

지표범죄의 인구비(10만 명당 검거인원)는 1996년의 경우 청년이 26.6명, 소년이 20.5명으로서 청소년의 범죄율이 성인(6.1명)에 비해 3~4배 가량 높은 것으로 나타났다. 1980년과 비교하여 인구비는 소년은 5.3명, 청년은 4.3명 감소하였으나, 성인의 감소폭은 매우 적어서(0.5명), 성인에 비해 청 · 소년 범죄율의 감소폭이 상대적으로 높은 편이었다.

<표 11-1> 미국 지표범죄 검거인원, 연령층별 구성비 및 인구비

연도	검거인원 (명)	구성비(%)			인구비(명)		
		소년	청년	청·소년	소년	청년	성인
1980	2,198,077	35.9	18.5	54.4	25.8	30.9	6.6
1986	2,167,071	29.6	15.4	45.0	23.0	29.6	7.1
1990	2,308,747	27.5	15.2	42.8	23.3	29.9	7.6
1996	2,041,904	30.4	14.2	44.6	20.5	26.6	6.1

사료 : 法務省 法務總合硏究所(1991, 1998)에서 재구성
주 : 1) "구성비"는 전체 검거인원 중 해당 연령층 인원이 차지하는 비율임
2) "인구비"는 해당 연령층 1,000명당 검거인원임

미국의 주요 5죄종별 검거인원, 청·소년 구성비 및 인구비는 다음의 <표 11-2>와 같다.

먼저 1996년의 각 죄종별 검거인원 중 청·소년이 차지하는 비율을 비교해 보면, 강도가 51.5%로서 가장 높고, 다음으로 절도(49.0%), 살인(33.9%), 강간(29.8%)의 순이며, 상해가 26.0%로서 가장 낮다. 살인은 청년의 비율이 소년보다 높았지만, 나머지 4 죄종은 모두 소년비가 청년비보다 높은 것으로 나타났다. 1980년과 비교하여 살인범의 청·소년비는 큰 폭으로 증가한 반면, 다른 죄종의 경우에는 정체상태이거나 소폭으로 감소하였다.

1996년의 죄종별 인구비(인구 10만 명당 검거인원)에 있어서는 모든 죄종에 걸쳐 청년이 월등하게 높았으며, 다음이 소년이었고 성인이 가장 낮았다. 소년과 성인의 인구비를 비교하면, 살인과 상해, 강간은 큰 차이가 없었지만, 강도와 절도는 소년이 성인의 4배 이상에 달하였다. 1980년과 비교하여 강도와 절도, 강간은 모든 연령층에서 인구비가 감소하였고, 살인은 성인인구비는 감소한 반면 소년·청년인구비는 증가하였다. 반면, 상해는 모든 연령층에 걸쳐 1980년보다 인구비가 증가하였다.

<표 11-2> 미국 주요 5죄종의 검거인원, 연령층별 구성비 및 인구비

구분	연도	검거인원(명)	구성비(%)			인구비(명)		
			소년	청년	청·소년	소년	청년	성인
살인	1980	18,745	9.3	15.4	24.7	5.7	21.9	9.4
	1986	16,066	8.7	14.4	23.1	5.0	20.7	7.4
	1990	18,293	13.9	19.9	33.9	9.4	31.0	7.0
	1996	14,430	14.9	21.2	36.2	7.1	28.1	5.0
강도	1980	139,476	30.1	22.9	53.1	137.1	242.6	43.4
	1986	124,245	22.5	18.7	41.2	100.5	206.3	43.7
	1990	136,091	24.1	19.5	43.6	120.2	226.3	44.2
	1996	121,515	31.9	19.6	51.5	127.9	218.8	31.8
상해	1980	258,721	14.7	15.0	29.7	124.5	293.5	120.6
	1986	293,952	12.8	11.6	24.4	134.7	304.6	133.0
	1990	375,950	13.4	12.9	26.2	184.2	411.9	159.9
	1996	386,571	14.5	11.6	26.0	184.3	410.0	154.3
절도	1980	1,733,245	40.1	18.8	58.9	2,270.0	2,471.5	472.0
	1986	1,686,157	33.4	15.9	49.3	2,022.9	2,380.2	511.9
	1990	1,733,587	31.2	15.4	46.6	1,983.0	2,275.9	533.7
	1996	1,482,269	34.6	14.5	49.0	1,691.2	1,966.8	407.5
강간	1980	29,431	14.8	17.1	31.9	14.2	38.2	13.3
	1986	31,128	15.4	12.3	27.7	17.2	34.1	13.5
	1990	30,877	14.7	13.3	28.0	16.7	35.0	12.8
	1996	24,286	16.7	13.0	29.8	13.4	29.1	9.2

자료 : *法務省 法務總合研究所*(1991, 1998)에서 재구성

주 : 1) "구성비"는 전체 검거인원 중 해당 연령층 인원이 차지하는 비율임

2) "인구비"는 해당 연령층 10만 명당 검거인원임

2. 영국

1996년 영국에서 정식기소범죄(indictable offence)로 검거된 인원 중 소년은 21.4%, 청년은 16.6%로서 21세 미만의 청·소년이 전체의 38.5%이다. 1980년과 비교하여 소년과 청년의 비율이 모두 6% 가량 감소하여, 전체적으로 정식기소범죄 검거인원 중 청·소년이 차지하는 비율이 12.6% 정도 줄어들었다.

정식기소범죄의 인구비는 1996년의 경우, 청년이 68.4명으로서 가장 높았고, 소년이 30.6명으로서 청년의 절반 수준이었으며, 성인이 11.6명으로서 가장 낮았다. 미국과 마찬가지로 청년과 소년의 범죄율이 성인보다 월등하게 높은 수준임을 알 수 있다. 1980년의 인구비와 비교하면 소년은 소폭으로 감소한 반면(1.8명), 성인은 소폭으로 증가하였다(2.4명). 이와는 대조적으로 청년은 1980년에 비해 인구비가 21.0명이나 증가하여 변동의 폭이 가장 큰 것으로 나타났다.

<표 11-3> 영국 정식기소범죄 검거인원, 연령층별 구성비 및 인구비

연도	검거인원(명)	구성비(%)			인구비(명)		
		소년	청년	청·소년	소년	청년	성인
1980	651,310	28.0	23.1	51.1	32.4	47.4	9.2
1986	660,402	22.8	25.3	48.1	31.8	51.9	9.6
1990	714,957	17.3	25.1	42.4	29.1	60.9	11.1
1996	721,775	21.9	16.6	38.5	30.6	68.4	11.6

자료 : *法務省 法務總合硏究所*(1991, 1998)에서 재구성
주 : 1) "구성비"는 전체 검거인원 중 해당 연령층 인원이 차지하는 비율임
2) "인구비"는 해당 연령층 1,000명당 검거인원임

영국의 주요 5죄종별 검거인원과 청·소년 구성비 및 인구비는 다음의 <표 11-4>와 같다.

1996년의 각 죄종별 검거인원 중 청·소년이 차지하는 비율을 보면 강도가 61.7%로서 전체의 과반수를 상회하고 있으며, 다음으로 절도(47.8%), 상해(35.5%), 강간(22.9%)의 순이며, 살인이 19.1%로서 가장 낮았다. 살인을 제외한 나머지 4죄종은 모두 소년의 비율이 청년보다 높은 것으로 나타났다. 1980년과 비교할 때 강도의 청·소년 비율만 증가하였을 뿐, 다른 4죄종은 거의 변함이 없거나(살인), 감소추세를 나타내었는데(상해, 절도, 강간), 특히 강간의 감소 폭이 가장 커서 거의 절반 수준으로 줄어들었다.

1996년의 주요 5죄종별 인구비를 보면 모든 죄종에 걸쳐 청년의 인구비

가 가장 높았고, 살인과 강간은 소년 · 성인간의 차이가 크지 않았지만, 강도, 상해, 절도의 인구비는 소년이 성인에 비해 월등하게 높은 수준이었다. 1980년의 인구비와 비교하면, 살인, 강도, 상해는 모든 연령층에서 인구비가 증가한 반면, 절도는 모든 연령층에서 감소하였다. 한편 강간은 소년 · 청년 인구비는 감소였지만, 성인인구비는 증가한 것으로 나타났다.

<표 11-4> 영국 주요 5죄종의 검거인원, 연령층별 구성비 및 인구비

구분	연도	검거인원 (명)	구성비(%)			인구비(명)		
			소년	청년	청 · 소년	소년	청년	성인
살인	1980	1,565	4.0	15.7	19.7	1.1	7.8	3.6
	1986	1,934	4.6	14.9	19.4	1.9	9.0	4.3
	1990	1,398	3.4	13.7	17.2	1.1	6.5	3.1
	1996	1,830	7.4	11.7	19.1	2.6	12.2	3.9
강도	1980	8,028	16.6	37.6	54.2	23.7	95.0	10.7
	1986	10,041	16.6	36.3	52.9	35.1	113.3	13.2
	1990	12,481	20.3	34.6	54.9	59.7	146.7	15.2
	1996	17,627	39.0	22.8	61.7	133.0	229.0	17.6
상해	1980	78,408	15.1	28.6	43.7	210.6	705.9	128.1
	1986	84,741	12.8	27.0	39.8	228.9	712.2	142.0
	1990	117,794	10.8	22.6	33.4	299.5	904.1	211.4
	1996	94,882	20.6	14.9	35.5	379.0	806.8	159.6
절도	1980	416,176	35.2	22.6	57.8	2,607.3	2,959.2	510.0
	1986	404,705	29.6	25.9	55.5	2,529.2	3,258.4	501.4
	1990	344,035	25.3	25.9	51.2	2,049.0	3,020.8	452.7
	1996	294,251	31.4	16.5	47.8	1,786.8	2,764.4	400.6
강간	1980	3,608	18.8	38.1	57.0	12.1	43.4	4.5
	1986	3,433	15.0	30.1	45.1	10.9	32.2	5.2
	1990	4,168	12.5	25.1	37.5	12.2	35.5	7.0
	1996	3,740	12.7	10.2	22.9	9.2	21.9	7.5

자료 : *法務省 法務總合硏究所*(1991, 1998)에서 재구성

주 : 1) "구성비"는 전체 검거인원 중 해당 연령층 인원이 차지하는 비율임

2) "인구비"는 해당 연령층 10만 명당 검거인원임

3. 독일

1984년에서 1996년에 이르는 약 20여 년간의 독일의 형법범 검거인원은 <표 11-5>와 같다. 표에서 1990년까지는 구서독 지역에 한정된 것이고, 1996년은 옛 동 · 서독을 포괄하는 전체 독일의 통계이다(1991년부터 동 · 서독의 범죄통계가 통합됨). 또한 독일의 범죄통계는 동일인이 같은 해에 여러 차례 검거되더라도 검거인원을 한 사람으로 계상하는 것이 특징적이다.

1996년 형법범 검거인원 중 소년의 비율은 13.3%, 청년의 비율은 10.6%로서 전체 검거인원의 23.9%가 청 · 소년으로 구성되어 있다. 통일 이전인 1990년까지 청 · 소년의 구성비가 점진적으로 감소하다가 통일 이후 다시 소폭으로 증가하였음을 알 수 있다.

형법범의 연령층별 인구비를 보면, 1996년의 경우 청년이 83.7명으로서 가장 높고, 소년이 75.8명으로서 중간이며, 성인은 25.0명으로서 청 · 소년층의 1/3에도 못미치는 수준이다. 같은 유럽국가인 영국의 경우 청년의 인구비가 소년인구비의 두 배를 상회(정식기소범죄)하는 반면, 독일은 미국(지표범죄)과 같이 양자간에 큰 차이가 없는 것이 특징적이다. 1984년 이후 인구비의 변화추세를 보면 1980년대 중반까지 모든 연령층의 인구비가 소폭으로 상승하는 추세에 있다가, 통일을 전후한 1990년에 접어들어 소년 · 청년의 인구비가 급격하게 증가하였다. 같은 기간 동안 성인인구비는 거의 정체상태에 있음을 감안하면, 통일이라는 급격한 사회변화가 특히 청 · 소년층의 비행 · 범죄에 큰 영향을 주었음을 알 수 있다. 1990년과 1996년의 통계를 비교하면 6년이라는 짧은 기간 동안 소년과 청년의 인구비가 모두 큰 폭으로 증가한 반면(각각 19.9명, 22.8명), 성인은 소폭으로 증가(3.1명)한 것으로 나타나 통일 이후 독일사회의 청 · 소년 범죄가 매우 심각한 양상으로 전개되고 있음을 엿볼 수 있다.

<표 11-5> 독일 형법범 검거인원, 연령층별 구성비 및 인구비

연도	검거인원 (명)	구성비(%)			인구비(명)		
		소년	청년	청 · 소년	소년	청년	성인
1984	1,254,213	17.8	11.9	29.7	32.6	46.0	19.5
1986	1,306,910	14.7	11.7	26.4	32.3	48.4	20.9
1990	1,437,923	10.3	10.9	21.2	55.9	60.9	21.9
1996	2,213,293	13.3	10.6	23.9	75.8	83.7	25.0

자료 : 法務省 法務總合硏究所(1991, 1998)에서 재구성
주 : 1) "구성비"는 전체 검거인원 중 해당 연령층 인원이 차지하는 비율임
2) "인구비"는 해당 연령층 1,000명당 검거인원임

주요 5죄종의 검거인원, 청 · 소년 구성비 및 인구비는 다음의 <표 11 6>과 같다.

1996년 각 죄종별 검거인원 중 청 · 소년의 비율은 강도가 54.0%로서 가장 높고, 다음으로 절도(34.0%), 상해(26.2%), 강간(17.4%)의 순이며 살인이 16.8%로서 가장 낮다. 모든 죄종에 걸쳐 1984년부터 1990년까지 검거인원 중 청 · 소년의 비율이 점진적으로 감소하는 추세에 있다가, 1996년에 접어들어 다시 증가하고 있음을 확인할 수 있다. 절도와 강간은 소폭 증가에 머물러 1984년에 비해 청 · 소년의 비율이 낮은 수준이지만, 살인 · 상해는 1984년과 거의 같은 수준으로 상승하였고, 강도의 증가폭이 가장 커서 1984년에 비해 10% 가량 증가하였다.

1996년 주요 5죄종의 인구비를 보면, 모든 죄종에 걸쳐 소년 · 청년이 성인보다 높은 수준이었다. 한편, 소년과 청년의 인구비를 비교하면, 강도, 절도의 인구비는 소년이 청년보다 더 높은 한편, 상해의 인구비에서는 양자간에 큰 차이가 없어서, 주요 5죄종 모두 청년의 인구비가 가장 높은 미국 · 영국과 뚜렷한 대조를 이루고 있다. 독일의 경우 범죄연령의 연소화가 상당 수준 진전되어 있음을 확인할 수 있다. 1984년 이후 인구비의 변화추세를 살펴보면, 1984 86년 기간 중에는 큰 변화가 없다가 통일이 실현된 1990년(구서독 지역 통계)과 1996년에 소년 · 청년의 인구비가 급격하게 증가하

였다. 이 기간중 성인의 인구비는 살해 · 절도를 제외하고는 소폭 증가에 머물러, 통일로 야기된 독일사회의 혼란이 성인층보다는 청 · 소년층의 범죄율 증가와 밀접한 관련이 있음을 알 수 있다.

<표 11-6> 독일 주요 5죄종의 검거인원, 연령층별 구성비 및 인구비

구분	연도	검거인원(명)	구성비(%)			인구비(명)		
			소년	청년	청 · 소년	소년	청년	성인
살인	1984	2,785	5.0	11.2	16.2	2.0	9.6	5.2
	1986	2,734	5.0	10.3	15.3	2.3	9.0	5.0
	1990	2,493	3.7	9.6	13.2	3.6	9.7	4.4
	1996	4,056	5.3	11.5	16.8	5.9	17.8	5.3
강도	1984	18,691	23.0	21.6	44.6	62.5	125.1	22.9
	1986	17,565	20.1	20.2	40.3	59.4	112.7	22.8
	1990	19,365	20.7	19.4	40.1	151.4	146.0	22.3
	1996	41,283	34.2	19.8	54.0	359.0	289.6	27.8
상해	1984	171,134	11.0	13.6	24.6	275.5	719.8	284.8
	1986	176,791	9.9	13.0	22.9	293.5	730.1	296.1
	1990	183,666	8.5	11.8	20.3	606.1	869.4	291.1
	1996	298,145	14.6	11.7	26.2	1,148.0	1,276.7	334.5
절도	1984	515,827	29.9	12.6	42.5	2,244.0	2,010.2	655.4
	1986	501,533	25.6	12.6	38.3	2,159.5	2,015.7	672.2
	1990	568,322	17.6	12.7	30.3	3,622.6	2,696.2	732.8
	1996	828,515	22.1	11.9	34.0	4,436.1	3,324.6	763.4
강간	1984	4,302	8.4	14.1	22.5	5.2	18.8	7.4
	1986	4,030	7.5	13.9	21.4	5.1	17.8	6.9
	1990	3,520	5.4	10.8	16.2	7.5	15.4	5.9
	1996	4,695	7.6	9.8	17.4	9.7	17.5	6.1

자료 : *法務省 法務總合硏究所*(1991, 1998)에서 재구성

주 : 1) "구성비"는 전체 검거인원 중 해당 연령층 인원이 차지하는 비율임

2) "인구비"는 해당 연령층 10만 명당 검거인원임

3) 1990년까지는 구서독지역, 1996년은 전체 독일지역의 통계임

4. 프랑스

프랑스의 1980~1996년 기간 동안의 형법범 검거인원의 추이를 보면 <표 11-7>과 같다. 프랑스는 형사법상 18세 이상을 모두 성인으로 간주하고 "청년"이라는 개념이 없기 때문에 표에서 청년층의 통계는 제외하였다. 1996년 전체 형법범 검거인원 중 소년이 차지하는 비율은 17.9%로서 이전과 비교하여 큰 증가추세를 나타내었다.

인구비에 있어서는 1990년까지는 15명 안팎이었으나 1996년에 접어들어 23.1명으로 급증하여 이전까지 유사한 수준을 유지해 오던 성인과의 격차가 크게 확대되기 시작했다. 독일과 마찬가지로 프랑스의 경우에도 90년대 후반에 접어들어 소년비행이 증가추세에 있음을 알 수 있다.

<표 11-7> 프랑스 형법범 검거인원, 소년 구성비 및 인구비

연도	검거인원 (명)	소년구성비 (%)	인구비(명)	
			소년	성인
1980	686,354	15.2	15.4	14.9
1986	809,059	11.2	13.5	17.5
1990	754,161	13.0	15.6	15.9
1996	804,655	17.9	23.1	14.8

자료 : *法務省 法務總合硏究所*(1991, 1998)에서 재구성

주 : 1) "구성비"는 전체 검거인원 중 해당 연령층 인원이 차지하는 비율임

2) "인구비"는 해당 연령층 1,000명당 검거인원임

주요 5죄종의 검거인원 중 소년이 차지하는 비율을 보면, 강도가 35.6%로서 가장 높고, 다음으로 절도(30.1%), 강간(16.2%), 상해(14.4%)의 순이며, 살인이 7.0%로서 가장 낮다.

주요 5죄종의 소년인구비를 성인과 비교하면, 살인을 제외한 강도, 상해, 절도, 강간의 인구비가 성인보다 높은 수준이다. 상해와 절도의 인구비는

성인과의 차이가 크지 않지만, 강도는 성인의 4배, 절도는 3배 수준에 달하여 현격한 차이를 나타내고 있다. 1980년 이후 인구비의 변화추세를 보면, 소년·성인 모두 살인과 절도의 인구비는 정체상태이거나 소폭으로 감소한 반면, 강도, 상해, 강간은 큰 폭으로 증가하였고 특히 소년인구비의 증가폭이 성인에 비해 월등하게 높은 것으로 나타났다.

<표 11-8> 프랑스 주요 5죄종의 검거인원, 연령층별 구성비 및 인구비

구분	연도	검거인원(명)	소년인구비(%)	인구비(명)	
				소년	성인
살인	1980	2,143	7.0	2.2	5.1
	1986	2,680	4.6	1.9	6.2
	1990	2,210	5.7	2.0	4.9
	1996	2,089	7.0	2.4	4.4
강도	1980	11,961	26.2	46.4	22.6
	1986	13,942	20.3	42.3	27.0
	1990	14,664	25.8	60.2	25.5
	1996	21,730	35.6	124.4	31.4
상해	1980	29,531	9.4	41.0	68.6
	1986	30,771	7.7	35.3	69.2
	1990	38,407	9.1	55.4	81.9
	1996	60,484	14.4	140.1	116.0
절도	1980	241,621	31.8	1,135.2	422.6
	1986	250,640	25.0	936.1	457.4
	1990	236,041	26.8	1,004.6	405.5
	1996	236,500	30.1	1,143.1	370.6
강간	1980	1,769	14.6	3.9	3.9
	1986	2,548	14.5	5.5	5.3
	1990	3,617	14.2	8.1	7.3
	1996	5,856	16.2	15.2	11.0

자료 : 法務省 法務總合硏究所(1991, 1998)에서 재구성

주 : 1) "구성비"는 전체 검거인원 중 해당 연령층 인원이 차지하는 비율임

2) "인구비"는 해당 연령층 10만 명당 검거인원임

5. 일본

일본의 형법범 검거인원은 80년대 중반을 정점으로 하여 90년대에 접어들어 점차 감소하는 추세에 있다. 1996년의 전체 형법범 검거인원 중 소년의 비율이 41.8%, 청년의 비율이 7.4%로서 전체 검거인원의 약 절반 가량이 청 · 소년으로 구성되어 있다. 형법범 검거인원의 인구비에 있어서는 1980년 이래 계속 가장 연소집단인 소년이 가장 높고, 청년이 그 다음이며 성인이 가장 낮은 수준이다. 앞서 살펴본 모든 국가에서 청년의 인구비가 소년보다 높은 수준이었음을 고려하면, 범죄연령의 연소화가 일본 소년범죄의 두드러진 특징이라 할 수 있다. 또한 1980년대와 비교하여 모든 연령층의 인구비가 감소추세에 있지만, 소년의 감소폭이 가장 작은 것도 주목되는 점이다.

<표 11-9> 일본 형법범 검거인원, 연령층별 구성비 및 인구비

연도	검거인원(명)	구성비(%)			인구비(명)		
		소년	청년	청 · 소년	소년	청년	성인
1980	445,996	43.1	6.2	49.3	13.7	8.8	2.8
1986	449,689	46.7	5.6	52.3	13.4	6.8	2.5
1990	321,424	49.7	7.1	56.7	11.0	5.7	1.5
1996	318,826	41.8	7.4	49.2	11.0	6.8	1.7

자료 : 法務省 法務總合硏究所(1991, 1998)에서 재구성

주 : 1) "구성비"는 전체 검거인원 중 해당 연령층 인원이 차지하는 비율임

2) "인구비"는 해당 연령층 1,000명당 검거인원임

주요 5죄종의 검거인원 중 청 · 소년이 차지하는 비율을 비교하면, 1996년이 경우 절도가 57.2%로서 전체 검거인원의 과반수를 넘고 있으며, 이어서 강도(45.0%), 상해(38.6%), 강간(20.2%)의 순이며, 살인이 7.8%로서 가장 낮은 수준이다. 1980년 이후의 변화추세를 보면, 살인 · 강도 · 상해의 청 · 소년비가 큰 폭으로 증가하였는데, 이것은 해당 죄종의 소년비의 급격한 증

가에서 기인하고 있다.

각 죄종별 인구비를 보면, 1996년의 경우, 살인은 성인, 강도 · 강간은 청년, 상해와 절도는 소년의 인구비가 가장 높은 것으로 나타나 각 죄종별로 범죄자의 연령구성이 뚜렷하게 대비되고 있다. 1980년 이후 세대별 인구비의 변화를 살펴보면, 살인 · 강도 · 상해의 3죄종에서는 소년인구비는 지속적으로 증가한 반면, 청년 · 성인인구비는 정체 내지는 감소추세를 나타내었다. 절도와 강간의 경우에는 모든 세대에서 인구비가 감소하였는데, 성인 인구비의 감소폭이 소년 · 청년에 비해 월등하게 높은 수준이었다.

<표 11-10> 일본 주요 5죄종의 검거인원, 연령층별 구성비 및 인구비

구분	연도	검거인원(명)	구성비(%)			인구비(명)		
			소년	청년	청 · 소년	소년	청년	성인
살인	1980	1,564	1.2	1.9	3.1	0.1	1.0	1.9
	1986	1,696	2.7	3.0	5.7	0.3	1.4	1.8
	1990	1,238	2.6	3.2	5.7	0.2	1.0	1.3
	1996	1,243	5.1	2.7	7.8	0.5	1.0	1.2
강도	1980	2,091	23.1	14.6	37.7	3.4	9.7	1.6
	1986	1,893	25.7	11.7	37.4	3.1	6.0	1.4
	1990	1,602	24.2	12.9	37.1	2.7	5.2	1.1
	1996	2,404	31.2	13.9	45.0	6.2	9.6	1.3
상해	1980	35,291	17.7	8.0	25.7	44.5	88.9	32.3
	1986	29,075	29.6	7.8	37.4	54.8	60.8	21.0
	1990	24,791	30.1	7.7	37.8	51.3	48.1	17.0
	1996	21,523	30.3	8.3	38.6	53.9	51.6	13.5
절도	1980	294,977	52.8	5.8	58.6	1,106.4	542.2	150.4
	1986	301,385	53.7	5.3	59.0	1,030.1	431.5	140.7
	1990	197,796	59.5	6.7	66.1	808.8	330.2	73.8
	1996	180,864	50.7	6.5	57.2	757.7	337.9	79.0
강간	1980	2,693	19.3	17.2	36.5	3.7	14.7	2.1
	1986	1,613	22.1	17.3	39.4	2.3	7.5	1.1
	1990	1,291	15.1	11.9	27.0	1.3	3.8	1.0
	1996	1,123	8.9	11.3	20.2	0.8	3.7	0.9

자료 : *法務省 法務總合研究所*(1991, 1998)에서 재구성

주 : 1) "구성비"는 전체 검거인원 중 해당 연령층 인원이 차지하는 비율임

2) "인구비"는 해당 연령층 10만 명당 검거인원임

6. 한국

1980~1996년 기간 동안 한국의 형법범 검거인원은 지속적으로 증가하였다. 1996년 형법범 검거인원 중 소년의 비율은 6.7%, 청년은 3.2%로서 전체 검거인원 중 청 · 소년 연령층은 1할에도 못미치는 수준이다. 1980년과 비교하면 청 · 소년의 비율이 17.2%에서 9.9%로 거의 절반 수준으로 줄어들었는데, 이것은 출산율의 저하에 따른 청 · 소년 연령층의 인구 감소와 밀접한 관련이 있을 것으로 추측된다.

형법범 검거인원의 연령집단별 인구비를 보면, 1990년까지는 청년이 가장 많고, 다음으로 성인, 소년의 순이었으나 1996년에는 성인이 25.7명으로서 청년인구비(18.5명)을 앞섰으며(청년인구비가 성인인구비를 앞선 것은 정확하게는 1991년부터임), 소년인구비는 9.9명으로서 가장 적다. 1980년과 비교하여 청년인구비는 소폭 감소한 반면, 성인과 소년 인구비는 증가 경향을 나타내었고 특히 소년인구비의 증가 폭이 성인보다 높은 수준임이 주목된다.

<표 11-11> 한국 형법범 검거인원, 연령층별 구성비 및 인구비

연도	검거인원(명)	구성비(%)			인구비(명)		
		소년	청년	청 · 소년	소년	청년	성인
1980	487,742	8.5	8.7	17.2	5.8	22.9	19.6
1986	533,235	8.9	7.8	16.7	6.7	24.2	18.0
1990	558,277	8.1	6.9	14.9	6.9	20.6	17.4
1996	891,958	6.7	3.2	9.9	9.9	18.5	25.7

자료 : *法務省 法務總合研究所*(1991, 1998)에서 재구성

주 : 1) "구성비"는 전체 검거인원 중 해당 연령층 인원이 차지하는 비율임

2) "인구비"는 해당 연령층 1,000명당 검거인원임

주요 5죄종별 검거인원과 청·소년 구성비 및 인구비는 다음의 <표 11-12>와 같다.

<표 11-12> 한국 주요 5죄종의 검거인원, 연령층별 구성비 및 인구비

구분	연도	검거인원(명)	구성비(%)			인구비(명)		
			소년	청년	청·소년	소년	청년	성인
살인	1980	689	5.7	7.1	12.8	0.5	2.7	2.9
	1986	643	5.6	7.8	13.4	0.5	2.9	2.3
	1990	878	9.5	8.8	18.2	1.3	4.1	2.6
	1996	841	3.3	3.2	6.5	0.5	1.8	2.5
강도	1980	3,853	24.0	23.3	47.3	12.9	48.6	9.8
	1986	4,615	27.1	23.1	50.1	17.6	61.6	9.3
	1990	6,410	28.7	23.4	52.0	28.0	80.4	11.3
	1996	5,154	29.3	17.1	46.4	25.0	58.1	8.9
상해	1980	16,616	2.8	4.9	7.7	6.4	44.4	74.3
	1986	23,671	2.2	3.8	6.0	7.3	51.6	90.1
	1990	25,885	1.7	2.6	4.3	6.6	36.8	90.9
	1996	33,681	2.3	1.6	4.0	12.8	36.6	103.7
절도	1980	63,059	29.2	13.5	42.7	258.1	461.1	174.9
	1986	67,851	32.1	14.3	46.4	306.4	560.5	147.2
	1990	47,783	35.3	12.1	47.4	257.6	310.2	92.2
	1996	52,735	48.0	8.8	56.8	418.4	305.4	73.1
강간	1980	5,441	24.7	17.2	41.9	18.9	50.5	15.3
	1986	6,868	22.7	16.9	39.6	21.9	67.3	16.8
	1990	7,438	21.6	14.3	36.0	24.5	57.3	17.5
	1996	7,876	10.0	8.1	18.0	13.0	41.9	20.7

자료 : *法務省 法務總合研究所*(1991, 1998)에서 재구성
주 : 1) "구성비"는 전체 검거인원 중 해당 연령층 인원이 차지하는 비율임
2) "인구비"는 해당 연령층 10만 명당 검거인원임

1996년의 각 죄종별 검거인원 중 청·소년이 차지하는 비율을 보면, 절도가 56.8%로서 전체의 과반수를 상회하고 있으며, 다음으로 강도(46.4%), 강간(18.0%)의 순이며 살인(6.5%)과 상해(4.0%)는 1할에도 못 미치고 있다. 1980년 이후 각 죄종별 청·소년비는 살인·살해·강간에서는 감소한 반면, 절도에서는 증가하였고, 강도에서는 증가추세에 있다가 다시 1980년 수

준으로 감소하였다.

각 죄종의 연령층별 인구비를 보면, 살인 · 상해는 성인인구비가, 강도 · 강간은 청년인구비가, 절도는 소년인구비가 각각 가장 높은 것으로 나타났다. 1980년 이후 연령층별 인구비의 변화추세에 있어서는 청년층은 강도의 한 죄종에서, 성인은 상해 · 강간의 두 죄종에서만 인구비가 증가한 반면, 소년은 강도 · 상해 · 절도의 세 죄종에서 인구비가 증가하였고 그 증가의 폭도 매우 현저한 것이 특징적이다.

Ⅲ. 각국 소년비행의 비교

1. 살인

살인의 경우, 각국의 전체 살인범에서 차지하는 청 · 소년의 비율(청 · 소년비)을 비교하면 미국이 36.2%에 달하여 가장 높고, 다음이 영국(19.1%)과 독일(16.8%)의 순이며, 일본(7.8%)과 한국(6.5%)은 모두 1할 미만으로써 가장 낮은 편에 속한다.

살인범의 연령층별 인구비에 있어서는 소년 · 청년 인구비 모두 미국이 다른 나라에 비해 월등하게 높은 수준이며, 독일과 영국이 중간이고, 한국과 일본이 다른 나라와 큰 격차를 두고 가장 낮은 것으로 나타났다. 각 연령층별 인구비의 순위에 있어서 미국 · 영국 · 독일은 모두 청년이 성인보다 높은데 비해, 한국과 일본은 성인이 청년 · 소년보다 높은 것으로 나타나 뚜렷한 대조를 이루고 있다. 특히 미국과 독일은 살인범의 소년인구비가 성인보다 높은 것으로 나타나 청소년들에 의한 강력범죄가 매우 심각한 수준임을 알 수 있다.

<표 11-13> 각국의 살인범 연령층별 구성비 및 인구비(1996년)

구분	구성비(%)			인구비(명)		
	소년	청년	청・소년	소년	청년	성인
한국	3.3	3.2	6.5	0.5	1.8	2.5
미국	14.9	21.2	36.2	7.1	28.1	5.0
영국	7.4	11.7	19.1	2.6	12.2	3.9
독일	5.3	11.5	16.8	5.9	17.8	5.3
일본	5.1	2.7	7.8	0.5	1.0	1.2

자료 : *法務省 法務總合硏究所*(1991, 1998)에서 재구성
주 : 1) "구성비"는 전체 검거인원 중 해당 연령층 인원이 차지하는 비율임
2) "인구비"는 해당 연령층 10만 명당 검거인원임

2. 강도

강도범의 청 · 소년비를 각국별로 비교하면, 영국이 61.7%에 달하여 가장 높고, 다음이 독일(54.0%)과 미국(51.5%)의 순이며, 한국(46.4%)과 일본(45.0%)은 5할에 못미치고 있다. 한국의 청 · 소년비가 일본과 더불어 구미 국가에 비해서는 상대적으로 낮은 수준이지만 그 격차가 살인범에 비해서는 그리 크지 않은 점이 주목된다.

각국의 연령층별 인구비를 비교해 보면, 소년 · 청년 인구비 모두 독일이 가장 높고, 다음으로 미국과 영국이 유사한 수준이며, 한국과 일본은 이들 구미 국가들과 큰 격차를 두고 가장 낮은 편에 속한다. 그러나 일본의 소년 · 청년인구비가 모두 10명 미만임에 비해 한국은 소년인구비가 25.0명, 청년인구비는 58.1명에 달하여 일본보다는 청 · 소년층의 강도 범죄율이 매우 높은 수준임을 알 수 있다. 각 연령층의 인구비 순위에 있어서는 독일을 제외한 모든 국가가 청년-소년-성인의 순임에 비해 독일은 소년의 인구비가 성인보다 높은 것이 특징적이다.

<표 11-14> 각국의 강도범 연령층별 구성비 및 인구비(1996년)

구분	구성비(%)			인구비(명)		
	소년	청년	청·소년	소년	청년	성인
한국	29.3	17.1	46.4	25.0	58.1	8.9
미국	31.9	19.6	51.5	127.9	218.8	31.8
영국	39.0	22.8	61.7	133.0	229.0	17.6
독일	34.2	19.8	54.0	359.0	289.6	27.8
일본	31.2	13.9	45.0	6.2	9.6	1.3

자료 : *法務省 法務總合研究所*(1991, 1998)에서 재구성

주 : 1) "구성비"는 전체 검거인원 중 해당 연령층 인원이 차지하는 비율임

2) "인구비"는 해당 연령층 10만 명당 검거인원임

3. 상해

상해범의 청·소년비를 각국별로 비교하면, 일본(38.6%)과 영국(35.5%)이 3할을 상회하여 가장 높은 수준이고, 독일(26.2%)과 미국(26.0%)도 2할을 상회하는 반면, 한국은 4.0%에 머물러 다른 나라들과 큰 격차를 두고 가장 낮은 것으로 나타났다.

연령층별 인구비에 있어서는 독일의 소년·청년 인구비가 천명을 상회하여 다른 나라들에 비해 월등하게 높은 수준이고, 이어서 영국, 미국, 일본의 순이며 한국이 가장 낮은 편에 속한다. 다른 나라들이 모두 소년·청년의 인구비가 성인인구비의 3배 이상에 달하는 것과는 대조적으로 한국은 성인 인구비가 소년·청년인구비보다 월등하게 높은 것이 특징적이다. 또한 일본의 경우 소년의 인구비가 청년과 거의 유사한 수준인 것과는 달리 한국의 소년인구비는 청년의 절반 수준에 불과하다.

<표 11-15> 각국의 상해범 연령층별 구성비 및 인구비(1996년)

구분	구성비(%)			인구비(명)		
	소년	청년	청·소년	소년	청년	성인
한국	2.3	1.6	4.0	12.8	36.6	103.7
미국	14.5	11.6	26.0	184.3	410.0	154.3
영국	20.6	14.9	35.5	379.0	806.8	159.6
독일	14.6	11.7	26.2	1,148.0	1,276.7	334.5
일본	30.3	8.3	38.6	53.9	51.6	13.5

자료 : *法務省 法務總合研究所*(1991, 1998)에서 재구성

주 : 1) "구성비"는 전체 검거인원 중 해당 연령층 인원이 차지하는 비율임

2) "인구비"는 해당 연령층 10만 명당 검거인원임

4. 절도

각국에서 절도로 검거된 인원 중 청·소년이 차지하는 비율을 보면, 일본(57.2%)과 한국(56.8%)이 과반수를 상회하고 있으며, 다음으로 미국(49.0%)과 영국(47.8%)의 순이며 독일(34.0%)이 가장 낮다. 주요5죄종 중에서 절도는 강도와 더불어 다른 3죄종에 비해 청·소년 범죄자가 차지하는 비율이 상대적으로 높은 편임을 확인할 수 있다.

절도범의 연령층별 인구비를 각국별로 비교하면, 상해와 마찬가지로 모든 연령층에 걸쳐 독일이 가장 높고, 다음으로 영국, 미국의 순이며 일본과 한국은 다른 나라들과 큰 격차를 두고 가장 낮은 수준이다. 다른 죄종들의 경우 대부분 청년인구비가 소년인구비보다 높은 수준임에 비해 절도범은 소년인구비가 청년인구비에 비해 더 높거나(한국·독일·일본) 거의 유사한 수준인 것으로 나타나 청소년층 내에서도 낮은 연령층의 범죄율이 상대적으로 높은 것으로 판단된다.

<표 11-16> 각국의 절도범 연령층별 구성비 및 인구비(1996년)

구분	구성비(%)			인구비(명)		
	소년	청년	청·소년	소년	청년	성인
한국	48.0	8.8	56.8	418.4	305.4	73.1
미국	34.6	14.5	49.0	1,691.2	1,966.8	407.5
영국	31.4	16.5	47.8	1,786.8	2,764.4	400.6
독일	22.1	11.9	34.0	4,436.1	3,324.6	763.4
일본	50.7	6.5	57.2	757.7	337.9	79.0

자료 : *法務省 法務總合硏究所*(1991, 1998)에서 재구성
주 : 1) "구성비"는 전체 검거인원 중 해당 연령층 인원이 차지하는 비율임
2) "인구비"는 해당 연령층 10만 명당 검거인원임

5. 강간

강간범의 청·소년비를 각국별로 비교해 보면, 미국이 29.8%로서 가장 높고, 다음으로 영국(22.9%), 일본(20.2%), 한국(18.0%)의 순이며 독일이 17.4%로서 가장 낮다. 주요5죄종 중에서 강간은 살인과 더불어 청·소년비가 낮은 편에 속하여 성인 범죄자가 다수를 차지하고 있다.

강간범의 연령층별 인구비를 비교하면, 다른 죄종들과는 달리 한국이 모든 연령층에 걸쳐 가장 높은 수준에 있음을 알 수 있다. 즉, 소년인구비는 13.0명으로서 미국 다음으로 두 번째이고, 청년인구비(41.9명)와 성인인구비(20.7%)는 한국이 가장 높고 다른 나라와의 격차도 매우 현격한 것으로 나타났다. 반면, 이웃국가인 일본은 모든 연령층에 걸쳐 인구비가 가장 낮은 수준으로서 우리나라와 뚜렷하게 대비되고 있다.

<표 11-17> 각국의 강간범 연령층별 구성비 및 인구비(1996년)

구분	구성비(%)			인구비(명)		
	소년	청년	청・소년	소년	청년	성인
한국	10.0	8.1	18.0	13.0	41.9	20.7
미국	16.7	13.0	29.8	13.4	29.1	9.2
영국	12.7	10.2	22.9	9.2	21.9	7.5
독일	7.6	9.8	17.4	9.7	17.5	6.1
일본	8.9	11.3	20.2	0.8	3.7	0.9

자료 : 法務省 法務總合硏究所(1991, 1998)에서 재구성

주 : 1) "구성비"는 전체 검거인원 중 해당 연령층 인원이 차지하는 비율임

2) "인구비"는 해당 연령층 10만 명당 검거인원임

참고문헌

法務省 法務總合硏究所. 犯罪白書, 1981 · 1991 · 1998年版. 東京: 法務省 法務總合硏究所.

이종원 외 3인(1991). 소년비행의 국제비교 - 세계 주요국의 소년비행과 소년사법의 동향. 서울: 한국청소년개발원.

찾·아·보·기

개발 총책임자 : 배규한(한국청소년개발원 · 원장)
집필 책 임 자 : 이종원(한국청소년개발원 · 연구위원)
집 필 진 : 제 1 장 도종수(나사렛대학교 · 교수)
제 2 장 김준호(고려대학교 · 교수)
제 3 장 전경숙(전 한국청소년개발원 · 연구위원)
제 4 장 고성혜(자녀안심운동 서울협의회 · 연구위원)
제 5 장 고성혜(자녀안심운동 서울협의회 · 연구위원)
제 6 장 전경숙(전 한국청소년개발원 · 연구위원)
제 7 장 최원기(한국청소년개발원 · 연구위원)
제 8 장 최원기(한국청소년개발원 · 연구위원)
제 9 장 이종원(한국청소년개발원 · 연구위원)
제10장 이윤호(경기대학교 · 교수)
제11장 이종원(한국청소년개발원 · 연구위원)

청소년문제론

2006년 2월 28일 1판 1쇄 발행
2007년 3월 15일 1판 2쇄 발행

편 자 : 한국청소년개발원
발행인 : 김 동 규
발행처 : 교육과학사

저자와의 협의하에 인지생략

서울특별시 마포구 아현1동 424-31
전화 (02) 363-6431~3 / FAX (02) 393-4366
Home-page : www.kyoyookbook.co.kr
등록 : 1970년 5월 18일 제2-73호

낙장 · 파본은 교환해 드립니다.
Printed in Korea.

정가 15,000 원
ISBN 89-8287-969-2